KB151877

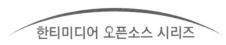

오픈 소스 소프트웨어 비즈니스 모델

김종배 지음 · **김광용** 감수

한티미디어

약력

김종배
현 숭실대학교 SW특성화대학원 교수(공학박사)
현 (사)한국정보통신학회 상임이사
현 (사)한국IT서비스학회 이사
전 ㈜이엔터프라이즈 대표이사
주요저(역)서 :
오픈소스2.0, 1만 피트에서 바라본 오픈 소스 소프트웨어, 오픈소스 ANTLR4 입문 ,
오픈 소스 소프트웨어 개발에서의 애자일 기법,
오픈 소스 소프트웨어 R을 활용한 공간 분석과 매핑, 오픈 소스 소프트웨어 개발 기법 등

감수 김광용
현 IT서비스학회 명예회장
현 숭실대학교 경영학부 교수(경영학박사)
현 4차산업혁명포럼 위원장
전 서비스사이언스전국포럼 기획위원장
전 숭실대학교 특임부총장

오픈소스 소프트웨어 비즈니스 모델

발행일   2017년 8월 29일 초판 1쇄
지은이   김종배
감 수   김광용
펴낸이   김준호
펴낸곳   한티미디어 | 주 소   서울시 마포구 연남로 1길 67 1층
등 록   제15-571호 2006년 5월 15일
전 화   02)332-7993~4 | 팩 스 02)332-7995
ISBN   978-89-6421-307-0 (93000)
정 가   25,000원

마케팅 박재인 최상욱 김원국 | 관리 김지영
편   집 이소영 박새롬 김현경

이 책에 대한 의견이나 잘못된 내용에 대한 수정정보는 한티미디어 홈페이지나 이메일로 알려주십시오.
독자님의 의견을 충분히 반영하도록 늘 노력하겠습니다.
홈페이지 www.hanteemedia.co.kr | 이메일 hantee@empal.com

참 많은 시간이 걸렸다. 이 책을 집필하는 것 자체도 오랜 작업이었지만, 그 마음을 먹고 시작하는 것이 쉽지 않았다. 책을 쓰는 것이 처음도 아니었고, 지난 수년간 '오픈소스 소프트웨어'라는 주제만을 고집하며 많은 책들을 출간하였지만, 이번만큼은 고민이 적지 않았다. 그 이유는, 이 책이 여전히 '오픈소스 소프트웨어'를 기반으로 하지만, 사실 '비즈니스 모델'이라는 관점이 차지하는 비중이 훨씬 더 크기 때문이다. 공학자의 입장에서 '비즈니스 모델'은 쉽게 접근할 영역이 아니다. 하지만 현 시점에서 꼭 필요한 시도라는 생각을 버릴 수 없었다.

2000년부터 나름대로 소프트웨어 개발의 현장에서, 또 학문의 영역에서 '오픈소스 소프트웨어'를 활용하고 연구해왔다. 그 사이 많은 논문과 책, 그리고 강의를 통해 '오픈소스 소프트웨어'의 가치를 주장해왔지만, 그것은 '소프트웨어 공학'이라는 관점에서였다. 즉, '재사용을 통한 생산성과 품질의 향상'과 같은 '기술적 가치'라는 틀을 벗어나지 못했던 것이다.

물론, 이 점은 여전히 중요하다. 하지만 그 사이 세상은 변하였다. 적어도 소프트웨어 개발자들의 입장에서만큼은 '오픈소스 소프트웨어'가 더 이상 낯설지 않을뿐더러, 이제는 '오픈소스 소프트웨어'를 모르면 개발을 할 수가 없는 상황이 되었다. 이러한 변화는 분명 '발전'이다. 2000년 초반까지만 해도 소프트웨어 개발자들에게 있어서 '오픈소스 소프트웨어'는 미지의, 경계의 대상이었기 때문이다.

그러나 마냥 즐겁지만은 않았다. 최소한 17년 동안 이러한 변화를 지켜봤던 저자의 입장에서 지금의 상황이 만족스럽지 못한 이유가 무엇인가?

그동안의 발전에도 불구하고, '오픈소스 소프트웨어'는 여전히 보조자의 역할에 머무르고 있기 때문이다. 적어도 비즈니스의 관점에서는 그렇다. 많은 기업가들이 "오픈소스 소프트웨어가 좋은 것은 알겠는데, 돈이 안돼요!"라고 말하고 있는 것이다. 그래서 '오픈소스 소프트웨어'는 "개발자들이 알아서 적당히 잘 활용하면 되는 것"이라고 말이다.

이들에게 '오픈소스 철학'을 강요해야 할까? "오픈소스는 공유와 나눔의 철학이니 그것으로 돈을 벌 생각을 하고 접근하면 안돼요!"라고 말해야 하는 것일까? 비즈니스의 목적은 '가치'의 창출이다. 그 '가치'는 기업가들에게는 '수익'이라는 말로 표현되며, 그것을 바탕으로 '일자리'를 창출하고, 직원들의 '임금'을 보장한다. 이것이 경제 논리이며, 이 책을 쓴 이유이다.

저자는 이 책을 통해, "아직 시작에 불과하지만, 오픈소스 소프트웨어 비즈니스를 통해서 수익을 창출하거나, 적어도 촉진할 수 있으며, 그것이 침체의 늪에 빠진 대한민국의 소프트웨어 산업의 새로운 활로가 될 것이다!"라고 말하고 싶다.

저자 **김종배**

목차

목차

제 **1** 장

비즈니스
패러다임의 변화

제1장

비즈니스
패러다임의 변화

　최근 오픈소스 소프트웨어(Open Source Software, OSS)는 IT 업계 종사자들이나 정부·공공기관 관계자들, 컴퓨터 관련 분야를 전공하고 있는 학생들과 학계의 전문가들 모두에게 매우 친숙한 용어이다. 타 분야에서는 오픈소스 소프트웨어라는 용어 자체가 다소 생소할 수 있으나, 웹 2.0이나 위키와 같은 용어들은 익숙할 수 있다. 어쩌면 공유(경제), 협업, 개방형 혁신(오픈 이노베이션), 사회관계망(SNS), 크라우드 펀딩(또는 크라우드 소싱)과 같은 용어들이나, 그보다 더 대중적으로는 인도주의, 기여, 나눔이라는 말에 익숙한 이들도 있을 수 있다.

　이 장에서는 이러한 용어들이 모두 서로 다른 분야에서 서로 다른 배경을 가지고 생겨나거나 사용되고 있지만, 그 근본이 되는 철학(사상)적 맥락이나 큰 흐름에 있어서는 서로 다르지 않다는 것을 설명하려 한다.

1.1 웹 2.0과 위키노믹스

웹 2.0(Web 2.0)이란 개방, 참여, 공유의 정신을 바탕으로 사용자가 직접 정보를 생산하여 쌍방향으로 소통하는 웹 기술을 말한다[258]. 기존의 웹 1.0이 인터넷을 통해 일방적으로 정보를 보여주었다면, 웹 2.0은 사용자가 직접 콘텐츠를 생산하여 쌍방향으로 소통할 수 있다. 또, 기존 웹이 포털 사이트처럼 서비스 업자가 제공하는 정보와 서비스를 일방적으로 수신만 하는 형태를 가지고 있었다면, 웹 2.0 환경에서는 게시판, 댓글, 블로그, UCC, 지식백과 등과 같은 응용프로그램과 데이터를 이용하여 사용자 스스로 새로운 서비스의 창출이 가능하다.

이 용어는 2004년부터 오라일리 미디어(O'Reilly Media)에서 처음 사용하기 시작하였다. 이 개념의 주창자들은 궁극적으로 여러 방향에서 웹 2.0이 데스크톱 컴퓨터의 응용프로그램을 대체할 것으로 예견하였다. 사용자들의 참여를 유도함으로써 산출물을 공유하고 외부에 개방할 수 있도록 하는 서비스라고 할 수 있다. 최근 웹 2.0 이후에 시맨틱 웹으로서의 웹 3.0과 유비쿼터스 웹으로서의 웹 4.0이라는 발전주기에 대해서도 언급되고 있으나 아직은 학자들에 따라 의견이 분분한 상황이고, 이러한 세세한 구분은 단지 기술의 변화를 표현하고 있을 뿐 큰 의미가 없다고 할 수 있다.

> **분석** 웹 1.0에서 웹 4.0으로
>
> 인터넷 환경은 끊임없이 진화하고 있다. 특히, 웹 2.0이라는 새로운 정의의 출현은 이후, 3.0과 4.0이라는 개념으로까지 발전시키는 계기가 되고 있다. 우선 웹 2.0의 개념을 좀 더 살펴보면, 오라일리는 Web 2.0 서비스를 제공하기 위해서 다음의 네 가지 기능을 필수적으로 가지고 있어야 한다고 제시했다.
>
> 첫째, 정보의 수신(웹에 있는 효율적인 정보 수신을 지원하는 구조)이다. RSS(Rich Site Summary) 리더를 예로 들 수 있는데, 구글이나 윈도우 라이브 등이 이러한 기능을 점점 포함해가고 있다.

둘째, 정보의 발신(누구나 쉽게 정보를 올릴 수 있는지의 여부)이다. 블로그의 등장이 이를 가능하게 했는데, 완성된 페이지는 XTML이나 피드에 의해 구조적으로 만들어진다.

셋째, 정보의 검색(웹에 있는 정보를 쉽게 찾아낼 수 있을 것)이다. 구글이나 테크노라티 등 신규 검색엔진이 이 기능을 담당하고 있다.

넷째, 정보의 공유(정보는 다른 사람들끼리 공유함으로써 서서히 부가가치가 창출되어 감)이다. 소셜 북마킹, 소셜 태깅, 트랙백(Trackback)[1] 등을 예로 들 수 있다.

오라일리의 정의 이후, 최근에는 지능화된 웹이 시맨틱(Semantec)기술을 이용해 이용자가 원하는 데이터만이 아니라 상황인식을 통해 이용자 맞춤형 콘텐츠와 서비스를 제공하는 웹 3.0의 개념이 새롭게 정의되고 있다. 웹 1.0부터 웹 3.0까지의 개념과 특징을 비교하면 다음의 표와 같다[144].

---

1 트랙백(Trackback)은 블로그에서 사용하는 주요 기능 중 한 가지로서, 역방향 연결 고리를 자동적으로 생성해 주는 기능을 말한다. 즉, 이 기능을 사용하며 A포스트에서 B포스트로 정보를 보내면 B포스트에 A포스트로 연결되는 고리가 자동으로 생기는데, 이런 과정을 트랙백이라고 부른다. 트랙백 기능은 블로그 이외에 위키위키(WikiWiki)나 뉴스 사이트에서 제공하기도 한다. 트랙백은 1인 미디어를 지향하는 블로그들 사이의 연결 고리를 통해 네트워크를 만들어 내는 역할을 한다. 누군가의 블로그를 읽고 그에 대한 의견을 자신의 블로그에 써 넣은 후 트랙백을 주고 받으면 원래의 글 아래에 자신의 블로그에 쓴 해당 글로 가는 연결 고리가 붙게 된다.

[표 1-1] 웹 1.0과 웹 2.0, 웹 3.0의 비교

구분	웹 1.0	웹 2.0	웹 3.0
시기	1990년~2000년	2000년~2010년	2010년~2020년
키워드	접속 (Access)	참여와 공유(Participation and Sharing)	상황인식 (Context)
콘텐츠 이용형태	생산자가 이용자에게 일방적으로 콘텐츠 제공-이용자는 콘텐츠 소비자	이용자는 콘텐츠의 생산자이며 소비자이며 유통자	지능화된 웹이 이용자가 원하는 콘텐츠를 제공-개인별 맞춤 서비스 제공
검색	검색엔진 내부에서만 가능	여러 사이트에 있는 자료의 개발(Open API)	사용자 맞춤형 검색
정보 이용자	인간	인간	인간, 컴퓨터(기계)
기반 기술	브라우저, 웹 저장	브로드밴드, 서버 관리	시맨틱 기술, 클라우드 컴퓨팅, 상황인식
대응 단말	PC	주로 PC(모바일 단말 일부 포함)	PC, 모바일 단말, 시계와 같은 액세서리 등 다양

여기에 더해, 2020년~2030년까지의 미래를 웹 4.0으로 예측하는 학자들도 있다. 웹 4.0은 컴퓨터가 곧 사람인 시대가 될 것이라는 주장이다. 컴퓨터 스스로 학습하고 행동하며 인간만이 가질 수 있는 상황 판단력과 적응력을 갖게 되는, 영화 같은 시대가 시작될 것이라고 예견하는 전문가들도 있다[145].

팀 오라일리(Tim O'Reilly)와 존 바텔리(John Battelle)는 웹 2.0의 특징을 "개방, 참여, 공유(웹2.0의 대표적인 키워드이며, 특히 사용자가 정보의 소비자이자 생산자가 되는 인터넷 통합 환경을 통칭함)", "가벼워진 웹 SW와 풍부한 사용자 경험", "플랫폼으로서의 웹", "집단 지성의 기반이 되는 데이터", "참여 구조(Architecture of Participation)에 의한 네트워크 효과", "(오픈소스 개발과 같이) 여러 시공간에 흩어져 있는 독립적인 개발자들이 공동으로 참여해 혁신하는 시스템이나 사이트", "콘텐츠와 서비스 신디케이션을 통한 가벼운 비즈니스 모델

(Lightweight Business Model)", "기존의 소프트웨어 개발 사이클과는 다른 영원한 베타(The Perpetual Beta)", "롱테일의 힘을 극대화시키는 소프트웨어(하나의 장치에서만 동작한다는 기존의 소프트웨어 관념을 뛰어넘어 여러 이기종(異機種) 장치에서 하나의 소프트웨어로서 구동)" 등을 핵심 요소들로 정리했다[258].

이러한 웹 2.0을 UCC나 소셜 네트워크, 마이크로포맷, RSS/Atom[2], 웹서비스, 시맨틱 웹 등과 같은 기술적인 측면이 아닌 비즈니스 모델의 차원, 즉 '가치의 파악과 소비가 생산자나 운영자와 같은 특정 소수에 의해 인위적으로 조정되지 않고 많은 소비자 집단들에 의한 단순화된 가치 소비 과정'으로 변화해가는 사회적 측면에서 해석한 사람들이 돈 탭스코트(Don Tapscott)와 앤서니 윌리엄스(Anthony D. Williams)이다. 그들의 저서 『위키노믹스: 어떻게 대규모 협업이 모든 것을 바꾸는가』[1]는 2006년 출간된 책으로, 이 책의 제목인 '위키노믹스(Wikinomics)'는 위키백과[3]의 위키(Wiki)[4]와 경제학(Economics)을 합쳐 만든 신조어이다. 인터넷을 통해 대규모 군중들의 참여와 협업을 성공적으로 현실화한 위키백과사전에서 이름의 반을 따온 위키노믹스라는 신조어는 웹 2.0 시대에서 대중들의 지성과 지혜를 바탕으로 한 협업이 중심적 역할을 하는 새로운 경제, 비즈니스 패러다임이 부상하고 있음을 상징하고 있다[259].

---

2 아톰(Atom)은 웹로그나 최신 소식과 같은 웹 콘텐츠의 신디케이션을 위한 XML 기반의 문서 포맷이자, 웹로그 편집을 위한 HTTP 기반의 프로토콜이다.

3 위키백과 또는 위키피디아(Wikipedia)는 누구나 편집할 수 있는 인터넷 백과사전으로 대중의 참여에 힘입어 200년 역사의 브리태니커 사전의 정보량을 5년만에 따라잡았다. 위키 미디어 재단 창립자 지미 웨일스(Jimmy Donal "Jimbo" Wales)는 1998년 처음으로 백과사전 콘텐츠의 세계에 뛰어들었다. 당시 그는 주제별 전문가와 학자들을 끌어모아 1년 동안 12만달러를 투입해 프로젝트를 진행했지만, 완성된 항목은 달랑 24개뿐이었다. 그때 웨일스의 직원 중 하나가 워드 커닝험(Ward Cunningha)이 발명한 위키(여기서는 웹브라우저를 사용해 간편하게 콘텐츠를 만들거나 편집할 수 있는 서버 소프트웨어를 가리킴)를 소개했고, 웨일스는 사이트를 훨씬 개방적으로 조직하는 방식을 써서 처음부터 다시 시작하기로 마음먹었다. 협업의 힘은 놀라웠다. 이후 위키피디아는 브리태니커보다 15배나 많은 정보를 갖게 되었다. 네이처가 두 백과사전의 정확성을 비교해봤더니 놀랍게도 거의 차이가 없었다. 브리태니커는 123개, 위키피디아는 162개의 오류가 발견되었다. 하지만, 위키피디아는 오류를 거의 실시간으로 수정한다. 브리태니커는 오류 수정에 적어도 2년이 걸린다. 위키피디아는 가입자 수백만 명이 참여하여 항목을 편집하고 감시한다. 10만 명 정도는 일인당 10개 이상의 항목에 참여한다. 페이지를 관리하고 소프트웨어를 개발하고 저작권을 관리하는 전문분야의 일은 대부분 자원봉사자가 담당하고 유급직원은 다섯 명뿐이다. 오늘날 위키피디아는 200여 개의 언어로 작성된 400만개 이상의 항목들을 거느린 현대판 '알렉산드리아의 도서관'이 되었다.

4 위키(Wiki)는 '빠르다'는 뜻의 하와이 말이다.

네트워크 환경(웹 2.0)의 변화로 전 세계 사용자들이 인터넷을 통해 자발적으로 참여하는 개방형 대규모 협업(Mass Collaboration)이 확산되고 있다. 웹 2.0의 특성인 개방, 참여, 공유를 통해 많은 사람들이 접근할수록 정보의 오류는 점차 줄어들고, 보다 가치 있는 방향으로 수렴되는 집단지성(Collective Intelligence)이 발현되고 있는 것이다.

이에 따라 생산자, 소수 전문가 중심에서 소비자와 일반대중 등의 참여 · 공유 · 개방을 강조하는 「위키노믹스」 경제체제로 패러다임이 전환되고 있다. 과거의 협업이 소규모 · 국지적 협업이었다면, 현재의 협업은 자발적 · 전 세계적 · 대규모 참여를 바탕으로 하고 있다는 것이다.

이러한 현상을 경제학의 관점에서 보면 기존의 경제학, 즉 이코노믹스(Economics)는 생산자와 소수 전문가 집단에 의한 폐쇄적 · 수직적 혁신 체계였으나, 위키노믹스(Wikinomics)는 참여 · 공유 · 개방을 기초로 한 대중의 협업에 의한 혁신 체계인 것이다 [146].

[표 1-2] 이코노믹스와 위키노믹스의 주요 특징 비교

구분	이코노믹스(Economics)	위키노믹스(Wikinomics)
핵심가치	핵심역량의 전유(專有), 경쟁	참여, 공유, 개방
사회적 배경	제조업 기반의 산업사회	IT기반의 지식사회
경영전략	규모의 경제 달성 및 거래비용 절감을 위해 대형화 추구	낮은 외부 거래비용으로 인해 소형화, 네트워크화(유사기업 연결) 추구
조직	폐쇄적, 수직적 계층구조	개방적, 수평적 관계
인재활용	자체직원/아웃소싱으로 이분화	인터넷상의 전 세계 인재활용 (내 · 외부 경계 모호)
핵심기술 R&D 전략	내부 연구인력을 활용한 자체 R&D	적극적 정보공유 및 외부 인재 활용을 통한 개방형 R&D
지식재산권	특허획득 또는 사내기밀로 보호	선택적 개방(핵심기술 및 완성 제품을 제외한 지식재산을 모두 공유)

또, 참여 모델과 오픈 모델로 대표되는 웹 2.0의 철학들이 기업의 R&D 활동, 생산활동, 판매·광고 활동에 어떤 영향을 미치고 있고 기업, 산업계 전반의 생태계를 어떻게 변화시키고 있는지를 보여주는 이들의 저서 『위키노믹스』에서는 개방·참여·협력을 통한 혁신(동등계층 생산[5]) 사례(캐나다 금광회사인 '골드코프', 전 세계 서버용 OS의 27%를 점유하고 있는 '리눅스' 등), 고객 주도 혁신(프로슈머[6]) 사례(고객니즈의 적극적인 반영을 위해 출시한 로봇 장난감의 프로그램 소스를 공개한 '레고', 가상기업을 통해 사용자들이 실제 경제적 효과를 창출하고 있는 가상환경인 '세컨드 라이프' 등), 개방형 혁신(이데아고라[7]) 사례(150만 명의 외부 전문가 네트워크를 통해 신제품 아이디어를 발굴하고 있는 'P&G', 175개국 9만 여명의 과학자 집단과 전 세계 주요 기업을 연결해 각종 R&D 과제의 솔루션을 제시해 주는 인터넷 비즈니스 회사인 '이노센티브' 등) 등 글로벌 기업들의 새로운 비즈니스와 혁신 사례들을 다수 소개하고 있는데, 그중에서도 최근 자주 인용되고 있는 사례를 하나 살펴보면 다음과 같다.

골드코프의 사례는 기업들이 핵심정보와 자원을 숨기고 내부적으로만 혁신을 추구하며 자신들만의 이익을 창출하려는 기존의 접근법 대신 개방성, 동등계층생산(Peering), 공유, 세계적인 행동 등에 기반한 새로운 비즈니스 개념들을 통해 생존을 모색하고 있다는 것을 반증하고 있는데, 이는 오픈소스 철학과 방식이 리눅스나 위키피디아와 같은 IT 비즈니스 영역에서뿐만 아니라 전 산업영역에 작동할 수 있다는 것을 보여주는 예라 할 수 있다.

---

5 동등계층 생산(Peer Production) – 동등계층(Peer)은 흔히 P2P(Peer To Peer)라고 하는 대규모 참여 네트워크에서 자료를 공유하는 주체이다. 이때, 수천명의 자발적인 동등계층이 협업하여 새로운 부가가치를 창출하는 것을 동등계층 생산이라 한다.

6 '프로슈머(Prosumers)' – 소비자가 제품을 개발할 때, 직접 혹은 간접적으로 개발·생산에 참여하는 방식으로 앨빈 토플러의 저서 『제3의 물결』에서 처음 사용되었다.

7 '이데아고라(Ideagoras)' – 아이디어(Idea)와 고대 그리스의 시민 집회장(Agora)을 합성한 말로, 인재와 아이디어가 모이는 무한한 지식거래 시장을 의미한다.

Web 2.0의 원리는 공개, 공유, 협업이다. 공개는 솔직함, 투명함, 유연성, 자유, 접근성을 연상시키며 표준화, 오픈소스, 조직의 신뢰성에 많은 기여를 했다. 공유의 힘은 지적재산에만 한정되는 것이 아니고 컴퓨팅, 콘텐츠, 과학기술연구 등에도 적용할 수 있다. 협업은 기존 수직구조 작업에서 수평구조 작업으로의 전환이다. 협업의 가치는 리눅스, 위키피디아 등 소프트웨어, 콘텐츠, 문화생산 등에서 입증되었다. 최근에는 자동차, 비행기[8][1] 등 물리적 사물의 생산에서도 협업을 통한 혁신이 가능하다는 것을 입증하는 사례들이 늘고있다.

---

8 보잉은 항공 워크플로우 소프트웨어를 사용해서 28일이 걸리던 보잉 737기 한 대의 설계를 11일 만에 완성한다. 비행기 설계는 24시간 작업일정을 정해놓고 3교대 작업조를 운영한다. 작업조는 모스크바에 2교대, 미국에 1교대를 구성하여 서로 설계도를 주고받는다. 보잉의 787 비행기의 경우 사흘 만에 만든다. 비행기 제작은 기획에서 설계, 제작에 이르기까지 실시간 협업시스템을 이용한다. 미국, 러시아, 일본, 영국, 인도 등 6개국 100여 개 업체가 참여하는 글로벌 협업의 산물이다.

1.2 개방형 혁신과 협업

최근 우리 사회에서 협업을 통한 기술혁신, 즉 '개방형 혁신'이라는 키워드가 화두가 되고 있다. 기업들에게 있어서 '기술혁신'의 의미는 그 기업의 생존과 미래에 직결되는 문제이자 경쟁을 성공으로 이끄는 가장 중요한 동인이다. 연구 결과에 따르면, 기업들은 최근 5년 동안 개발된 제품들에게 매출과 이익의 1/3 이상을 의존하고 있다[2]. 즉, 신기술과 신제품을 끊임없이 만들어내지 못하면 더 이상 매출과 이익을 달성하지 못하고 시장에서 도태될 수밖에 없다는 것이다.

혁신의 중요성이 갈수록 증가하는 것은 시장의 세계화 때문이다. 외국기업들과의 경쟁은 차별화된 제품과 서비스를 생산하기 위해 끊임없는 혁신을 하도록 기업들에게 압력을 주었다[3]. 그러나 대부분의 혁신적인 아이디어는 성공적인 신제품으로 이어지지 못한다. 많은 연구들에 따르면 수 천 가지의 아이디어 중에 단 하나만이 성공적인 제품으로 만들어진다고 한다. 많은 프로젝트는 기술적으로 실현 가능한 제품을 만드는 데 실패하며, 혹시 성공하더라도 상업적으로 수익을 얻지 못하는 경우가 많다[3]. 초기의 정제되지 않은 수많은 아이디어들 중의 일부가 기획의 과정에서 정제되고, 이것들 중의 일부가 프로젝트로 조직되고, 그 과정에서 몇몇의 성과가 제품으로 만들어지는 개발의 과정을 거쳐서 그중의 일부가 실제 출시되고, 출시된 제품들의 일부만이 시장에서 성공하는 것이 기술혁신의 과정이다. 이러한 현상을 쉴링(Melissa A. Schilling)의 저서에서는 소위 '혁신의 깔대기'로 표현되고 있는데, "3,000개의 정제되지 않은 아이디어에서 1개의 성공적인 제품이 나온다"고 이야기하고 있다(이에 대한 자세한 내용은 쉴링의 문헌[3]을 참조하기 바란다).

대부분의 성공적인 기업들은 과거에도 그랬고, 지금도 그러하지만 항상 끊임없는 혁신을 추구하여 왔다. 그것은 곧 그 기업의 경쟁력의 원천이기 때문이다. 이를 위해 많은 영역에서 연구개발(R&D) 투자를 해왔으며, 그것의 성과가 곧 그 기업의 이윤을 의미하였다. 그러나 이러한 노력들도 어느 순간부터 한계에 부딪혔다. 기술의 발전 속도는 갈수록 빨라지고, 더 새롭고 더 좋은 것을 추구하는 소비자들의 욕구도 끊임없이 변화하기 때문이다.

분석 갈수록 빨라지는 기술 발전 속도와 짧아지는 제품의 수명주기

'황의 법칙'은 반도체 메모리 용량이 해마다 2배씩 증가한다는 이론이다. 황창규 전 삼성전자 사장이 2002년 발표한 '메모리 신성장론'의 골자로, 그의 성을 따서 '황의 법칙'이라고 부른다. 앞서 1960년대 반도체 시대가 열리면서 인텔의 공동설립자 고든 무어는 마이크로칩에 저장할 수 있는 데이터 용량이 18개월마다 2배씩 증가하며 PC가 이를 주도한다는 이론을 제시했다. 이른바 '무어의 법칙'이다. 실제로 당시 무어의 법칙과 비슷하게 메모리 용량이 향상되었다. 그러던 것이 불과 몇 십년 만에 '황의 법칙'으로 공식이 바뀐 것이다.

TV, VCR, 오디오 등의 가전제품은 80년대 초반까지만 해도 새 모델의 수명을 평균 2~3년은 안정적으로 유지할 수 있었다. 하지만 이후 국내 전자기술의 급속한 발전은 이들 제품의 수명을 1년 안팎으로 줄여놓고 말았다. 내구재에 속하는 자동차 역시 과거 한 모델이 7~8년씩 생산되던 것과는 달리 최근에는 5년에서 3년 정도로 그 주기가 크게 짧아지고 있다. 컴퓨터는 그야말로 최근들어 '하루가 다른 상품'이다. 과거에는 적어도 2~3년간 인기를 누릴만한 제품이 최근에는 1년을 버티지 못하고 구형제품으로 밀려나고 있다. 컴퓨터 업계 관계자들은 '컴퓨터 신모델의 상품 수명은 대체적으로 6개월 안팎'이라고 분석한다[149].

『기술경영과 혁신전략』의 저자인 쉴링(Schilling, Melissa A.)은 그의 저서[3]와 논문[4] 등에서 '제품수명주기'를 '제품의 출시에서 다음 세대 제품의 출현으로 인한 시장에서의 퇴출과 대체까지의 기간'으로 정의하고 있는데, "소프트웨어의 경우 4~12개월, 컴퓨터 하드웨어와 컴퓨터 제품은 12~24개월, 가전 및 전자 제품은 18~36개월로 짧아지게 되었다"고 분석하고 있다.

물론, 이처럼 제품의 수명주기가 줄어드는 이유는 기술이 빠르게 발전하고 있고, 새로운 기술에 기반하여 새로운 제품들이 쏟아져 나오기 때문이다. 그러나 기본적으로 제품의 생산비용을 회수하고, 투자에 따른 이윤을 충분히 확보해야 하는 기업 활동의 원리에 따르면, 개발한 기술과 생산한 제품을 최대한 오랜 기간, 많은 소비자들에게 판매할 수 있어

야 하므로 제품의 수명주기를 단축하는 것은 생산자들의 의도가 아니다. 결국 외부 요인들이 작용하고 있는 것인데, 바로 소비자들과 경쟁자들이 수명주기의 단축을 압박하고 있는 것이다.

소비자 측면의 변화로는 신제품에 대한 고객들의 기호가 빠르게 바뀌고 다양해지고 있다는 것이다. 과거에는 사람들의 선호를 일반화할 수 있었지만, 최근에는 일반화 하기가 어렵다. 일례로, 1990년의 경우 미국의 식품 잡화점에는 새로운 포장이나 디자인, 상품명을 가진 신상품의 수가 약 2만 6천종이었는데, 2000년에는 약 4만 종이 새롭게 진열되었다. 하지만 고객들은 한 해 동안 150여 품목을 구입하는 데 그치고 있다고 한다[147]. 과거와 달리 풍요 속에서 다양한 선택권을 가진 소비자들의 구매를 유도해야 하는 기업의 입장에서는 신제품 출시를 앞당길 수밖에 없게 되고, 제품수명이 짧아지게 되는 것이다.

경쟁자 측면에서는 기술의 발전에 따른 새로운 경쟁 기업의 빈번한 출현을 원인으로 볼 수 있다. 하루가 다르게 등장하는 신기술과 동시에 완전히 새로운 기업이 부상하는 사례가 속출하고 있다. 독보적인 기술과 제품으로 오랜 기간 시장을 석권하면서 자만에 빠진 기업들이 몰락하는 사례(예: 14년간 휴대폰 시장을 평정했던 노키아의 몰락 등)들은 쉽게 찾아볼 수 있다. 다른 기업에게 시장을 빼앗기지 않으려면 계속해서 신제품을 만들고, 경쟁자들보다 빨리 출시해야 하는것이다.

또, 정보의 공개 속에서 새로운 기술을 내어 놓기 무섭게 경쟁자들이 이를 모방하고 추격(소위 패스트 팔로어 , Fast Follower)해오기 때문이다.

분석 **퍼스트 무버 vs 패스트 팔로어**

기업 경영의 관점에서 퍼스트 무버(First Mover, 선도자)는 세상에 존재하지 않던 독창적인 제품을 만들어 새로운 시장을 창출하는 기업을 의미한다. 퍼스트 무버는 '최초 출시', '대중시장화의 선도', 그리고 '시장 재정의'라는 세 가지 유형으로 나뉜다[148].

첫 번째, '최초 출시' 유형은 다른 기업들보다 새로운 산업이나 제품 분야에 일찍 진입하여 최초로 제품을 출시하는 기업이다. 탄산음료에서 코카콜라, 안전면도기에서 질레트, 진공청소기에서 후버(Hoover), 즉석카메라에서 폴라로이드가 그 예이다. 이들 기업은 세상에 없던 제품을 처음 선보여 새로운 시장을 개척한 퍼스트 무버이다. 이 유형의 퍼스트 무버가 가지는 경쟁적 이점은 선점한 시장에 후발 주자들이 쉽사리 들어오는 것을 막는 강력한 진입장벽(특허, 전환비용[5][9] 등) 구축에 기인한다고 볼 수 있다.

두 번째, '대중시장화 선도' 유형은 새로운 시장의 표준이 되는 지배적 디자인(Dominant Design)[10][6]이 출현하는 타이밍을 알아차리고 최적의 시점에 시장에 진입하여 시장에서 성공하는 기업이다. 최초의 제품을 만들고도 대중화 경쟁에서 추월당한 사례는 빈번하다. P&G가 1961년에 내놓은 '팸퍼스'를 최초의 일회용 기저귀라고 생각하지만, 사실은 1932년 존슨앤존슨 계열사인 치커피 밀즈의 '척스'가 최초이다. 최초의 온라인 서점도 '아마존'이 아니라, 1991년 미국 오하이오주에서 '컴퓨터 리터러시 북스토어(Computer Literacy Bookstore)'라는 서점 체인을 운영하던 찰스 스택이라는 사람에 의해 처음으로 구현되었다.

세 번째 유형은 후발 주자가 세상을 뒤흔들만한 혁신으로 '시장을 재정의' 함으로써 기존 시장의 선발 진입자가 몰락하거나 전체 시장의 파이가 더 커지는 경우이다. 최초의 웹 검색 엔진 서비스는 알리웹(Aliweb)이었고, 상업적 성공을 거둔 첫번째는 라이코스였다. 이어서 사람들이 원하는 웹사이트를 찾는 가장 대중적인 도구로 검색시장을 만든 퍼스트 무버는 디렉토리 방식의 야후였다. 반면 뒤늦게 뛰어든 구글은 사용자 관점에서 페이지 링크 정보를 분석해 최적의 문서를 판단해 찾아주는 페이지랭크(PageRank) 방식으로 시장을 새롭게 정의했다. 이전보다 월등한 검색엔진으로 시장의 파이를 키우고 동시에 기존의 그래픽 기반 배너 광고에서 텍스트 기반 검색 광고로 시장을 재편하는 데 성공한 구글은 야후를 제치고 시장을 선도할 수 있었다. 웹 검색엔진이라는 미지의 시장을 처음 발견한 것은 알리웹이지만, 디렉토리 방식으로 대중시장화를 이끈 것은 야후라 할 수 있고, 혁신적 방식으로 재정의된 시장에서의 퍼스트 무버는 구글로 볼 수 있다.

반면, 패스트 팔로어(Fast Follower, 빠른 추격자)는 퍼스트 무버가 만든 제품을 빠르게 벤치마킹하여 제품을 개선하고 더 저렴하게 팔아 퍼스트 무버의 시장을 잠식하는 기업을 뜻

---

9 전환 비용(Switching Cost)은 한 제품에서 경쟁사의 다른 제품으로 전환하는 데 드는 비용이다. 생산자나 소비자가 현재 사용하는 기술, 제품, 서비스에서 다른 기술, 제품, 서비스로 전환할 때 발생하는 소비자의 비용을 말한다.

10 지배적 디자인이란 기업이 자신에 필요한 혁신에 노력을 쏟아 부을 수 있도록 안정된 구조로 만들어진 제품의 형태로 다수의 제조자들에 의해 채택된 것을 의미한다.

하는 용어이다. 1970년대 일본 기업과 90년대 이후 한국 기업들이 이 전략을 주로 채택했다. 삼성전자, 펩시, 도요타, 코스트코, 크라운홀딩스 등이 대표적인 사례이다. 패스트 팔로어가 퍼스트 무버와 다르게 누릴 수 있는 이점은 다음과 같다[204].

첫째, 기술의 불확실성을 최소화하고 투자비용을 절감할 수 있다. 연구에 의하면 선발 기업의 11%만이 시장 지배력을 유지하고, 47%는 기술 불확실성을 극복하지 못해 사업에 철수한다고 한다. 또한 48개 산업에서 기업의 비용구조를 분석해 보면 후발 기업의 평균 개발 비용은 선발 기업의 65% 수준에 불과한 것으로 나타났다. 즉 후발주자는 더 적은 비용을 투자해 선도기업의 기술적 약점을 극복한 제품을 내 놓을 수 있는 것이다. 예를 들어 컴퓨터 단층촬영기의 경우, 노벨상을 받으며 승승장구한 EMI가 1970년대 초까지 시장의 50%를 장악하고 있었다. 그러나 EMI가 성능은 좋으나 사용성이 약한 것을 꿰뚫어 본 GE는 품질에서 밀리지 않으면서도 사용자에게 더 편리한 제품을 출시함으로써 1978년에 1등으로 도약했다. 전형적인 패스트 팔로어라고 할 수 있다.

패스트 팔로어의 두 번째 이점은 시장 진입의 최적 타이밍을 잡을 수도 있다는 것이다. 퍼스트 무버들은 무엇보다 기술 불확실성뿐만 아니라 시장 불확실성을 온몸으로 뚫고 나가야 한다. 잘 해나가면 좋겠지만 이전에 있지 않았던 시장을 개척해 나가는 것은 쉬운 일이 아니다. 후발주자는 선구자가 온갖 비바람을 맞아가며 헤쳐나가는 것을 구경하면서 이 시장이 들어갈만한지 혹은 언제쯤 들어갈만한지를 생각해 볼 수 있다. 예를 들어 1970년대 콘티넨털은 미국 캔 제조업체 1위였는데, 캔 시장의 한 단계 도약을 위해 스틸 캔에서 알루미늄 캔으로 생산을 선회하였다. 물론 알루미늄 캔이 스틸 캔보다 더 좋았지만 알루미늄 캔의 생산설비는 스틸 캔보다 13배나 더 비쌌다. 이때 2위 업체였던 크라운 홀딩스는 콘티넨털을 급하게 따라가지 않고 스틸 캔을 계속 생산하면서 시장의 상황을 주시하였다. 급기야 콘티넨탈은 캔을 구입하는 업체들로부터 단가 인하 압력에 시달리게 되어 도산 위기에까지 몰리게 되었다. 크라운 홀딩스는 콘티넨탈을 헐값에 인수하여 미국 최대의 캔 제조업체로 거듭났다.

한편, 국내 기업인 삼성의 패스트 팔로어 전략을 곱지 않은 시선으로 바라보는 이들은 '시장을 개척하기보단 레드 오션에서 적당한 제품을 낮은 가격으로 내놓아 시장 점유율을 끌어올리는' 자세라고 비판하며, '요즘 한국을 상대로 중국이 하는' 행태라고 꼬집고 있다[268]. 실제로 이 점은 삼성에서도 인정하고 있는데, 2012년 2월 27일 스페인 바르셀로나에서 열린 모바일월드콩그레스(MWC)2012에 참석한 최지성 삼성전자 부회장이 "중국기업들이 10년 전에 우리가 했던 일을 그대로 하고 있어 긴장된다"고 밝혔다고 한다[275]. 그러나 이에 대해 비판적인 시각만 있는것은 아닌데, 2012년 2월 28일 IEEE의 웹진 '스펙트럼'은 미국 기업에게 한국 IT기업의 속도전을 배우라고 역설하는 '한국으로부터 배워야할 교훈'이라는 제목의 칼럼을 실었다. 기고자인 그렉 자카리(Greg Zacharias) 미국 애리조나 주립대학 교수는 칼럼에서 스마트폰 분야의 '퍼스트 무버'인 애플에게 '한 방'을 먹일 수 있는 삼성과 같은 기업이 출현하게 된 것은 한국의 패스트 팔로어 전략의 성공에서 나온 대표적 성공사례라고 주장했다. 자카리 교수는 "미국은 차세대 기술과 과학에 집중한 대신 일자리와 수익을 잃었으나 한국은 기존 시스템을 개선해 수익을 내는데 집중했다"고 분석했다[275].

최근에는 삼성과 같은 글로벌 대기업의 패스트 팔로어 전략을 '슈퍼 패스트 팔로어 전략'이라고 정의하기도 한다. 삼성경제연구소에서는 슈퍼 패스트 팔로어의 성공 요인으로 풍부한 현금, 다양한 옵션, 빠른 의사결정력 및 실행력, 대규모 공급사슬 확보 및 유지 역량, 충성고객 및 브랜드 이미지 구축 등의 다섯 가지를 제시하고 있다. 아메리칸 익스프레스는 신용카드의 퍼스트 무버가 아니었다. 다이너스 클럽이 신용카드업의 효시라고 할 수 있다. 하지만 아메리칸 익스프레스는 그전까지 여행자수표 사업으로 벌어들인 엄청난 자금을 가지고 1958년 신용카드 사업에 진출 시 카드 가맹점 및 가입자 확보에 집중 투자를 하였다. 그 결과 사업 1년 만에 가맹점 3만 2,000개에 가입자 수만 50만명에 이르게 되었고, 1960년대 후반에 들어 동종업 1위를 할 수 있었다.

이 속에서 기업들이 내어 놓은 상품들의 수명 주기는 짧아지고, 심지어 소비자들(프로슈머)의 욕구가 기업의 속도를 뛰어넘기까지 하는 상황이다.

분석   프로슈머

프로슈머(Prosumer)[266] 또는 생비자(生費者)는 생산자와 소비자의 역할을 동시에 하는 사람을 나타내는 말이다. 생산 소비자 또는 참여형 소비자라고도 한다. 생산자(Producer) 또는 전문가(Professional)와 소비자(Consumer)가 결합되어 만들어진 신조어이다.

프로슈머의 개념은 1972년 마셜 맥루언(Marshall McLuhan)과 베링턴 네빗(Barrington Nevitt)이 『현대를 이해한다(Take Today)』에서 "전기 기술의 발달로 소비자가 생산자가 될 수 있다"라는 말로 처음 등장했으나, "프로슈머"라는 단어는 1980년 앨빈 토플러(Alvin Toffle)가 『제3물결(The Third Wave)』에서 최초로 사용했다.

생산자와 소비자가 결합되었다는 것은 소비자이기는 하지만 제품 생산에도 기여한다는 의미이며, 전문가와 소비자가 결합된 경우는 비전문가이지만 타 전문가의 분야에 기여한다는 의미이다. 프로슈머는 기존 소비자와는 달리 생산활동 일부에 직접 참여하는데, 이는 각종 셀프 서비스나, DIY(Do It Yourself) 등을 통해서 나타나고 있다. 또한 이들은 인터넷의 여러 사이트에서 자신이 새로 구매한 물건(특히 전자제품)의 장단점, 구매가격 등을 다른 사람들과 비교, 비판함으로써 제품개발과 유통과정에 직간접적으로 참여할 수 있다. 프로슈머의 등장을 촉진한 요소는 다음과 같다.

- 전체적 소득 및 여가시간의 증대
- 인터넷 등 통신 매체의 발달로 인한 정보 확보의 용이
- 전기/전자 기술의 발달로 인한 각종 장비 가격의 하락(기존에 전문가들만 사용할 수 있었던 제품들의 보급화)

초기의 프로슈머들은 제품평가를 통해 생산과정에 의견을 반영하거나 타깃 마케팅의 대상이 되는 등의 간접이고 제한적인 영향력만을 행사했다. 하지만 인터넷의 보급과 함께 이들은 보다 직접적이고 폭넓은 영향력을 행사하며 때로는 불매운동이나 사이버 시위 같은 과격한 방법으로 자신들의 의견을 반영한다.

실제로 2007년 4월 국내 모 통신업체가 무선인터넷 기능을 뺀 휴대전화를 선보여 관심을 모으기도 했는데, 사실 그 통신업체는 프로슈머인 한 대학생으로부터 이 같은 아이디어를 얻어 신제품을 선보인 것이었다. 왜 기업들이 프로슈머 마케팅을 추진할까? 크게 네 가지 이유가 있다.

첫째, 고객만족도 증대 효과가 있다. 소비자가 제품개발에 참여하면 고객의 요구사항을 그대로 반영할 수 있어 고객만족이 높아지는 이점이 있다. 둘째, 비용절감 효과를 거둘 수 있다. 고객 취향을 반영했기 때문에 신상품 개발을 위해 별도 비용을 들여 시장조사를 할 필요가 없어진다. 셋째, 고객 선점이 기대된다. 소비자가 특정 제품 개발에 관여할 경우

경쟁 업체 제품을 구입할 가능성이 크게 낮아져 결국 탄탄한 단골 고객층을 확보할 수 있게 된다. 넷째, 제품의 결합이나 안정성 등을 미리 검증할 수 있게 된다. 최근에는 프로슈머에서 한 단계 더 진보한 크리슈머(Cresumer, Creative Consumer), 즉 창조적 소비자라는 개념도 등장했다. 크리슈머들은 기존의 옷이나 상품을 변형해 자신만의 디자인으로 만들거나 두 상품을 합쳐 새로운 상품을 만드는 등 기존 콘텐츠를 편집하고 모아 자신만의 독특한 콘텐츠를 선보이는 소비자이다. 이러한 프로슈머 바람은 국내 광고업계에도 불어 소비자들이 광고 제작과정에 직접 참여하고 의견을 제안하는 소위 에드슈머(Adsumer, Advertising Consumer)로 거듭나고 있다. 소비자가 직접 제작한 UCC가 광고로 채택되거나 광고의 결말을 제시하지 않고 시청자의 의견이나 아이디어를 반영해 제작하는 형태 등이 그 예라 할 수 있다[199].

프로슈머는 소비자의 의견을 생산자에게 반영한다는 점에서 긍정적인 현상으로 평가받지만, 인터넷 매체의 특성상 허위사실을 유포하거나 무조건적인 안티(Anti) 문화를 형성하기도 한다는 비판을 받기도 한다.

그래서 끊임없는 연구개발 투자뿐만 아니라 빠른 속도의 연구개발 성과를 요구하는 것이다. 그러나 이것은 일개의 기업이 감당하기에는 한계가 있다. 효율성의 한계이다. 이것을 극복하기 위해서는 적은 투자로 좀 더 빠르게 소비자들이 원하는 것이 무엇인지를 정확하게 알고 거기에 맞는 기술과 제품을 만들어야 한다는 것이다.

• 참고 – 머신건 전략 vs 스나이퍼 전략

적이 있는 방향으로 기관총을 열심히 쏘는 것과 스나이퍼가 조준해서 한 발로 명중시키는 것의 차이이다. 소품종 대량생산의 시대에는 기업들이 이른바 '머신건(Machine Gun)' 전략을 구사해왔는데, 이러한 전략으로 인해 매출의 규모는 커졌지만 이익(효율)의 폭은 점점 낮아진다. 애플의 아이폰이나 과거의 모토로라 레이저 같은 경우 '스나이퍼(Sniper)' 전략으로 성공을 거둔 사례로 거론된다[150].

이를 위해 협업이 필수적이다. 초기의 협업은 기술을 가지고 있는 기업이 자금을 가지고 있는 기업들과 서로 부족한 부분을 메꾸어주는 협업이었다. 그 영역은 점점 확대되어 기술과 마케팅 협업, 설계/디자인과 기술, 제조 부분의 협업, 그리고 이를 넘어서서 기술과 기술의 협업(상호 보완적 기술) 등이 일반화 되었다.

협업의 기본은 내가 가지고 있는 기술과 지식의 제공이다. 이를 통해 상대방 또한 기술과 지식을 나에게 제공한다. 이런 속에서 서로의 신뢰가 형성되면 진정한 협업이 이루어지는 것이다. 이것을 일대일이 아닌 일대다의 개념으로 확장한 것이 개방형 협업이다. 즉, 외부의 광범위한 역량들을 활용하기 위해 문호를 개방하고 서로의 협업 방안을 모색하는 것이다.

분석 개방형 혁신의 개념 및 사례

'개방형 혁신(Open Innovation)'은 기업이 연구, 개발, 상업화에 이르는 일련의 혁신 과정을 개방하여 외부 자원을 활용함으로써 혁신의 비용을 줄이고 성공 가능성을 제고하며 부가가치 창출을 극대화하는 기술 혁신의 방법론을 의미한다. 이 개념은 2003년에 미국 UC 버클리 대학의 체스브로(Chesbrough) 교수가 '기업혁신의 새로운 패러다임으로서의 개방형 혁신'을 주창하면서 널리 알려지기 시작하였다[7].

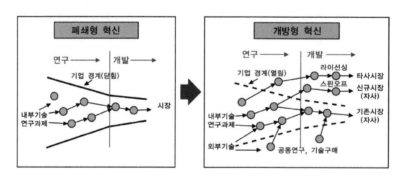

[그림 1-1] 폐쇄형 혁신과 개방형 혁신[7]

체스브로에 따르면 개방형 혁신 활동은 크게 '내향형(Outside-In)' 개방과 '외향형(Inside-Out)' 개방으로 구분된다. 전자는 외부의 기술이나 아이디어를 도입하는 것이고

후자는 기업 내부의 기술을 외부의 다른 경로를 통해 상업화하는 것을 의미한다. 내향형 개방의 유형으로는 기술 구매, 공동 연구, 연구 계약(위탁연구), 장기 지원 협약, 합작 벤처 설립, 벤처 투자, 기업 인수, 해결책 공모, 사용자 혁신, 집단지성 활용 등을 들 수 있고 외향형 개방의 경우, 기술 판매, 분사화(Spin-Off) 등이 그 예이다. 개방형 혁신의 세부 유형들은 아래 표와 같다.

[표 1-3] 개방형 혁신의 세부 유형[151]

범주	주요 주제
조직간 협력	산학연 협력, 공공-민간 파트너십, 트리플 헬릭스(Triple Helix)*, 기업간 전략적 제휴, 혁신 네트워크, 4세대/5세대 R&D
기술이전 및 확산	기술거래, 기술시장, 기술이전, 기술확산, 파급(Spillover)
기술창업	분사창업(Spin-Off), 기업벤처(Corporate Venture), 기술사업화
지적재산권	무형자산 관리, 기술가치 평가, IP 전략
사용자 혁신	사용자 혁신(User Innovation)
집단 지성	오픈소스 소프트웨어, 위키피디아
혁신 시스템	국가혁신체제, 혁신 클러스터

*트리플 헬릭스(Triple Helix)는 지식경제학, 과학기술학 등에서 지식기반 혁신체계의 구조를 기술하기 위해서 일반적으로 사용되는 네트워크 적 접근법을 의미한다.

개방형 혁신은 오랫동안 기업 혁신의 중요한 수단이었고 새로운 혁신 방법론은 아니지만, 최근 한 기업이 포괄하기 어려울 정도로 지식 기반이 확대되고, 인터넷 기반의 새로운 기술중개자(Innomediary)의 등장(예: NineSigma, InnoCentive), 사용자 혁신의 확산과 집단 지성을 통한 혁신(Crowd Sourcing)의 등장 등 지식 환경의 변화에 따라 그 중요성이 점증하고 있다. 이러한 지식 환경의 변화로 인해 기업들은 점점 더 개방형 혁신을 확대하는 추세에 있으며, 특히 정보통신, 인터넷, 소비재, 제약, 화학 등의 업종에서는 개방형 혁신이 일상화되는 경향이 두드러지고 있다. 개방형 혁신을 통한 대표적인 성공 사례[152][153]들은 다음과 같다.

❶ P&G

P&G는 1837년 비누 제조업자인 제임스 갬블(James Gamble)과 양초 제조업자인 윌리엄

프록터(William Procter)가 동일 지분 합작으로 미국 신시내티 지역에 설립한 회사이다. 타이드(세제), 팸퍼스(일회용 기저귀), 크레스트(치약), 오랄비(칫솔), 질레트(면도기), 듀라셀(건전지), 프링글스(스낵) 등이 대표적인 제품으로 년매출은 765억 달러에 달한다. P&G는 오픈이노베이션 프로그램인 C&D(Connect and Development)를 운영 중인데, CEO인 라플레이(Lafley)는 외부로부터 혁신의 50%를 획득하는 것을 회사의 목표로 설정하였다. 내부 7,500명의 R&D 인력에 더하여 외부 150만 명 R&D 연구자들을 R&D 조직으로 인식하여 상호 접근이 가능하도록 내외부간 경계를 허물었다. 운세를 새겨 넣은 프링글스 감자칩, 주름 개선제인 올레 리제너리스트 등 20개 이상의 주요 상품이 오픈 이노베이션의 결과물이다. C&D를 실행하기 시작한 2000년 당시 P&G 신제품의 15%만이 외부에서 비롯되었지만 2007년에는 그 비중이 50%를 상회한 것으로 나타난다. R&D 생산성은 60% 가까이 증가하였으며, 매출 대비 R&D 투자 비중은 2000년 4.8%에서 2006년 3.4%로 낮아졌다.

❷ 듀퐁

듀퐁(Dupont)은 1802년 화약회사로 시작하여 오늘날에는 과학 솔루션에 기반을 두고 농업, 식품 및 영양, 화학, 페인트, 플라스틱, 전자, 안전 및 보호, 수송 및 의류, 산업 바이오 등 다양한 산업 분야에 소재 및 서비스를 제공하고 있다. 최근 세계 화학산업이 전반적으로 성숙기에 진입함에 따라 새로운 사업 영역을 개발할 필요성이 커졌으며 대학, 창업기업(Start-Ups), 공공연구 기관 등의 기술공급자와 투자자, 심지어는 경쟁기업들과도 협력을 추진하고 있다. 파트너와의 협력에 기반한 듀퐁의 개방형 혁신 전략은 크게 라이센싱, 인수합병, 기술제휴, 벤처투자로 구분할 수 있지만, 대표적인 개방형 혁신 전략을 꼽으라면 라이센싱 전략이라 할 수 있다. 듀퐁은 개방형 혁신에 기반한 새로운 사업모델을 통하여 미래 성장사업으로 선정한 디스플레이 및 전자재료, 농화학, 바이오, 나노 사업에 역량을 집중함으로써 2003년부터 2007년까지의 통계를 기준으로 10%의 연평균 성장률을 유지하였다.

❸ 구글

구글(Google)은 1998년 래리 페이지(Larry Page)와 세르게이 브린(Sergey Brin)이 새로운 온라인 검색 엔진을 개발하여 전 세계에 보급하며 시작된 회사로, 2012년 기준 매출액 약 52조 6천억원, 2013년 포브스(Forbes) 선정 세계 브랜드 평가 5위를 차지할 정도로 급성장하였다. 변화의 속도와 폭이 큰 인터넷 서비스 산업의 특성상 개별 기업이 완벽한 서비스를 한 번에 만들 수 없기 때문에, 오픈 이노베이션을 핵심 전략으로 결정하였다.

특히, M&A를 통한 오픈 이노베이션 전략을 선택하였는데, 구글은 모바일 사업과 전혀 상관이 없던 회사였으나 모바일 운영체제 기업인 안드로이드를 2005년 인수하였다. 안드로이드 인수 후 휴대폰 제조사 및 응용 소프트웨어 개발자에게 소스코드를 모두 무료로 공개하고 자유로운 개발 환경을 제공하고 있는데, 현재 애플과 함께 모바일 산업을 이끌어가는 핵심 기업으로 성장하는 성과를 거두었다. 또한, 구글은 현재 안드로이드 플랫폼을 토대로 주요 자동차 및 IT 업체와 함께 자동차 산업의 혁신을 위한 오픈 이노베이션 프로젝트를 운영하고 있다.

❹ SK 텔레콤

SK 텔레콤은 대한민국 시장점유율 약 50%로 이동통신사 1위 기업이다. SK 텔레콤은 협력적 R&D 프로그램, 오픈 이노베이션 서밋, 오픈 아이디어 페스티벌(Open Idea+Festival), 협력업체 아이디어 공동 사업화, 개방형 협력지원, 오픈투유(Open2U) 사이트, 모바일 테스트 랩 등의 오픈 이노베이션 프로그램을 운영 중이다. 이를 통해 휴대폰 제조사, 인터넷 포털, 이동통신 서비스 제공기업, 금융회사, 자동차 회사 등 전후방 연계산업의 기업들과 공동개발을 통해 시너지 효과를 창출하는 한편, 일반 개인과의 협력을 통해 개인이 직접 콘텐츠를 만들고, 판매 수익을 배분하는 등의 노력을 지속하고 있다. SK 텔레콤은 오픈 이노베이션을 통해 2007년 기준 89건의 아이디어 중 33건이 채택되었고, 비즈니스 모델은 18건 중 11건, 상세개발 제안은 17건 중 13건, 테스트 베드는 4건 중 3건이 채택되었다고 밝히고 있다.

1.3 공유경제와 공유가치

최근 또 하나의 이슈가 되고 있는 패러다임으로 공유경제와 공유가치가 있다. 공유경제(Sharing Economy)는 2008년 미국 하버드대 법대 로런스 레식(Lawrence Lessig) 교수에 의해 처음 사용된 말로, 한번 생산된 제품을 여럿이 공유해 쓰는 협업 소비를 기본으로 한 경제 방식을 말한다. 대량 생산과 대량 소비가 특징인 20세기 자본주의 경제에 대한 대안으로 처음 생겨났다. 즉, 물품은 물론 생산 설비나 서비스 등을 개인이 소유할 필요 없이 필요한 만큼 빌려 쓰고, 자신이 필요 없는 경우 다른 사람에게 빌려 주는 공유 소비의 의미를 담고 있다. 최근에는 경기 침체와 환경 오염에 대한 대안을 모색하는 사회 운동으로 확대되어왔을 뿐 아니라, 비즈니스 모델로서도 각광을 받고 있다[8]. 현대의 소비자들은 '공유'라는 개념에 익숙해졌으며, 특히 SNS와 친숙한 젊은 층을 중심으로 음악, 사진, 파일 등의 공유가 일상생활의 일부분이 되고 있다. 이를 토대로, 많은 신생 혹은 기존 기업들이 '공유'의 개념을 보다 확장시키는 비즈니스 모델을 개발하고 있다. 가장 대표적인 예로, 교통 수단의 획기적인 공유를 표방하여 성공을 이룬 짚카(Zipcar), 그리고 주거 공간의 공유를 기반으로 한 에어비앤비(Airbnb)가 있다. 짚카는 도심을 기반으로 친환경적인 차를 스테이션마다 제공하여 공유 가능한 차를 쉽게 이용할 수 있게 하여 편의를 높였고, 에어비앤비는 오랫동안 독립적인 공간이라고 인식되어 온 개인의 주거공간을 개방하고 공유하며, 관광객들을 넘어서 사업 목적으로 방문하는 여행객들까지 소비자층으로 확대한 매우 성공적인 케이스이다[154].

이러한 공유경제를 바탕으로 한 기업들이 늘어나는 추세에 따라 이 산업들의 기업 가치를 측정함에 있어서 중요하게 거론되는 것이 CSV이다. CSV(Creating Shared Value, 공유가치창출)란 경제/사회적 조건을 개선시키면서 동시에 비즈니스 핵심 경쟁력을 강화하는 일련의 기업 정책 및 경영활동을 의미한다. 하버드 비즈니스 스쿨의 마이클 포터(Michael Eugene Porter)와 FSG의 공동창업자 마크 R. 크레이머(Mark R. Krame)가 2006년 12월에 하버드 비즈니스 리뷰에 발표한「전략과 사회: 경쟁 우위와 CSR 간의 연결」[9]에서 처음으로 등장한 개념이며, 2011년 1월에 발표한「공유가치를 창출하라: 자본주의를 재창조하는 방법과 혁신 및 성장의 흐름을 창출하는 방법」[17]에서 본격적으로 확장된 개념이다[250].

이 '공유가치창출'이라는 개념은 주주(Shareholder)의 가치 극대화에 머물지 않고 기업과 이해 관계에 얽혀 있는 모든 사람들(Stakeholder)과 지역 사회를 아우르는 가치 창출을 목표로 하는 모델이다. 즉, 기존의 CSR(Corporate Social Responsibility)이라는 일방적인 모델에서 탈피하여 공유할 수 있는 가치 생산에 중점을 둔 CSV(Corporate Shared Value)로의 전환을 촉구하고 있다[154].

분석 CSR와 CSV의 차별점

두 개념이 "선행을 통하여 이롭게 한다"라는 동일한 배경을 가지고 있지만, 기업의 사회적 책임(CSR)은 공유가치창출(CSV)과는 다르다. 「하버드 비즈니스 리뷰」에 게재된 공유가치창출 기사의 공동저자인 마크 크레이머(Mark Cramer)는 "공유가치창출"이라는 자신의 블로그에서 두 개념 간의 주요 차이점은 'CSV는 가치를 창출하는 것인데 반해 CSR은 책임에 관한 것'이라고 기술하고 있다. 이 개념이 'CSR의 새로운 확장 형태' 또는 '공유가치' 중 어느 것이든 간에, CSV는 이전의 CSR 활동과는 근본적으로 다르다[250].

[표 1-4] CSR과 CSV의 차이[10]

구분	CSR	CSV
가치	선행(Doing Good)	투입 비용 대비 높은 사회 · 경제적 가치 창출
키워드	시민의식, 자선 활동, 지속 가능성	기업과 공동체 모두를 위한 가치 창출
동기	자유 재량, 혹은 외부 압력에 대한 반응	경쟁의 필수 요소
이윤과의 관계	이윤 극대화와 관계 없는 활동	이윤 극대화를 위한 필수 요소
실행방법	외부 요구나 개인적 취향에 따라 활동 내용이 정해짐	기업별 상황과 내부 요인에 따라 활동 내용이 정해짐
효과	다른 기업 활동이나 CSR 예산 문제로 영향력이 제한됨	CSV를 위해 기업 전체 예산 재편성
예시	공정 구매	조달 시스템 자체를 혁신해서 품질을 개선하고 생산량 증대

CSR과 CSV의 결정적인 차이점은 비즈니스 연계에 있다. CSR은 시민의식과 자선활동을 동기로 가지고 있으며, 기업의 가치사슬상 존재하는 사회문제와 이와 관련된 이해관계자 이슈에 대응하는 활동을 의미한다. CSR을 위한 예산은 한정적이기 때문에 활동은 제한적일 수밖에 없다. 한편으로는 CSR이 가지는 중요성이 증가하면서 기업들이 외부적으로 부여된 사회와 환경에 관한 기준을 준수하기 위해 비용을 추가로 지불하거나 사업상 제약을 떠안게 되는 경우가 발생했다.

반면 CSV는 기업의 이윤극대화를 위한 전략 내에 사회적, 환경적 가치를 통합하는 개념이다. 비용으로 인식되는 CSR과는 다르게 CSV는 기업의 사회 · 경제적 효용을 증가시키는 점에서 기업의 경쟁 우위를 위한 기회에 초점을 맞추고 있다. 그리고 CSV을 위해서는 기업 본연의 전략을 재창조해야 하므로 기업 전체의 조직과 예산이 투입되어야 한다. 저자들은 위 논문에서 공정무역의 사례를 통해 CSR과 CSV의 사례를 설명하고 있는데, 가난한 농부가 재배한 농작물에 제값을 쳐주는 공정무역은 CSR 관점에서 빈곤을 해결하는 선행이라는 의미를 가지지만, 이는 현재의 파이를 재분배하는 것에서 그친다는 한계가 있다. 반면, CSV는 농법을 개선하고 농부를 위한 지역 협력과 지원 체계를 구축하는 방법으로 접근하여 농부들이 더 효율적이고 지속가능한 방법으로 작물을 재배해 수확량과 품질을 개선하도록 도우면서 농가 소득에도 보탬이 된다. 이처럼 CSV는 CSR 개념이 변모, 확장되었다고 볼 수 있다.

또, CSV는 경쟁이 심한 자본주의 시장에서 기업이 살아남는 길을 제시한다는 점에서 CSR을 대체하는 개념이다. CSR이 사회적 압력에 의해 선행을 베풀고 이를 통한 기업평판 제고에 가치를 두는 데 반해서, CSV는 수익극대화라는 경쟁세계에서 비용대비 경제적, 사회적 편익 모두를 창출하는 것에 가치를 둔다. CSV는 외부요인에 이끌려가거나 CSR이 가지고 있는 재무예산의 제약을 떠나 내부적으로 형성된다. CSV가 출현하고 전 세계적인 호평을 받으면서 기업들은 지속적인 성장이라는 자신들의 비전에 대하여 보다 숙고하기 시작했다.

기업이 공유가치를 창출하기 위해서는 다음과 같은 세 가지 조건을 충족해야 한다[250][9].

첫째, 제품과 시장에 대한 재구상이다. 기업은 시장에 더 나은 서비스를 제공하거나, 새로운 시장을 창출하거나, 혁신을 통해 비용을 낮춤으로써 사회적 요구를 충족시킬 수 있다. 선진국에서는 사회의 요구를 만족시키는 제품 및 서비스에 대한 수요가 급증하고 있다. 과거에는 소비자를 끌어들이기 위해 맛과 양에만 집중했던 식품회사들이 이제는 영양 개선과 건강에 초점을 맞추고 있다[11]. 혁신을 통해 매출

---

11 이와 비슷한 예로, 인텔과 IBM은 전력업체를 위해 디지털 기술을 활용한 전력 효율성 증진 방안을 강구 중이다. 웰스파고(Wells Fargo)는 고객의 재정 상황을 개선하고 신용을 관리해서 부채 상환을 돕는 각종 상품을 개발했다.

을 창출하는 방식이 새롭게 변화하고 있으며 그 과정에서 공유 가치가 창출되고 있다. 이를 통해 사회가 얻는 혜택은 엄청나다. 기업은 건강에 좋은 음식이나 친환경 제품처럼 사회적 가치를 창출하는 제품 및 서비스를 고객에게 알리는 마케팅 작업 능력이 정부나 비영리기관보다 훨씬 뛰어나기 때문이다. 저개발 공동체나 개도국에 제품과 서비스를 제공하는 과정에서도 기업은 엄청난 기회를 얻을 수 있다. 빈곤층은 그 어떤 계층보다 급박한 사회적 요구를 가지고 있지만 그동안 적절한 시장으로 인정받지 못했다. 그러나 지금은 다르다. 많은 기업의 시선이 인도와 중국, 브라질로 향해 있다. 이곳에는 수십억 명의 잠재 고객들이 있다. 그동안 기업으로부터 외면받은 이들 국가에는 엄청난 수요가 잠을 자고 있다. 선진국에도 비슷한 시장은 존재한다. 그동안 기업의 시선을 받지 못한 비전통적 시장이다. 미국의 도심 빈민가가 좋은 예인데, 그동안 기업은 이들이 가진 엄청난 구매력을 무시해왔다. 저소득 소외계층의 소비자에게 적절한 제품을 제공하는 과정에서 기업은 엄청난 사회적 가치를 창출하는 동시에 많은 수익을 얻을 수 있다. 모바일 뱅킹 서비스를 제공하는 저가 휴대전화는 빈곤층이 안전하게 돈을 저축하도록 돕는 한편 영세 농부의 농작물 생산과 판매 역량을 혁신시켜준다[12]. 자본주의가 빈곤층을 위한 서비스를 시작하면서 경제 발전과 사회 진보를 앞당길 수 있는 새로운 기회가 폭발적으로 늘었다. 소외 시장의 요구를 충족시키기 위해서는 제품을 새롭게 설계하거나 유통 방식을 바꿀 필요가 있다. 필요를 느끼고 방법을 연구하다 보면 기존 시장에도 그대로 적용 가능한 근본적 혁신이 이뤄질 수 있다[13].

---

12 보다폰(Vodafone)이 케냐에서 출시한 모바일 뱅킹 서비스 M-PESA는 3년 만에 1000만 명의 고객을 모집했으며 케냐 GDP의 11%에 달하는 자금을 처리하고 있다. 인도에서는 톰슨로이터(Thomson Reuters)가 연간 평균 소득 2000달러 미만 농부를 겨냥한 서비스를 출시했다. 분기별로 5달러만 내면 일기예보, 농사 정보, 농작법 자문 등을 제공하는 서비스를 받을 수 있다. 현재 200만 명의 농부가 이 서비스를 이용하고 있으며 초기 조사 결과 이용자의 60% 이상은 서비스 이용으로 소득이 증가했다. 서비스 이용 후 수입이 3배로 증가한 사례도 있다.

13 소액 대출이 좋은 예다. 개도국 시장에서 공급처를 찾지 못한 빈곤층 대출 수요를 해결하기 위해 고안된 무담보 소액 대출(Micro Financing)은 현재 미국에서도 급성장을 거듭하며 그동안 충족되지 못했던 서민의 대출 수요를 충족시켜 주고 있다.

• 참고 – 적정기술

　적정기술(適正技術, Appropriate Technology, AT)[261][269][155]은 한 공동체의 문화ㆍ
정치ㆍ환경적인 면들을 고려하여 만들어진 기술을 말한다. 적정기술을 지지하는 사람들은 대세
를 이루는 기술보다 적정기술이 더 적은 자원을 사용하며, 유지하기 더 쉽고 환경에 더 적은 영향
을 미친다고 주장한다. 또, 적정기술은 개발도상국들 또는 이미 산업화된 국가들의 소외된 교외
지역들에 알맞은, 단순한 기술을 의미하는데, 보통 이 단어가 이용되는 기술들은 자본집약적 기
술이라기보다는 노동집약적 기술이다. 실제로, 적정기술은 특정한 지역에서 효율적으로 원하는
결과를 얻을 수 있게 하는 가장 단순한 수준의 기술을 말한다.

　선진국은 기술이 충분히 발달되어 있고 그에 대응되는 매뉴얼(문화)이 잘 구축되어 있지만, 어
떤 기술이든 나름의 위험성은 안고 있기에 이를 관리ㆍ감독하는 사람이 있어야 한다. 그런데 개
발도상국은 이러한 인프라가 태부족하기에 이 공백을 메우지 않는 한 선진국의 기술은 쓸모없거
나 자칫 대형 사건ㆍ사고로 이어질 위험이 있다. 이를 해결하기 위해 기술의 개발 방향을 개도국
의 인프라 수준에 맞추는 것이 바로 적정기술이다.

　수동형 발전 펌프나 구식 라디오 등, 선진국에서 이미 자취를 감춘 기술('별 거 없는' 기술)이
주로 적정기술에서 큰 활약을 하지만, 기술 개발이 반드시 구식 기술일 필요는 없다. 최신의 기술
이라도 제작비나 유지비를 최소화하면 그것 역시 적정기술이 된다. 또한 개도국이 아니더라도 사
회 수준이나 직종에 따라 수준을 맞추면 되므로, 어느 방향으로든 적용할 수 있다. 다만 어느 쪽
이든 공통의 조건이 있는데, 환경 오염을 유발하지 않으면서도 지역 구성원의 생활 수준을 개선
시켜야 한다. 때문에 석탄이나 석유 등 화석 연료를 사용하는 것은 보통 적정기술에서 제외된다.
물론 화석 연료의 사용량을 극도로 줄인다면, 그것 역시 적정기술이 될 수 있다.

　적정기술은 본래 '중간기술(Intermediate Technology)'이라는 개념에서 출발했는데, 이는
1960년대 경제학자 슈마허(E. F. Schumacher)가 제3세계의 발전 방향에 초점을 맞추고 제안
한 개념이었다. 이후 1970년대 에너지 문제가 대두하면서 선진국에서도 한때 대안기술의 패러
다임으로 조명되는 등 주목을 받았으나, 적정기술 혹은 중간기술과 같은 마이크로레벨의 접근을
통한 개도국 개발 담론은 1980년대 그 효과성에 대한 의문이 제기되어 쇠퇴기를 겪었다.

　그러나 2000년대에 들어서는 다시금 적정기술 관련 활동이 활발해지고 있다. 디자인계와 비즈
니스계에서 적정기술에 주목하면서 실질적이고 지속가능한 임팩트에 대한 기대가 커졌기 때문이
다. 저소득층 시장을 공략하라는 BoP(Bottom of the Pyramid) 비즈니스 컨셉의 탄생도 이러한

흐름을 증폭시켰다. 이러한 적정기술은 개발도상국에서만 사용되는 것은 아니다. 2011년 일본의 원전사태로 인하여 대규모 정전이 발생했을 때에 어둠을 밝혀준 것은 저가의 태양광 전등이었고, 노인들의 보청기를 대체해준 것도 태양광으로 충전 가능한 보청기였다. 일본에서는 사고 이후에도 페달로 충전되는 전력공급기 등을 개발하며, 중앙집중식으로 생산하는 에너지에만 의존하지 않는 대안들을 모색하는 움직임이 일어나고 있다.

일반적인 기술 원조와 다르게 적정기술은 수익모델로서 투자를 통해 상품을 생산한다. 따라서 적정기술로 수익사업을 하는 회사나 연구소도 존재한다. 개인 단위로 크라우드 펀딩을 받아 제품을 만들어 판매하는 경우도 있다. 재활용과 관련이 있는 기술이 많다.

2012년 포브스지가 선정한 사회적기업가 30인 리스트인 ≪Impact 30≫에서 총 4명이 적정기술과 연관되어 있는데, 이들은 관개용 펌프를 제조하여 판매하는 킥스타트(Kickstart), 저가의 안경을 보급하는 비전스프링(VisionSpring), 태양광 전등 제조사 딜라이트, 신생아 보온기구 제조사 엠브레이스 등이다. 이 중 킥스타트, 비전스프링과 다양한 적정기술 제품을 보급하는 플랫폼 코페르니크(Kopernik) 등 세 가지 사례를 중심으로 살펴보면 다음과 같다.

❶ 킥스타트: 비즈니스 모델은 슬림하게, 고객의 활용성은 최대로
킥스타트는 개발도상국의 절대빈곤층이 가장 필요로 하는 것은 일시적인 구호물자가 아니라 지속적으로 경제적 소득을 벌어들이는 기반이 되는 안정적 생산수단이라고 믿는다. 그리하여 빈곤층 대부분이 생계로 삼는 농업을 타깃으로 하여 농업 생산성을 높일 수 있는 적정기술 제품으로 관개용 펌프인 '머니 메이커 펌프(Money Maker Pump)'를 판매한다. 이 펌프는 전기, 태양광 등의 에너지원 대신 페달을 밟는 인간의 동력으로 작동되며, 지하 7m의 물을 14m까지 끌어올릴 수 있는 성능을 자랑한다.

[그림 1-2] 킥스타트의 머니 메이커 펌프

킥스타트는 무료 배포를 하지 않는다. 그들은 국제기구들이 모기장을 무료로 배포했을 때 순식간에 재고가 동나버리고, 정작 모기장이 필요할 때는 현지의 모기장 산업이 축소되어 사람들이 더 이상 모기장을 구하지 못하는 사태를 너무도 많이 지켜봐 왔다. 킥스타트는 정당하면서 적정한 가격의 돈을 받고 판매하는 비즈니스가 구축되어야만 펌프를 판매하고, 유지 보수하는 딜러와 제조사가 건강히 지속가능하게 운영될 수 있다고 믿는다. 또한, 펌프를 생계에 적극적으로 사용하는 비율도 무료로 펌프를 취득한 사람들보다 가격을 지불하고 펌프를 구매한 사람들에게 월등히 높게 나타난다는 경향도 이들 모델의 근거가 되었다. 1998년 개발된 머니 메이커 펌프는 이러한 비전과 전략에 기반하여 현재까지 20여 만개가 보급되었다. 펌프를 사용하는 농가들의 수입은 이전에 비해 평균적으로 10배 증가했다고 보고되고 있다.

❷ 비전스프링: 새로운 유통 전략과 다양한 제품으로 고객들을 만나다

비전스프링은 개발도상국 인구의 시력 저하 문제에 주목한다. 에이엠디(AMD Alliance International)에 따르면, 전 세계 인구 중 7.3억 명이 시력저하 문제를 겪고 있지만, 개발도상국에서는 안경이 비싸기 때문에 부유층만이 이를 구매할 수 있다. 그런데 시력저하는 가사노동의 생산성 저하를 일으키므로 궁극적으로는 저소득층의 소득과 연관된다. 이를 해결하기 위하여 비전스프링은 개발도상국의 저소득층을 대상으로 저가의 4달러짜리 안경을 판매하고 있다. 주목할 점은 저렴한 안경의 개발도 어려운 일이지만, 개발도상국의 인구와 부족한 인프라를 감안할 때 이들을 대상으로 최적의 유통 전략을 짜는 것이 최대의 난제라는 점이다. 이에 세계적인 소비재 기업 유니레버가 인도에 진출할 때 오랜 고전 끝에 샥티(Shakti)라는 여성 판매원을 양성하여 유통 문제를 해결했는데, 비전스프링도 이 점에 착안하여 유사한 방법을 채택하였다. 즉, 비전 앙트르프러너(Vision Entrepreneur)라는 판매원을 모집하여 간단한 검안을 할 수 있는 정도의 교육과 훈련을 제공하고 이들을 통해 안경을 파는 것이다. 이들은 마을을 돌아다니며 시력검사를 수행하고, 검안사에게 시력 정보를 보낸 뒤, 완성된 안경을 다시 사람들에게 배포하는 몫을 담당한다. 또한 비전스프링은 현지의 NGO와 효과적으로 협력하여 판매 네트워크의 규모를 빠르게 키웠는데, 이에 따라 방글라데시에 진출 당시 세계에서 가장 큰 규모의 NGO인 BRAC과 손을 잡았다.

비전스프링은 또한 고객의 니즈를 바탕으로 안경 라인업을 넓혀나가고 있다. 가장 기본적인 보급형인 싱글 비전 글래스(Single Vision Glass) 하나로 출발한 제품 라인은 이제 여러 직업

[그림 1-3] (좌) 비전 앙트르프러너, (우) 비전 앙트르프러너의 판매 가방

과 작업 환경을 가진 소비자들을 위해 다양한 솔루션을 보유하고 있다. 장거리 운전사들의 원시, 근시 문제를 동시에 해결해주는 이중초점 안경, 야외에서 오랫동안 직사광선을 바라보는 농부들을 위해 빛에 따라 렌즈 채도가 바뀌는 포토크라믹(Photochromic), 채도는 유지되는 가운데 UV보호 기능이 강한 보호안경(Protector) 등이 그 예이다. 이는 저가 BoP 시장 안에서도 고객 이해를 바탕으로 세분화된 제품 개발이 필요하다는 것을 보여준다. 비전스프링은 2001년 설립 이후 지금까지 백만 개의 안경을 보급했고, 9,000여 명의 비전스프링 앙트르프러너를 배출했다. 아울러 연구에 따르면 시력이 안 좋았던 때에 비하여 안경을 보급 받은 이후 일상생활의 노동 및 가사 생산성은 35% 향상되며, 경제적 편익을 계산했을 때 비전스프링에 기부된 1달러의 효용 가치는 약 55배로 추산된다고 한다.

❸ **코페르니크 : 적정기술, 플랫폼을 통해 널리 퍼지다**

코페르니크는 저가의 태양광 전등 딜라이트를 보급하는 주된 파트너 기관이자 약 50여 가지의 다른 적정기술 솔루션을 보급하는 플랫폼이다. 세계 각지에서 적정기술 제품이 적극 개발됨에도 불구하고 실제 보급 비율은 매우 낮은 수준에 머무르는 현상을 해결하기 위해 창립자들은 개발된 적정기술 제품과 그것을 필요로 하는 NGO를 연결하는 플랫폼으로 코페르니크를 설립했다.

코페르니크는 초창기에는 주로 개인이나 기업의 후원을 받아 무료로 제품을 보급하기도 했지만, 최근에는 적절한 가격을 받고 솔루션을 거래할 수 있는 방식으로 변화해가고 있다. 이는 가격을 지불하고 기술을 구매한 고객이 보다 책임감을 갖고 제품을 사용해나가고, 실제로 생활의 변화를 성취한다는 사실을 경험적으로 배웠기 때문이다. 물론 구매력이 적은 고객들에게 할인을 제공해주거나 수개월 분납이 가능한 할부 거래와 같은 다양한 결제 방법 또한 제공하고 있다. 코페르니크 역시 비전스프링과 유사하게 인도네시아 내에서 페카(PEKKA)라는 여성 방문 판매원을 양성하여 적정기술 제품을 홍보, 판매하고, 유지보수 하게끔 하고 있다.

플랫폼으로서 코페르니크가 갖는 가치는 수많은 적정기술 제품 간 평가를 가능하게 하는 점이다. 태양광 전등만 하더라도 코페르니크가 보급하는 대표적 솔루션인 딜라이트 외에도 수십여 종의 전등이 존재하며 각 니즈에 맞게 활용되고 있다. 이뿐만 아니라 멤브레인(여과 제균), 증발법, 화학처리 등의 다양한 정수 방법에 따라 정수기도 수많은 종류가 있다. 코페르니크는 개발도상국 NGO들이 한눈에 이 제품 정보들을 볼 수 있게 정리해 놓는다. 각 제품의 가격, 평균적인 사용년수, 유지보수 정책뿐만 아니라 과거에 그 제품을 사용했던 다른 NGO들의 평가도 읽을 수 있는 이러한 이용자 환경은 마치 우리에게도 친숙한 인터넷 쇼핑몰과 유사하다. 이러한 정보를 바탕으로 솔루션의 보급을 담당하는 NGO들은 자신들의 활동에 적합하면서도 신뢰할 수 있는 최적의 제품을 선택할 수 있게 된다.

이뿐만 아니라 코페르니크는 제품 평가를 적극적인 피드백, 혹은 개선책까지 제조사에게 전달한다. 적정기술 사용자들이 웹사이트나 SNS를 통해서 특정 제품에 대한 피드백을 코페르니크에 보내면 이들은 제조사에게 이를 다시 전달한다. 기술의 효용성과 활용성을 개선하는 피드백 루프의 중요한 연결을 코페르니크가 담당하고 있는 것이다. 적정기술 생산자와 사용자 간의 다리 역할을 하는 코페르니크는 현재까지 74,000명에게 적정기술 14,000여 건을 보급하는 남다른 성과를 보여주고 있다.

둘째, 가치사슬의 생산성에 대한 재정의이다. 기업은 필수 천연 자원에 대한 감시인으로서 활동하고, 경제와 사회 발전을 촉진시키면서 자원 투입과 분배의 양과 질, 비용 및 신뢰 등을 개선할 수 있다. 사회적 문제는 기업 가치 사슬의 경제적 비용을 증가시키기 때문에 이를 해결할 방법을 찾다 보면 공유 가치를 창출할 기회 또한 잡게 된다[14]. 의료나 안전, 환경 보호, 직원 유지 및 역량 계발 등의 사회 가치 창출과 기업 가치 사슬의 생산성은 과거에 생각했던 것보다 훨씬 많은 연관성을 가지고 있다. 일례

---

14 제품 과다 포장이나 온실가스 배출도 사회의 환경 비용과 기업의 비용을 함께 증가시킨다. 일례로 월마트는 제품 포장을 간소화하고 트럭 이동 경로를 수정해서 2009년에만 제품 배달 경로를 1만 마일 단축했다. 덕분에 지금은 전보다 2억 달러나 낮은 비용에 더 많은 제품을 운송하고 있다. 매장에서 사용하는 플라스틱 포장재의 처리 방식을 바꾸면서 쓰레기 매립비용도 수백만 달러 줄었다.

로 배송의 경우 에너지 사용, 탄소 배출뿐만 아니라 시간 소요와 복잡성, 재고비, 관리비 등 엄청난 비용을 유발하는데, 배송 거리를 줄이고 이동 방식을 합리화하며 운송 노선을 개선하기 위해 물류 시스템을 재편성하는 노력은 새로운 공유 가치를 창출할 수 있다[15]. 또한, 자원의 이용 환경에 대한 인식의 개선과 기술 발전은 수자원과 원자재, 포장재 사용뿐만 아니라 재활용 확대 등과 같은 영역에서도 새로운 해결안을 찾도록 촉진하고 있다[16]. 유통 또한 공유 가치 창출을 위해 새롭게 정의되고 있다. 아이튠즈(iTunes)나 킨들(Kindle), 구글 학술 검색(Google Scholar)이 보여주듯이 수익성 높은 신규 유통 모델을 확보하면 종이 및 플라스틱 사용량을 대대적으로 줄일 수 있다. 무담보 소액 대출은 소상공인에게 금융 서비스를 제공하기 위해 비용 효율성이 높은 새로운 유통 채널을 활용한 사례라고 할 수 있다[17]. 한편, 이익 실현을 위해 직원들의 임금 동결과 혜택 감축, 일자리 아웃소싱에 집중하던 시대는 지났다. 대신 최저 생활 임금의 보장과 안전, 복지, 교육, 승진 기회가 생산성에 미치는 긍정적 영향이 널리 알려지기 시작했다[18].

셋째, 지역 클러스터의 구축이다[19]. 기업은 사회와 동떨어져 혼자 영업 활동을 하

---

15 영국 유통업체 막스 & 스펜서(Marks & Spence)의 가치 사슬 재정비 작업은 의외로 단순하다. 이 회사는 물품 구매를 같은 반구(半球) 내에서 진행해서 운송 거리를 단축하는 조치를 시행했는데 2016년까지 매년 1억7500만 파운드의 비용을 감축하고 탄소 배출량 또한 크게 줄일 것으로 예상된다. 물류를 재정비하다 보면 아웃소싱과 입지까지 개선하는 효과를 얻을 수 있다.

16 코카콜라가 좋은 예다. 코카콜라는 전 세계 지사의 수자원 사용량을 2004년보다 9% 감축하는 놀라운 성과를 거뒀다. 다우케미컬은 최대 생산 기지의 담수 사용량을 10억 갤런이나 줄이는 성과를 이룩했다. 이는 미국 시민 4만 명에게 1년 동안 공급할 수 있는 물의 양이다. 이 과정에서 400만 달러의 비용도 감축했다. 인도의 자인이리게이션(Jain Irrigation)은 수자원 보존을 위한 점수 관개(Drip Irrigation) 시스템을 도입해 이 분야의 선도적 기업으로 자리잡을 수 있었다. 덕분에 자인이리게이션은 지난 5년간 41%에 달하는 연평균 성장률을 달성했다.

17 새로운 유통 모델을 통해 창출되는 기회는 비전통적 시장에서 더욱 커진다. 힌두스탄 유니레버(Hindustan Unilever)는 집까지 배달해주는 유통 시스템을 구축했다. 시스템 운영자는 인구 2,000명 미만의 인도 시골 마을에 거주하는 소외계층 여성들이다. 유니레버는 이들에게 소액 대출과 교육을 제공했고, 지금은 4만5,000명의 여성 사업가들이 15개 주의 10만 개 마을에서 제품 유통을 관리하고 있다. '샥티 프로젝트(Project Shakti)'로 불리는 이 유통 시스템은 가계 소득을 2배로 늘리는 방법을 여성들에게 제공할 뿐 아니라 위생 제품에 대한 접근성을 늘려 전염병의 전파를 막는다. 이는 기업의 고유한 역량을 활용해 시장에서 소외됐던 소비자의 요구를 들어주고 제품을 간절히 필요로 하는 사람들에게 인생을 바꿔줄 제품을 제공한 대표적 사례다. 현재 유니레버 인도 매출의 5%를 차지하는 샥티 프로젝트는 시골 지역의 소비자에게 제품을 공급하면서 매체의 영향력이 닿지 않는 곳에서 브랜드 인지도를 제고하는 효과까지 냄으로써 기업에 엄청난 경제적 가치를 안겨 주고 있다.

18 J&J는 금연 캠페인을 벌이고(15년간 흡연자 3분의2 감소) 다양한 복지 프로그램을 도입한 결과 2억5,000만 달러의 의료비를 절약하고, 직원 복지를 위해 사용한 1달러당 2.7달러의 이익을 거둬들였다. 더불어 직원들이 업무에 집중함으로써 생산성이 높아지는 효과도 얻었다.

19 클러스터 구축은 신흥 경제국뿐 아니라 선진국에도 많은 혜택을 가져다준다. 노스캐롤라이나 주(州)에 위치한 클러스터인 리서치 트라이앵글(Research Triangle)은 IT와 생명과학 분야에서 클러스터를 구축해 공유 가치를 창출하는 대표적 민·관 협동 사례다. 민간 부문과 주정부의 지속적 투자를 통해 클러스터를 구축하자 노스캐롤라이나의 고용과 수입, 기업 성과 지표가 크게 상승했고 지역 경제는 불경기에도 양호한 성적을 보였다.

지 않는다. 기업이 경쟁력을 확보하고 사회와 함께 성장하기 위해서는 믿을 만한 지역 공급업체, 도로와 통신 등의 인프라, 재능 있는 인력, 효과적이고 예측 가능한 제도 등과 함께 클러스터를 구축해야 한다[20]. 기업이 주요 활동 지역에서 클러스터를 구축하면 해당 기업과 공동체의 관계는 더욱 확대돼 기업의 성공이 사회의 성공으로 이어진다. 기업이 성장하면 기업을 지원하는 다른 산업에서 일자리가 창출되고, 새로운 기업이 설립되며, 부수적 서비스에 대한 수요가 창출되는 등 영향력이 배가된다[21]. 네슬레도 네스프레소와 연관된 클러스터 구축을 위해 힘쓴 바 있다. 덕분에 네스프레소 구매 체계의 효율성은 크게 개선되었다. 네슬레는 각각의 커피 재배지마다 농업 기술, 재무, 물류 기능을 수행할 업체 설립을 지원했고 현지에서 생산된 커피의 품질 및 생산 효율성 개선을 위한 지원도 아끼지 않았다. 또한 커피 종자나 비료, 관개 장비 등의 중요 농업 자원에 대한 접근성을 확대했으며 지역 농업협동조합을 강화해서 이들이 원두 품질을 개선해주는 습식 제분 시설(Wet-Milling Facilities)을 공동으로 구매하도록 도왔다. 또, 농부에게 재배 기술을 알려주는 교육 프로그램을 지원해 주기도 했으며, 선도적 국제 NGO인 열대우림동맹(Rainforest Alliance)과 파트너십을 체결해 농부들에게 보다 지속가능한 친환경 농법을 전수해서 이들이 안정적으로 커피를 재배하도록 도왔다. 이 과정에서 네슬레의 생산성 또한 향상되었다[22].

---

20 월마트는 식품 매장에서 판매하는 농산물을 물류 창고 근처에 자리한 현지 농부로부터 구매하고 있다. 재고가 부족할 때마다 소량의 식료품을 구매하는 방식이 멀리 떨어진 기업형 농장에서 낮은 가격에 식료품을 조달하는 것보다 운송비를 포함한 여러 면에서 이득이라는 사실을 깨달았기 때문이다.

21 캐슈넛 가공업체인 올람 인터내셔널(Olam International)은 아프리카에서 구매한 캐슈넛을 근로자 생산성이 높은 아시아의 가공 공장으로 운송하는 방식을 택해왔다. 그러다 최근에는 탄자니아와 모잠비크, 나이지리아, 코트디부아르 등지에 가공 공장을 설립하고 현지 근로자를 채용해 이들을 교육시키기 시작했다. 그러자 가공비 및 운송비가 무려 25%나 줄어들었고 탄소 배출량 또한 크게 감소했다. 또, 아프리카 현지에 가공 공장을 설립함으로써 현지 농부들과도 긴밀한 관계를 구축할 수 있었다. 올람인터내셔널이 직접 고용한 근로자의 수는 1만7,000명이며 이 중 95%가 여성이다. 간접 고용 규모도 이와 비슷하다. 일자리를 구하기 어려운 시골 지역에 엄청난 고용을 창출해준 것이다.

22 클러스터의 제반 환경 개선을 위해 노력한 대표적 사례는 노르웨이에 본사를 둔 세계 최대 무기질 비료(Mineral Fertilizer) 업체인 야라(Yara)다. 아프리카에서는 물류 기반 시설이 부족해 농부들이 비료를 비롯한 필수 농업 기구 및 자원을 효율적으로 얻지 못하고 재배한 농작물을 시장으로 운송하지도 못한다는 사실을 깨달은 야라는 6,000만 달러를 투자해 모잠비크와 탄자니아의 항만 및 도로 정비를 시작했다. 이 프로그램의 최종 목적은 두 국가의 농업 발전을 이끌기 위한 제반 환경의 구축이다. 현지 정부와 공동으로 프로그램을 추진하고 있는 야라는 노르웨이 정부의 지원도 함께 받고 있다. 농작물 운송망 구축이 완료되면 모잠비크에서만 20만 명의 영세 농부들이 혜택을 얻고 35만 개의 일자리가 창출될 것으로 예상된다. 이렇게 제반 환경이 개선되면 야라의 사업이 성장할 뿐만 아니라 전체 농업 클러스터 또한 함께 발전하며 엄청난 파급 효과를 가져올 것이다.

❶ CJ 그룹

한국 기업인 CJ그룹은 기업 내 주력사업인 식품, 엔터테인먼트, 미디어, 유통 등의 부분에서 계열사별로 사업 내용의 특성에 맞는 CSV 프로그램을 진행해왔다[156]. 이에 2015년 말 CSV 전담부서인 사회공헌추진단 부서를 독립적으로 개설해 기업의 CSV 행보를 강화하였다[158]. 대표적으로 CJ 오쇼핑은 CJ IMC라는 자회사를 설립해 국내 중소기업의 해외시장 진출을 적극 지원하고 있다. 기존 CJ의 글로벌 유통 채널을 활용해 국내의 경쟁력있는 중소기업의 제품을 외국 소비자에게 소개하는 플랫폼의 역할을 한다. 이를 통해 CJ 오쇼핑은 다양한 제품군을 확보할 수 있고, 국내 중소기업들은 해외시장 개척 기회를 얻을 수 있게 된다[156]. 이 외에도 2014년 5월부터 KOICA(한국국제협력단)와 함께 베트남에서 농가의 안정적 수익 증대와 자생력 강화를 도와주는 CSV 프로그램을 진행함으로써 글로벌 CSV도 진행중이다[157]. 한국의 농가를 빈곤에서 탈출시킨 새마을 운동을 원용한 '新새마을운동' 라는 이름의 이 프로젝트는 베트남의 지역인 닌투언성 농가에 한국산 고추 종자와 효과적인 재배 기술 등을 전수한 뒤 지역 주민이 재배한 농산물을 사들여 원료로 활용한다는 구상이다. CJ 제일제당이 가지고 있는 국내 및 베트남 시장 내 판로를 활용하여 기술 전수를 통한 생산량 증대가 소득으로 이어질 수 있도록 설계했다. 단순히 일시적 기부가 아니라, 빈곤에서 벗어날 수 있는 근본적인 해결책을 제공하겠다는 '글로벌 상생'의 모습에 집중하고 있는 것이다[159]. 이 프로젝트에 대해 세계 빈곤 퇴치를 위한 비영리 단체(The Global Poverty Project, PTT)의 휴 에반스 대표는 "CJ가 펼치는 베트남 새마을운동처럼, 농가가 스스로 성장할 수 있도록 교육을 통해 생산성을 향상시키고 수익을 증대시킴으로써 장기적으로 절대 빈곤에서 벗어날 수 있도록 하는 활동은 빈곤 퇴치를 위한 좋은 사례"라고 언급하기도 했다[157].

❷ GE(제너럴 일렉트릭)의 에코매지네이션

제너럴 일렉트릭이 2005년 사업계획을 "에코매지네이션"이라는 방향으로 수정한 것은 전력과 연료비, 탄소배출 저감을 위한 사회적, 국가적 요구에 따른 결과였다. G.E.는 환경 분야 컨설팅기업 그린오더(GreenOrder)의 도움을 받아 자신들의 제품을 친환경적, 에너지 절감형으로 수정하는데 성공했다. 판매량은 2009년 180억 달러에 달하였고, 기업전체 매출이 향후 5년 동안 두 배 이상으로 성장할 것으로 예측하고 있다.

❸ 다우 애그로사이언스

다우 애그로사이언스(Dow AgroSciences)는 다우케미컬이 전액 출자한 기업으로서, 오메가-9이 풍부한 카놀라와 해바라기 식용유 생산 라인을 개발하여, 트랜스 지방을 없애고 포화 지방도 최소화시켰다. 2005년 이후, 오메가-9 식용유는 북미지역 음식에서 거의 수십억 파운드의 트랜스 지방과 2억 5천만 파운드의 포화지방을 몰아냈다.

❹ 네슬레

기업은 공동체 투자를 통하여 자신의 경쟁력 체제를 개선시킬 수도 있다. 예를 들어, 네슬레(Nestle)는 인도의 모가 우유구역(Moga Milk District) 농부들과 긴밀히 협력하여 지역의 사회기반시설에 투자하고 세계 최고수준의 기술을 이전하여 경쟁력 있는 우유 공급망을 구축함으로써 의료개선, 양질의 교육제공과 경제발전을 동시에 이루었다. 또한, 네슬레는 물품 조달에 관한 새로운 실천 방식을 보여준 사례이기도 하다. 네슬레 사업 부문 중 가장 빠른 성장세를 보인 네스프레소(알루미늄 캡슐을 넣어 커피 한 잔을 만드는 작고 세련된 에스프레소 기계)는 2000년 이후 30%에 달하는 연간 성장률을 지속했다. 커피 생산지마다 다른 캡슐을 제공해서 소비자는 입맛대로 고를 수 있다. 품질과 편의를 함께 제공하며 프리미엄 커피 시장을 확대한 대표적 사례이다. 그러나 세계 각지에서 생산된 커피를 안정적으로 공급받는 일은 결코 쉬운 일이 아니었다. 커피 원두의 대부분은 아프리카나 라틴 아메리카의 외딴 시골 지역에서 가난한 농부가 재배한다. 낮은 생산성과 품질 미달, 환경 오염 등으로 이들의 수확량에는 한계가 있었다. 이런 문제를 해결하기 위해 네슬레는 회사의 조달 체계를 재정비했다. 농부들과 함께 일하며 이들에게 선진 농작법을 전수하고 은행 대출을 보증해주는 한편 모종 작물과 살충제, 비료 등의 자원을 안정적으로 확보하도록 도왔다. 또한 재배지에 품질 검증 시설을 세워서 커피 원두의 품질을 구매 시점에 직접 확인하고 좋은 원두에는 프리미엄을 지불해 농부들이 원두 품질을 개선하도록 장려했다. 그 결과 농지당 생산량이 증가하고 커피 원두의 품질이 향상되면서 농가 수입은 늘었고 커피 농장이 환경에 미치는 영향은 감소했다. 더불어 네슬레가 안정적으로 확보할 수 있는 양질의 커피 원두의 양은 크게 증가했다. 공유 가치가 창출된 것이다.

네슬레 사례는 현지 공급업체에 힘을 실어주면 물품을 구매하는 기업 또한 이익을 얻게 된다는 교훈을 안겨 준다. 다른 지역이나 국가로 아웃소싱을 하면 거래 비용이 늘어나고 효율성이 악화되는데 이는 저임금과 저렴한 원료 확보로 감축했던 비용을 상쇄하고도 남는 수준이다. 대신 역량을 갖춘 현지 협력업체를 활용하면 기업은 운송 비용을 줄이고 생산

기간을 단축할 수 있다. 또 가치 사슬의 유연성을 높일 뿐 아니라 빠른 학습을 통해 혁신을 창출할 수 있다. '현지 조달'은 현지 업체뿐 아니라 세계 각지에 사업부를 둔 기업의 지사도 포함하는 개념이다. 기업이 현지 조달 방식을 택할 때 협력업체는 수익 증가를 통해 더 많은 사람을 고용하고 임금을 인상할 수 있다. 이는 해당 공동체에서 활동하는 다른 기업에도 이익을 준다. 공유 가치가 창출되는 것이다[250].

이러한 공유경제를 기반으로 한 비즈니스 모델로의 전환은 많은 이점이 있다. 즉, 기업의 가치와 사회의 가치가 기업의 생성 단계부터 함께 움직이기 때문에 이를 굳이 따로 측정하지 않아도 되며 성과 또한 함께 축적된다는 이점이 있다. 비즈니스 모델 자체 안에 구조적으로 공유 가치가 이미 실현되어 있는 것이라고 볼 수 있겠다. 한 예로, 릴레이라이드(RelayRides)라는 기업은 도심 기반의 소비자들이 개인이 소유한 자동차를 서로 빌려주는 플랫폼을 구축하여 이를 바탕으로 공유가치를 실현하고 있다. 이 사례는 기업의 성과와 사회 전반적인 성과가 유기적으로 연결되어 있음을 보여준다[154].

분석 **플랫폼 또는 플랫폼 비즈니스**

'네이버', '카카오톡', '구글', '페이스북'을 공통적으로 나타내는 단어는 바로 '플랫폼'이다. 일상생활에서 플랫폼이란 반복활동을 하는 공간이나 구조물을 의미한다. 기차역의 승·하차 공간, 음악 지휘자의 활동무대와 같은 것을 떠올리면 플랫폼이 쉽게 연상이 될 것이다. 비즈니스 세계에서 플랫폼이란 다양한 제품이나 서비스를 제공하기 위해 사용되는 토대를 뜻하는 말이다. 이러한 플랫폼은 고객가치와 기업 경쟁력의 기반이 된다.

플랫폼은 다양한 경제 주체(판매자-이용자 등)의 다양한 활동을 가능하게 해주는 유·무형의 토대를 의미한다. 기차역을 예로 들어 설명하자면, 기차역은 대구역, 경주역에서 출발하는 사람들을 서울역이라는 한 장소에 모아주는 역할을 한다. 이처럼 개발자-이용자, 판매자-구매자 등 다양한 이해관계자를 참여시켜 하나의 장으로 끌어들여 새로운 가치를 창출하는 것이 플랫폼이라고 할 수 있다.

최근 플랫폼은 구글, 애플, 아마존, 페이스북의 눈부신 성과로 관심을 받게 되었다. 이로 인해 사람들은 플랫폼을 떠올리면 검색엔진, 운영체제, 앱마켓, 거래시스템, SNS 등 ICT 산업에 국한된 것으로 오해하고 있다. 하지만 제품과 같은 유형물도, 소프트웨어 · 서비스와 같은 무형물도 모두 플랫폼이 될 수 있다. 즉, ICT · 소프트웨어뿐만 아니라, 제조업 · 물류 · 유통 · 금융 등 다양한 산업에 플랫폼은 유용한 도구가 될 수 있다[154].

❶ 제품을 플랫폼으로 활용한 경우 – GM의 온스타서비스

1920년대 GM의 알프레드 슬론은 처음으로 플랫폼 전략을 수립한 사람이다. FBI에 따르면, 미국에서는 매년 100만 대의 차량이 도난당하고 3만 건의 도주 차량 추격전이 벌어져 그 과정에서 300명이 사망한다고 한다. 차량이 도난당하고, 도주 차량 추격전까지 벌어져 사람이 죽어가는 사태를 지켜보던 GM은 도주하는 차량을 제어할 수 있는 서비스를 기획하게 된다. 바로 '자동차'라는 제품을 플랫폼(기반)으로 활용한 온스타서비스를 출시한 것인데, GM의 자동차를 구매할 때 옵션사항으로 이 서비스에 가입을 하게 되면 평상시에는 내비게이션 기능을 제공하고, 충돌사고가 발생할 경우에는 자동으로 구조를 요청하는 것이다. 또한 차량이 도난 시 GM에 구조 요청을 하게 되면 차량이 점점 감속 및 정지되어 강도를 잡을 수 있는 서비스를 제공한다. 최근에는 ICT 산업과 연계하여 자신의 스마트폰과 자동차의 연결을 통해 차량의 위치 추적, 원격 도어 잠금/열림 등을 제어할 수 있는 다양한 서비스 기능을 계속 출시하고 있다.

이처럼 GM의 온스타서비스는 '자동차'라는 제품을 플랫폼으로 활용하여, 도난당한 차량을 추적하는 서비스를 출시하여 고객들에게 만족을 주고, 기업 경쟁력을 향상시킨 사례이다.

❷ 판매 인프라를 플랫폼으로 활용한 경우 – 세콤 & 웅진코웨이

경비보안업체 · CCTV로 우리나라 No.1인 세콤은 방범 서비스 업체이다. 방범 서비스업체인 세콤은 '방범네트워크'를 활용하여 손해보험 분야까지 사업을 확장해나갔다. 보안, 경비를 주로 하는 회사가 어떻게 보험까지 분야를 확장하게 되었을까? 바로 '방범요원'이라는 인프라를 토대로 사업을 구축했기 때문이다.

방범요원이 정기적으로 순찰하는 지역에서는 주택의 화재나 도난 확률이 낮다고 생각한 세콤은, 손해보험 서비스를 출시하여 방범요원이 정기적으로 순찰하는 곳에는 보험료를 낮게 부과하고 있다. 정기적으로 순찰하는 지역에는 상대적으로 저렴한 보험료를 부과하니 고객을 확보하는 데 유리한 경쟁력이 되었다고 한다.

뿐만 아니라, 정수기로 잘 알려진 웅진코웨이도 정수기 렌탈뿐 아니라, 공기청정기와 비데로까지 사업 품목을 확장했다. 이는 바로 '코디'라는 방문서비스 조직을 활용했기에 가능한 일이었다. 코디는 정수기를 정기적으로 점검하는 사람들을 일컫는 말이다.

세콤과 웅진코웨이 두 기업 모두 자신이 원래 가지고 있던 판매 인프라 조직을 플랫폼으로 활용하여 사업 분야를 확장하거나, 새로운 제품을 출시하여 고객 가치를 증대시키고 기업 경쟁력을 향상시킨 사례라고 할 수 있다.

❸ 모바일을 플랫폼으로 활용한 사례 – 카카오톡

우리가 일상생활에서 만나는 플랫폼은 어떤 것들이 있을까? 응용프로세스와 모바일 운영체제, 앱마켓을 플랫폼(기반)으로 하는 스마트폰이 하나의 예이다. 이 스마트폰에도 다양한 플랫폼이 존재하는데, 그중 하나가 바로 '카카오톡'이다. 다음카카오는 모바일 메신저 카카오톡을 첫 출시한 이후, 카카오스토리, 뱅크월렛카카오라는 서비스까지 출시하는 등 사업 분야를 계속 확장하고 있다.

카카오톡을 조금 더 자세히 살펴보면, 다음카카오의 경우 카카오톡이라는 무료 모바일 인스턴트 메시징 서비스를 통해 일반 스마트폰 사용자를 실 가입자로 빠르게 흡수시켰다. 이는 '네트워크 효과'로도 설명할 수 있는데, 네트워크 효과란 어떤 상품에 대한 소비자가 많을수록 그 상품의 사용 가치가 더욱 높아지는 것을 의미한다. 카카오톡은 스마트폰 보급 초기에 메신저 앱 시장을 선점하여 이용자들에게 무료라는 인지도를 강화시켜 네트워크 효과를 누릴 수 있게 된 것이다. 많은 사용자를 기반으로 카카오 게임ㆍ이모티콘ㆍ기프티콘 등 인스턴트 메시징 서비스 가입자에게 색다른 서비스들을 추가로 제공함으로써, 모바일 게임업체, 이모티콘 제작자ㆍ디자이너ㆍ상품 제공업체 등을 새로운 고객으로 확보하는 양면시장을 형성하고 있다. 양면시장이란 우리가 일반적으로 알고 있는 수요자–공급자가 존재하는 시장과는 달리, 하나의 플랫폼을 중심으로 서로 다른 두 개의 집단이 존재하고 이들이 플랫폼에서 거래하는 시장을 말한다. 카카오톡 '이모티콘'의 경우 이모티콘을 제작하는 사람(공급)과 이모티콘을 구매하는 사람(수요)이 존재한다. 플랫폼은 이 둘 사이를 중개하면서 자신의 이익을 극대화시킨다.

이처럼 모바일 플랫폼은 단면시장이 아닌 양면시장으로 급속도로 성장하고 있다. 플랫폼을 통해 새로운 분야에 대한 고용창출이 가능하고 이로 인해 공급자와 플랫폼 제공자 모두 다 이익을 보는 것이다.

최근 모바일 플랫폼을 기반으로 한 어플은 주변에서도 쉽게 찾아볼 수 있다. '배달의 민족',

'직방' 등도 양면시장을 활용한 모바일 플랫폼의 한 예라고 할 수 있다. 배달의 민족이 출시되기 전, 배달 음식을 먹기 위해서는 책자에 의존해야 했었다. 이러한 소비자들의 불편을 캐치하여 '배달의 민족' 어플리케이션이 출시되었고, 현재 배달 업계 부문에서 1위를 차지하고 있다. 이처럼 일상 속에서 소비자들의 불편을 감지하여 해결해주는 어플리케이션은 계속해서 생겨나고 있다. 이러한 플랫폼이 경제에 미치는 파급효과를 살펴보면 다음과 같다.

첫째, 플랫폼은 시장에 안착되고 나면 사용자가 증가할수록 선점효과가 커져 경쟁자의 도전을 어렵게 하면서 지배적 위상을 안정적으로 유지시킨다. 애플과 구글의 스마트폰 플랫폼인 iOS와 안드로이드(Andorid) 운영체제는 전 세계 스마트폰 단말기 운영체제 시장을 양분하고 있다. 뿐만 아니라 네이버의 경우 2015년 2분기 기준 국내 검색시장의 80.24%를 차지하며 대부분 사이트가 네이버 검색을 거쳐 방문하는 등 강력한 지배력을 유지하고 있다.

둘째, 플랫폼은 참여자 간 연결을 통해 이전에 없었던 새로운 상품과 서비스 및 시장을 창출함으로써 기존 산업을 빠르게 대체시킨다. 소비자가 소비와 동시에 생산의 주체가 되는 '프로슈머'가 됨으로써 새로운 유형의 생산 및 소비 방식을 만들어 내는 신종 직업과 산업도 등장하고 있다. 웹툰 만화작가, 파워셀러, 앱디자이너, 유투버 등 플랫폼에서 활동하는 다양한 직업들이 이미 많이 파생되었다.

또한 기존 산업군을 위협하는 경우도 생겨나고 있다. 유통산업의 경우 모바일 플랫폼을 활용하는 사람들의 수가 점점 증가하면서 오프라인 매장의 매출 성장세는 점점 둔화하고 있다. 반면 모바일 플랫폼의 잠재 성장가능성을 확인하고, 소셜커머스 업체에 뛰어든 '쿠팡', '티몬', '위메프'의 경우 시장점유율과 매출이 매년 증가하고 있다. 아직은 오픈마켓(오프라인)의 시장규모가 소셜커머스에 비해 크지만 앞으로의 성장 가능성을 보자면 쉽고 간편하게 사용할 수 있는 온라인 시장이 시장점유율을 뒤엎을 수도 있을것이다.

셋째, 플랫폼은 사회문제를 해결하는 데도 도움을 주고 있다. 2010년 아이티 지진 시, 가장 큰 활약을 했던 것이 위기 지도 플랫폼인 '우샤히디(Ushahidi)'였다고 한다. 아이티에 도착한 국제 구호요원들은 현장 상황 정보가 부족하고 구호 조직들간 정보공유 시스템도 부족했다. 하지만 우샤히디 사무실에 모인 자원봉사자들이 아이티에서 날아오는 이메일, 문자메세지, 트위터 등의 정보를 분석하고 지도화하여 현장에 제공함으로써 전 세계 각지에서 모여든 자원봉사자들의 구호활동을 지원하였다고 한다. 이처럼 플랫폼은 세계 최대의 응급구조기관, 미 국무부, 미군의 위기대응팀을 능가하는 정보관리 해결책을 제시하기도 한다. 플랫폼은 모든 제품과 서비스에 활용할 수 있는 토대이다. 플랫폼을 활용한다면 고객가치 제고 · 기업경쟁력 향상뿐 아니라 사회문제 해결에도 도움을 줄 수 있다. 플랫폼은 새로운 산업을 탄생시키기도 하며, 그 속에서 새로운 고용 창출의 기회가 생겨 경제 전체에도 긍정적인 파급효과를 가져온다.

세상의 모든 기기와 사람이 디지털 네트워크로 연결되는 시대인 만큼, ICT와의 연계를 통해서 플랫폼을 활용한다면 앞으로 우리 사회가 현재 해결할 수 없는 문제들을 해결하는 데에도 플랫폼이 큰 역할을 할 것으로 기대된다.

최근, GM과 릴레이라이드(RelayRides)가 전략적인 파트너십을 맺으며 이는 신생 기업들만이 노리는 전략이 아니라는 것도 증명되었다. 또한, 기업의 활동에 있어서 전에 비해 소비자들과의 소통이 중요해지며, 기업의 가치는 재무 성과로만 판가름 나는 것이 아닌, 소비자가 느끼는 기업의 '지각적인(Perceived) 가치'가 중요해지고 있는 추세이다[11].

판매와 소비가 함께 이루어지는 공유경제로의 전환은 소비자와의 소통을 비즈니스 모델의 기본적인 틀로 가져가고 있다는 점에서, 이런 지각적인 가치의 내장성 또한 겸비하고 있다고 할 수 있다[154].

한편, 공유 가치 개념은 영리 단체와 비영리 단체의 구분을 무색하게 만든다. 그 결과 새로운 형태의 기업이 빠르게 부상하고 있다. 가장 좋은 예가 바로 파죽지세로 성장하고 있는 워터헬스 인터내셔널(WaterHealth International)이다. 영리 기업으로 설립된 워터헬스 인터내셔널은 혁신적 정수 기술을 사용해 최저 가격에 정수된 물을 인도와 가나, 필리핀 시골 지역 주민 100만 명에게 공급한다. 워터헬스 인터내셔널은 비영리 벤처 펀드인 어큐먼펀드(Acumen Fund)와 세계은행의 자매기관인 국제금융공사(International Finance Corporation)뿐 아니라 다우케미컬 벤처 펀드로부터도 투자를 받고 있다.

벤처 투자사의 지원을 받아 설립된 도시락 공급업체 레볼루션푸드(Revolution Foods)는 매일 6만 명의 학생들에게 신선하고 건강하며 영양가 있는 도시락을 제공한다. 그런데도 매출 총이익은 다른 어떤 경쟁업체보다 높다.

방글라데시의 영리·비영리 복합 기업 웨이스트컨선(Waste Concern)은 근방에 자리한 슬럼가에서 모은 쓰레기를 매일 700톤씩 유기 비료로 바꾸는 쓰레기 처리 시설을 구축했다. 웨이스트컨선은 이 시설을 이용해 비료를 생산하며, 농작물 수확량을 늘리고 이산화탄소 배출을 낮추고 있다. 라이온스클럽(Lions Club)과 유엔개발계획(United Nations Development Programme)으로부터 투자를 받은 웨이스트컨선은 보건 환경을 개선하면서도 비료 판매와 탄소 배출권을 통해 상당한 매출총이익을 벌어들이고 있다.

이처럼 영리-비영리의 경계를 무너뜨리며 성공을 구가하는 기업의 사례는 공유 가치 창출이 가능함을 보여주는 강력한 근거로 작용한다.

수익성 높은 해결책을 통해 사회 문제를 해결하려 하는 건 기업만이 아니다. 사회적기업가들 또한 수익성 있는 사업 모델을 바탕으로 사회의 요구를 충족시키는 새로운 상품을 탐색 중이다. 사회적기업가들은 기업 활동의 범위를 좁히는 기존 사고 방식을 고수하지 않기 때문에 기존 기업보다 먼저 공유 가치를 창출하는 경우가 많다. 공유 가치를 창출하는 사회적기업은 100% 비영리 사회 프로그램보다 훨씬 빨리 성장한다. 반면 비영리 프로그램은 외부의 자금 지원 없이는 살아남지 못하는 경우가 많다.

• 참고 - 사회적기업

　사회적기업(社會的企業, Social Enterprise)[253][160]은 취약계층에게 일자리나 사회서비스를 제공하여 지역주민의 삶의 질을 높이는 등 사회적 목적을 추구하며, 재화·서비스의 생산·판매 등 영업활동을 수행하는 기업을 말한다.

　일반적인 영리기업은 부의 극대화를 추구하는 것에 비해, 사회적기업은 말 그대로 사회적 가치 창출에 목적을 두고 있다. 정부를 제1섹터, 시장을 제2섹터, NGO를 제3섹터라고 한다면, 사회적기업은 제4섹터라고 한다.

　사회적기업 운동의 시발점은 영국으로 알려져 있다. 영국의 신자유정책으로 인해 각종 사회문제가 터져나오고, 이를 NGO들이 해결하려고 했다. 하지만 사회문제를 해결하려고 하기에는 금전적인 부분이 장애물이 되었다. 사회적인 문제도 해결하고, 금전적인 문제도 해결하고자 등장한 것이 바로 사회적기업이다. 영국 사회적기업의 대표적인 예로는 노숙자를 고용해서 잡지를 판매하는 빅이슈를 들 수 있다. 그 외 사회적기업의 성공 사례[162]를 살펴보면 다음과 같다.

① **요리 통한 사회 변화 – 영국 레스토랑 '피프틴'**

　영국의 요리사 제이미 올리버는 불과 20세의 나이로 스타 요리사 반열에 오르며 전 세계적으로 유명세를 떨쳤다. 하지만 그는 최근 요리사보다는 '요리운동가'로 더 많이 불리고 있다. 올리버가 2002년에 차린 레스토랑 '피프틴(Fifteen)' 덕분이다. 이곳은 올리버가 직접 알코올과 마약 중독, 가출, 범죄 등의 경험이 있는 불량 청소년 15명에게 요리사 교육을 시켜 세운 사회적기업이다. 그는 방황하는 청소년들을 포용하기 위해 피프틴이라는 사회적기업을 창업해 이들의 미래를 찾아줬다. 음식 맛도 훌륭해 문을 연지 7년이 지난 지금은 영국은 물론 전 세계 미식가들이 즐겨 찾는 명소로 자리 잡았다. 올리버는 이외에도 소외된 청소년들에게 요리와 자립을 위한 심리 프로그램 등을 지원하는 1년간의 교육과정도 진행하고 있다. 이런 공로를 인정받아 그는 요리사로는 이례적으로 영국 여왕에게서 대영제국훈장도 받았다.

② **노벨 평화상 수상 – 방글라데시 '그라민은행'**

　2006년 노벨 평화상 수상자이자 방글라데시의 기업가 무하마드 유누스는 빈민에게 생계형 사업자금을 보증이나 담보 없이 대출해 주는 사회적기업인 '그라민은행(Grameen Bank)'의 창업자다. 또한 무담보소액대출(Microcredit)이라는 금융 모델을 통해 가난 퇴치와 지역사회 자립에 일조했다는 평가를 받고 있다. 그는 자선사업을 하면서 동시에 방글라데시 최대 이동통신 업체인 그라민폰 등 25개 계열사를 통해 수익을 내는 기업으로 진화했다.

❸ "고용을 위해 빵을 판다" – 미국 '루비콘 프로그램스'

'빵을 팔기 위해 고용하는 것이 아니라 고용하기 위해 빵을 판다' 이 말은 사회적기업의 개념을 가장 잘 설명한다. 이 말은 실제 '루비콘 프로그램스(Rubicon Programs, 이하 루비콘)'가 내세우는 경영철학이기도 하다. 1973년 설립된 루비콘은 장애인들과 노숙자 등 사회적 약자들이 자립할 수 있도록 제빵기술과 조경기술 등을 교육한다. 이곳에서 일자리 훈련을 받은 후에는 루비콘 조경 서비스와 루비콘 베이커리에서 이들을 직접 고용하고 있다. 직업 훈련부터 일자리 창출, 수익 창출까지 한 번에 해내고 있는 것이다

❹ 사무용 가구를 재활용해 판매 – 영국 '그린웍스'

'그린웍스(Green Works)'는 대기업과 정부에서 사용하지 않는 사무용 가구를 수거해 보수한 후 합리적인 가격으로 학교, 자선기관, 지역사회 단체에 되파는 일을 하고 있다. LG경제연구원의 보고서에 따르면 2006년 이 회사 제품을 구입한 기관들의 비용절감 효과는 250만 파운드에 달한다. 재활용 공정으로 온실가스를 줄이고 취약계층에게 일자리를 제공하는 등 사회적 성과가 매해 약 50만 파운드에 달하는 것으로 추산된다. 또 아프리카의 베냉, 감비아, 가나 등 제3세계 국가에 중고 가구를 무료로 기증해 추가로 공익가치를 창출하고 있다. 더불어 노숙자, 장애인, 장기실업자 등 취약계층에게 직업훈련의 기회와 일자리를 제공하고 있다. 이미 150명 이상이 '그린웍스'를 통해 일자리를 찾았다.

❺ 출장요리 회사 – '위민즈 빈 프로젝트'

'위민즈 빈 프로젝트(Women's Bean Project)'는 여성 노숙자와 장기 실업 상태 여성 등 빈곤층 여성들이 경제적으로 자립할 수 있도록 출장요리 사업을 펼치고 있는 사회적기업이다. 처음에는 콩 수프를 만들어 팔기 시작한 이후 쿠키, 커피, 핫케이크 믹스 등의 생산 및 유통으로 사업을 확장했다. 현재는 출장요리 사업도 운영하며 교육 과정을 수료한 여성들에게 일자리를 제공하고 있다. 특히 호텔, 레스토랑 등에 정규직으로 취업할 수 있는 기회를 적극 제공하고 있어 취업률과 수익률이 높은 편이다.

1.4 인도주의 오픈소스

콜레라는 수인성 전염병으로 쌀뜨물과 같은 설사를 동반하며, 적절한 처치가 이루어지지 못하면 심할 경우 죽음에 이를 수 있는 무서운 전염병이다. 특히, 물의 위생이 좋지 않은 저개발국에서 많이 발생하기에 "후진국 병"의 대표적인 사례이기도 하다. 콜레라의 치료에는 많은 돈이 들어가고 의료기술도 필요하기 때문에 가난하고 의료 환경이 열악한 후진국들에게는 매우 심각한 병이다. 더구나, 저개발국에는 어떻게 효율적으로 콜레라를 예방하고 관리할 수 있는지에 대한 노하우를 가진 전문가가 턱없이 부족하기에 그들이 직접 이 문제를 해결한다는 것이 얼마나 어려울지는 상상할 수 있을 것이다. 콜레라균은 날것 또는 덜 익은 해산물이 감염원인이 될 수 있으며, 오염된 손으로 음식을 조리하거나 섭취할 때 발생할 수 있다. 또는 분변, 구토물로 오염된 음식이나 물을 통해 감염되는 것이 일반적이다. 치료하지 않을 경우 급속하게 탈수가 진행되고 혈액 내 산 성분이 많아지는 산혈증(혈액의 pH가 정상 이하로 떨어지는 상태) 및 순환기계 허탈이 발생한다. 병이 진행되면서 신부전이 동반되지만 이는 대개 회복 가능하다. 중증 콜레라의 경우 4~12시간 만에 쇼크에 빠지고 18시간~수 일 내에 사망할 수 있다. 치료하지 않으면 사망률은 50% 이상이지만 적절한 치료가 이뤄지면 사망률은 1% 이하이다[262].

[그림 1-4] 오염된 식수를 먹는 어린 아이의 모습[271]

항생제를 투여하면 증상의 진행 속도를 늦출 수 있다. 구토가 없고 중증의 탈수가 동반되지 않는 경우에는 경구 수액 보충이 가능하지만, 탈수가 진행되더라도 수액 주입으로 손실된 수분과 전해질을 공급하고 체내 전해질 불균형을 교정하는 것만으로 치료가 된다. 이처럼 현대사회의 선진국에서는 아무런 위협이 되지 않는 질병이지만, 의료 인력과 장비가 부족한 저개발국에서는 여전히 무서운 전염병으로 남아 있는 것이 콜레라이다. 이들에게 컴퓨터로 조절이 가능한 정맥주사 시스템은 너무 비싸고(약 2천달러), 상대적으로 싼 수동 시스템(약 33센트)은 사용이 어려워 전문 의료 인력이 필요하기 때문이다.

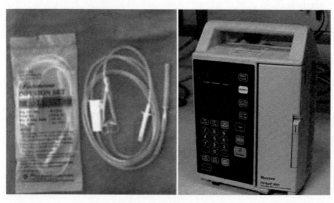

[그림 1-5] 33센트짜리 수동 시스템(왼쪽)과 2천달러짜리 자동(Programmable IV Pump) 시스템(오른쪽)[271]

[그림 1-6] 열악한 의료 시설과 장비[271]

MIT의 기계공학 석사과정에 재학 중이던 티모시(Timothy Prestero)는 이 문제를 해결하기 위해 씽크싸이클(ThinkCycle) 프로젝트에 착수하였다. 씽크싸이클은 학계와 산업계의 많은 의사, 공학자 등의 전문가들이 참여하여 아이디어와 디자인을 내놓고, 제시된 아이디어는 또다시 더 진전된 논의를 통해 더욱 좋아지는 선순환 사이클을 메커니즘으로 하는 '웹 기반 산업디자인 프로젝트(Web-Based Industrial-Design Project)'였다. 몇 달 후, 이들은 로타미터(Rotameter)라는 화학용 도구를 활용하여 사용하기 쉽고 생산 단가가 1.25달러 밖에 되지 않아 적은 비용으로 대량 생산이 가능한 새로운 수액시스템을 개발하였다[274].

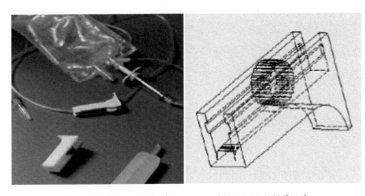

[그림 1-7] IV 로타미터(Rotameter)와 CAD 디자인[271]

이 사례는 오픈소스 철학과 방식의 적용이라는 측면에서, 앞서 웹 2.0(위키노믹스) 적용 사례로 소개한 골드코프와 유사하지만, 인도주의 정신이라는 측면에서는 조금 다른 예이다. 최근 이러한 오픈소스 철학과 인도주의 정신을 소프트웨어 개발에 적용한 사례들을 쉽게 찾아볼 수 있다.

사례 인도주의 오픈소스

RMH 홈베이스(Homebase)는 웹 기반 자원 봉사 일정 계획과 데이터베이스를 관리하는 소프트웨어로 메인 주 포틀랜드의 로널드 맥도날드 하우스(Ronald McDonald House)를 위해서 개발했다. 로널드 맥도날드 하우스(RMH)는 병원 인근에서 아동 환자의 가족을 위한 숙박과 식사를 제공하며 지역사회에 기여를 한다. 이 서비스는 특히 메인 주의 메디컬 센터나 포틀랜드 지역의 다른 병원에서 집이 멀거나 병원에서 하루 이상을 입원하는 아이들의 가족들에게 도움이 된다[241].

RMH는 21개의 방을 보유하고 있고 거의 빈 방이 없다. RMH는 전무이사, 하우스 관리자, 사무실 관리자, 야간 관리자, 지역사회 관리자 등 다섯 명의 풀 타임 직원으로 운영되고 있다. 또한 이 시설은 수십 명의 자원 봉사자들의 도움으로 운영된다. RMH 직원들은 메인 주 메디컬 센터의 병원에 입원하거나 치료받는 아이를 가진 가족들에게 필요한 장소를 제공하는 것을 도와주기 위해서 지역 직원들과 밀접하게 협력하며 근무한다.

자원 봉사자 일정 관리는 RMH의 주요 활동이다. 일정 관리의 목적은 하우스가 매일 잘 유지되도록 관리하는 것이다. 자원 봉사자들은 여러 가지 방법으로 시설 운영을 지원한다. 예를 들면, 프런트 데스크에서 방문자를 안내하거나 시설 청소, 식사 및 그 외의 일손을 돕는다. 관리자는 자원 봉사자들의 모든 일정을 관리한다. 자원 봉사자들이 그들의 봉사 일정을 취소할 때마다 그 일정을 대체할 수 있는 자원 봉사자를 찾아야 한다. 자원 봉사자 일정 관리는 하우스 관리자에 의해서 조정된다. 그러나 이것은 주로 탁상 달력이나 워크시트를 이용하여 수기로 이루어졌다. 일정 작성 작업은 많은 협력과 노력을 필요로 하는 일이었지만, 수기로 작성되었기 때문에 종종 오류가 발생했다. 최악의 경우 일정관리의 실수로 인해 대체근무자가 없는 상황이 벌어졌다. 이러한 문제는 자원봉사자 일정관리 소프트웨어를 개발하는 계기가 되었다.

결국, 보든(Bowdoin) 대학의 학생 네 명과 교수는 'RMH 홈베이스'라는 이름의 소프트웨어를 오픈소스 방식으로 개발하기로 하였는데, 이 소프트웨어는 2008년 봄에 완성되었다[212]. 자원 봉사자 일정을 효과적으로 관리할 수 있는 이 솔루션은 이후 다른 많은 비영리 단체에 무료로 적용되었다. RMH 홈베이스는 오픈소스 소프트웨어이기 때문에 소스포지(sourceforge.net/projects/rmhhomebase)에서 무료로 다운로드 받을 수 있다. 이 소프트웨어가 완성된 2008년 5월부터 2009년 9월까지 RMH 홈베이스는 480회나 다운로드 되었다[161].

또 다른 예인, 사하나(Sahana, http://sahanafoundation.org)는 웹 기반 재난 관리 도구로 재난 구호 활동을 하는 정부, 비영리 단체(NGO) 그리고 희생자 사이에서 통상적으로 발생하는 조정 문제를 다룬다. 사하나는 11개 국에서 23만 명의 사망자를 낸 2004년 쓰나미의 악몽 직후에 개발되었다[161]. 사하나는 쓰나미 구호 활동 이후에 세계 도처의 수많은 재난에 대응하기 위하여 빈곤국이나 개발 도상국으로 보급되었다. 여기에는 2005년 파키스탄 지진, 2006년 필리핀 산사태, 2007년 페루 지진, 2007년 미얀마 재난 그리고 2008년 중국 지진이 포함되어 있다[161].

최근에 사하나는 2010년 아이티 지진 같은 재난에 대응하기 위한 수단으로, 뉴욕 시 재난 대책국에서 재난 대책시스템 인프라로 채택되었다. 사하나는 폭넓은 구호 활동을 지원하며 여기에는 실종자 찾기, 자원 봉사자 관리, 물류 추적 관리 그리고 피난민 구호 센터의 조정 작업 등이 포함된다. 협동의 도구로 사하나는 다양한 정부 및 비정부조직을 도와서 협동하고 구호활동정보를 교환하게 해준다.

사하나 프로젝트는 업적을 인정받아서, 2006년 6월에 '이달의 소스포지 프로젝트상(Sourceforge Project of the Month)'과 자유소프트웨어재단의 '사회기여상(Award for Social Benefit)'을 비롯한 많은 상을 받았다. 사하나는 2005년 1월에 처음으로 소스포지에 등록하고, 이후 세계를 망라하는 국제적인 개발자와 사용자 커뮤니티로 성장했다. 사하나의 소스포지 사이트(http://sourceforge.net/projects/sahana)는 사하나의 코드 베이스와 관련된 다양한 소프트웨어 개발도구들을 보유하고 있다. 사하나의 소스포지 커뮤니티에는 현재 75명의 개발자들이 등록되어 있으며 이들의 이름과 이메일 주소가 웹 사이트에 실려 있다. 이들 중 많은 사람들이 프로그래머이다. 다른 사람들은 정부나 비정부의 도메인 전문가와 사용자이다[161].

그것은 '인도주의 오픈소스(Humanism Free/Open Source Software, HFOSS)'로, 범세계적인 구호 기관, 비영리 기관 그리고 크게는 사회 전체를 위한 소프트웨어를 말한다. 공공의 선에 봉사하는 조직은 정부든 비정부든 간에 각자의 임무를 수행하기 위해서 타당한 가격의 신뢰성 있고 안전한 소프트웨어가 필요하다. 이러한 조직의 특별한 요구사항을 독점적 소프트웨어 기업들은 거의 무시해 왔었다[161].

인도주의 오픈소스의 목표는 일반적으로 리처드 스톨만이 자유 소프트웨어(Free Software) 운동을 시작할 때의 원래 목표, 즉 친구와 이웃을 돕는 것과 일치한다(물론 포괄적인 관점에서 모든 오픈소스 소프트웨어는 공공의 선에 봉사하고 있다).

오늘날 현대 사회에서의 기술과 지식 개발의 관점에서, 특히 청소년들에게 무료로 쉽게 정보에 접근할 수 있게 해주는 것은 매우 중요하다. 오픈소스 소프트웨어가 웹서버, 브라우저 및 메시징과 같은 기술들로 인터넷의 확산을 뒷받침했다는 사실은 부정할 수 없다[12]. 이러한 기술들은 청소년들이 일상생활에서 정보를 검색하고 다른 사람과 연결되며, 커뮤니티에 가입할 수 있도록 하였다. 이러한 협력 활동에 참여함으로써 문화 격차는 허물어지고 편견은 버려지며, 현실세계의 동질감을 달성할 수 있었다[12]. 저렴하고 유용한 많은 무료 오픈소스 교육 프로그램들이 별도의 큰 비용이나 자원을 요구하지 않고 학교와 교육 현장에서 사용되고 있다. 또한, 모두가 공개적으로 접근할 수 있도록 학습 자료에 대한 온라인 저장소를 제공하기도 한다(이것의 대표적인 예가 '위키책'과 '오픈코스웨어'이다).

> **• 참고 – 위키책과 오픈코스웨어**
>
> 위키책(Wikibooks)은 위키백과의 자매 프로젝트로 2003년 1월 10일 시작되었다. 프로젝트는 공동으로 집필한 책 형태의 공개 교과서를 만드는 것을 목표로 한다. 사이트는 미디어위키 기반이며, 따라서 누구나 편집단추를 눌러 위키책의 내용을 고칠 수 있다. 프로젝트는 영어 위키백과 사용자인 칼 위크(Karl Wick)가 고급교육의 기회를 모든 이들에게 확대하기 위해 비용과 제한이 없는 열린 콘텐츠의 생화학, 물리학 등의 교과서를 올려놓을 수 있는 장소를 마련하는 것이 어떻겠느냐는 제안에 따라 만들어졌다.
>
> 오픈코스웨어(OpenCourseWare, OCW)는 대학에서 실제로 진행되는 강의를 온라인을 통해 청강할 수 있게 만든 일종의 지식나눔 프로그램이다. 미국의 MIT나 하버드 등 명문 대학들이 먼저 시작했고, 대한민국에서도 많은 대학들이 오픈코스웨어를 실시하고 있다.

지리적 위치와 관계없이 오픈소스 소프트웨어는 소프트웨어에 관심이 있거나 소프트웨어 업계에 취업을 목표로 하는 젊은이들과 개발자들, 기업인들에게 좋은 기회를 제공한다. 자신들의 프로젝트에 대한 기여 실적과 오픈소스 커뮤니티에 대한 참여 실적은 이력서를 대신할 수 있다. 오픈소스 프로젝트 커뮤니티에의 참여를 통해 축적되는 지식, 정보, 능력은 오픈소스 프로젝트 커뮤니티를 '학습 플랫폼

(Learning Platform)'으로 바라볼 수 있게 한다[13]. 오픈소스 프로젝트의 문화와 그들의 커뮤니티에 새로운 기여자들을 수용하는 것은 학습을 더욱더 촉진시킨다. 오픈소스 소프트웨어의 소스코드에 대한 자유로운 접근은 소프트웨어가 기술 지향적 교육에 활용될 수 있게 만든다. 학생들이 프로젝트에 기여할 수 있을 만큼 숙련되지 않은 경우라 할지라도, 학생들은 오픈소스 소프트웨어의 소스코드를 조사하고 연구하면서 배울 수 있게 된다(다른 사람의 코드를 읽는 것은 프로그래밍 기술을 개발하기 위한 가장 좋은 권장 방법이다[14][15][16]). 또한, 관찰을 통해 오픈소스 프로젝트를 실행하는 조직과 프로젝트 관리 모델을 공부할 수 있게 한다. 오픈소스 방식의 배포 메커니즘과 오픈소스 정신은 혁신적이고 성공적인 교육 활동을 뒷받침하고 있다. 아이들을 위한 스크래치 및 이토이즈 프로그래밍 환경, 창조적인 개발자들을 위한 프로세싱 플랫폼, OLPC(One Laptop per Child, 어린이 일인당 하나의 노트북 계획) 운동 등이 그 예이다[20].

개발도상국들은 많은 브레인 파워(Brain Power)를 가지고 있음에도 불구하고, 전 세계의 기술 혁신 성과에 따른 혜택을 아직은 많이 받지 못하고 있다[18]. 오픈소스 소프트웨어는 경제적, 사회적, 인프라적 문제들에 심각하게 직면하고 있는 개발도상국들과 선진국들 사이의 정보 격차(Digital Divide)를 해소하기 위한 솔루션이다. 자금과 자원이 부족한 상황에서 일반 사용자, 학교, 기업, 정부에 이르기까지 모든 유형의 사용자들에게 무료로 쉽게 접근 가능한 오픈소스 소프트웨어는 특히 매력적이다. 게다가 많은 오픈소스 소프트웨어 제품들은 상용 제품보다 적은 컴퓨팅 자원을 필요로 하기 때문에 저렴하고 오래된 하드웨어에서도 실행시킬 수 있다. 이러한 경제적 여건 속에서 오픈소스 소프트웨어는 사용 중인 독점적 소프트웨어가 청구하는 비용과 미래에 발생될 라이선스 비용 청구에 대한 부담을 낮출 수 있다. 또, 오픈소스 소프트웨어는 소스코드의 개방성과 가용성으로 인해 전문적인 업무뿐만 아니라 교육과 일상적 업무들의 수행을 위한 소프트웨어를 사용, 수정, 유지보수할 수 있는 전문가의 양성을 가능하게 한다[19]. 일반적으로 개발도상국의 개발자들이 큰 소프트웨어 개발 회사에서 일하기 위해서는 다른 나라로 재배치되어야 하지만(소위 '두뇌 유출' 현상), 오픈소스 소프트웨어의 분산 개발 모델은 개발도상국 사람들이 자국에서 쉽게 참여하고 배울 수 있게 해준다[12]. 개발도상국들이 발전하고 기술 진보의 혜택을 누리게 하기 위해서는 훈련된 지역 전문가의 커뮤니티가 형성되고 지원되어야 한다. 개발도상국에 아웃소싱 하는 것도 물론 상당한 고용 효과를 창출하고 있지만, 이것만으로는 충분하지 않다[12]. 오픈소스 방식은 개발도상국들의 소프트웨어 개발과 연구 커뮤니티를 강화시키기에 가장 적합한 방법이다. 개발도상국의 요구에 부응하는 오픈소스 애플리케이션에 관한 특히 흥미로운 사례는 페도라 리눅스(Fedora Linux) 운영체제와 슈가 GUI(Sugar GUI)를 갖춘 매우 낮은 비용의 휴대용 컴퓨터 XO의 개발을 통해 가능하게 된 OLPC이다[20]. XO는 학습, 개방 및 협력이라는 핵심 개념으로 개발되었다. 오픈소스 소프트웨어인 리눅스/슈가(Linux/Sugar)의 사용은 생산 비용을 최소한으로 유지할 수 있다는 오픈소스의 이념을 지지했다. 사실, 이 프로젝트의 기술은 신흥 시장의 PC 업계에 잠재적인 위협이 되고 있다.

이상에서 설명한 경향들과 오픈소스 소프트웨어의 철학과 방법론은 동일하다. 오히려 웹 2.0의 철학적 바탕이 오픈소스 정신이라 해도 과언이 아니다. 실제로 이 책의 2장에서 설명할 오픈소스 소프트웨어의 역사, 그리고 그것이 전 세계의 수많은 소프트웨어 개발자, 사용자들을 하나로 묶는 거대한 운동(Movement)으로 발전해가는 과정들을 읽다 보면 그 말이 단순히 저자의 주장만이 아니라는 것을 느끼게 될 것이다.

제2장

오픈소스
소프트웨어의 이해

제2장

오픈소스
소프트웨어의 이해

2.1 오픈소스 소프트웨어의 개념

최근 오픈소스 소프트웨어(Open Source Software)가 많은 분야에서 관심을 받고 있으며, 소프트웨어 분야 이외의 영역에서도 '오픈소스 방식'이 다양한 창작의 과정에 '협업'이라는 형식으로 적용되고, 그 결과물의 사용에 있어서도 '공유'의 정신이 확산되어감에 따라 '오픈소스 하드웨어', '오픈소스 콘텐츠'와 같은 새로운 경향들이 나타나고 있다. 이러한 경향은 이 사회의 발전과 다양성에 기인한 결과이며, 산업시대를 뛰어넘어 공유경제의 패러다임으로 전환하고자 시도하는 많은 사람들에게 오픈소스 철학과 방법론이 영감을 주고 있기 때문이다.

• 참고 - 오픈소스 하드웨어

오픈소스 하드웨어(Open-Source Hardware, OSHW)[256][165]는 오픈소스 문화의 일부로, 해당 제품과 똑같은 모양 및 기능을 가진 제품을 만드는 데 필요한 모든 것(회로도, 자재 명세서, 인쇄 회로 기판 도면 등)을 대중에게 공개한 전자제품과, 하드웨어 기술 언어가 대중에게 공개된 프로그래머블 논리 소자 등을 의미한다. 오픈소스 하드웨어는 제작자가 독자적으로 만든 사용권(라이선스)이 적용되는 하드웨어와, 이미 있는 오픈소스 소프트웨어 사용권이 적용되는 하드웨어로 나뉜다.

OSHW는 SW의 소스코드에 해당되는 설계와 디자인을 공개하고 관련 정보를 공유하는 일련의 과정을 통해 더욱 혁신적이고 참신한 제품 개발을 촉진하는 데 그 목적이 있다. 이러한 OSHW의 확산은 전문 엔지니어나 전자기기 공학 관련 매니아를 비롯한 일반인들의 HW 제작 대중화를 견인하는 동시에 대기업 및 중소기업의 제품과 서비스 관련 R&D 활동을 촉진함으로써 이른바 제3의 산업 혁명을 일으키는 주된 동인으로까지 주목받고 있다.

오픈소스 소프트웨어가 소스코드를 무료로 제공하고 공개하는 것처럼, OSHW는 특정 HW의 디자인을 공개함으로써 누구든지 이를 바탕으로 HW 제작 방법을 익힐 수 있도록 하는 동시에 수정, 배포 혹은 제조할 수 있도록 허용한다.

OSHW의 가장 큰 특징은 기술에 대한 특허가 없고 제품 개발에 필요한 리소스가 공개되어 있다는 점이다. 부품을 직접 구매해 조립하기 때문에 완성형 또는 표준형 제품에 비해 가격도 저렴하며, 형태 변경을 통해 전혀 새로운 형태의 커넥티드 기기를 탄생시킬 수도 있다. 제어나 조작에 필요한 소프트웨어 역시 주로 오픈소스 형태로 공개되어 용도에 맞춰 직접 프로그래밍도 가능하다.

사실 OSHW는 아주 새로운 개념은 아니다. 미국에서는 OSHW의 시초로 1970년대에 창설된 홈브루 컴퓨터 클럽(Homebrew Computer Club)을 지목하고 있다. 해당 조직은 전자공학 부문의 매니아들이 부품, 회로, 컴퓨터 장치를 스스로 조립 및 제작하는 데 필요한 정보를 교환하는 것을 목적으로 조직되었다. 초기 5명에서 시작된 홈브루 컴퓨터 클럽은 첫 공식 모임에 30여 명이 참가했으며, 이후 단 1년 만에 회원 수가 약 600여 명으로 늘어났다. 애플을 창설한 스티브 잡스(Steve Jobs)와 스티브 워즈니악(Stephen Wozniak)도 회원으로 참여하는 등 훗날 개인용 컴퓨터의 개발뿐만 아니라 애플을 비롯한 다양한 컴퓨터 전문 기업의 탄생에 지대한 영향을 미쳤다. 이러한 움직임은 대학가를 중심으로 점차 확산되었으며, 80~90년대에는 소프트웨어 분야에서 활발히 이루어진 오픈소스 운동이 하드웨어 부문으로까지 옮겨오면서 90년대 중반부터 오픈소스 하드웨어의 개념이 SOC(System-On-Chip), FPGA(Field-programmablegate array)[23], 임베디드 시스템, PC 디자인 등 다양한 부문에서 적용되기 시작했다.

일종의 문화적 현상처럼 오랜 기간 이어져 왔던 OSHW이지만, IT 분야에서는 오픈소스 소프트웨어에 비해 다소 늦은 최근에서야 이슈화가 되고 있다. 따라서 정의나 개념조차도 정확하게 통일되지 않아 아직까지도 업계에서는 관련 논의를 진행하고 있는 상황이다. 현재 업계에서 통상적으로 따르고 있는 개념은 오픈소스 하드웨어 협회(Open Source Hardware Association, 이하 OSHWA)에서 마련한 정의이다. OSHWA는 기존 오픈소스의 정의를 토대로 두 차례의 업데이트 작업을 거쳐 'OSHW 정의 1.0(OSHW Definition 1.0)' 버전을 공개하고 있다. 'OSHW 정의 1.0'에서는 OSHW의 원칙과 정의 및 배포 조건을 명시하고 이를 준수할 것을 권장하고 있다. 몇 가지 사례를 살펴보면 다음과 같다.

❶ 프랑켄 카메라

2010년, 스탠포드 대학의 사진 연구팀이 F2 카메라와 노키아 N900 스마트폰에 디지털 사진용 오픈소스 소프트웨어 플랫폼을 사용한 카메라를 개발한 것이 프랑켄 카메라(Franken Camera)이다[209]. 이 플랫폼은 사용자가 새로운 카메라 기능을 창조할 수 있게 할 수 있으며 '모바일 컴퓨터'로 무료 다운로드도 가능하다. 연구진들은 국립 과학 재단(NSF)으로부터 1백만 달러의 지원금을 받으며, MIT 대학과 협력하여 소프트웨어 플랫폼을 갖춘 전문가 수준의 SLR 카메라를 만들고 그 소스코드를 공개한 것이다. 프랑켄 카메라는 2006년 노키아 연구 센타(NRC)를 이끈 레보이(Levoy)와 케리(Kari Pulli)에 의해서 만들어지기 시작했다. 이 응용프로그램들은 프랑켄 카메라 프로젝트 웹사이트를 통해서 찾을 수 있다.

---

23 FPGA(Field-Programmable Gate Array)는 비메모리 반도체의 일종으로 회로 변경이 불가능한 일반 반도체와 달리 여러 번 회로를 다시 새겨넣을 수 있는 반도체이다. 오류 발생 시 수정이 가능하고 개발 시간이 짧으며 초기 개발 비용이 적게 들지만, 일반적으로 속도가 느리고 복잡한 설계에 적용이 불가하며 소비 전력 크다는 단점이 있다(출처: 매일경제).

[그림 2-1] 프랑켄 카메라

❷ 아두이노

2005년 이탈리아에서 탄생한 아두이노(Arduino)는 현재 가장 유명하고 널리 활용되는 OSHW 플랫폼이다. AVR[24]을 사용하는 오픈소스 마이크로컨트롤러 보드로서 임베디드 개발 경험이 전혀 없는 이용자들도 쉽게 활용할 수 있도록 개발툴이나 회로도 등을 오픈소스 형태로 제공하고 있다. 특히 아두이노 보드에 쉽게 펌웨어 프로그램을 만들어 탑재할 수 있는 아두이노 개발툴과 PC에서 아두이노 그래픽 요소로 데이터 송수신이 가능한 프로세싱 툴은 아두이노 열풍의 핵심 요소이다[166].

❸ 라즈베리 파이

라즈베리 파이(Raspberry Pi)는 영국의 라즈베리 파이 재단(Raspberry Pi Foundation)이 교육 목적으로 개발한 초소형 싱글 보드 컴퓨터로서, 기존의 데스크톱 PC와 유사하게 키보드, 모니터 등의 주변기기와 연결해 사용이 가능하다. 라즈베리 파이는 700MHz ARM CPU와 그래픽 처리 장치(Graphic Process Unit, GPU), 디지털 신호 처리 장치(Digital Signal Processor, DSP), SD램(RAM) 등이 탑재된 미국 브로드컴(BroadComm)社의 BCM2835 SoC를 기반으로 하고 있다. 라즈베리 파이의 설립자인 에벤 업톤(EbenUpton)에 따르면, 최근에는 월 평균 10~20만 대가 판매되고 있으며 2013년 6월 기준 누적 판매 대수도 약 120만~130만 대에 달하는 것으로 추산된다. 지역별로는 북미와 유럽이 각각 전체 판매량의 40%씩을 차지하고 있으며 일본, 중국, 오세아니아, 남아프리카공화국 등의 기타 지역에서 나머지 20%가 판매되고 있다[21].

---

24 1996년 반도체 제조사 아트멜(Atmel) 의해 개발된 MCU(Micro Controller Unit)로 특정 시스템을 제어하기 위한 전용 프로세서인데, 대부분의 전자제품에 채용되어 전자제품의 두뇌역할을 하는 핵심 칩)의 일종이다.

❹ 비글보드

포커스(FOCUS) 비글보드(Beagle Board)는 라즈베리 파이와 유사한 소형 단일 보드 컴퓨터의 일종으로서, 칩 제조 벤더인 텍사스 인스트루먼트(Texas Instrument, TI)가 OMAP(Open Multimedia Application Platform) 3530이라는 SoC 프로세서를 기반으로 2008년 7월에 처음 출시했다. OMAP 3530에는 720MHz의 ARM CPU를 비롯해 고속 비디오 및 오디오와 2D/3D 그래픽 처리장치가 탑재되어 있는 등 강력한 성능을 구현하고 있으며, 리눅스를 비롯해 안드로이드, 우분투(Ubuntu) 등 다양한 OS를 지원한다. 가장 최근에 출시된 '비글본 블랙(BeagleBone Black)'은 CPU 성능을 개선하면서 가격은 45달러로 낮춰, 성능 면에서 라즈베리 파이나 아두이노를 압도하는 동시에 OSHW로서의 가격 경쟁력까지 갖춤으로써 업계의 주목을 받고 있다.

소프트웨어의 소스코드를 공개하고, 배포의 자유를 보장하는 오픈소스 소프트웨어의 기본 이념은 '공유'와 '기여'라는 철학에 기반을 두고 있는데[167][163], 이러한 개념은 초기에는 주로 개발자들을 중심으로 발전되어 왔다[25]. 그러나 현재 오픈소스 소프트웨어를 둘러싼 활동들은 전 세계에 걸쳐서 많은 사용자들에게 혜택을 주고 있다. 오픈소스 소프트웨어는 독점적 소프트웨어 애플리케이션보다 뛰어난 품질의 소프트웨어를 사용자들에게 거의 무료로 제공해주고 있기 때문이다.

---

[25] 소위 '해커 문화(Hacker Culture)'인데, 프로그래머들의 커뮤니티에서 사용되기 시작한 '해커'라는 용어는, '능력 있고 열정적인 프로그래머'들을 의미하였다. '해커(Hacker)'는 본래 '컴퓨터에 빠져 컴퓨터에 능통한 전문가'를 뜻하는 말이다. 그러나 현재 일반인에게는 '컴퓨터 지식을 이용하여 남의 시스템에 침입하거나 범죄에 이용하는 사람'을 뜻하는 단어로 사용된다. 그러나 컴퓨터 전문가 공동체에서는 이러한 부정적인 의미를 부여하는 것은 잘못된 것이라고 말한다. 그들은 리누스 토발즈, 리차드 스톨만, 에릭 레이먼드 등의 저명한 프로그래머를 '해커'라고 불러야 하며, 불법으로 다른 시스템에 침입하는 사람은 '크래커(Cracker)'로 구분하여 불러야 한다고 주장한다. 일반적으로 '해커'는 '선의적인 목적으로 시스템의 취약점을 분석하여 사전에 보안 취약점을 고치거나 해결하는 사람들'을 일컫는 '화이트 햇(White Hat)'과 '악의적인 목적을 가지고 불법으로 남의 시스템에 침투하여 정보를 훔치거나 변경하는 행위를 하는 사람들'을 일컫는 '블랙 햇(Black Hat)', 그리고 그 두 부류의 중간에 있는 '그레이 햇(Gray Hat)'으로 나눠진다. 일반적으로 '화이트 햇'을 '윤리적 해커(Ethical Hacker), 또는 '보안 연구자(Security Researcher)'라고 부르기도 한다. '크래커'들은 지식 그 자체보다는 그것을 통한 파괴적인 행위에 관심을 가지고 있으며, 그 파괴 행위를 위한 지식을 습득한다. 그들은 도덕성이 결여되어 있고, 정보를 파괴하거나 빼돌리고, 남의 컴퓨터(서버)를 망치는 일에 열을 올린다. 물론 빼돌린 정보를 팔기도 한다.

• 참고 – 오픈소스 콘텐츠

　자유 소프트웨어 운동과 오픈소스 소프트웨어 운동이 SW 분야에서의 공유운동이라면, 데이비드 윌리(David Wiley)에 의하여 시작된 OCL(Open Contents License)과 OPL(Open Publication License) 운동은 어문저작물이나 미술저작물, 음악저작물, 사진저작물, 영상저작물 등의 분야에서의 저작물 공유운동이다. 윌리가 오픈 콘텐츠 운동을 시작한 동기는 단순하다. 그는 자신이 작성한 강의 자료를 필요로 하는 사람에게 공개하고 싶었다. 하지만 법적 보호 장치가 없이 자료를 공개하면 누군가 내용물을 수정해 원래의 의미를 훼손할지 모른다는 걱정이 들었다. 그래서 그는 GPL에서 아이디어를 얻어 저작물에도 적용될 수 있는 라이선스를 개발하고 이 라이선스를 적용한 저작물을 인터넷에 공개하는 운동을 벌여나갔다. 그는 1998년에 OCL을 발표하였고, 1999년에 OPL을 발표하였다. 이 홈페이지에는 주로 게임 매뉴얼이나 프로그래밍 관련 서적들이 주로 공개되어 있었으나, 윌리가 2003년 6월 30일 활동을 공식적으로 마감하고, 크리에이티브 커먼즈(Creative Commons, CC)에 합류하면서, 지금은 운동이 중단된 상태이다. OPL의 주요 내용은 다음과 같다.

1. **복제, 배포의 허용**: OPL이 적용된 저작물은 누구든지 저작물의 전부나 일부를 자유롭게 복제나 배포할 수 있다. 단, 이때 저작권자의 표시를 하여야 한다.

2. **권리의 범위**: 다음의 내용은 명시적으로 배제하지 않는 한 모든 OPL 저작물에 적용된다.
   (1) OPL 저작물들이 동일한 매체의 다른 OPL 저작물들과 합쳐지거나, OPL 저작물의 일부가 동일한 매체의 다른 저작물이나 프로그램에 합쳐질 경우 본 OPL이 다른 저작물에까지 적용되는 것은 아니다.
   (2) 본 OPL 조항 중 일부가 무효인 경우에도 나머지 조항들은 유효하다.

3. **변형 저작물들의 준수사항**: 본 OPL이 적용되는 모든 변형된 저작물(번역, 편집 등 포함)들은 아래의 조건을 준수하여야 한다.
   (1) 변형 저작물들은 변형된 사실, 변형을 가한 자, 변형을 가한 날짜가 표시되어야 한다.
   (2) 가능하다면 원저작자나 출판자, 원저작물의 소재지가 표시되어야 한다.
   (3) 원저작자의 동의를 받지 않고 원저작자가 원저작물을 기증한 것처럼 원저작자의 이름이 표시되어서는 안 된다.

4. 조건: 저작자나 출판권자는 아래의 조건을 붙일 수 있다.
   (1) 본 저작물에 실질적인 변형을 가한 저작물(2차 저작물)의 배포 시에는 저작자로부터 명시적인 사전 동의를 받아야 한다.
   (2) 저작권자의 사전 동의 없이는 상업적 목적으로 본 저작물 또는 본 저작물의 2차 저작물의 전부나 일부를 종이책의 형태로 출판할 수 없다.

오늘날 독점적 소프트웨어의 주도권의 토대에 도전하고 있는 오픈소스 소프트웨어는 경쟁자(MS와 같은 사유 소프트웨어 기업)들이 점유하고 있던 운영체제, 애플리케이션 서버, 엔터프라이즈 애플리케이션과 같은 다양한 분야에서 전 세계의 개발자, 정부·공공기관과 민간기업, 그리고 일반 사용자들의 지지와 헌신적 참여에 힘입어 그 영역을 빠르게 넓혀가고 있다. 이에 따라 수많은 개인, 기관, 기업들이 또한 오픈소스 소프트웨어의 낮은 비용, 높은 신뢰성과 보안, 쉬운 유지보수성으로부터 상당한 혜택을 보고 있다.

빌 게이츠를 비롯한 MS의 최고 경영진들은 오픈소스 소프트웨어는 소프트웨어산업의 생태계를 파괴하는 '바이러스'라는 주장을 펼치고 있지만, 반면 IBM이나 썬 마이크로시스템즈와 같은 기업들은 오픈소스 소프트웨어의 개발과 확산에 상당한 시간과 노력을 투자하고 있다[203]. 이들은 오픈소스 소프트웨어의 혁신성과 가치, 그리고 그로 인해 촉발된 소프트웨어 시장의 변화를 예감하였기 때문이다.

오픈소스 소프트웨어와 비공개 소프트웨어(Closed Source Software)의 가장 큰 차이는 소프트웨어를 구성하는 소스코드의 공개 여부이다. 오픈소스 소프트웨어는 소스코드를 제한 없이 재배포할 수 있는 조건을 바탕으로 해서 코드를 수정하고 자유롭게 배포할 수 있는 소프트웨어이다. 오픈소스 소프트웨어는 라이선스 요금이 무료이면서 소스코드에 대한 접근성이 보장되므로 시스템 간의 호환성을 확보할 수 있을 뿐 아니라, 사용자의 요구에 부합하는 일관성과 함께 일치성을 보장받을 수 있다. 또한, 총소유비용(Total Cost Ownership, TCO)이 낮다는 점에서 경제적인 효과를 얻을 수 있다[164].

이와는 대조적으로 폐쇄적이며 독점적인 사유 소프트웨어의 경우, 공급업자는 오직 실행용 바이너리 코드만을 제공하며, 이를 파생한 원래의 코드, 즉 사람이 읽을 수 있는 소스코드는 주지 않는다. 또한 사유 소프트웨어 공급업자는 소프트웨어 재배포와 관련해 매우 구체적인 제한을 둔다.

[표 2-1]은 오픈소스 소프트웨어에 대한 이해를 돕기 위해 현재 사용되고 있는 패키지 소프트웨어의 주요 배포 유형[22][23]을 비교하고 있다.

[표 2-1] 소프트웨어 라이선싱의 특징 및 비교

구분	특징	무료	재배포	제한없는 사용	소스코드 이용	소스코드 수정
사유 또는 상용 소프트웨어(Proprietary or Commercial Software)	마이크로소프트 사 제품과 같은 상업용 유료 소프트웨어	✕	✕	✕	✕	✕
평가판 (Trial Software)	상용 소프트웨어 발표 이전에 특정 기간 내의 평가판으로 제공되는 소프트웨어	○	○	✕	✕	✕
사용자 제한 (User-Restricted)	이익을 추구하지 않는 사용자에게만 무료로 제공하는 소프트웨어	○	○	✕	✕	✕
셰어웨어 (Shareware)	특정 기간 이내에만 무료로 사용 가능한 소프트웨어이며, 해당 기간이 지나면 상용 소프트웨어와 마찬가지로 구매를 통해서만 사용이 가능함	○	○	✕	✕	✕
프리웨어(Freeware)	공개적으로 무료로 사용이 가능한 소프트웨어	○	○	○	✕	✕
무료 로열티 바이너리 코드(Royalty Free Binary Code)	바이너리로 컴파일 된 프로그램에 대해 별도의 비용을 지불하지 않는 소프트웨어('마이크로소프트 익스플로러'와 같은 소프트웨어가 예가 됨)	○	○	○	✕	✕
무료 로열티 라이브러리(Royalty Free Library)	라이브러리에 대해서 별도의 비용을 지불하지 않는 소프트웨어 (클래스 라이브러리가 대표적인 예가 됨)	○	○	○	○	✕

(계속)

공공 도메인 소프트웨어(Public Domain Software)	저작자가 모든 저작권을 포기하여 소스코드에 대한 자유로운 수정 또는 재배포가 가능하며, 어떠한 비용도 요구되지 않음(비공개 라이선스 방식으로 바꾸거나, 심지어 원 저자의 이름을 지우고 자기의 작품으로 취급하는 것도 허용됨)	○	○	○	○	○
오픈소스 소프트웨어 (Open Source Software)	누구나 무료로 사용하고 재배포할 수 있으며, 소스코드를 수정하여 개인의 목적에 맞는 프로그램으로 사용이 가능한 소프트웨어	○	○	○	○	○

그러나 소스코드를 공개한다고 해서 모두 오픈소스 소프트웨어인 것은 아니다. 예를 들어, 마이크로소프트는 극소수의 고객(주로 정부나 거대 다국적 기업 또는 대학교 및 연구소)들에게 윈도우 소스코드를 공개했지만, 보안과 같은 특정 목적을 위해서만 소스코드를 직접 수정할 수 있으며, 그 수정본을 재배포하는 것은 금지되어 있다. 이것은 오픈소스 소프트웨어의 의의에 어긋나므로 이러한 경우는 오픈소스 소프트웨어라 부르지 않는다. 마찬가지로, [표 2-1]의 공공 도메인 소프트웨어나 또 단순히 자작 소스코드를 공개하는 것 또한 오픈소스 소프트웨어라 하지 않는다. 오픈소스 소프트웨어로 칭하기 위해서는 다음 절에서 설명할 자유소프트웨어재단(Free Software Foundation, FSF) 또는 오픈소스 이니셔티브(Open Source Initiative, OSI)의 규정[26]을 준수한 라이선스 정책을 포함하고 있어야만 한다[171].

---

26 OSI는 1998년 상용 소프트웨어 개발과 오픈소스 소프트웨어 동향에 대해서 서로의 조화를 위해서 수립된 기관이다. OSI의 목적은 오픈소스 소프트웨어 커뮤니티 내의 다른 지지자 층 사이의 관계를 형성하는 것이다. OSI는 '오픈소스 정의'를 공표하였고, 오픈소스 소프트웨어라는 하나의 상표에 대한 인증 절차를 유지하였다. OSI는 오픈소스 소프트웨어 라이선스와 같은 소프트웨어 라이선스를 인증하기 위한 책임을 가지고 있고, 따라서 OSI 공식 웹 사이트는 이를 인증하는 라이선스에 대한 프로세스 및 종류가 구분되어 있다. 하지만 최근에는 새로 등록된 라이선스 계약이 오픈소스 정의에 맞아야 할 뿐만 아니라 기존의 인증된 라이선스와 상당히 달라야 하기를 요구하는 것으로 바뀌었다. 이는 오픈소스 소프트웨어의 무분별한 증식을 막기 위한 목적이기도 하다.

2.2 오픈소스 소프트웨어의 역사

오픈소스 소프트웨어가 어떻게 생겨나게 되었고, 어떠한 역사를 가지고 있는지를 아는 것은 오픈소스 소프트웨어를 더욱 잘 이해할 수 있는 토대가 될 수 있다.

[그림 2-2]에서 보여주듯이, 자유/오픈소스 소프트웨어(FLOSS)는 1960년대의 소프트웨어와 함께 시작되었다[169]. 1980년대에 상용 소프트웨어가 등장하기 이전의 소프트웨어는 유닉스를 비롯하여 대부분이 소스 코드(Source Code)를 공개하였고, 누구나 이를 사용하면서 수정할 수 있었다.

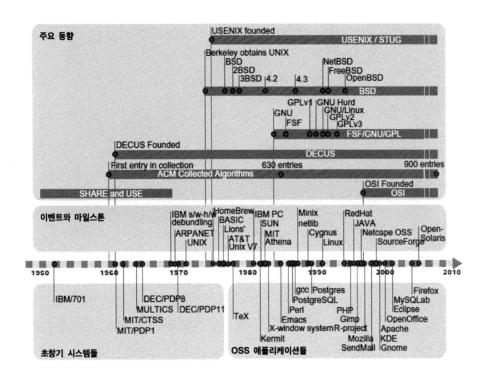

[그림 2-2] 자유/오픈소스 소프트웨어(FLOSS)의 역사와 발전

1960년대에는 하드웨어가 수익 창출을 위한 근원이었다. DEC(Digital Equipment Corporation)와 같은 기업은 하드웨어 플랫폼에 맞게끔 개발한 소프트웨어의 소스코드를 무료로 제공하였다[24].

1960년대에서 1970년대 사이에 버클리 대학교 및 MIT 대학교 등에서 운영체제를 비롯한 소프트웨어가 다양하게 개발되었는데, 당시만 하더라도 이들 소프트웨어의 소스코드에 대한 공유는 매우 당연한 것으로 여겨졌다[172].

[그림 2-3] AT&T Bell 연구소의 유닉스 포팅

1970년대에는 각지에서 소프트웨어의 공동 개발을 위한 노력이 이루어지고 있었는데, 이때는 다중의 컴퓨터 환경에서 구동되는 운영체제의 개발에 초점을 두었고, 이러한 노력의 일환으로 유닉스(Unix) 운영체제 및 유닉스에서 구동되는 C 언어가 AT&T의 벨(Bell) 연구소에서 개발되었다. 당시의 AT&T는 소프트웨어 개발 회사가 아닌 전신/전화 회사였기 때문에[25], 소프트웨어를 통한 비즈니스를 창출하지 않기로 한 대신, 교육 기관을 포함한 각 기관에 유닉스를 널리 보급하였으며 비

용을 지불하더라도 사소한 비용만 지불하도록 하였다[26]. [그림 2-3]은 AT&T 벨 연구소의 데니스 리치(Dennis Ritchie)와 켄 톰슨(Ken Thompson)이 유닉스를 PDP-11 컴퓨터에 포팅시키는 장면을 나타낸 사진이다[27].

유닉스와 C 언어의 개발은 소프트웨어의 발전에 있어서 큰 역할을 하였다. 유닉스는 은행이나 정부, 공공 기관과 같은 곳에서 사용되어 오던 대형 메인프레임의 운영체제로 사용되었고, C 언어는 유연하고 강력한 프로그래밍 언어로서 당시부터 오늘날까지 많은 사람들이 사용하는 대표적인 프로그래밍 언어이다. 지금의 C++이나 자바(Java) 등의 프로그래밍 언어도 C를 기반으로 작성되었다는 점에서 C 언어는 모든 프로그래밍 언어의 모태라 할 수 있다.

유닉스와 C 언어의 보급으로 인하여 소프트웨어 기술이 급속히 발전되었고, 이들 소스코드의 공개는 서로 간의 기술 발전을 이루는 계기가 되었다. 한편, 유즈넷(Usenet)의 전파로 인하여 컴퓨터 네트워크가 형성되기 시작하면서 소스코드 공개는 더욱 활성화되었고, 1979년에는 유닉스 프로그래밍 커뮤니티가 생겨나게 되었다[26]. 이러한 커뮤니티의 목적은 가능한 한 빠르고 좋은 소프트웨어를 만드는 것으로 소프트웨어에 관심이 있는 누구에게라도 소프트웨어와 소스코드를 제공함으로써 기술의 빠른 혁신을 이루고자 하였다. 당시에는 소프트웨어 개발 프로젝트가 공동으로 진행되었고 코드에 대한 공유 및 재사용에 대한 제한도 없었다.

유닉스의 개발로 인하여 교육 기관을 비롯하여 많은 기관들이 소프트웨어의 소스코드를 공유하고 수정하였지만, 소프트웨어를 하나의 상업적 제품으로 판매하기 위한 움직임이 1970년대 말부터 나타나기 시작하였다. 1972년에 백만 카피 가량의 소프트웨어 제품을 판매했던 인포메틱스(Informatics)와 같은 몇몇 기업들이 상용 소프트웨어 산업의 선구자라 할 수 있는데, 1978년에는 공식적인 소프트웨어 비즈니스 기업으로 쿨리넷(Cullinet)이 등장하였다[24]. [그림 2-4]는 쿨리넷에서 1984년 판매한 소프트웨어인 골든게이트(GOLDENGATE)의 디스켓 사진이다[223].

[그림 2-4] 쿨리넷(Cullinet)의 골든게이트(GOLDENGATE)

한편, 유닉스가 많은 대학들에서 연구 개발 프로젝트의 주제로 개발되고, 운영체제 설계 과목의 교재로 사용되면서 각지에서 개발한 수정본들에 대한 호환성이 떨어지게 되었고, 유닉스 라이선스(License) 소유자들은 더 이상 자신들이 수정한 코드를 공유하지 않기 시작하였다. IBM, 썬 마이크로시스템즈(Sun Microsystems)와 같은 기업들은 유닉스를 기반으로 하면서도 자신들만의 고유한 운영체제를 개발하기까지 이르렀다[25].

1980년대 초에는 AT&T에서 유닉스에 대한 지적재산권을 강조하기 시작하면서 결국 소프트웨어에 대한 공유 및 소스코드에 대한 수정을 당연하게 생각하던 흐름도 하나씩 사라지기 시작하였고 독점적 소프트웨어 및 폐쇄적 소프트웨어가 하나의 물적 재산이 되었다.

소프트웨어의 상용화로 사람들이 쉽게 프로그램을 이해할 수 있는 소스코드의 형태가 아닌 프로그램에 대한 사용만 가능하고 프로그램을 수정하고 해석하기 어려운 컴파일 된 바이너리(Binary) 형태로 소프트웨어를 배포하는 방식을 많이 사용하게 되었다. 이러한 방식은 소프트웨어가 컴파일(Compile)된 형태를 가지고 있기 때문에 해당 소프트웨어에 대한 소스코드를 가지고 있는 개발자 외에는 소프트웨어에 대한 수정이 불가능하다.

오픈소스 소프트웨어의 동향은 유닉스의 사유화에 따른 반응에 따라 이루어지기 시작하였다. 컴퓨터 학자들은 특히 소스코드의 형태로 자유롭게 이용할 수 있는 운영체제를 필요로 하게 되었는데, 그 이유로는 운영체제가 근본적인 도구이며, 모든 사용자들이 사용하는 데 있어서도 필수적이기 때문에 이러한 흐름은 매우 중요하게 인식되었다.

1980년대 초 상용 소프트웨어 기업들은 점차 거대하게 성장하기 시작했고, 대학 및 기관에서 소프트웨어를 연구하던 개발자들은 이들에 의해 고용되기 시작했다. 이에 따라 소프트웨어를 연구하고 공급해 오던 연구실에서는 상용 소프트웨어의 등장으로 인하여 더 이상 소스코드를 공유하지 않게 되었고, 이로 인해서 소프트웨어를 서로 공유하고 수정해 오던 커뮤니티 또한 더 이상 운영되지 않게 되었다[24].

이러한 상용 소프트웨어의 등장으로 인하여 소프트웨어에 대한 소스코드의 공유 및 수정이 더 이상 소프트웨어의 흐름이 되지 않자, 1983년에 MIT 인공지능 연구실의 리차드 스톨만(Richard Stallman)은 이러한 경향에 대해서 강력히 반대하였고, 이를 저지하기 위한 활동으로 GNU[27]라는 공개 프로젝트를 시작하면서 자유소프트웨어재단(Free Software Foundation, FSF)을 창설하였다[26]. 이때부터 '자유소프트웨어(Free Software)'라는 용어가 사용되기 시작하였다.

[그림 2-5] 리차드 스톨만(Richard Stallman)[28]

---

27 GNU('그누'로 발음)는 GNU 프로젝트를 통하여 개발한 유닉스 계열 컴퓨터 운영체제이다. GNU는 "GNU는 유닉스가 아니다"란 의미를 갖는 영어 문장 "GNU's Not UNIX"의 약자로, 원래의 문장 안에 자신이 이미 들어 있는 재귀 약자이다. 스톨만은 GNU를 그누로 읽자고 제안한다. GNU 시스템은 유닉스와 호환될 수 있도록 만들어졌다.

GNU 프로젝트에서는 운영체제를 포함한 자유 소프트웨어 개발에 있어서 어떠한 소프트웨어가 자유 소프트웨어인지를 정의하였다. 스톨만은 자유 소프트웨어를 정의하기 위해서 다음과 같은 주장을 하였다.

"'자유 소프트웨어'는 '자유'에 대한 문제이지, '비용'에 대한 문제가 아니다. 이러한 개념을 이해하기 위해서는 '말할 자유(Free Speech)'에서의 '자유(Free)'와 '공짜 맥주(Free Beer)'에서의 '공짜/무료(Free)'의 차이를 알아야 한다."

이에 따라 스톨만은 자유 소프트웨어를 위한 네 가지 신조를 아래와 같이 제안했다.

- 어떠한 목적에서라도 프로그램을 실행할 자유가 있다.
- 당신의 필요에 맞는 프로그램을 수정할 자유가 있다.
- 무료로 제공을 하거나 비용을 지불하더라도 복사본을 재배포할 자유가 있다.
- 프로그램의 수정된 버전을 재배포할 자유가 있고, 커뮤니티는 당신의 개선사항으로부터 이익을 가져다준다.

이 신조들은 오픈소스 소프트웨어의 동향에 있어서 하나의 토대가 되었다. 스톨만은 이에 그치지 않고, 소프트웨어의 상용화를 막기 위한 목적으로 GPL(General Public License)과 같은 공식적인 라이선스를 제시하는 혁신적 방안을 추진하였다. '카피레프트(Copyleft)'라 불리는 자유 소프트웨어 라이선스를 채택하는 프로젝트나 조직은 많은 참여자들의 자발적 기여를 통해 소프트웨어를 개발하고 확산시키는 방식을 채택하였다[26].

그러던 중, 1991년에 헬싱키 대학의 학생이었던 리누스 토발즈(Linus Torvalds)가 워크스테이션급 운영체제인 미닉스(MINIX)[28]를 기반으로 유닉스형 커널(Unix-like Kernel)을 개발하여 인터넷을 통해 공개하였는데, 이 운영체제는 이후 토발즈

---

28 미닉스(MINIX)는 AT&T가 1979년부터 유닉스(UNIX) 소스코드를 제공하지 않으면서, 더 이상 대학과정에서 유닉스 코드를 교육용으로 사용할 수 없게 됨에 따라, 핀란드 헬싱키 대학의 교수였던 앤드류 타넨바움(Andrew Tanenbaum)이 교습 도구로 사용하기 위해 386용으로 간단한 버전의 네이티브 유닉스를 만든 것이 시초이다. 'Minix'는 'Mini Unix'라는 의미를 가지고 있다.

의 이름을 딴 '리눅스(Linux)'로 명명되었다[24]. 리눅스의 개발로 자유 소프트웨어 커뮤니티는 개발자들 사이에서 널리 알려지기 시작하였고, 당시 인터넷이 전 세계적으로 확산되어 가기 시작하면서 자유 소프트웨어 프로젝트에 참여하는 다양한 기여자(Contributor)들과 이들의 활동 규모가 눈에 띄게 늘어났다. 이는 새로운 자유 소프트웨어 프로젝트들의 등장을 빠르게 촉진시켰다.

[그림 2-6] 리누스 토발즈와 리눅스 마스코트인 턱스(Tux)[29][30]

1993년에 이르러 리눅스는 많은 상용 유닉스 버전들과 경쟁할 수 있을 만큼 안정적으로 발전하였고, 동시에 많은 소프트웨어 애플리케이션들을 가지게 되었다.

한편, 독점적 소프트웨어를 강력히 반대하는 GNU 철학 및 이를 기반으로 한 GPL 라이선스는 기업에서 자유 소프트웨어의 사용을 받아들이는 데 너무 엄격하고 부적합하다고 판단하는 사람들도 많이 있었다[31].

1997년 7월, 데비안(Debian) GNU/리눅스 배포판 프로젝트의 리더인 브루스 페렌스(Bruce Perens)는 자유 소프트웨어 라이선스들의 문제점을 지적했다[29]. 이것을 기반으로, 자유 소프트웨어의 현상과 문화에 대해 연구해온 에릭 레이몬드(Eric Raymond)와 함께 OSI(Open Source Initiative)를 설립했다. 이때부터 오픈소스 소프트웨어(Open Source Software, OSS)라는 용어가 사용되기 시작하였는데,

---

29 데비안 GNU/Linux를 통한 리눅스의 전파 및 보급에 앞장섰던 데비안은 이에 대한 사용자들 간의 약속을 나타내기 위해 '데비안에 대한 우리의 약속'을 정의하였다. '데비안에 대한 우리의 약속'은 데비안 소프트웨어 가이드라인의 기본 토대이며, 이는 곧 OSI의 '오픈소스 정의'를 만드는 데 근본적인 토대가 되었고, 내용 또한 동일하다. '데비안에 대한 우리의 약속'은 자유 소프트웨어 커뮤니티에서의 사회적 계약(Social Contract with the Free Software Community)과 데비안 자유 소프트웨어 지침으로 나누어서 나타낸다.

그들의 목적은 소프트웨어 라이선스에 대한 실용적인 접근 방식을 수립하고, 오픈소스 소프트웨어의 상업적 사용을 촉진시키는 것이었다. 이를 위해 오픈소스 소프트웨어를 패키지화하여 상용 소프트웨어로 판매하는 것을 포함한, 프로그램 사용에 있어서의 라이선스 소유자들의 큰 유연성을 허용하였다. OSI는 소프트웨어 사용자에 대한 몇 가지 자유를 보장하는 오픈소스 정의(Open Source Definition, OSD)를 개발했다.

• 참고 – 오픈소스 정의

이 문서의 초안은 "데비안 자유 소프트웨어 지침(DFSG)"이라는 이름으로 브루스 페렌스(Bruce Perens)에 의해 작성되었으며(1.9판), 각각의 문단마다 '이유'라는 단어와 함께 이탤릭체로 된 부분은 오픈소스의 정의(OSD)에 대한 주석이며 OSD의 일부가 아니다. 주석을 제외한 OSD의 원본은 https://opensource.org/docs/osd 에서 참조할 수 있다.

소개 – 오픈소스란 단지 원시 코드를 이용할 수 있다는 것만을 의미하는 것이 아니다. 오픈소스 소프트웨어의 배포 조건은 다음과 같은 기준들을 만족시켜야만 한다.

❶ 자유로운 재배포

오픈소스 사용 허가(라이선스)는 몇 개의 다른 출처로부터 모아진 프로그램들로 구성된 집합 저작물 형태의 배포판의 일부로 소프트웨어를 판매하거나 무상 배포하는 것을 제한해서는 안 된다. 또한 그러한 판매에 대해 사용료나 그밖의 다른 비용을 요구해서도 안 된다.

이유: 사용 허가에 자유로운 재배포를 규정하도록 강제함으로써 우리는 단기간의 적은 판매 수익을 얻기 위해 많은 장기적인 이익을 포기하는 유혹을 없앨 수 있다. 만약 이렇게 하지 않는다면, 협력자들에게 많은 변심의 압력이 있을 것이다.

❷ 원시 코드

오픈소스 프로그램에는 원시코드(Source Code)가 포함되어야 하며, 컴파일된 형태뿐 아니라 원시 코드의 배포도 허용되어야 한다. 만약 원시 코드가 함께 제공되지 않는 제품이 있다면 원시 코드를 복제하는 데 필요한 합당한 비용만으로 원시 코드를 구할 수 있는 널리 알려진 방법이 제공되어야만 한다. 이러한 경우에 있어 가장 권장할 만한 방법은 별도의 비용없이 인터넷을 통해 원시 코드를 다운받을 수 있도록 하는 것이다. 원시 코드는 프로그래 머가 이를 개작하기에 용이한 형태여야 하며, 고의로 복잡하고 혼란스럽게 만들어진 형태와 선행 처리기나 번역기에 의해 생성된 중간 형태의 코드는 인정되지 않는다.

이유: 원시 코드를 불분명하지 않은 형태로 제공하도록 규정하는 이유는 프로그램을 발전시 키기 위해서 원시 코드에 대한 개작이 선행되어야 하기 때문이다. 우리의 목적은 발전을 용이하게 만들기 위한 것이므로 개작이 용이하게 이루어 질 수 있는 방법을 요구한다.

❸ 파생 저작물

오픈소스 사용 허가에는 프로그램의 개작과 2차적 프로그램의 창작이 허용되어야 하며, 이 러한 파생 저작물들이 원프로그램에 적용된 것과 동일한 사용 허가의 규정에 따라 배포되는 것을 허용해야만 한다.

이유: 단순히 원시 코드를 열람할 수 있는 것만으로는 독립된 등위 검토(Peer Review, 동료 검토)와 빠른 발전 경쟁에서의 생존을 지원할 수 없다. 프로그램을 빠르게 발전시키기 위해서는 사람들에게 개작된 프로그램을 실험하고 재배포할 수 있도록 허용할 필요가 있다.

❹ 저작자의 원시 코드 원형 유지

오픈소스 사용 허가는 바이너리를 생성할 시점에서 프로그램을 수정할 목적으로, 원시 코드를 수반한 '패치 파일'의 배포를 허용한 경우에 한해서 패치로 인해 변경된 원시 코드의 배포를 제한할 수 있다. 그러나 이 경우에도 변경된 원시 코드를 통해 만들어진 소프트웨어의 배포는 명시적으로 허용해야만 한다. 오픈소스 사용 허가는 파생 저작물에 최초의 소프트웨어와 다른 판 번호(version)와 이름이 사용되도록 규정할 수 있다.

이유: 소프트웨어에 많은 향상이 이루어지도록 장려하는 것은 좋은 일이다. 그러나 사용자에 게는 그들이 사용하고 있는 소프트웨어를 누가 책임지고 있는 지를 알 권리가 있다. 또한 저작자와 관리자에게도 반대 입장에서 사용자들이 그들에게 어떤 지원을 요구하고 있는지를 알 권리와 그들의 명성을 보호할 권리가 있다. 따라서 오픈소스 사용 허가는 원시 코드가 쉽게 이용될 수 있도록 보증해야만 하지만 변형되지 않은 최초의 원시 코드가 패치 파일와 함께 배포되도록 규정할 수도 있다. 이러한 방법을 통해 '비공식' 수정들을 이용할 수 있으면서 원시 코드의 원형이 쉽게 구별될 수 있다.

❺ 개인 및 단체에 대한 차별 금지

오픈소스 사용 허가는 특정 개인이나 단체를 차별해서는 안 된다.

이유: 오픈소스의 공정으로부터 최대의 이익을 끌어내기 위해 최대한 다양한 개인과 단체에게 오픈소스에 기여할 수 있는 동등한 자격이 부여되어야 한다. 따라서 우리는 어떠한 오픈 소스 사용 허가도 특정인을 오픈소스의 공정으로부터 제외시키는 것을 금지한다. 미국을 포함한 몇몇 국가에서는 특정한 종류의 소프트웨어에 대한 수출이 금지되고 있다. OSD를 준수하는 사용 허가는 피양도자에게 이러한 종류의 제한에 대해 경고하고 해당 법률을 준수해야 한다는 사실을 상기시킬 수 있다. 그러나 사용 허가 자체에 그러한 제한이 통합되어서는 안 된다.

❻ 사용 분야에 대한 차별 금지

오픈소스 사용 허가는 프로그램이 특정 분야에서 사용되는 것을 금지하는 제한을 설정해서는 안된다. 예를 들면, 기업이나 유전학 연구에 프로그램을 사용할 수 없다는 등과 같은 제한을 설정해서는 안 된다.

이유: 이 조항의 주된 목적은 오픈소스가 상업적으로 이용되지 못하게 방해하는 규정이 사용 허가에 포함되는 것을 금지하기 위한 것이다. 우리는 상업적 이용자들도 오픈소스 공동체에 동참하기를 원하며 이들이 공동체로부터 소외감을 느끼지 않기를 바란다.

❼ 사용 허가의 배포

프로그램에 대한 권리는 배포에 따른 각 단계에서 배포자에 의한 별도의 사용 허가 없이도 프로그램을 재배포 받은 모든 사람에게 동일하게 인정되어야만 한다.

이유: 이 조항은 비공개 계약을 요구하는 것과 같은 간접적인 수단을 통해 소프트웨어가 제한되는 것을 금지하기 위한 것이다.

❽ 특정 제품에만 유효한 사용 허가의 금지

프로그램에 대한 권리는 프로그램이 특정한 소프트웨어 배포판의 일부가 될 때에 한해서만 유효해서는 안 된다. 만약 특정 배포판에 포함되어 있던 프로그램을 별도로 분리한 경우라 하더라도 프로그램에 적용된 사용 허가에 따라 프로그램이 사용되거나 배포된다면 프로그램을 재배포 받은 모든 사람에게 최초의 소프트웨어 배포판을 통해 프로그램을 배포받은 사람과 동일한 권리가 보장되어야만 한다.

이유: 이 조항은 또 다른 형태의 사용 허가상의 제한을 방지하기 위한 것이다.

❾ 다른 소프트웨어를 제한하는 사용 허가의 금지

오픈소스 사용 허가는 오픈소스 사용 허가가 적용된 소프트웨어와 함께 배포되는 다른 소프트웨어에 대한 제한을 포함해서는 안 된다. 예를 들면, 사용 허가 안에 동일한 매체를 통해 배포되는 다른 소프트웨어들이 모두 오픈소스 소프트웨어여야 한다는 제한을 두어서는 안 된다.

이유: 오픈소스 소프트웨어의 배포자들은 그들의 소프트웨어에 대한 스스로의 선택 권리를 갖고 있다. 물론, GPL은 이러한 규정을 충족시키고 있다. GPL 라이브러리와 결합되는 소프트웨어는 하나의 단일 저작물을 형성할 때에 한해서 GPL이 계승되는 것이지 단순히 함께 배포된다는 것만으로 GPL 소프트웨어가 되어야 하는 것은 아니다.

이것은 오픈소스 소프트웨어 라이선스를 위한 지침이며, OSI는 이 지침에 따라 오픈소스 소프트웨어에 대한 라이선스를 검증하는 기관으로서의 역할을 수행하였다[31]. GPL과는 다르게 오픈소스 소프트웨어 라이선스는 오픈소스 소프트웨어를 포함하여 개발된 상용 소프트웨어에 소스코드의 공개 또는 같은 라이선스 적용과 같은 강요를 하지 않았다. 이들은 오픈소스 소프트웨어 커뮤니티에서 상용 소프트웨어 기업들의 활동을 허용하는 것이 서로의 성공을 위한 대안이라고 믿었다.

실제로 이러한 실용적인 접근법은 기업의 참여와 이에 따른 오픈소스 소프트웨어의 발전에 중요한 계기가 되었다. 1998년에 넷스케이프(Netscape)는 네비게이터(Navigator) 웹브라우저의 최신 버전 소스코드를 모질라(Mozilla)라는 이름의 오픈소스 소프트웨어로 공개하기로 결정하고, 이 프로젝트를 조정하기 위한 조직(Mozilla.org)을 만들었다. 리누스 토발즈와 에릭 레이몬드를 포함한 오픈소스 커뮤니티 리더들이 넷스케이프 법무팀과 논의한 끝에 이들은 새로운 라이선스 즉, NPL(Netscape Public License)을 만들기로 결론 내렸다[32]. 이 라이선스의 첫 번째 초안이 대중들의 의견을 듣기 위해 인터넷을 통해 발표되었으며, 피드백을 통해 MPL(Mozilla Public License)뿐만 아니라 NPL의 새로운 버전이 고안되었다. 모질라 소스코드의 공개는 이후 인터넷 브라우저를 기반으로 한 수많은 오픈소스 웹 애플리케이션들과 웹/와스(Web/Was)와 같은 오픈소스 미들웨어들의 발전에 결정적인 역할을 하게 되었다.

한편, 지금까지 살펴본 흐름 속에서 자유 소프트웨어와 오픈소스 소프트웨어의 개념과 의미를 이해하는 것이 중요한데, 특히 자유 소프트웨어(Free Software)와 오픈소스 소프트웨어(Open Source Software)가 일부 사상의 미묘한 차이로 양대 주류를 형성하고 있으나 결국 역사를 함께 해오고 있으며, 근본적으로는 같다는 점을 인식할 필요가 있다[168].

자유 소프트웨어(FS)라는 용어를 선호하는 사람들은 소프트웨어 자체는 항상 윤리적, 도덕적, 사회적으로 타당해야 함을 강조하면서 소프트웨어 사용자들에게 이를 바탕으로 한 사용상의 여러가지 권리가 주어져 있음을 또한 강조하고 있다[200].

오픈소스 소프트웨어(OSS)라는 용어를 선호하는 사람들은 이에 대한 근본취지나 근원적인 생각에는 동의하지만, 이를 표현하고 주장하기 위해서는 '자유'라는 용어보다는 그 의미를 보다 명확하게 표현할 수 있는 '공개'라는 용어로 바뀌어 사용되기를 원한다. 즉, 자유라는 용어에 대한 두 가지 해석('자유'와 '무료')에 대한 우려를 불식시키고 보다 명확한 용어의 사용을 원하고 있다[200].

이후 이 책에서, 이 두 가지 용어의 사용에 따른 불필요한 혼돈을 방지하고 보다 명확히 표현하기 위하여 간단히 정리[171]하면 다음과 같다.

첫째, 자유 소프트웨어와 오픈소스 소프트웨어의 사상적 근원은 같다.

둘째, 시대적인 환경 변화로 인한 요구에 의해 오픈소스 소프트웨어라는 용어가 새로 만들어졌다.

셋째, 어떤 용어를 사용하는가는 전적으로 사용하는 사람의 선택에 달려 있다.

넷째, 하지만 자유 (또는 오픈소스) 소프트웨어를 도입함에 있어 '공개' 및 '공유'가 금전(경제)적인 의미에서 '공짜'라는 것을 전제로 하지 않는다.

다섯째, 따라서 '오픈소스 소프트웨어'라는 용어는 '자유 소프트웨어'를 보다 일반화시키고 대중화시키기 위한 접근방법이라 할 수 있다.

이에 따라, 일부에서는 자유/오픈소스 소프트웨어(Free and Open Source Software, F/OSS, FOSS) 또는 FLOSS(Free/Libre/Open Source Software)라는 용어를 사용하기도 하는데, 주로 자유 소프트웨어와 오픈소스 소프트웨어의 성격을 모두 다 갖춘 소프트웨어를 칭하기도 하고, 두 가지 경향의 소프트웨어들을 동시에 지칭하고자 할 때 이러한 용어를 사용하기도 한다.

이후, 이 책에서는 가급적 '오픈소스 소프트웨어(OSS)'라는 용어의 사용을 원칙으로 하되, 특별히 하나를 명확히 표현해야 할 경우에는 부분적으로 '자유 소프트웨어'라는 용어를 사용하기로 한다.

한편, 대한민국의 경우 (자유 소프트웨어를 포함한) 오픈소스 소프트웨어를 '공개 소프트웨어'로 부르는데, 엄밀히 따지자면 이는 정확한 표현이 아니다. 물론, 이때 사용하는 '공개'의 의미가 '소스코드의 공개'를 의미한다고는 하지만, 앞의 절에서 설명한 '퍼블릭 도메인 소프트웨어(Public Domain Software)' 등과 오픈소스 소프트웨어는 서로 다른 범주이기 때문에, 이들과 혼동할 수 있는 표현은 바람직하지 않다[169][170].

2.3 오픈소스 소프트웨어의 현재

현재, 샌드메일(Sendmail)은 매우 성공한 오픈소스 애플리케이션으로, 전 세계적으로 대부분의 전자메일 트래픽을 처리하고 있다. 샌드메일에는 오픈소스와 상용 소프트웨어 두 가지 모두의 형태를 갖는 듀얼 라이선스(Dual License, 이중 라이선스)가 채택되었다. 이 프로젝트는 유닉스 기반 메일 전송 시스템의 오픈소스 프로젝트로, 에릭 알만(Eric Allman)에 의해 버클리에서 1981년에 시작되었다. 오픈소스 버전은 OSI의 승인을 받은 BSD와 유사한 라이선스를 채택했다[33]. 1998

년 알만에 의해 샌드메일사(Sendmail Inc.)가 설립되었다. 이들은 설치와 구성을 용이하게 하기 위한 그래픽 사용자 인터페이스(GUI) 및 여러 기능들을 포함하여 샌드메일의 개선된 상용 버전을 개발하고 판매하였다. 이렇게 하여 근본적으로 동일한 소프트웨어의 두 가지 버전이 오픈소스 소프트웨어와 상용 라이선스로 배포되었다. 이러한 예는 그들의 제품을 상용화한 트롤텍(Trolltech)과 마이에스큐엘(MySQLAB)과 같은 소프트웨어 벤더들에 의해 계승되었다. 큐트(Qt) 위젯 라이브러리(Widget Library)와 마이에스큐엘(MySQL) 데이터베이스는 듀얼 라이선스 방식에 따라 상용과 오픈소스 애플리케이션 생태계 모두에서 성공할 수 있었다[34].

샌드메일의 성공과 함께, 다른 한편으로는 앞의 절에서 설명한 바 있는 넷스케이프(Netscape)의 모질라(Mozilla) 프로젝트로 인하여 상용 소프트웨어의 오픈소스 소프트웨어로의 전환에 대한 관심도 대두되면서 오픈소스 소프트웨어는 새로운 비즈니스 모델의 한 축으로 연구되기 시작하였다.

2000년대로 접어들면서 오픈소스 소프트웨어에 대한 관심은 IBM, 애플(Apple), 오라클(Oracle), 인텔(Intel), 에릭슨(Ericsson) 등의 대형 컴퓨터 전문 업체를 포함하여 메인스트림(Mainstream) 부분에서 급격하게 증가하기 시작하였고, 오픈소스 소프트웨어를 정부 차원에서 지원하는 국가들이 하나둘씩 생기기 시작하면서 그 시장은 급속도로 커져가고 있다.

몇몇 국가들에서는 오픈소스 소프트웨어를 사용하는 것에 대해 혜택을 부여하고 이를 알리기도 하였다. 2001년부터 싱가포르, 독일, 브라질에서 오픈소스 소프트웨어에 대한 지원 정책을 공표하여 시행하고 있고, 그 외의 다른 나라에서도 하나둘씩 이러한 정책들을 발표하였다[35]. 대한민국에서도 2003년 1월 오픈소스 소프트웨어 활성화를 위해 오픈소스 플랫폼 적용 및 오픈소스 소프트웨어 도입에 따른 입찰제한 제거, 오픈소스 소프트웨어 장려 등이 포함된 정책을 발표하고, 정보통신산업진흥원(당시 소프트웨어진흥원) 내에 '공개 소프트웨어 지원센터'를 운영하고 있다.

2010년 가트너의 조사에 따르면, 2010년까지 IT 분야 글로벌 3,000개 기업 중 75%가 오픈소스 소프트웨어를 활용하고 있으며, 2016년에는 99%까지 비중이 확대될 것으로 전망했다. 동 조사에서 비 IT분야 기업도 절반이나 오픈소스 소프트웨어를 기업경쟁력 제고 관점에서 활용하고 있는 것으로 조사되었다[173].

• 참고 – 오픈소스 소프트웨어 산업의 범위 및 규모[173]

오픈소스 소프트웨어 산업의 범위는 좁은 의미로는 직접적인 부가가치를 창출하는 시장을 대상으로 하며, 산업 또는 시장 규모를 분석하는 범주는 '오픈소스 소프트웨어 제품'과 '오픈소스 소프트웨어 서비스'의 두 가지로 구분할 수 있다. 이에 반해 넓은 의미로서 정책의 대상이 되는 오픈소스 소프트웨어 산업 범위는 금전적 가치 유무와 관련 없이 오픈소스 소프트웨어를 생산 및 이용하는 활동 모두를 포괄한다.

좁은 의미의 산업 정의에 의하면, 실제 오픈소스 소프트웨어를 가장 많이 활용하고 있는 임베디드 소프트웨어 분야는 하드웨어 제품 가치에 이미 소프트웨어의 가치가 포함되어 시장규모 산출이 되고 있어 소프트웨어만을 별개로 구별하여 가치 또는 원가규모를 산정하기 어렵기 때문에 오픈소스 소프트웨어 시장 규모를 거론할 때는 제외한다. 다만 임베디드 소프트웨어 분야에서 활용하고 있는 오픈소스 소프트웨어는 여전히 중요한 정책적 대상이 되고 있음은 두말할 나위가 없다.

오픈소스 소프트웨어 시장의 범위는 일반적인 소프트웨어 분류 기준과 유사한 형태를 갖추었으며, 패키지 소프트웨어 성격의 오픈소스 소프트웨어에 대한 라이선스(License), 구독료(Subscription), 유지보수(Maintenance) 서비스 등의 대가를 받거나, 역시 패키지 소프트웨어 성격의 오픈소스 소프트웨어와 직접적인 연관성을 갖는 서비스 형태로 한정함으로써 향후 지속적으로 전개될 오픈소스 소프트웨어 시장정책에 대한 신뢰성 기반을 확보하고자 한다. 이런 분류 체계만으로 좁은 산업 범위를 정의함에 따라 2011년 우리나라 오픈소스 소프트웨어 시장 규모는 243억원에 불과하여 산업이라는 표현을 붙이기에 부족해 보인다.

그러나 이는 오픈소스 소프트웨어의 가치가 시장에 있기보다 소프트웨어 산업의 혁신과 소프트웨어 기술의 공유를 통한 공동발전에 목적이 있음을 이해하고 그 나름대로 인정을 하는 것이 바람직한 시각이라고 본다. 그럼에도 불구하고 오픈소스 소프트웨어 시장이 매년 44% 가량 빠르게 성장하는 신흥 시장(Emerging Market)의 패턴을 보이고 있는 점은 오픈소스 소프트웨어가 소프트웨어산업의 일부분으로 빠르게 진입할 것이라는 기대감을 갖기에 부족함이 없다.

한편, 오픈소스 소프트웨어 산업은 직접적인 부가가치를 창출하는 시장이 있는가 하면 오픈소스 소프트웨어의 활용을 통해 소프트웨어 산업을 견인하는 간접적인 시장이 존재하고 있다. 직접 부가가치를 창출하는 시장을 핵심시장(Core Market)이라고 하며, 간접적인 시장을 활용 시장(Usage Market)이라고 한다. 활용 시장은 오픈소스 소프트웨어를 포함하여 비즈니스가 발생하기는 하나 측정하기는 어려운(Non-Measurable) 시장을 포함하여 오픈소스 소프트웨어 운영체제 기반 위에서 운영되는 모든 패키지 소프트웨어의 가치를 반영한다. IDC에 따르면 국내 패키지소프트웨어 중 3.5%가 리눅스 기반에서 운영되고 있으므로 이 비율을 활용하여 계산된 시장규모를 오픈소스 소프트웨어 활용시장으로 해석하고 있음에 유의할 필요는 있다.

이렇게 해서 얻어진 오픈소스 소프트웨어 활용시장의 규모는 협의의 오픈소스 소프트웨어 시장에 비해 10배 가량인 약 2,500억원 규모의 시장이다. 위와 같은 제약이 있어 이 규모 역시 전체 오픈소스 소프트웨어 활용시장을 다 파악했다기보다 조사 가능한 구조 안에서 얻어낸 시장규모로 인식하는 것이 바람직하며, 실제 리눅스 서버기반 시장, 리눅스 데스크톱 기반 시장, 임베디드 리눅스 기반 시장의 총 합은 추산 자체가 매우 어렵거나 다른 산업규모와 중첩되어 국가 산업규모 차원에서도 조심스럽게 접근할 필요가 있다.

대한민국의 정보통신산업진흥원(NIPA)에서 발간한 『2012 공개소프트웨어 백서』에서 IDC의 자료를 인용하여 밝힌 자료에 의하면 [그림 2-7]과 같이, 최근 오픈소스 애플리케이션들은 운영체제와 데이터베이스 같은 시스템 인프라, 소프트웨어 개발 도구, 개인 생산성 도구, 데스크톱용 소프트웨어, 엔터테인먼트, 그래픽, 출판, 교육, 과학, 엔지니어링, 콘텐츠 관리, 그리고 비즈니스 소프트웨어 등 개인용 소프트웨어에서부터 기업용 소프트웨어까지 거의 모든 분야에서 활약하고 있다.

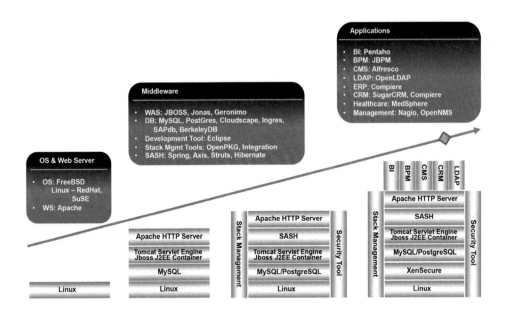

[그림 2-7] SW분야별 주요 오픈소스 소프트웨어 현황

　　이처럼 수많은 양질의 오픈소스 소프트웨어가 세계 도처에서 많은 사용자 커뮤니
티들의 지지를 받으며, 기업 시장에서도 널리 사용되고 있는 이유는 단순하다. 소비
자와 기업들은 고압적이고 비합리적인 라이선스 정책에 얽매이고 싶어하지 않으며,
업무에 가장 적합한 IT 플랫폼, 애플리케이션을 비롯한 다양한 서비스들을 입맛에 따
라 스스로 선택하고 싶어하기 때문이다. 이러한 경향은 최근 '전문가적 식견을 가진
소비자'를 뜻하는 '프로슈머(Prosumer)'라는 용어와 '위키노믹스(Wikinomics)'라는
개념을 통해 이해할 수 있는데, 인터넷이라는 공간을 통해 세계 도처의 똑똑한 사용
자들이 위력을 발휘하고 있고, 이에 따라 현대 사회를 이끄는 비즈니스들은 대규모의
협력 모델을 제공하여 소비자들이 협업을 통해 혁신을 꾀할 수 있도록 하는 방식으로
전환할 수밖에 없다는 것이다.

제**3**장

소프트웨어 산업의 이해

제3장

소프트웨어 산업의 이해

3.1 제품과 지식

디지털 제품의 원가 구조는 특이한 구조를 가지고 있다. 예를 들어, 특정한 소프트웨어 제품(특히 패키지 소프트웨어)을 생산하기 위해서는 연구 및 개발에 많은 시간과 노력이 투자되어야 한다. 반면, 개발이 완료된 소프트웨어를 판매하기 위해서 제품으로 생산(예를 들어 CD를 제작하고, 매뉴얼을 인쇄하고, 포장하는 등의 작업)하거나 유통(배포 및 설치)하는 데 소요되는 노력과 비용은 상대적으로 적게 든다[36].

더군다나 최근에는 특별한 경우를 제외하고는 대체로 CD를 제작한다든가, 매뉴얼과 함께 포장한다든가 하는 등의 과정들도 인터넷을 통한 다운로드 및 온라인 매뉴얼 제공 등의 방식으로 대체되고 있기 때문에 마케팅이나 영업 활동에 따르는 비용 외에는 추가적인 원가 요소가 발생하지 않는 경우가 많다. 따라서, 고객의 수가 늘어난다 하더라도 이들 추가적인 고객에게 대응하는 것이 매우 경제적이다. 오히려 비싼 부분은 비즈니스 제품으로 이어지기 전까지 소요되는 최초의 투자이다[36].

자연적으로, 디지털 기술을 활용하여 개발된 제품 및 서비스를 복제하고 배포하는 데서 발생하는 엄청난 '원가 절감'은 특정 산업에서 상당한 변화로 이어졌다. 그 전형적인 예가 복제와 배포에 대한 통제를 기반으로 하고 있는 음악 산업이다. 음악 산업을 주도하는 음반 회사들은 적어도 레코드 판과 카세트 테이프에서 CD로 그 유통 매체가 변화하는 가운데에서도 지속적으로 패키지 판매(소비자는 원하든 원하지 않든 여러 곡이 함께 묶여서 판매되는 매체를 패키지로 구매하여야 한다) 방식을 선호하였지만, 지금은 인터넷을 통한 유통 방식의 변화로 개별 음원 판매 방식이 주류를 이루고 있다. 이 과정에서 많은 우려와 논란이 있었음에도 불구하고, 음악 산업은 디지털 오디오 유통 혁명 속에서 여전히 발전하고 있다[36].

분석 음악 산업의 특성 및 유통 구조의 변화 [3]

1991년 독일의 프라운호퍼(Fraunhofer-IIS, Fraunhofer-Institut für Integrierte Schaltungen)에서 개발한 코덱(Codec)이라고 불리는 알고리즘은 음질(Audible Quality)의 손상을 최소한으로 하면서 원래 크기의 약 1/10로 디지털 음원을 압축할 수 있게 해 줌으로써 음악의 유통, 저장, 소비에 관한 방식의 혁명을 일으켰다. 노래 제목이나 음악가와 같은 노래 정보를 포함하여 압축된 오디오 파일은 나중에 MPEG-1 layer3(흔히, MP3)라고 불리게 되었다. 1995년에는 소비자로 하여금 CD에 수록된 음악을 MP3 파일로 변환시킬 수 있게 하는 소프트웨어 프로그램도 개발되었다. 노래가 파일로서 하드 드라이브에 저장되고 인터넷을 통해 공유될 수 있을 만큼 압축시킬 수 있는 이 기술은 음악이 다루어지는 방식을 변화시켰다. 사용자들이 온라인에서 음악을 공유하고, 소프트웨어 회사들은 수많은 다양한 MP3 인코더(파일을 MP3로 압축하는 유틸리티)와 디코더(MP3를 다시 재생하는 유틸리티)를 출시함으로써 MP3 포맷은 폭넓게 대중화되었다.

1999년 보스턴 노스이스턴(Northeastern) 대학의 학생이었던 숀 패닝(Shawn Fanning)은 인터넷 사용자들이 쉽게 MP3파일을 공유할 수 있게 한 "P2P(Peer-to-Peer)[30]" 방식의 소프트웨어 프로그램인 냅스터(Napster)를 개발하고 무료 서비스를 제공하였다. 냅스터 사용자들이 상업용 음반이나 노래같은 저작권이 있는 자료들을 공유하면서, 미국 음반 산업 협회(The Recording Industry Association of America, RIAA)에서는 불법적 파일

---

30 P2P(Peer-To-Peer Network) 혹은 동등 계층간 통신망(同等階層間通信網)은 비교적 소수의 서버에 집중하기보다는 망구성에 참여하는 기계들의 계산과 대역폭(Bandwidth) 성능에 의존하여 구성되는 통신망이다. P2P 통신망은 일반적으로 노드들을 규모가 큰 애드혹으로 서로 연결하는 경우 이용된다. 이런 통신망은 여러 가지로 쓸모가 있는데, 오디오나 비디오, 데이터 등 임의의 디지털 형식 파일의 공유는 매우 보편적이다. 또한, 인터넷 전화(VoIP)같은 실시간 데이터 등도 P2P 기술을 통해 서로 전달될 수 있다.

공유를 차단하기 위해 냅스터와 냅스터 사용자에 대한 법적인 조치를 취하였다. 이런 조치는 소비자들이 한 음반에 들어 있는 노래들을 하나씩 사고 싶어도 그럴 수 없기 때문에 다소 비싸다고 느끼는 가격을 지불하면서 그 음반 전체를 살 수 밖에 없는 경직되고 비싼 구식 음반 유통구조에 대해 불만을 가지고 있던 소비자들의 거센 저항을 불러 일으켰다.

이런 상황에서 2003년 애플(Apple)이 내 놓은 아이튠즈(iTunes Music Store) 서비스는 5대 메이저 음반회사(Sony, Universal, BMG, Warner Music Group, EMI)와 계약을 체결한 후에 노래당 99센트(아이튠즈에서 판매되는 0.99$마다 약 0.70$가 바로 음반회사로 보내진다)라는 저렴한 가격으로 서비스를 하였는데, 첫 해에만 5천만 건의 다운로드가 이루어지면서 음반 회사들과 소비자들을 모두 만족시키는 중재자의 역할을 하게 된다.

한편, 기술의 진보에 기반한 유통 방식의 변화는 자신들의 음악을 유통해 줄 수 있는 음반 회사를 확보하기 어려운 유명하지 않은 아티스트(소위 인디 음악가)들에게도, 그들의 음악을 저렴한 마케팅 비용으로 퍼뜨릴 수 있는 기회를 제공해주었다. 인터넷 라디오 방송(팟캐스팅, Podcasting[31])이라는 새로운 트렌드가 생기게 된 것이다. 자작 소프트웨어를 무료로 제공하는 소프트웨어 개발자들처럼 일부 아티스트들은 대중들의 관심과 팬 기반을 얻기 위해서 권리와 당장의 수익을 포기하더라도 그들의 자산을 일반에게 제공하는 것이 더 좋다고 생각하기 때문에 팟캐스팅은 대중속으로 다가갈 수 있는 가장 효과적인 수단이 되었다. 2016년 11월 기준, 한국에만 8,800여 개 이상의 다양한 방송이 있을 정도로[264] 급성장한 팟캐스트는 새로운 비즈니스 모델로까지 발전하고 있다.

한편, 정보통신기술(Information & Communication Technology, ICT, 단순하게는 IT)은 정보, 지식 및 아이디어의 처리(Manipulation), 전파(Broadcasting) 및 재생산(Reproduction)를 허용한다는 특성을 가지고 있다. 때문에, IT 기술의 발달은 기본적으로 아이디어의 전파와 활용을 촉진하는 효과를 가져온다[36].

---

31 팟캐스팅(Podcasting)은 인터넷을 통하여 시청하려는 사용자들이 원하는 팟캐스트를 선택하여 정기적 혹은 새로운 내용이 올라올 때마다 자동으로 구독할 수 있도록 함으로써 방송을 전달하는 방법을 의미한다. 주로 MP3과 같은 미디어 파일을 웹에 올리고 RSS 파일의 주소를 공개하는 방식으로 배포하며 애플의 아이튠즈와 같은 응용프로그램으로 팟캐스트를 검색하고 구독하며, 컴퓨터에서 직접 재생하거나 디지털 오디오 플레이어로 전송한 뒤 재생한다.

경제적 자산으로서의 아이디어는 비경합재(Non-Rival Goods)라는 특성을 지닌다. 즉, 여타의 다른 재화와는 달리 어떤 한 사람이 특정 아이디어를 사용한다고 해서 다른 사람들이 그것을 동시적으로 사용하지 못하는 것이 아니라는 것이다. 이러한 비경쟁성의 특성을 지니는 기술은 물적 자본과는 달리 축적에 따라 한계생산성이 체감하는 것이 아니라 오히려 규모에 대한 경제가 존재한다.

사실 더 폭넓은 관점으로 바라보면 지식과 아이디어는 공공재라는 특성을 가지고 있다. 공공재(公共財)는 어떠한 경제주체에 의해서 생산이 이루어지면 구성원 모두가 소비혜택을 누릴 수 있는 재화 또는 서비스를 말한다. 경제학적으로 봤을때 위에서 언급한 비경합성뿐만 아니라 비배제성이라는 특성을 가지고 있다는 것이다. 비배제성(非排除性)이란 일단 재화의 생산과 공급이 이루어지고 나면 생산비를 부담하지 않은 경제주체라고 할지라도 소비에서 배제시킬 수 없는 특성을 의미한다. 이를 배제불가능성(Non-Excludability)이라고도 한다[36].

[표 3-1] 공공재의 특성[249]

특성	배제성	비배제성
경합성	사유재 예) 음식, 옷, 장난감, 가구, 자동차	공유 자원 예) 물, 생선, 사냥
비경합성	클럽재(자연 독점 재화) 예) 케이블 TV방송, 전력, 수도	공공재 예) 국방, 치안, 지상파 TV방송

IT 산업은 이러한 아이디어의 활용 극대화를 통한 이윤 창출을 목적으로 신규 지식의 개발에 많은 재무 자원을 지출한다. 일반 사회의 이해 관점에서 본다면 그것이 과학적인 발견이든, 새로운 기술이건, 또는 다른 무엇이건 관계 없이 새로운 지식이 나타날 때마다 이러한 신규 아이디어의 전파는 다음과 같은 하나의 문제를 제기하게 된다.

일단 이러한 신규 지식이 사용 가능해지면, 가능한 한 이 아이디어를 배포하는 것이 사회에 이롭게 된다. 하지만 이러한 지식을 개발한 회사들은 그것으로부터 이윤을 얻기 위해 그러한 일을 한 것이며, 따라서 그들은 신규 지식에 대한 접근을 제한함으로써만 이윤을 얻을 수 있다. 어떤 형태로든 이러한 지식의 보호, 즉 배포에 대한 통제가 없이는 새로운 아이디어와 지식의 탐구 및 개발에 돈을 투자하지 않게 될 위험이 있다[36].

선진화된 사회는 새로운 과학 및 기술 지식의 창출을 촉진하기 위한 다양한 제도와 기제를 만들어 왔다. 과학적인 지식의 창안은 주로 공공 재원을 통해 자금이 조달된다. 그러나 새로운 생산 기법과 신제품의 창출을 위한 보다 실용적이며 응용적인 지식을 위한 개발과 자금조달은 민간 부문에 맡겨져 있다. 특히, 이 경우에는저작권, 특허권, 그리고 영업 비밀 등과 같은 일련의 법률적 개념의 제도를 통하여 지적재산권을 보호함으로써 민간 부문의 연구·개발 활동을 촉진하고 있다.

저작권은 아이디어의 특정한 표현을 보호하는데, 대표적인 사례는 노래 또는 책의 저자에게 부여되는 자신의 작품에 대한 권리이며, 이것은 누구도 그 사람의 동의 없이는 그것을 출판 또는 배포할 수 없다는 것을 의미한다.

유용한 발명을 한 개인 또는 기업은 그것에 대하여 특허를 출원할 수 있으며, 이것은 다른 사람들이 이러한 발명의 성과를 일정 기간(통상 20년) 동안 발명자의 동의 없이는 사용할 수 없게 한다.

마지막으로, 기업은 새로운 지식을 영업 비밀로 하고 그것의 도난에 대하여 법률적인 보호를 받을 수 있다. 이 경우, 다른 사람들이 독자적인 노력을 통해 독립적으로 동일한 발명을 만들어 냈을 때는 보호받지 못하게 된다.

• 참고 – 지적재산권(특허, 저작권, 영업 비밀)

❶ **특허(特許, Patent)[263]**

지적재산권의 보호는 1449년 영국의 헨리(Henry) 6세가 우티남(Utynam)의 존(John)이라는 사람에게 스테인드 글라스 제조 기술에 대해 20년 동안 독점권을 행사할 수 있는 권리를 준 "레터(Letters Patent)"로부터 유래한 것으로 알려져 있다. 그러나 법으로 정한 최초의 특허 시스템은 1474년 3월 19일의 베니스 특허 조례(Venetian Patent Statute)인데, 보호 기간은 10년이었다.

특허는 발명을 한 자 또는 그의 정당한 승계인에게 그 발명을 대중에게 공개한 대가로 일정 기간 동안(대한민국의 경우 특허권의 존속기간은 특허권을 설정, 등록한 날부터 특허 출원일 후 20년) 배타적인 권리를 주는 행정행위를 말한다. 특허를 주는 절차 및 특허권자가 되기 위한 주체적 요건, 특허권에 대한 배타적 효력의 범위는 나라마다 각각 법률에 규정한 바가 다르다. 그러나 특허 출원 신청은 일반적으로 한 개 이상의 발명으로 이루어진 청구항들로 이루어져 있어야 하며, 각각의 발명은 신규성과 진보성, 그리고 산업상 이용 가능성을 갖추어야 한다. 기존의 발명을 다소간 변형하였으나 그 실질에 있어서는 기존의 발명과 동일한 경우에는 동일성의 범위 내에 있는 것으로서 신규성이 없다고 보는 것이다.

대부분의 나라에서는 특허권자에게 그 특허발명에 대해서 생산, 사용, 양도, 대여, 수입, 양도 또는 대여의 청약을 할 배타적 권한을 부여한다. 특허 제도의 목적은 타인의 부당한 특허권 침해에 대해 민·형사적 제재를 인정함으로써 공정한 기술경쟁을 유도하며, 독점 배타권인 특허권을 부여함으로써 발명의 보호·육성에 따른 기술진보를 촉진시켜 결국 산업발전에 이르도록 하고자 함이다.

❷ **저작권(著作權, Copyright, 카피라이트)[260]**

저작권은 창작물을 만든이(저작자)가 자기 저작물에 대해 가지는 배타적인 법적 권리로, 많은 국가에서 인정되는 권리이다. 저작권은 만든이의 권리를 보호하여 문화를 발전시키는 것을 목적으로 한다. 저작권자는 법에 정하는 바에 따라 다른 사람이 복제·공연·전시·방송·전송하는 등의 이용을 허가하거나 금지할 수 있다.

저작권은 유럽에서 발달했다. 15세기 구텐베르크가 인쇄술을 개발하면서 독자층이 확대되었다. 출판이 활발했던 이탈리아 베네치아에서는 1517년 저작권법이 만들어졌고, 영국 영국에서는 소수에게 출판 독점권을 줬다. 1710년 영국 앤(Anne) 왕 때 저작권법이 제정되어 저작권 보호 기간이 정해지고, 그 기간이 지나면 사회가 공유하게 되었다. 1886년 베른 협약이 체결되었고, 뒤에도 여러 번 개정되었다. 1952년에는 베른 협약에 참여하지 않는 나라를 중심으로 세계 저작권 협약(UCC)이 체결되었는데, 그 뒤 조약에 가맹한 나라들이 베른 협약에 가입하면서 베른 협약이 국제적으로 저작권 기본 조약이 되었다. 1996년, 세계 지재권 기구 저작권 조약(WCT)이 체결되었는데, 여기서는 인터넷 확산에 따라 제기된 전송권과 같은 것이 저작권에 더해져 베른 협약(Berne Convention for the Protection of Literary and Artistic Works)을 넓혀 나갔다. 1993년, 세계무역기구(WTO)가 출범하면서 무역 관련 지재권 협정(Agreement on Trade-Related Aspects of Intellectual Property Rights, TRIPs, 트립스)이 체결되어 지식 재산권을 무역 규범으로 만들었다. 저작권과 관련된 국제법은 베른 협약에 바탕을 두고 있으나 저작권의 내용은 나라마다 다르다.

저작권은 지식 재산권의 하나로 인격권(Moral Right)과 재산권(Economic Right)으로 나뉜다. 저작 인격권은 공표권(저작물을 공표할 권리), 성명 표시권(스스로의 이름을 밝힐 권리), 동일성 유지권(저작물을 바꾸지 못하게 할 권리)을 아우른다. 인격권은 만든이에게만 따르며 양도·상속할 수 없다. 보통 저작권이라 하면 저작물을 이용할 권리인 저작 재산권을 가리킨다. 저작 재산권은 일정 기간 동안 사라지지 않는다. 베른 협약은 만든 이가 죽은 뒤에 적어도 50년까지 보호하도록 하고 있다(상속인이 없으면 소멸). 현재 50년까지 보호하며, 미국은 50년이었으나 70년으로 늘렸다. 대한민국의 경우 한미 자유 무역 협정(FTA) 체결에 따라, 2011년 저작권법 개정을 통해 2013년 7월부터 보호기간을 70년으로 늘렸다.

저작물은 지적·문화적 창작을 넓게 포괄한다. 일반적으로 소설·시·논문·강연·각본·음악·연극·무용·회화·서예·도안·조각·공예·건축물·사진·영상·도형·컴퓨터 프로그램·작곡·영화·춤·그림·지도 등이 포함된다.

저작물에는 물리적 매체뿐만 아니라, 디지털화된 형태도 포함된다. 즉 문자 형태의 어문 저작물뿐만 아니라. 컴퓨터로 작성한 건축 설계도면, MP3와 같은 음악 저작물, DVD 영화나 비디오 같은 영상 저작물, 소프트웨어와 같은 컴퓨터 프로그램 저작물, 그밖에 디지털화된 미술이나 사진 저작물 등이 디지털 저작권의 보호 대상이 된다. 저작권과는 별도로,

저작물을 실연하거나 음반으로 만들거나 방송한 이는 그 실연·음반·방송에 대해 일정한 권리를 갖는데 이를 저작 인접권이라 한다.

저작권이 있는 저작물은 저작 재산권자에게 허락을 받아 이용하여야 하며, 허락(License, 라이선스)을 받으면 그 허락 조건에 따라 이용할 수 있다. 권리자가 허락 조건을 미리 명시해 놓은 경우에는 따로 허락을 받지 않아도 그 조건에 따라 이용할 수 있다(예: 크리에이티브 커먼즈 라이선스, CCL).

공동 저작물은 저작권자가 모두 합의해서 행사한다. 저작권이나 인접권은 관리 단체에서 권리자를 대신해 관리할 때가 많다. 일정한 조건 하에선 저작 재산권이 제한되어, 허락을 받지 않고도 저작물을 이용할 수 있다. 공정 이용 조건에는 인용, 보도, 학교, 도서관, 사적 이용 같은 것이 있다. 또, 사실 자체와 사실을 전달하는 시사 보도 등은 저작권으로 보호 받는 대상이 아니다. 또, 법령, 고시·훈령, 판결과 같은 정부 저작물도 공공의 재산이므로 저작권이 없을 수 있다.저작권을 표시하기 위해 ©, (C) 또는 (c) 심볼을 이용하기도 하는데, 사실 저작권은 저작물을 만들고, 객관화해 밖으로 표현함과 동시에 저절로 생긴다.

❸ 영업 비밀(Trade Secret)[255]

영업 비밀은 기업의 지식 재산권의 한 부분이다. 공유된 공공의 정보를 기반으로 하지 않은 제조법, 도안, 데이터 수집방법 등 비즈니스에 사용되는 지적 생산품을 말하며, 모든 지적 생산품은 사업 목적으로만 사용하기 위해 기밀 취급할 수 있다. 기업 비밀은 표면적인 결과뿐만 아니라 아이디어 그 자체를 보호한다. 정보의 공개 또는 사용으로 인해 경제적 가치를 획득할 수 있는 다른 사람들에게 정당한 수단에 의해 쉽게 확인할 수 없기 때문에 일반적으로 알려지지 않았고 비밀로서 유지하기 위한 합리적인 노력의 대상이 되는 것을 의미한다. 구체적으로 대한민국의 법률에서 정한 대상을 살펴보면, "영업비밀이란 공공연히 알려져 있지 아니하고 독립된 경제적 가치를 가지는 것으로서, 상당한 노력에 의하여 비밀로 유지된 생산방법, 판매방법, 그 밖에 영업활동에 유용한 기술상 또는 경영상의 정보"를 말한다.

지적재산권을 보호하는 제반 개념을 올바르게 사용하였을 때는 실제로 기술 및 경제적인 진보를 자극할 수도 있지만, 불행하게도 그것들은 두 가지 문제를 제기한다.

먼저, 이러한 모든 법률적인 개념이 실제로 아이디어의 개발을 보호하는가가 의문스럽고 근래에 들어 많은 기업들이 이러한 법률적인 개념을 자신들에게 유용하도록 거짓되게 사용해 왔다는 점이다. 많은 기업들이 자신들의 혁신을 합법적으로 보호하는 대신, 저작권과 특허를 자신들의 시장 지배력을 방어하고 보다 혁신적인 경쟁자가 진입하는 것을 어렵게 만들기 위한 경쟁 제한적인 도구로 활용하고 있다[36].

미국의 유명 판사인 리처드 포스너는 모토로라가 4개의 특허를 침해했다며 애플이 제기한 소송과 그에 대한 모토로라의 맞소송에 대해 두 회사 모두 피해를 증명할만한 충분한 증거를 제시하지 않았다고 판결한 바 있는데, 그는 '왜 미국에는 너무 많은 특허가 있을까?'라는 기고문으로 미국 특허 시스템에 일침을 가했다. 당시 애플, 구글, 삼성, 모토로라, 오라클 등 모바일 관련 기술 특허의 소송이 끊이지 않고 장기화, 거대화 되는 중이었는데, 포스너 판사는 이 기고문에서 '미국에서는 회사가 소유한 특허를 바탕으로 특허권의 범위와 특허 차단 경쟁을 통해 시장을 독점할 수 있다는 이유로 기업들은 자신들의 특허를 보호하는 것과 특허 괴물로 불리는 특허 소송 전문 기업의 공격을 방어하기 위해 많은 돈을 쓴다. 그리고 이는 막대한 사회적 낭비로 이어진다'고 비판했다[246].

실제로, 지적재산권을 보호하려는 기업과 이용자들 사이에 갈등이 커지고 있다. 경제학자 미쉘 볼드린(Michele Boldrin)과 데이빗 케이 레빈(David K. Levine)은 저서『지적 독점에 대항하여』[37]를 통해 특허 및 저작권 시스템이 시장에 발명품이 진입하지 못하게 막고 있다고 비판했다. 공공정책의 관점에서 볼 때 특허법과 저작권법 폐지를 주장한 것이다. 레빈과 볼드린은 인터넷에서 음악을 다운로드했다고 고소당한 학생들의 사례와 특허 소지자가 생산한 값비싼 의약품을 구입할 수 없어서 죽어가는 아프리카의 AIDS 환자들을 특허 시스템의 실패사례로 지적했다[235].

소프트웨어의 경우를 보면, 독점적 소프트웨어의 출현으로 인해서 기업들이 자사 소프트웨어의 소스코드와 바이너리 코드를 분리하게 됨으로써 이를 통해 영업 비밀을 지키기가 쉬워졌다. 소스코드를 제공하지 않더라도 하드웨어(컴퓨터, 모바일 폰, 게임 콘솔, ATM 등)에 바이너리 코드를 설치하는 것만으로도 프로그램을 이용할 수 있기 때문에 독점적 소프트웨어 기업들은 소프트웨어의 소스코드 대신 바이너리 코드만을 제공하는 데 대해서 가격을 부과하는 방식에 기반을 둔 비즈니스 모델을 채택한다. 그 결과, 소비자 또는 다른 기업들은 소스코드를 알 수 없기 때문에 그 프로그램의 작동 원리를 알 수 없게 되고, 당연히 그 기능을 변경할 수 없게 되는 것이다. 그렇게 되면, 영업 비밀(소스코드를 공개하지 않는 것)은 제품을 개발한 기업들로 하여금 그 아이디어와 지식을 경쟁자들에게 숨기면서 제품(소프트웨어의 바이너리 코드)을 소비자들에게 팔 수 있게 해준다[36].

그러나 오픈소스 소프트웨어는 그것이 프로그램의 소스코드의 공유에 기반을 두고 있기 때문에 정반대이다. 리차드 스톨만은 1990년대에 카피레프트(Copyleft) 운동을 제창하여 소프트웨어와 저작물은 공유되어야 한다고 주장했다. 카피레프트는 저작권 체제하에서 저작물을 자유롭게 이용하는 것을 허락함으로써 저작권을 공유하는 효과를 낳는다[36]. 그러나 이러한 관점을 유지하면서 비즈니스를 영위하기 위해서는 특별한 서비스의 제공에 기반한 완전히 다른 비즈니스 모델의 개발이 요구된다. 즉, 컴퓨터 기술자의 경험과 지식을 활용하여 고객의 수요에 소프트웨어를 수정 및 적응하는 능력 등이 그것이다. 이에 대한 구체적인 방법과 사례 등은 뒤에서 차츰 설명할 다양한 오픈소스 비즈니스 모델들을 통해서 이해하게 될 것이다.

3.2 시장과 경쟁

소프트웨어의 경우, 가치 있는 것은 제품 그 자체가 아니라 오히려 상호 보완 관계에 있는 일련의 제품들이다. 소프트웨어는 단지 우리가 사용하는 시스템의 일부분일 뿐이다. 우리 주변의 제품 및 서비스에서 '보완성(또는 상호보완성, 상보성, 相補性)'의 사례는 흔히 볼 수 있다. 예를 들어, 텔레비전의 경우 다양한 품질 수준의 제품이 존재하지만, 최고의 텔레비전이라 하더라도 텔레비전 채널, DVD 플레이어 등에 연결이 되어 있지 않을 경우에는 그저 쓸모 없는 가전용품일 뿐이다[36].

이와 유사하게, 우리는 단순히 물리적인 물체로서의 컴퓨터만을 원하는 것이 아니라 프린터, 디지털 카메라, 스캐너 등과 같이 컴퓨터를 보완하는 물리적인 물체들 역시 원한다. 더 나아가서, 이들 물리적인 물체로서는 충분하지 않으며, 다양한 업무를 수행하는 데 컴퓨터를 사용할 수 있게 해주는 사무 자동화 패키지, 인터넷 브라우저, 이메일 등의 소위 애플리케이션들과 함께 컴퓨터를 작동시키기 위한 모든 것(운영체제 등)을 원한다.

실제로, 컴퓨터뿐만 아니라 어떠한 디지털 기술에서든지 하나의 시스템을 구성하는 다양한 제품들 간의 보완성은 그 시스템에 있어서 각각의 구성요소가 서로 떨어져서는 많은 목적을 충족시키지 못한다는 것을 의미한다. 이러한 서로 다른 부분(구성요소)들이 서로 잘 맞춰서 전체로서 적절하게 작동하는 것이 필수적이라는 것이다. 즉, 이들 다양한 구성요소들은 서로 호환성을 갖추어야만 한다[36].

• 참고 – 보완재와 대체재[3]

휘발유와 주유소, 자동차의 관계처럼, '다른 제품의 실용성이나 수용성을 향상시키는 제품과 서비스'를 '보완재'라 한다. 예를 들어, 비디오 게임 콘솔의 가치는 비디오 게임, 주변기기와 같은 보완재와, 그리고 온라인 게임과 같은 보완 서비스와 직접적으로 연결된다.

보완재들은 수요–가격 조건을 대개 함께하기 때문에 총 소비량에 따라 수요가 움직인다. 어느 한 쪽이라도 수요 및 가격변동이 있을 때 같이 영향을 받게 되는데, 그 형태에 따라서 주종관계(끌려다니는 관계)나 협동관계(서로 공생하는 관계)로 분류할 수 있다. 샴푸와 린스의 경우가 주종관계의 예라면, 하드디스크와 SSD의 경우가 협동관계의 예라 할 수 있다. SSD가 속도 향상에 목적이 있다면, 하드디스크는 용량 위주이기 때문에 둘 다 있는 경우 속도와 용량을 상호 보완하는 관계이다.

기업의 외부환경을 분석하는 데 가장 보편적으로 활용되는 분석도구인 파이브 포스(Five-Force) 모델을 개발한 포터(Porter)는 최근 제6의 요소로 보완재를 언급하고 있다[38]. 보완재의 가용성, 품질, 그리고 가격은 산업에서 나타나는 위협과 기회에 영향을 미치는 중요한 요인이다.

예를 들어, 휴렛패커드(Hewlett-Packar)나 렉스마크(Lexmark)와 같은 데스크톱 프린터 제조회사들은 다 쓰고 나면 교체하는 잉크 카트리지로부터 상당 부분의 이익을 얻고 있다. 따라서, 휴렛패커드와 렉스마크는 소비자들이 다른 회사로부터 쉽게 살 수 있는 표준화된 디자인을 피하고 각각의 프린터 모델에 고유한 프린터 카트리지를 디자인한다. 그러나 잉크 카트리지 시장은 매우 매력적이어서 휴렛패커드와 렉스마크 카트리지의 복제품을 팔거나 또는 다 쓴 카트리지에 리필을 해주는 다수의 제3자 벤더들이 나타났다. 휴렛패커드와 렉스마크에게 고유한 모델에 기반한 프린터 카트리지 시장은 기회요인이지만 프린터 카트리지 업체들에게는 위협요인이다. 반대로, 복제품이나 리필을 해주는 벤더들의 출현은 휴렛패커드와 렉스마크에게 새로운 위협요인이 된다.

한편, 보완재와 자주 혼동하는 개념으로 대체재(代替財)가 있다. 경제학에서 어느 한 재화가 다른 재화와 비슷한 유용성을 가지고 있어, 한 재화의 수요가 늘면 다른 재화의 수요가 줄어드는 경우 서로 대체관계에 있다고 말하며, 이러한 대체관계에 있는 재화를 다른 재화의 대체재라고 한다. 이는 포터의 파이브 포스 모델의 다섯 가지 요소 중의 하나로 포함된 개념이다.

이러한 대체재의 개념은 상대적인 것으로, 예를 들어 승용차 시장에서 스포츠카의 대체재는 SUV가 되지만 이동수단의 개념에서 봤을 때의 대체재는 전철, 버스가 될 수도 있다. 대체재의 예는 콜라와 사이다, 밥과 라면, 커피와 홍차나 녹차, 쇠고기와 돼지고기이다.

더 많은 대체재가 존재할수록, 대체재가 기업의 제품 및 서비스와 유사한 기능을 수행할수록, 대체재의 위협은 커진다. 또한, 대체재의 위협은 상대적 가격에 의해서도 구체화된다. 예를 들어 비행기 대신 버스로 여행하는 것이 속도 면에서는 비교가 되지 않는다. 하지만 가격 측면에서는 훨씬 더 저렴하다. 그러므로 버스는 특히 단거리 이동에 있어 대체재의 위협으로 등장하게 된다. 경쟁 제품과 대체재를 구분하는 것은 산업이 어떻게 정의되는가에 달려있다. 예를 들어 어떤 사람이 항공업을 분석의 단위로 설정하였다면 버스 운송업은 항공업의 대체재이다. 하지만 누군가 운송산업 전체를 분석의 단위로 설정하였다면 버스 운송업과 항공업은 경쟁 상품이 되는 것이다.

어떤 제품 또는 시스템을 사용하는 사람에게 있어서 그것을 사용하는 사람의 수가 많을수록 그 가치가 증가할 경우, 네트워크 효과 또는 외부효과가 존재한다고 말한다. 즉, 네트워크 효과는 특정 상품에 대한 어떤 사람의 수요가 다른 사람들의 수요에 의해 영향을 받는 효과이다. '네트워크 효과'는 미국 경제학자 하비 라이벤스타인(Harvey Leivenstein)이 소개한 개념으로, 일단 어떤 상품에 대한 수요가 형성되면 이것이 다른 사람들의 상품 선택에 큰 영향을 미치는 현상이다. 특정 제품을 사용하는 소비자가 많아질수록 해당 상품의 가치가 더욱 높아지는 현상인 '네트워크 외부성(Network Externality, 즉 긍정적 소비의 외부효과)'과도 통하는 개념이다[251].

네트워크 외부성 효과의 사례로 기찻길이나 통신망과 같은 물리적 네트워크가 있다. 기찻길은 기찻길의 네트워크의 규모(즉, 도착 가능한 목적지)가 커질수록 보다 가치가 있다. 유사하게 전화가 단지 몇몇 사람간의 통화만 가능하게 한다면 많이 활용되지는 않을 것이다. 전화가 제공하는 효용의 양은 네트워크의 규모와 직접적인 관련이 있다. 가장 커다란 고객기반을 가졌기 때문에 파일의 상호교환성을 최대화시킬 수 있다는 이유에서 많은 사람들이 윈도우(Windows) 플랫폼을 선택하는 것과 마찬가지이다[3].

> **• 참고 – 네트워크 효과[251]**
>
> 사용자들이 몰리면 몰릴수록 사용자가 계속 늘어나는 것으로, '네트워크 효과'는 제품이나 서비스 자체 품질보다는 얼마나 많은 사람이 사용하고 있느냐가 더 중요하다. 이는 누군가의 특정 상품에 대한 수요가 주위 사람들에게 영향을 미치게 되고, 이로 인해 그 상품을 선택하는 사람들이 증가하는 효과가 나타나기 때문이다. 생산자는 네트워크 효과로 인해 생산 규모가 커질수록 비용이 줄어드는 효과를 누릴 수 있다. 왜냐하면 많은 사람들이 사용할수록 규모의 경제에 의해 생산비는 낮아지는 반면, 네트워크 효과에 의해 사용자 수는 더 많이 증가하기 때문이다.
>
> 네트워크 효과는 선순환 구조를 만들어낸다는 점이 특징이다. 다수의 소비자가 구입한 재화는 가치가 상승하여 다른 사람들에게도 효용이 높은 재화로 인식될 가능성이 높기 때문에 구매를 유인하는 효과가 발생하며, 이에 따라 소비자의 수는 증가하게 된다.

네트워크 효과의 또 다른 특징은 기술 발전이 네트워크 효과를 발생시킨다는 점이다. 기술 발전이 이루어지면 생산비용이 절감되어 재화의 시장가격을 인하하는 효과를 가져올 수 있다. 전보다 싸지만 기술 발전으로 성능은 향상된 재화는 소비자들을 시장으로 끌어들이고, 재화의 유용성도 높여 네트워크 효과를 발생시킨다.

그 제품과 서비스를 이용하는 사람이 많을수록 그 사용가치는 더욱 높아지지만 동일 종류의 소비를 하는 사용자들이 많아지면 도리어 사용가치가 저하될 수 있다. 개인이 필요로 하는 소비에 부하(負荷, Load)를 증대시키기 때문이다. 즉, 개인의 소비에 부하를 증대시키는 다른 사용자보다는 개인의 소비의 부하를 줄여주는 다른 사용자들이 많을수록 네트워크 효과는 증대된다.

네트워크 효과는 크게 두 분류로 나눌 수 있다. 편승 효과(Bandwagon Effect)와 속물 효과(Snob Effect)가 그것인데, 편승 효과는 많은 사람들이 사는 물건이라고 하면 필요 여부에 상관없이 따라 사는 소비심리를 이용하는 것이고, 속물 효과는 남들이 많이 사는 것은 구입하기 싫어하는 소비심리를 이용한 것이다.

제품 및 서비스의 중요한 특징에 보완성과 네트워크 효과가 포함되었을 경우의 잠재적 위험 중 하나는, 만일 충분한 임계 규모의 사용자 기반을 달성하지 못할 경우에는 제품의 생존 가능성이 낮아진다는 점이다. 어떤 특정한 수의 사용자 규모에 못 미칠 때는 제품의 가치를 유지할 만한 충분한 장점을 제공할 수 없게 되어 보완제품의 잠재적인 공급자들이 필요한 투자를 하지 않게 될 것이다[36].

이러한 네트워크 효과로 인해 생성된 또 하나의 잠재 위험은 상당한 고객 기반을 보유하고 있는 회사가 충분한 임계 규모를 달성하기 위하여 경쟁사의 신규 제품 및 서비스가 경쟁하기 어렵거나 불가능하게 하기 위한 전략적인 조치를 취함으로써 경쟁사의 정상적인 운영을 중단시킬 수 있다는 것이다. 즉, 소프트웨어의 경우에 주된 경쟁 제한 전략은 시장을 지배하는 회사가 자사의 제품을 경쟁사의 제품과 호환성이 없게 만드는 것이다[36].

이 두 가지 위험의 예로, 지금의 상황은 많이 바뀌었지만, 초장기로부터 한동안 리눅스 운영체제가 PC용 운영체제 시장에서 고전을 면치 못했던 것을 돌이켜 볼 필요가 있다. 이는 그동안 대다수의 보완재(즉, PC용 애플리케이션)들이 윈도우 운영체제를 기반으로 개발되고 공급되었기 때문이다. 이들 보완재 제공자(즉, 데스크톱용 소프트웨어 개발 업체)들은 많은 수의 윈도우 운영체제 사용 고객들을 타깃으로 시장에 접근할 수밖에 없었기 때문이다. 애플의 매킨토스 운영체제의 경우도 마찬가지이다[36].

이러한 현상은 일부 사례의 경우 독과점을 형성하게 되어 경쟁을 통한 기술의 발전과 이를 바탕으로 하는 소비자들의 다양한 선택의 기회를 제한하고 기술 발전의 혜택을 제한하는 부정적 결과를 가져온다.

3.3 경쟁의 제한

제품의 가치는 주로 상호 보완관계에 있는 구성 요소들로 이루어져 있고, 네트워크 효과가 상당한 '표준'의 존재 여부에 달려 있다[36]. 참고로, 표준의 사전적 정의는 "타(他)의 규범(規範)이 되는 준칙(準則), 규격(規格), 준거(準據)"이지만, 산업적 관점에서의 표준이란 "한 시스템의 부분(구성 요소)들 간에 호환성을 부여하는 기술적인 사양의 집합"이라고 정의할 수 있다.

IT 산업에서는, 하드웨어(즉, 물리적인 장치)의 표준화가 다행스럽게도 상당 수준 진전되어 있다. 오늘날, 거의 모든 컴퓨터 주변기기는 컴퓨터의 포트(USB 포트와 같은)에 연결이 가능하다. 예를 들어 프린터를 살 때, 컴퓨터와의 연결을 걱정할 필요가 없다. 즉, 집에 도착하면, 아무런 문제 없이 컴퓨터에 연결할 수 있다.

그러나 불행히도 우리는 유사한 서비스임에도 불구하고 상호간에 호환성이 없게 설계된 제품들을 자주 보게 된다. 레코드와 CD가 이런 경우였는데, 두 장치는 비디오를 VHS와 DVD 포맷으로 재생하였다. 객관적으로 볼 때, 이들 두 기술 가운데 어느 하나는 다른 것에 비해 뒤떨어진다고 말할 수 있다. 따라서 만일 어떠한 사전 조건도 없이 두 기술 가운데 하나를 선택하라고 한다면, 어떤 것을 선택해야 할지 의심의 여지가 없다. 하지만 낡은 기술을 사용해 오던 사람들에 대한 보완성(Complementarity)으로 인해서, 이러한 전환이 당시에는 매우 값비싼 것이었다. 만일 비닐 레코드를 가지고 있으면서 CD로 전환하기를 원하는 사람들은 먼저 새로운 기술인 CD 플레이어를 구매하고 다시 CD와 그 안에 담겨 있는 레코드 콘텐츠를 구매하여야 했다[36].

특히, IT 분야에서는 큰 보완성과 네트워크 효과로 인해서 제품의 특정 버전으로부터 호환성이 없는 다른 버전으로 전환하는데 따르는 비용은 품질 면에서의 개선을 매우 중요하게 고려하지 않는 한 차라리 상당 기간 동안 낡은 기술을 계속 사용하는 것을 선택해야 할 정도로 비싸게 먹힌다(반드시 비용 때문만은 아니지만, 모바일 폰의 경우 최근까지도 2G 폰에서 3G 폰으로 바꾸지 않는 사람들이 있다).

• 참고 – 전환비용과 고객 고착화 전략

전환비용(Switching Cost)은 한 제품에서 경쟁사의 다른 제품으로 전환하는 데 드는 비용을 말한다. 즉, 생산자나 소비자가 현재 사용하는 기술, 제품, 서비스에서 다른 기술, 제품, 서비스로 전환할 때 발생하는 소비자의 비용이다[5].

또, 클렘페러(Klemperer)[39]는 전환비용을 "현재 시점의 다른 제품 및 서비스를 구매, 이용하기 위해 포기해야 하는 과거 투자"로 정의하였다. 즉 전환비용은 현재 소비와 과거 투자간 비적합성(Incompatibility)에 따라 발생하는 기회비용으로, 이러한 전환비용과 관련된 투자로는 물리적 투자(Physical Investment), 정보투자(Informational Investment), 인위적인 투자(Artificially-Created Investment)와 심리적 투자(Psychological Investment) 등이 있다. 이러한 투자행위를 반영하여, 일반적인 서비스와 관련된 전환비용은 크게 거래비용(Transaction Cost), 탐색 및 학습비용(Search and Learning Cost)과 인위적인 비용(Artificial Cost) 등으로 구분될 수 있다. 통신 서비스를 예로 설명하자면, 거래비용은 서비스 변경 시에 발생하는 비용으로 가입과 해지에 따른 비용과 보유한 장비 또는 설비를 반납하거나, 전환된 서비스에 적합한 장비 및 설비를 빌리거나 구입하고 설치하는 데 필요한 비용(Installation Costs, Delays in Installation of Services) 등을 들 수 있다. 탐색 및 학습비용은 새로운 서비스를 이용하기 위해 필요한 정보 및 서비스 특성을 탐색하고 학습하기 위해 소요되는 물질 및 비물질적 비용 등을 들 수 있다. 인위적 비용은 주로 공급자에 의해서 발생하는 비용으로 할인 및 교환 쿠폰 또는 약정기간할인과 위약금 등을 들 수 있다.

한편, 전환비용을 통한 고객 고착화는 마케팅 전략의 일환이다. 기업들은 자사의 상품이나 서비스를 이용하는 고객이 계속 높은 충성도를 유지하기를 바란다. 고객의 충성도는 상품이나 서비스의 품질에 따라 높아지기도 하지만, 현실적으로는 다른 회사로 고객이 이동할 때 발생하는 유무형적 비용을 높여, '억지로' 잡아두는 것이 결과적으로 고객 충성도를 높이는 방법이다. 역설적이게도 강한 구속은 높은 충성도를 보장한다[195].

마일리지나 멤버쉽 제도 또한, 타사로 이동 시 더 이상 사용할 수 없게 함과 동시에 계속하여 남아 있는 고객들에게 더 많은 혜택을 주는 등의 방법을 통해 고객 고착화를 위한 수단으로 많이 활용된다.

컴퓨터, 특히 소프트웨어에 관해서는 이러한 전환비용이 상당할 수 있다. 더욱이 우리가 기존 버전에 오랜 기간 익숙해진 경우라면, 거기에는 이미 새로운 프로그램을 배우는 데 드는 비용까지도 추가되어야 한다. 사실 이러한 이유로 프로그래머들이 최신 기술을 적용한 새 버전의 프로그램을 개발할 때, 내부의 기술은 새롭게 변경하더라도 적어도 외형과 기능 버튼 등의 사용면에서는 과거에 써오던 프로그램들과 유사하게 만드는 경향이 있다[36].

오픈소스 워드 프로세서인 오픈오피스(OpenOffice)[32]는 마이크로소프트의 워드(Word)를 흉내 내었고, MS 워드는 다시 그보다 전의 프로그램인 워드퍼펙트(WordPerfect)[33]를 모방하였으며, 워드퍼펙트는 또한 워드스타(WordStar)[34]를 모방하였다. 또한 마이크로소프트의 엑셀(Excel)은 로터스 1-2-3(Lotus)[35]를 모방하였으며, 로터스는 이전의 프로그램인 비지칼크(VisiCalc)[36]를 모방하였다. 즉 각각

---

32 '아파치 오픈오피스(Apache OpenOffice, 이전 이름은 OpenOffice.org)'는 다양한 운영체제에서 사용할 수 있는 오피스 제품군이다. 마이크로소프트 오피스 97-2003 포맷을 비롯한 다양한 포맷을 지원할 뿐만 아니라, 데이터 교환을 위한 고유 파일 포맷으로 ISO 표준인 '오픈도큐먼트 포맷(ODF)'을 지원한다. 오픈오피스는 스타디비전이 개발하고, 1999년 8월 썬 마이크로시스템즈(지금의 오라클)가 인수한 스타오피스에 기반을 두고 있다. 썬 마이크로시스템즈는 자유롭고 개방적이며 높은 품질의 대안을 제공함으로써, 마이크로소프트 오피스의 지배적인 시장 점유율을 줄이려는 목적으로, 2000년 7월에 스타오피스의 소스코드를 공개하였다. 이후 오픈오피스 커뮤니티(OpenOffice.org)에서 오픈오피스 개발 및 관련 활동을 책임지고 있고, 썬 마이크로시스템즈는 오픈오피스 커뮤니티에 소스 기여, 자금 기여, 인력 기여 등을 통해 오픈오피스 개발과 활동을 지지하는 관계로 변하였다. 그리고 썬 마이크로시스템즈는 개발된 오픈오피스를 기반으로 전용 구성 요소를 추가한 스타오피스를 판매하였고, 현재는 아파치 소프트웨어 재단이 이 소프트웨어 제품군을 관리하고 있다. 오픈오피스는 아파치 라이선스 2.0를 따르는 오픈소스 소프트웨어이다. http://www.openoffice.org 참조

33 워드퍼펙트(WordPerfect)는 처음에는 워드퍼펙트 사에서 만들어나, 현재는 벡터 드로잉 프로그램인 코렐 드로우 개발사인 코렐에서 개발하는 워드퍼펙트 오프스 패키지에 포함되어 있는 워드 프로세서이다. 1980년대 후반에서 1990년대 초반까지 도스 환경에서 널리 쓰여서 사실상의 표준이 되었으나, 윈도 버전의 개발이 지연되는 사이 MS 워드의 성장으로 시장 점유율이 감소하였다. 후에 도스 환경과 윈도우 환경에서 많이 쓰였지만 그 외에도 Mac, 리눅스, 유닉스, OS/2, NeXTSTEP 등의 다양한 플랫폼을 지원하였으며, 오픈오피스가 등장하기 전까지는 사실상 유일한 멀티 플랫폼 오피스 수트였다. http://tip.daum.net/openknow/45398193?q=WordPerfect 참조

34 워드스타(WordStar)는 MicroPro International이라는 회사에서 제작한 소프트웨어로 처음에는 8비트용 운영체제인 CP/M 용으로 제작되었다. 당시에 워드스타는 쉬우면서도 강력한 기능으로 워드프로세서 시장을 장악하였다. 1982년, DOS 용 3.0버전을 출시하면서 1980년대 중반까지 IBM-PC 호환기종용 DOS 워드 프로세서 시장에서 가장 커다란 인기를 끌었으나, 이후 '워드스타 2000'의 실패로 시장에서 워드퍼펙트의 추격을 허용하게 되었다. http://highconcept.tistory.com/1600 참조

35 로터스 1-2-3(Lotus 1-2-3)은 로터스 소프트웨어에서 어셈블리어로서 개발한 스프레드시트이다. 개발자는 비지칼크의 개발에 참여한 바 있던 미치 케이퍼(Mitch Kapor)이다. 도스에서 윈도우로의 전환기에 마이크로소프트의 엑셀에 밀려 회사가 IBM에 인수되기에 이르렀다. 그러나 2007년 IBM 로터스 심포니라는 오피스의 한 프로그램으로서 프리웨어가 되어, 마이크로소프트 오피스의 대항마(오픈 오피스, 스타 오피스, 씽크프리 오피스) 중 하나로서 주목받고 있다. https://ko.wikipedia.org/wiki/%EB%A1%9C%ED%84%B0%EC%8A%A4_1-2-3 참조

36 비지칼크(VisiCalc)는 1979년 댄 브릭클린(Dan Bricklin)이 개발한 최초의 스프레드시트 소프트웨어이다. 당시 비싼 장난감에 불과하던 개인용 컴퓨터에서 사무용으로서의 가치를 드러내어 개인용 컴퓨터 시장의 폭발적인 성장과 애플 II의 성공에 큰 기여를 하였다. 당시 비지칼크는 애플 II의 판매량을 무려 10배나 증가시킨 킬러 애플리케이션이었다. https://ko.wikipedia.org/wiki/%EB%B9%84%EC%A7%80%EC%B9%BC%ED%81%AC 참조

의 경우에 있어서 그 시대에 가장 많이 사용되는 프로그램들의 외형과 기능을 따른 것이다. 이러한 사례들은 얼마든지 찾아볼 수 있다[36].

하나의 제품으로부터 다른 제품으로 전환하는 데 따르는 비용을 감안할 때, 만일 비호환성이 발생하게 되는 경우에는, 튼튼한 고객 기반을 보유하고 있는 대형회사들은 고객들이 경쟁 기업의 제품 또는 서비스로 전환하는 것을 어렵게 만듦으로써 전환비용을 부풀리고자 하는 유혹에 빠질 수 있다. 특히, 소프트웨어의 경우에는 큰 고객 기반을 확보하고 있는 회사일수록 자사의 제품을 경쟁사의 제품과 호환성이 없도록 만들게 되는 것이다. 이러한 현상은 선두 기업들에게는 고객 충성도를 유지시키는 마케팅 전략이지만, 후발 기업들에게는 높은 진입 장벽이 되어 공정경쟁을 저해하고, 소비자들에게는 선택의 자유를 제한하는 벤더종속을 심화시키는 요인이 된다[36].

> • 참고 – 벤더종속
>
> 최근, 새로운 IT 테마로 자리잡은 '클라우드 컴퓨팅'을 두고 컴퓨팅 업계에 '공급업체의 제품 및 기술에 구속되는 현상'인 '벤더종속(Vendor Lock-in)' 이슈가 부상했다. 대표적인 가상화 솔루션 업체인 VM웨어는 미국 새너제이에서 열린 클라우드컴퓨팅 콘퍼런스&엑스포에서 클라우드 환경의 표준화 부재가 새로운 복잡성을 낳는 동시에 다른 벤더로 서비스를 바꿀 경우 전환비용이 발생하는 등 이용자 선택의 폭이 제한되고 있다며 가상화 기술을 이용한 벤더 독립성 확보가 필요하다고 주장했다. 클라우드는 인프라 공유와 유연성 제고를 통해 경제성을 높이는 것이 핵심인데 현재 각 클라우드 벤더들은 서로 다른 애플리케이션 모델을 보유하고 있어 벤더종속의 우려가 있다는 것이다[208].

만일 제품이 보다 잘 작동하도록 하고자 한다면, 하나의 제품을 구성하는 부품들 간의 호환성뿐만 아니라 서로 다른 제품들 간의 호환성이 필수적이다. 이러한 호환성은 표준을 확립하는 것으로부터 시작된다[36].

표준화(標準化)란 대량생산이나 대량구매를 가능하게 하고 과학적 관리를 가능하게 하며 또는 소비자에 대한 품질보증을 목적으로 하는 것으로서 제품·부품·품질·작업방법·공구·설비 등에서 경영의 방침·방법·절차에 이르기까지 최선의 기준이나 규격을 발견하고 통일화하는 것을 의미한다[265]. 즉, 여러 가지 제품들의 종류와 규격을 표준에 따라 제한하고 통일하는 것을 말하며, 이는 여러 시스템들에서 공통적이고 필수적인 핵심 부품의 형태나 규격을 대다수가 단일하게 채택하였을 때 가능하다.

이러한 표준화의 과정은 때로는 표준을 정의하기 위한 목적으로 설립된 기구들의 작업 결과로 만들어지기도 한다. 그러한 기구들은 국가 또는 초국가적인 기구일 수도 있으며, 또는 산업을 구성하는 기업 등의 이해관계자들이 만들기도 한다. 또, 인터넷 상의 정보 전송을 규정하는 통신 프로토콜과 같이 특정 분야별 국제 표준들이 합의되고 확립되는 경우도 있지만, 어떤 경우에는 산업 내의 특정 회사가 주도권을 가지고 통제하기도 한다. 기술에 대한 표준은 해당 분야에 대한 중복 투자를 방지하고 생산성을 향상시키는 등의 경제적 효율성을 증가시켜주는 긍정적 효과를 가져온다[36].

이때, 표준화 과정의 기점이 되는 공통적이고 필수적인 부품을 플랫폼이라고 부른다. 소프트웨어에 있어서 플랫폼은 컴퓨터의 아키텍처, 운영체제(OS), 프로그래밍 언어, 그리고 관련 런타임 라이브러리 또는 GUI 등을 포함한다. 즉, 소프트웨어 응용프로그램들을 돌리는 데 쓰이는 하드웨어와 소프트웨어의 결합이다. 이러한 면에서, 우리에게 가장 친근한 컴퓨팅 플랫폼은 x86 아키텍처에서 수행되는 마이크로소프트 윈도우이다. 물론, 다른 데스크톱 컴퓨터 플랫폼들로 리눅스와 OS X 등이 있다.

특히, 이러한 플랫폼 기술이 시장내에서 지배적 디자인(Dominant Design)[3] 또는 지배적 제품(Dominant Product)으로서의 위치를 확보하게 되었을 때 그 영향력은 막강해진다. 즉, 표준으로 사용하도록 누가 지정하지 않더라도 실제로는 대부분의 구매자들이 선택할 수 밖에 없도록 시장을 지배하는 소위 '사실상의 표준(De Facto Standard)'으로서의 지위를 누리게 되는 것이다. 특정 제품이나 기술이 시장에서 지배적 디자인으로 선택되면, 생산자와 소비자들은 다른 대안을 개발하기보다는 이 지배적 디자인을 중심으로 연구개발, 제조, 유통, 마케팅 등에 투자하고 효율을 개선하는 데 집중하는 경향이 커지기 때문이다.

이 시점에서 우리는 플랫폼으로 자리 잡게 된 제품의 소유자들에게 이해 관계가 발생한다는 사실을 파악하는 것이 필요하다. 특히, 자사의 제품과 그것을 보완하는 제품 사이의 호환성에 대한 기업 정책(플랫폼 내의 호환성)과 잠재적인 경쟁 제품과의 호환성에 관한 기업 정책(플랫폼 간의 호환성)의 배경에 깔려 있는 이해 관계를 살펴봐야 한다[36].

먼저 플랫폼 내의 경우라면, 보다 폭넓은 애플리케이션이 존재할수록 플랫폼을 더욱 가치 있는 것으로 만들 수 있다. 먼저 고객들은 플랫폼을 더 잘 활용할 수 있게 되고, 따라서 더 많은 가격을 기꺼이 지불하려 할 것이다. 그리고 애플리케이션 개발자들은 이에 따라 더 많은 잠재적인 고객 기반이 생겨나게 될 것이므로 더 많은 비즈니스 기회를 발견하게 된다. 당연히 그들은 이 플랫폼 상에서 애플리케이션을 만들기를 원할 것이며, 이것은 다시 더 많은 고객을 유인하는 등의 효과를 냄으로써 이 플랫폼 제품의 보급을 촉진하는 선순환을 창출해 낼 것이다.

이와 같이 많은 애플리케이션이 존재한다는 것은 플랫폼을 보완하며, 그것을 더욱 가치 있는 것으로 만든다. 이론적으로는 이러한 이유로 플랫폼 공급자는 애플리케이션 개발자들에게 더 많은 플랫폼 기술을 공개하는 데 관심을 가지게 될 것이다. 실제로도 마이크로소프트는 애플리케이션 개발자들의 제품이 윈도우에서 잘 작동하도록 만들기 위해서 알아야만 하는 윈도우 소프트웨어의 내부 코드(API) 일부를 스스로 제공하기 때문에 자사가 개방적인 정책을 가지고 있다고 주장한다.

다음으로 플랫폼 간의 호환성 및 표준화의 경우를 보자. 우리는 앞서 플랫폼을 지배하고 있는 회사가 네트워크 효과를 유발할 정도로 충분히 높은 고객 점유율을 확보하고 있을 때는, 만일 그 회사가 자사의 제품을 경쟁사의 제품과 호환이 안 되도록 하는 정책을 견지할 경우, 고객들의 전환비용이 경쟁자들에게 진입 장벽으로 작용할 수 있다는 점을 본 바 있다.

그러나 이러한 경쟁 제한적인 비호환 정책으로 인해서 손해를 보는 쪽은 경쟁 회사뿐만 아니라 사회 전체이다. 그것은 선택할 수 있는 여지가 한 순간에 없어지고, 종국에는 보다 나은 제품의 혁신과 개선에 투자할 역량과 자원을 갖춘 회사의 수가 줄어들게 되는 관계로 제품의 사회적 품질 역시 낮아질 수 있기 때문이다[36].

이에 대한 가장 잘 알려진 사례는 두 개의 플래그십(Flagship, 주력 상품) 제품인 운영체제와 오피스 사무 자동화 패키지를 가지고 있는 마이크로소프트이다. 마이크로소프트는 다른 플랫폼과의 호환성을 회피하기 위하여 프로토콜과 파일 포맷의 비공개 설계와 소프트웨어의 특정 기능과 알고리즘을 특허로 등록하는 방법들을 동원한다. 또한, 윈도우 운영체제에 브라우저나 미디어플레이어 등의 응용프로그램을 끼워 파는 방식으로 경쟁을 제한한다. 유럽연합(EU)뿐만 아니라 미국에서 조차도 이러한 독점 행위에 대한 사회적, 법적 갈등이 끊이지 않고 있을 정도이다[220].

제 **4** 장

비즈니스 모델의 변화

제 4 장

비즈니스 모델의 변화

4.1 다양성

제품이나 서비스가 자유롭게 배포되거나 심지어는 무료로 배포되는 것이 정말로 드문 일인가? 사실 그렇지 않다. 주변을 좀 더 자세히 살펴 보면, 고객들에게 제품이나 서비스를 무료로 제공하는 것에 기반을 둔 비즈니스 모델들을 쉽게 찾아 볼 수 있다[40].

방송 산업의 경우만 보더라도 만일 어떤 방송사가 시청자들의 수신료보다는 광고로 돈을 버는 것이 훨씬 유리하다고 생각한다면, 그 회사는 더 큰 돈을 내는 고객들(방송 중에 광고를 내보내기를 원하는 기업들)에게 가능한 많은 광고 시청자 수를 보장하여야 하며, 이렇게 하기 위한 가장 좋은 방법은 시청자들로 하여금 텔레비전 신호를 무료로 받을 수 있도록 하는 것이다.

이러한 비즈니스 모델이 이상한가? 전혀 그렇지 않을 것이다. 어떤 기업이든 제품과 서비스에 대한 가격 정책을 고민하게 되는데, 그 정책 속에는 어떤 고객으로부터 수익을 창출해 낼 것인가 즉, 누가 돈을 지불하게 할 것인가에 대한 의사결정도 포함되며, 비즈니스 기업은 단지 돈을 낼 수 있는 고객층 중 하나 또는 그 이상을 결정하는것 뿐이다. 우리가 흔히 사용하는 전화 서비스의 경우를 생각하면 조금 더 쉽게 이해할 수 있다[40].

미국, 중국, 캐나다, 대만 등 몇몇 국가에서는 송신자와 수신자가 전화요금을 절반씩 부담하며, 북한의 경우 요금의 20~40%를 수신자가 부담한다. 대한민국의 경우 전화 요금을 송신자가 전액 부담하고 있기 때문에 이러한 제도가 이상하다고 느껴지겠지만, 이명박 정부 당시 쌍방향 요금제를 검토한 적이 있으며 지금도 쌍방부담이 합리적이라는 의견과 논의가 있다는 사실을 알고 있는가?

이와 유사하게, 어도비(Adobe)는 자사의 PDF 파일 생성 제품인 어도비 아크로뱃 프로페셔널과 어도비 아크로뱃 리더 모두를 유료로 판매(즉, 파일을 생성하여 송신하는 사람과 수신하여 읽는 사람 모두에게 요금을 지불하게)할 수도 있고, 그렇지 않을 수도 있다. 단지, 어도비는 아크로뱃 리더를 무료로 제공함으로써, 아크로뱃 프로페셔널에 돈을 지불하는 고객들에게 그들이 작성한 문서를 모든 사람들이 언제든 추가 비용 없이 읽을 수 있다는 것을 보장해주는 모델을 선택했다[40].

이와 같이, 기업은 고객에게 어떤 제품을 무료로 제공하면서, 그 대신 자사가 팔기를 원하는 다른 제품에 대한 비즈니스를 연계할 수 있다.

소프트웨어는 제품 그 자체로서는 매우 중요한 부분이지만, 사실은 우리가 획득하기를 원하는 전체 제품 또는 서비스의 일부분(한 부품 또는 보완재)에 불과하다. 즉, 우리가 원하는 것은 전체 제품 또는 서비스(컴퓨터와 소프트웨어들로 구성된)를 함께 사용하는 것이다.

이러한 이유로, IBM과 썬 마이크로시스템즈(지금은 오라클에 인수되었지만) 같은 컴퓨터 산업의 다국적 거대 기업들은 오픈소스 소프트웨어를 개발하는 컴퓨터 과학자들에게 자금을 제공하고 있다. 이를 통해 오히려 그들의 (상호 보완 관계에 있는) 유료 제품 및 서비스의 판매가 촉진될 것이라고 판단하기 때문이다[40].

특히, IBM의 경우 오픈소스 커뮤니티의 대표적인 스폰서인데, 이처럼 IBM이 커뮤니티를 지원하는 데는 분명한 이유가 있다. 워낙 다양한 종류의 서버를 팔다 보니 각각을 지원하는 운영체제나 프로그램들을 만들어 관리하기가 쉽지 않았는데, 오히려 오픈소스 기반 커뮤니티에서 만들어지는 성과들을 자사에 적용해서 전체적인 비용을 현저히 낮추는 것이 훨씬 유리했던 것이다. 실제로 IBM은 자사 서버 제품군의 상당수를 포기하면서 리눅스 관련 기술 개발에만 10억 달러 이상을 투자하였다. 대표적인 오픈소스 프로젝트로 상업용 서버 시장을 잠식해 들어온 리눅스에 맞서 대응하기보다는 오히려 리눅스를 적극적으로 후원하고 채택함으로써 자사 제품과 서비스의 혁신에 좀 더 집중할 수 있었던 것이다[177][174].

• 참고 - IBM의 오픈소스 전략

IBM은 지금까지의 오픈소스 소프트웨어 지원과 이를 통한 협력 전략에 대해서 성공적이었다는 평가를 내리고 있으며, 앞으로도 이러한 전략을 유지할 뿐 아니라 더욱 강화할 것으로 예상된다. 최근 기사[178]에 따르면, IBM은 현재 오픈소스 클라우드 인프라 구축 플랫폼인 오픈스택을 비롯해 오픈소스 컨테이너 도커, 클라우드 파운드리, 스파크와 같은 분야의 프로젝트에 적극 참여하고 있다. 1999년부터 사내에 리눅스 테크센터를 설립했으며, 현재 200여개 이상의 오픈소스 프로젝트를 이끌거나 참여하고 있다.

IBM이 자사 서비스를 오픈소스 소프트웨어로 공개한 사례는 다양하다. 2015년 7월 IBM은 여러 분야의 모바일 애플리케이션을 '디벨로퍼웍스 오픈 커뮤니티(DeveloperWorks Open Community)'를 통해 오픈소스 소프트웨어로 공개했다. 헬스케어와 도소매, 보험, 모바일 뱅킹 등을 위한 앱(IBM Ready App for)들이 그 예이다. 또 액티비티 스트림, 무인 시스템 크롤러, 아파치 스파크용 IBM 분석 기술도 공개했다.자사의 오픈소스 소프트웨어 기술 관련 정보를 모아놓은 웹 사이트 '디벨로퍼웍스 오픈 플랫폼(https://developer.ibm.com/open/about)'에는 현재 50여개의 오픈소스 프로젝트가 공개되어 있으며 개발자는 이곳에서 소스코드를 내려받고 비디오 영상, 기술 적용방식 등의 다양한 자료도 제공받을 수 있다. 디벨로퍼웍스에 공개된 기술들은 실제로 IBM 제품에 사용하는 디자인, 모바일, 클라우드, 데이터 분석, 보안 분야와 관련된 기술이다. 각 프로젝트에 대한 기술 소개, 깃허브 링크, 슬랙 계정 등의 정보를 제공받을 수 있다.

뿐만 아니라, 오픈소스 커뮤니티에 소스코드를 공개한 사례도 많은데, 2015년에는 우분투 리눅스 기반 메인프레임 코드를 공개했으며, 자체 개발한 머신러닝 SW '시스템ML'을 아파치 재단에 기증하기도 했다. 2016년에는 블록체인(Blockchain) 코드 4만줄 이상을 공개했으며, 사물인터넷(IoT) 분석에 사용할 수 있는 개발도구 '쿼크(Quarks)'도 오픈소스 소프트웨어로 공개했다.

또, 자사 제품 및 서비스에 오픈소스 소프트웨어를 적용, 확대하는 사례도 늘고 있다. 2014년 8월 IBM은 클라우드 파운드리 기반의 블루믹스 서비스를 선보였다(IBM은 최근 자사의 IaaS 서비스인 소프트레이어 브랜드를 없애고 이를 PaaS 브랜드인 블루믹스로 통합했다). 2015년 2월에는 IBM의 인공지능(IBM은 '인지컴퓨팅'이라고 부르는), '왓슨'이 적용된 로봇 '페퍼'의 일본어 대화능력을 강화했다. 페퍼는 일본 소프트뱅크, 프랑스 알데바란 로보틱스와 개발한 휴머노이드 로봇이다. 알데바란 로보틱스의 로봇 나오(NAO)와 동일한 엔진이 적용되었다. 페퍼는 일본어로 말하고 생각할 수 있도록 교육되었다. IBM과 호텔 체인 '힐튼'이 공동 개발한 AI 로봇 '코니'에도 자연어를 이해하고 인터페이스에서 여행 관련 정보를 제공하는 '웨이 블레이저(WayBlazer)'가 탑재되었다.

오픈소스 커뮤니티와의 협력 및 기여 활동도 눈여겨 볼만하다. 2015년 7월에는 빅데이터 분석 기술인 '아파치 스파크 프로젝트'에 10년 간 지원을 약속했다. 자사의 분석 · 커머스 플랫폼에 스파크를 통합했으며, 블루믹스 서비스에서 스파크를 제공한다. 당시 IBM은 이 프로젝트에 3,500여 명의 IBM 연구원과 개발자를 투입한다고 밝혔다. 지난해 아파치 재단에 기증한 '시스템ML'의 경우 온라인 공개 강좌 무크(MOOC)를 이용해 100만 명에게 스파크 관련 기술 교육을 제공할 계획이다. 2016년에는 하이브리드 클라우드 시장 확대를 위해 VM웨어와 손잡았다. 협력을 통해 VM웨어 고객들은 가상화 기술을 IBM의 전세계 47개 클라우드 데이터센터에서 사용할 수 있다. 양사는 향후 하이브리드 클라우드 구축을 위한 신제품을 공동으로 마케팅하고 판매할 예정이다.

IBM은 애플이 2014년 선보인 개발언어 '스위프트(Swift)'의 확산에도 앞장서고 있다. 스위프트는 함수형 개발언어로 애플이 자사 운영체제(OS)인 맥 OS, iOS 등에서 사용하는 애플리케이션 개발에 쓰이는 언어다. 이는 맥 OS에서만 쓸 수 있고, 앱 개발에만 주로 활용할 수 있다는 제약사항 때문에 개발자의 사용이 제한적이라는 단점이 있었다. 이를 보완하기 위해 IBM은 스위프트를 윈도우 환경에서도 사용할 수 있도록 하는 샌드박스(가상공간)를 제공한다. 스위프트 샌드박스 발표 후 2개월 동안 전 세계 10만 명 이상의 개발자들이 이를 이용해 50만 코드가 실행되었다.

IBM은 스위프트를 클라우드에서 활용할 수 있도록 샌드박스에 웹 프레임워크인 키투라(Kitura), 스위프트 런타임, 패키지 카탈로그 등을 추가해 기업용 앱 개발을 지원한다. IBM은 스위프트 개발자 커뮤니티의 주요 기여자로 참여하며, 인지컴퓨팅 API(앱 프로그래밍 인터페이스)인 블루믹스 서비스와 연계해 스위프트 개발 생태계 확장에 힘을 쏟고 있다. IBM은 자사 PC를 '맥'으로 교체하면서 애플과의 동맹을 더욱 강화하고 있다. 지난해 항공과 유통, 은행에 특화된 기업 전용 모바일 iOS용 앱을 출시하기도 했다.

또 IBM은 1,200만 명 이상이 활동하고 있는 오픈소스 커뮤니티인 '깃허브'에 자사의 클라우드를 통한 서비스 형태의 '깃허브 엔터프라이즈(GitHub Enterprise as a Service)'를 제공한다. 깃허브의 빠른 협업 개발 과정을 전문적이고, 안전한 IBM 클라우드 환경에서 이루어지도록 하는 것이 목적이다.

오픈소스 소프트웨어 관련분야 선도 기업 인수합병(M&A)도 활발히 진행하고 있다. 자사 클라우드 서비스와 AI 확산을 위한 측면이 크다. 지난 2014년 인수한 클라우드 기반 DB서비스(DBaaS) 전문업체 '클라우던트'가 대표적이다. 클라우던트는 아파치 카우치 DB 오픈소스 데이터 스토어의 호스티드 버전을 공급해왔다. 클라우던트의 빅카우치(BigCouch)는 프론트-엔드 에플리케이션 용도의 크고 빠른 데이터 스토어를 구축하고 관리할 수 있는 방안을 제시한다.

2015년 AI 분야에서 주목받던 딥러닝 스타트업 '알케미 API(Alchemy API)'도 인수했다. 인수 당시 알케미 API 툴을 사용하는 개발자 커뮤니티는 4만명 수준이었으며, IBM은 이런 커뮤니티의 가치를 높게 평가했다. 같은해 6월 오픈스택 클라우드 호스팅 업체인 '블루박스'도 인수했다.

2016년 1월에는 동영상 스트리밍 서비스 '유스트림'을 1억3000만 달러에 인수했다. IBM은 2015년까지 아스페라, 클레버세이프, 클리어이프 등을 인수했는데, 유스트림을 인수하며 아예 '클라우드 비디오 서비스(Cloud Video Services)' 사업부를 만들었다. 유튜브와 같이 개인 동영상 공유 서비스를 제공하지만 기업 이벤트 동영상 중계서비스와 같은 서비스형 소프트웨어(SaaS) 형태로도 제공한다.

헬스케어 데이터 분석업체인 '트루벤 헬스 애널리틱스(Truven Health Analytics)를 26억 달러에 인수하기도 했다. 이를 통해 IBM 왓슨 헬스 사업부는 8,500개에 달하는 트루벤 고객사의 헬스케어 시스템, 병원, 생명공학 기업, 정부기관 등에 접근할 수 있게 되었다.

이와 마찬 가지로, 몇몇 기업들이 무료 소프트웨어를 개발하기 위한 컨소시움을 구성한 경우도 있는데 노키아, 지멘스, 삼성전자, AT&T, NTT 도코모, 소니 에릭슨, 보다폰 등이 컨소시움을 통해 개발한 심비안(Symbian)이 그 예이다. 이러한 체계는 기업들이 경쟁자들의 것보다 더 잘 작동하는 기기(이동 전화)를 제공함으로써 신규 고객 유인을 기대하기 때문에 혁신과 제품 개선을 촉진한다[40].

• 사례 - 심비안 컨소시움

　　1980년 영국의 데이빗 포터에 의해 설립된 사이언(PSION)사가 핸드 헬드 PC용으로 개발한 OS EPOC32의 이름을 수정하여 스마트폰용으로 개량한 운영체제가 심비안인데, 2008년 12월 2일 노키아가 이를 인수한 뒤 2009년에 심비안 재단을 설립하였다. 이 심비안 재단은 로열티 없는 오픈소스 모바일 운영체제를 만들기 위해 운영되었으며[219], 여기에 참여한 이동전화 제조 업체들은 일차적으로는 그들이 제조하는 이동전화 상에서 공통적으로 작동하도록 설계된 동일한 플랫폼(운영체제)을 확보하고자 하는 목적이 있었고, 이를 토대로 이차적으로는 각 제조 업체가 그 다음에 자사의 경쟁 업체와는 다른 이동전화 모델을 설계할 수 있는 융통성 있는 모바일 운영 체제를 갖는 것이었다. 실제로 심비안은 GNU/리눅스 운영체제에 기반한 것이어서, 카메라로 쓰이거나 이메일을 송신할 수 있는 이동전화 등을 만들어 고객을 유인할 수 있는 개선 및 변형을 가능하게 하였다. 모든 회사는 자사가 제공하는 서비스에 적용시키기 위하여 전화기 화면의 모양을 변경하였는데, 이는 전화기를 작동하게 하는 프로그램의 소스코드에 접근이 가능했기 때문이다.

[그림 4-1] 심비안을 탑재한 노키아 x6[254]

　　그러나 결과적으로 심비안 컨소시움은 큰 성공을 거두지는 못하였다. 당초 컨소시움에 참여하기로 했던 모토로라와 LG전자가 불참하였고, 2010년 9월말 소니 에릭슨이 심비안 OS를 탑재한 단말기 생산 중단을 선언하였다. 삼성전자도 2010년 12월 31일 이후 심비안 OS에서 지원하는 개발 관련 콘텐츠를 제거하고 삼성 앱스토어에서 심비안 앱들을 삭제하였다.

한편, 거대 다국적기업들이 무료 소프트웨어 기술과 방식을 비즈니스에 반영하고 있다는 사실은 오픈소스 소프트웨어 생태계에서 큰 의미를 가지고 있다. 그것은 오픈소스 소프트웨어 자체의 발전에 대한 긍정적 기대감과 함께 심지어 IT 기술자들이 스스로의 주도 하에 오픈소스 소프트웨어의 개발에 참여할 수 있도록 보장하기도 한다. 이들 기술자들은 이러한 개발 활동에 참여함으로써 이 부문에 관심있는 기업들에게 자신들의 전문성과 능력을 증명할 수 있는데, 이를 통해 IT 기업들이 그들을 찾게 만들고 이것이 그들의 고용 전망을 개선하게 된다. 이는 "전 세계의 능력있는 수많은 개발자들이 왜 충분한 금전적 보상을 제공하지 않는데도 불구하고 오픈소스 소프트웨어 커뮤니티에 자발적으로 기여하는지?"에 대한 이유 중 하나이다.

• 참고 – 오픈소스 프로젝트에 기여하는 개인들의 참여 동기

개인적으로 제공되는 공공재들은 정체되고 열등할 수밖에 없을 것이라는 경제 이론의 관점에서 본다면, 오픈소스 소프트웨어가 공공재로, 무료로 개발되었음에도 불구하고 빠른 속도로 진화하고 있다는 점은 놀라운 일이다. 그것은 오픈소스 소프트웨어가 뛰어난 경쟁력을 가진 개발자 또는 조직들에 의해 만들어지고 관리되기 때문에 높은 품질을 제공하고 있기 때문인데, 그렇다면 이들 특히 역량 있는 개인 개발자들이 자신들의 능력을 기꺼이 제공하는 이유는 무엇일까?

이러한 개인들의 참여 동기를 규명하기 위해 다양한 학문 분야에서 많은 연구들이 시도되어 왔다. 그 중의 일부를 요약, 정리하면 [표 4-1]과 같이 내재적 요인과 외재적 요인, 사회적, 정치적 또는 이념적 요인, 그리고 기술적 환경 등의 추가적인 요인들로 분류할 수 있다[169].

[표 4-1] 개인들의 오픈소스 프로젝트 참여 동기

분류	동기부여 요인
내재적 요인	즐거움, 재미
	성취감, 만족도
	과학적 발견과 창의성
	도전

외재적 요인	평판적 지위
	유인효과(경력, 채용기회)
	재정적 인센티브와 보상
정치적/이념적 요인	반상업주의
	해커문화
	자유소프트웨어 운동의 발전
사회적 요인	소속감(커뮤니티 내에서의 인정)
	이타주의
	공공의 이익에 기여
	일반화된 상호주의(Reciprocity)
기술적 환경 및 작업 스타일	학습 및 스킬 개발
	커뮤니티 기여와 피드백
	첨단 기술
	개인 아이디어들의 실현
	사용자 기반 혁신
	유지관리 중인 코드에 개인들의 수정사항을 반영

많은 연구들에서, 내재적 요인 중 '재미'가 가장 강한 동기 중의 하나라고 주장하고 있는데, 실제로 그 유명한 리누스 토발즈(Linus Torvalds) 역시 "리눅스 프로젝트 뒤에 숨겨져 있는 주요 동기는 재미(Fun)이다"라고 말한다. 이 '재미'는 현실 속에서, 소프트웨어 개발자들이 저임금과 야근, 밤샘에 시달리면서도 소위 '뼛속까지 개발자'이고 싶어하는 '코드를 향한 선천적인 욕망'의 또 다른 표현이다. 납기에 쫓겨 '빨리 빨리, 대충~' 프로젝트를 완료하고 싶어하는 일부 프로젝트 관리자(PM)들은 싫어하는 표현이지만, 이들 개발자에게 오픈소스 소프트웨어 프로그래밍은 어려운 문제를 해결했다는 만족감과 성취감을 제공하는 '예술적(Artistic) 과정'인 것이다.

외재적 동기 중 간접적 성취감의 예는, 커뮤니티 내에서의 가시성과 보다 나은 평판 등이다. 오픈소스 소프트웨어 프로젝트에 기여하는 프로그래머들은 이러한 가시성과 명성에 의해 보다 나은 직업의 기회를 얻을 수 있기를 희망한다. 뿐만 아니라, 최근에는 일부 금전적 보상도 가능하다. 실제로 오픈소스 프로젝트가 재단을 설립하는 것은 이러한 금전적 보상을 제공하기 위함이고, 레드햇과 같은 회사들은 오픈소스 소프트웨어 개발자들에게 급여를 지급하기도 한다. 또, 이 책의 주된 논의 사항이기도 하지만, 프로젝트 참여를 통해 새로운 비즈니스 기회를 얻기도 한다.

한편, 반독점, 반상업주의와 같은 개인의 정치적, 이데올로기적 또는 문화적 신념이 이들의 참여 이유가 되기도 한다. 이는 실제로 오픈소스 소프트웨어의 초창기 주역이었던 '해커'들의 참여 동기이기도 하며, 최근에는 이타주의를 바탕으로 한 인도주의 오픈소스(이 책의 1.4절을 참조하라) 운동으로 발전하고 있다.

기타, 실력있는 개발자들이 개발한 코드를 통한 스킬(Skills-코딩 스킬 뿐만 아니라 개발 방법론과 같은)과 새로운 아이디어나 지식, 첨단 기술의 습득 등도 학습하고자 하는 개발자들에게는 상당히 매력적인 요소이다.

한편, 소프트웨어가 무료라고 해서 이와 관련된 IT 제품 및 서비스를 공급하는 것을 주업으로 하는 회사를 가질 수 없는 것은 아니다[40].

우선 한 가지 가능한 사업은 명백히 '무료!'인 소프트웨어를 '배포'하는 것이다. 예를 들어, 소프트웨어를 담고 있는 CD를 판매하는 것이다. 실제로, 오픈소스 소프트웨어의 비즈니스 친화적인 경향에 우려를 표하는 엄격한 자유 소프트웨어 옹호자들 조차도 소프트웨어의 배포와 관련된 제반 비용을 소비자들에게 청구하는 것을 반대하지는 않는다.

• 참고 – 리차드 스톨만의 오픈소스에 대한 견해

Emacs, GCC, GDB 디버거 등의 많은 프로그램을 개발한 프로그래머이자, GNU 프로젝트와 자유 소프트웨어 재단의 설립자이며, 자유 소프트웨어 운동의 중심 인물인 리차드 스톨만은 한마디로 말해 '도덕주의자'이다. 상당히 급진적이고 과격한 그의 철학은 그가 만든 카피레프트(Copyleft)와 GPL 라이선스의 개념에서도 잘 나타난다. 심지어 그를 가끔 '칼 마르크스톨만'이라고도 부를 정도이다. 그의 이런 성향과 성격 때문에 리누스 토발즈와도 견해 차이를 좁히지 못하고 사이가 좋지 않다고 한다. 어쨌든, 초기 자유 소프트웨어 재단에서 뜻을 함께 했던 브루스 페렌스, 에릭 레이몬드 등과의 논쟁 과정에서 OSI를 중심으로 한 오픈소스 소프트웨어 진영이 생겨났는데, 여전히 논쟁은 계속되고 있다.

[그림 4-2] 왼쪽부터 리차드 스톨만, 리누스 토발즈, 에릭 레이몬드

그의 글 '왜 자유 소프트웨어가 오픈소스보다 좋은가?[272]'에서는 '왜 오픈소스라는 용어의 사용이 어떠한 문제들도 해결하지 못하며 오히려 문제를 발생시킬 수 있는지'에 대해서 역설하고 있다. 그 글의 일부를 인용하면 다음과 같다.

"'자유 소프트웨어'라는 용어는 모호성의 문제를 가지고 있다. 본래 의도했던 '사용자에게 어떤 자유(自由, Freedom)를 선사하는 소프트웨어'라는 의미뿐만 아니라, 의도했던 바가 아닌 '무료(無料, Zero Price)로 얻을 수 있는 소프트웨어'라는 의미도 갖고 있다. 우리는 이 문제를 '자유 소프트웨어란 무엇인가'라는 글에 설명해 놓았지만, 이것이 완벽한 해결책은 아니다. 즉, 이 문제는 결코 완벽하게 해결될 수 없다. 모호성을 최대한 없앤 용어를 사용하는 것이 최선의 방법이다. 그러나 아직 그 누구도 영어에서의 '자유 소프트웨어(Free Software)'라는 말을 대체할 수 있는 명확한 의미의 용어를 찾지 못했다(프랑스어, 스페인어 또는 한국어, 일본어 등 몇몇 언어들은 명확한 의미를 표현할 수 있는 방법이 존재한다). '자유 소프트웨어'라는 말을 대체할 수 있다고 제안된 모든 용어들 역시 의미상의 문제를 갖고 있거나 오히려 더욱 큰 문제를 갖고 있다. 바로 여기에 '오픈소스 소프트웨어'가 포함된다. '자유 소프트웨어'는 여러가지 의미를 가질 수 있지만, 그중에서 의도하지 않은 것은 '무료'라는 단지 한 가지 의미뿐이다. 그러나 '오픈소스 소프트웨어'는 용어 자체에 (소스 코드의 공개라는) 하나의 의미만이 내포되어 있으며 그것은 우리가 의도하지 않는 것이다."

그러나 이와 같은 견해의 차이에도 불구하고 아래의 글에서 알 수 있듯이, 리차드 스톨만이 '오픈소스 소프트웨어'를 적대시 하고 있는 것은 아니다(그는 독점 소프트웨어 기업들에 대해서는 극단적인 반감을 드러내어 놓고 표현한다. 심지어 스티브 잡스의 부고를 접한 뒤에 '죽어서 기쁜 건 아니지만 사라져서 기쁘다'라는 문구를 인용하였다고 한다). 단지 견해의 차이일 뿐인 것이다.

> "(앞의 글에서 계속) … 우리는 기본 원칙에 대해서 의견을 달리하지만, 모든 현실적인 방안에 대해서는 같은 생각을 갖고 있다. 우리는 많은 세부적인 프로젝트에서 같이 협력하고 있다. 자유 소프트웨어 운동에 있어서 우리는 오픈소스 운동을 적이라고 생각하지 않는다. 우리의 적은 독점 소프트웨어이다. 그렇지만 우리는 공동체의 일원들이 자유 소프트웨어와 오픈소스 소프트웨어가 동일한 것이 아니라는 사실을 명확히 인식하기를 진심으로 바란다! 따라서 여러분이 GNU/Linux 운영체제와 같이 우리가 개발한 소프트웨어나 우리가 추진해 왔던 일들에 대해서 얘기할 때는 그것이 자유 소프트웨어 운동에 대한 것이라는 사실을 잊지말고 언급해 주기를 바란다."

또, 이들 '배포' 비즈니스를 수행하는 회사들은 무료 소프트웨어를 사용하기로 선택한 소비자 및 기업들에게 기술적인 지원을 제공한다(레드햇은 이러한 비즈니스 모델의 가장 잘 알려진 사례이다). 이런 회사들은 고객들이 원하는 모든 기술적인 지원을 보장하면서 동시에 그 소프트웨어에 대한 자신들의 경험과 지식을 제공한다.

그런데, 이러한 비즈니스 모델이 생각보다 그리 드문 일은 아니다. 예를 들어, 출판사인 아란자디(Aranzadi)는 이와 매우 유사한 비즈니스 모델을 창출한 바 있다. 아란자디는 자사의 고객들(법률 전문가들)에게 종합적인 법률 정보 소스를 제공한다. 이 회사는 또한 이 모든 정보들을 효율적으로 처리하는 데 필요한 기술 지원도 함께 제공한다. 법률 정보는 항상 무료로 사용할 수 있다(예를 들어, 법률은 관보에 발표되며 모든 법무법인은 이를 구독한다). 하지만 이러한 법률 정보를 유용한 방식으로 조직화하는 것은 복잡한 일이며, 이것이 이들 출판사들이 고객들에게 제공하는 서비스이다. 또, 아란자디와 같은 출판사뿐만 아니라 법무법인 역시 무료로 널리 가용한 법률에 대한 남다른 지식과 이해를 활용하여 업무를 수행한다. 명백히, 그들의 비즈니스 모델은 보완적인 제품(서비스)으로부터 수익을 올리는 것으로 구성되어 있으며, 그것은 그들의 법률에 대한 전문성 또는 심도 깊은 지식, 고객의 이해를 방어하기 위하여 법률 속에 적혀 있는 정보를 적절하게 조직화 할 수 있는 능력 등이며, 그것은 고객들이 법률 정보를 가지고 있다고 해서 반드시 잘할 수 있는 것이 아니기 때문이다[40].

이와 유사하게, 오픈소스 소프트웨어에 관련된 일을 하는 IT 기술자는 고객에게 자신들의 전문성 즉, 가용한 오픈소스 소프트웨어를 활용하고, 필요한 경우에는 추가적인 코드를 개발함으로써 데이터를 처리하고 정보를 필요한 방식으로 조직화하고자 하는 고객들의 수요를 충족시킬 수 있는 능력을 제공하는 것이다. 비유하자면 주방장, 자동차 기술자, 배관공 또는 변호사와 유사한 일을 하고 있는 셈이다. 또, 이러한 생태계에서는 단순한 법률 정보를 제공(다운로드)하거나, 이를 체계적으로 조직화(필요한 정보로 잘 구성된 CD 또는 책자의 형태)하여 제공하거나, 이를 활용하여 자문 또는 법률적 방어 서비스를 제공해주는 등 다양한 수준을 가진 복수의 비즈니스 모델이 공존할 수 있다[40].

4.2   고객의 선택

까마득한 옛날 이야기 같지만, 최초의 온라인 티켓 예약 소프트웨어를 개발한 항공사들에게 있어서 IT 인프라와 소프트웨어는 경쟁사에 대한 중요한 우위를 제공하였다. 그러나 오늘날, 모든 항공사가 언제든지 PC와 모바일 폰, 인터넷을 통해 예약을 하고 항공권을 구매할 수 있는 사이트를 보유하고 있으며, 따라서 그것은 더 이상 다른 회사들에 대한 우위를 제공하지 못한다[40].

이와 관련하여, 2003년 5월 하버드 비즈니스 리뷰에 실린 한 편의 논문이 전 세계 IT 업계와 경영학계를 발칵 뒤집어 놓은 적이 있었다. 니콜라스 카(Nicholas Carr)라는 경영 컨설턴트가 쓴 'IT는 중요하지 않다(IT Doesn't Matter)'라는 논문 때문이었다[225].

[그림 4-3] 니콜라스 카(왼쪽 사진: 위키피디아, CC BY 2.0)와 그의 기고문(오른쪽)

니콜라스 카의 주장을 요약하면 이렇다. "IT는 점차 철도나 전기 같은 일용품으로 바뀌고 있다. IT가 보편화되고 저렴한 비용으로 IT 인프라를 구축할 수 있는 만큼, 더 이상 IT는 매력적이지 않다. 이제 IT는 어떠한 경쟁 우위도 제공하지 않는다." 이 말은 "여전히 전기는 꼭 필요하지만, 가능하다면 최대한 비용을 절감하는 것이 가장 좋은 전략이듯이, 기업의 정보화가 이뤄지지 않은 상태에서는 IT를 빠르게 도입한 기업들이 경쟁 우위를 가졌지만, 모두가 정보화된 현대에 IT는 경쟁 우위 요소가 아니며, 따라서 IT를 사용하면서도 비용을 최소화 할 방안을 찾아야 한다"는 의미이다.

이에 대해 빌 게이츠(Bill Gates), 마이클 델(Michael Saul Dell) 등 IT 업계 유명 인사를 비롯해 전 세계 각 분야의 전문가들이 비판하고 나선 것은 당연하고 이로 인해 대대적인 논쟁을 벌어졌다. 당시 이에 대해 미국 IT 업계가 내놓은 답변은 "기술적인 측면에서 IT 과잉 투자가 있었고, 이로 인해 투입된 비용만큼 생산성 향상과 경쟁력 강화에 기여하지 못한 측면도 없지 않다. 그러나 IT를 적절하게 활용했을 때, 경쟁 우위를 확보하고 기업의 전략적 가치를 높이는데 일조하며, 그 사례는 매우 다양하다"라는 것인데, 즉 부작용을 참작하되 IT의 가치는 여전히 매력적이라는 결론이다[244].

그로부터 13년이 지난 지금은 어떠한가? 적어도 기업의 IT 인프라는 니콜라스 카의 전망처럼 경쟁 우위가 되지 못하는 분위기이다. 클라우드 컴퓨팅의 확산으로 요즘 기업들은 전기를 쓰듯 컴퓨팅 파워를 이용한다. 스위치를 켜고 컴퓨팅 파워를 이용하다가 필요없어지면 스위치를 끄면 되는것이다. 이를 두고 IT가 유틸리티화 되었다고 표현한다. 뿐만 아니라, 기업 내에 IT 관리자도 거의 필요없게 되었다. 아마존 웹서비스(AWS)나 마이크로소프트 '애저(Azure)'와 같은 퍼블릭 클라우드(Public Cloud) 서비스를 이용하면 IT 관리자 한두 명이 수백, 수천 대의 컴퓨터를 관리할 수 있다. 여기까지 보면 니콜라스 카의 전망대로 IT는 전기처럼 된 것이다. 고객관리 프로그램이 필요하면 세일즈포스닷컴(https://www.salesforce.com)에 가서 스위치를 켜고 사용하면 되고, 인사관리가 필요하면 SAP나 오라클의 클라우드 스위치를 켜면 쉽게 이용할 수 있다. 아직 많은 기업들이 '레거시'라 불리는 전통적인 시스템을 운용하고 있기는 하지만, 속도가 문제일 뿐 점차 사라질 것이라는 점은 분명하다[243]. 이러한 현상들은 몇몇 거대 다국적 기업들을 제외한 대부분의 IT 및 소프트웨어 비즈니스 기업들에게 우울한 전망을 제공하는 것처럼 보인다.

하지만 다행스럽게도 니콜라스 카의 주장과 정반대의 움직임도 있다. 바로 '디지털 트랜스포메이션(Digital Transformation)'이라는 흐름이다. 이는 '모든 기업이 IT 기업화 되는 현상'을 말한다. 예를 들어 자동차의 경우를 보면, 과거 자동차 회사에서 IT 부서는 건물의 지하에서 정보시스템을 만들고 관리하는 역할을 했다. 직원들이 효율적으로 일할 수 있는 시스템을 만들고 운용하는 것이 이들의 역할이었다. 그러나 이제 자동차 회사에서 IT는 단순히 뒤에서 업무의 효율성 향상을 지원하는 역할에 그치지 않는다. 자동차 자체가 IT 기기가 되어 가고 있기 때문이다. 요즘 자동차 한 대에는 'ECU'라 불리는 수백 개의 마이크로프로세서가 탑재되는데, 테슬라와 같은 회사는 자동차에서 내연기관을 아예 없애버렸다. 테슬라 자동차는 기계장치라기보다는 전자제품이라고 봐야 한다. 자동차뿐 아니라 거의 모든 산업에서 이 같은 현상이 벌어지고 있다. 센서 기술과 사물인터넷(IoT)의 발전은 모든 제조기업을 IT 회사, 소프트웨어 회사로 바꿔놓고 있다. 제조업뿐 아니라 금융, 물류, 운송, 의류, 의료 등 수 많은 산업이 IT에 의해 변화를 겪고 있다. 이런 측면에서 현재는 IT가 기업의 업무 자체가 되어 버린 것이다[243]. 결국 과거보다 더 많은, 어쩌면 앞으로는 거의 모든 기업들이 IT 및 소프트웨어의 고객이 될 것이다.

그러나 니콜라스 카의 주장처럼 이제는 'IT를 사용한다고 해서 경쟁 우위를 가질 수는 없기 때문'에 앞에서 예로 든 '온라인 티켓 예약 소프트웨어를 개발한 항공사들'의 경우와 같이 기업의 내부 프로세스와 관련된 독점적인 소프트웨어를 가진다고 해서 경쟁 우위가 주어지지 않는다는 의미에서, 오픈소스 소프트웨어가 어떤 대안을 제공해줄 수 있는지 생각해보자.

만약, 생산 공정을 관리하는 소프트웨어가 필요한 기업이 있다고 치면, 오늘날 그 기업이 필요한 소프트웨어를 입수하는 방법은 어떤것들이 있을까? (여기에서 앞서 잠시 언급한 클라우드 컴퓨팅과 같은 세세한 경우의 수를 굳이 따지지는 말자! 또, 오피스 제품군과 같은 대중적인 개인용 소프트웨어의 경우는 사정이 조금 다르기 때문에 여기에서는 기업의 내부 프로세스를 지원하는 업무용 소프트웨어의 경우를 중심으로 논의한다.) 브루스 페렌스(Bruce Perens)의 분류[41]에 따르면 다음과 같은 네 가지 경우의 수를 생각할 수 있다.

첫 번째 방법은 패키지 소프트웨어 구매를 선택하는 것이다[40]. 다행히(?) 많은 소프트웨어 기업들이 '생산 관리' 소프트웨어를 개발하고 패키지화하여 판매하고 있다. 이러한 선택을 할 경우, 고객 기업은 개발에 대하여는 잊어 버리고 그저 소프트웨어를 구매하는 것으로 만사가 해결된다.

이때 통상의 패키지 소프트웨어 공급 업체는 고객들에게 소스코드를 공개하지 않는다. 이들 공급 업체의 입장에서 '생산 관리' 소프트웨어의 소스코드는 중요한 지적 자산이자 비즈니스의 원천이기 때문이다. 이와 반대로, 고객 관점에서 이 소프트웨어가 각 구매자들의 특수한 요구사항에 맞도록 설계되지 않는다는 점은 문제로 작용한다. 왜냐하면, 제품으로서의 패키지 소프트웨어가 최대한 많은 고객들에게 판매되기 위해서는 일반화된 형태로 만들어져야 하기 때문이다(물론, 공급 업체의 입장에서는 최대한! 많은 고객들의 요구 사항을 만족시키기 위해 최대한! 다양한 기능을 유지하려 노력하겠지만 이러한 노력은 막대한 개발 비용을 수반하며, 잠재적인 시장의 규모에 따라 투자 효율을 따져봐야 할 문제이다. 또한, 개별 고객 기업들의 특수한 요구에 맞춰 커스터마이징 서비스를 제공하는 비즈니스도 있으나 이때의 소프트웨어는 더 이상 패키지 소프트웨어가 아닌 것이 될 것이다).

또 하나의 잠재적으로 심각한 문제는 공급 업체에 묶일 위험(벤더종속의 문제)인데, 이것은 일정 사용 기간 경과 후 다른 소프트웨어로 전환하거나(전환비용의 문제), 사용 중에 다른 소프트웨어와 데이터를 주고 받는 등의 일을 하기 어렵게 만든다(호환성의 문제).

마지막으로, 주변에서 흔히 볼 수 있듯이 어느날 갑자기 공급 업체가 사라짐으로써 더 이상 소프트웨어 유지보수 및 개선 서비스를 제공받지 못할 위험이 존재한다.

두 번째는 소프트웨어를 필요로 하는 기업이 사내에 컴퓨터 기술자들을 직원으로 고용하여 직접 개발(인소싱, Insourcing)을 하거나, 전문 IT 회사를 통해 개발하도록 의뢰(간접 개발)하는 것이다[40]. 직접 개발의 경우 이를 위한 충분한 조직 역량과 인프라를 갖추어져 있어야 한다. 그러나 IT 기술을 기반으로 하는 비즈니스 기업이 아닌 이상 잘 훈련된 개발자들을 확보하기란 쉽지 않은 문제이다. 따라서 많은 경우 개발자들과 조직이 성숙해질 때까지 수많은 시행착오를 거친다. 또, 빠른 속도로 발전하는 기술들은 이들 사내 IT 개발 조직에 최신 기술에 대한 지속적인 교육 훈련 투자를 요구한다. 이런 경우에 '투자 대비 효과'라는 경영 논리에서 비난을 받는 조직은 대개 사내 IT 조직이다. 결국 차선책으로 대두된 것이 분업화와 전문화에 기반한 아웃소싱(상호복합적 · 의존적 · 장기적 파트너 관계) 또는 외주/하청(임시적 · 단기적 · 반복적 관계)을 통한 간접 개발이다.

직 · 간접 개발 두가지 모두 결국은 수요 기업 단독의 많은 그리고 지속적인 투자를 전제로 하는데, 니콜라스 카의 주장처럼 IT 투자가 더 이상 경쟁 우위를 제공하지 못하고 있는 상황은 아웃소싱 계약을 유지해야 하거나 외주/하청을 통해 구축하고 개발한 IT 시스템에 대한 유지보수 계약을 지속해야 하는 기업들에게는 더 이상 새삼스럽지 않은 딜레마이다.

• 참고 – 인소싱과 아웃소싱

　소싱(Sourcing)은 인소싱(Insourcing)과 아웃소싱(Outsourcing)의 두 가지로 분류되는데 인소싱은 전통적인 방법으로, 조직의 계통과 체계를 통해 서비스와 기능을 직접 전달하는 경제활동 방식을 말한다. 1980년대 이전까지는 세계 대부분의 기업이나 조직들이 아직 아웃소싱에 관심을 기울이지 않은 상태였다. 글로벌 경쟁이 1980년대 이후처럼 심화되지 않고, 기업들 역시 자체 기획ㆍ설계ㆍ생산ㆍ판매로 이어지는 일괄 시스템만으로 효율적인 경제활동을 영위할 수 있었기 때문에 아웃소싱이 불필요했던 것이다. 따라서 인소싱만으로도 경제활동 비용을 줄이면서 시장 경쟁에서 살아남을 수 있었는데, 1980년대 이후 미국의 장기적인 불황을 시작으로 세계 각지에서 기업의 구조조정 등 변화의 바람이 일면서 많은 기업들이 주력 사업 분야로 회귀하게 되었다[216].

　이로써 부품 조달을 비롯한 많은 기능 부문에서 아웃소싱이 대폭 확대되고, 그만큼 기업의 내부조직(인소싱)을 통한 경제활동의 비중은 줄어들게 되었는데, 아웃소싱(Outsourcing)은 기업의 내부 프로젝트나 제품의 생산, 유통, 용역 등을 외부의 제3자에게 위탁, 처리하는 것을 말한다. 원래는 미국 기업이 제조업 분야에서 활용하기 시작했으며 경리, 인사, 신제품 개발, 영업 등 모든 분야로 확대되고 있다. 기업은 핵심사업에만 집중하고 나머지 부수적인 부문은 외주에 의존함으로써 생산성 향상을 극대화할 수 있다.

　IT 아웃소싱의 경우, 서비스의 영역에 따라서 시스템 계획/설계, 응용프로그램 개발, 텔레커뮤니케이션, 데이터 센터, 데이터 처리, 그리고 시스템 통합(SI, System Integration) 등으로 구분할 수 있다(일각에서는 외부 정보통신 전문 업체가 자신이 보유한 자원을 고객에게 제공함으로써 고객 정보처리 업무의 일부 또는 전부를 장기간 운영ㆍ관리하는 것과는 달리, 시스템통합 사업의 경우 운영활동 보다는 시스템 판매ㆍ개발 등의 개발활동이 강조되므로 아웃소싱으로 분류하기 어렵다는 견해도 있다). 이때, 모든 전산 시스템을 외부에 위임하는 '전체 아웃소싱'과 특정 부분만을 위탁하는 '선별적 아웃소싱'으로 분류할 수도 있다.

　한편, 아웃소싱 유형에 따라서 기업 내 영향의 범위가 다르다. 예를 들어, 응용프로그램 개발 아웃소싱은 보통 기업의 구체적인 영역에 영향을 준다. 즉 재고관리를 처리해주는 응용프로그램은 기업 업무의 일부분의 자동화에 관한 것이므로 그 영향의 범위가 좁다. 반면에, 원거리 통신의 사용은 회사 전체에서 일어나므로 그 영향의 범위가 상대적으로 넓다.

　또, 아웃소싱 유형에 따라서 계약방식도 다르다. 예를 들어, 시스템 계획/설계 아웃소싱 계약은 프로젝트 단위이지만, 데이터 센터 운영 아웃소싱 계약은 기간 단위로 한다[5].

세 번째는 필요로 하는 소프트웨어를 개발하기 위하여 협력할 수 있는 다른 기업을 찾는 경우도 있다[40]. 이 경우에서는, 컨소시움이 무료가 아닌 소프트웨어 (즉, 그것의 개발에 참여하지 않은 기업들에게는 가용하지 않게 될 소프트웨어)를 개발한다. 이러한 협력 체제의 구축은 프로젝트 수행에 따른 비용과 위험을 분산시키고, 독자 개발보다 빠른 시간 안에 필요한 기술과 자원을 습득할 수 있도록 도와준다[3]. 그러나, 실제로 이러한 협력 체제를 확보하기란 쉽지 않다. 많은 기업들이 협력의 과정에서 자사가 보유하고 있는 지식과 기술이 타사로 넘어가는 것을 꺼리기 때문이다. 또, 기꺼이 협력할 의사가 있는 잠재적인 파트너 기업들을 찾았다 하더라도 이들이 상호 만족할 만한 역량을 확보하고 있느냐의 문제는 또 다른 결정요인이다. 대개 충분한 역량을 보유하고 있는 기업들의 경우 타 기업과 협력체제를 구축하기 보다는 혼자서 프로젝트를 진행하려고 하기 때문에, 컨소시움에 참여하려는 기업들의 역량은 적어도 독자 역량을 가진 기업들보다는 부족할 가능성이 높다.

이에 더해서 설령 컨소시움이 구성되더라도 협력 개발 과정에서의 조직간 문화적 차이와 그에 따른 갈등들은 또 다른 난관이며, 이를 극복하고 개발에 성공한 뒤에는 그 결과에 대한 기술 통제권이 분쟁을 유발하기도 하기 때문에 장기적이고 지속적인 협력 체제를 유지하는 것은 대단히 어려운 과제이다. 실제 공동 개발을 위한 컨소시움이 우리가 예로 들고 있는 공통의 '생산 관리' 소프트웨어를 필요로 하는 동종 또는 유사 업종의 기업들보다는 일본의 NEC와 프랑스의 ESI 소프트웨어, 한국의 한전 KDN과 미국의 ABB EIS, 한국의 대우조선해양과 핀란드의 나파(Napa) 등의 사례와 같이 상호 보완적인 협력 관계에 있는 기업들 사이에서 구성되기 쉬운 이유가 그것 때문이다.

마지막으로 네 번째는 오픈소스 소프트웨어를 활용하는 것이다[40]. 앞에서 설명하였듯이, 오픈소스 소프트웨어는 누구나 소프트웨어 소스코드를 무료로 사용할 수 있고, 수정, 재배포 할 수도 있다. 이러한 선택을 한 기업은 '브라이트돌핀(Brightdolphin)'[37]과 같은 오픈소스 생산관리/재고관리 프로그램이나 'odoo 8(과거의 openERP)'[38]과 같은 오픈소스 ERP 소프트웨어를 다운로드하여 사용할 수 있다. 필요하다면 그것을 회사의 고유한 요구사항에 맞춰 개선하는 것도 가능하다.

---

37 GNU GPL 2.0 라이선스를 따르고 있으며, JAVA로 제작된 소프트웨어로서 DBMS는 큐브리드를 사용하고 있다.
    http://www.cubrid.com/zbxe/70434 참조

38 odoo 8(OpenERP)은 세일즈, CRM, 프로젝트 관리, 창고 관리, 제조, 재정 및 HR을 비롯한 광범위한 기능을 제공하는 비즈니스 응용프로그램 제품군이다. http://mutizen.tistory.com/1267 참조

이 방법은 프로젝트를 중심으로 형성된 프로그래머들의 커뮤니티 내에서 이루어지는 초기 개발 및 지속적인 개선의 결과를 즉시 활용할 수 있으며, 따라서 기업의 입장에서는 개발에 따르는 비용 투자를 감축할 수 있다는 명백한 장점을 제공한다.

만약, '생산 관리'와 같은 흔한(?) 업무가 아니어서 적절한 오픈소스 소프트웨어가 아직 존재하지 않거나, 존재하더라도 상당 부분을 추가 개발해야 하는 상황이라면, 또 가용한 개발 역량이나 비용 투자 역량이 있다면, 가능성 있는 오픈소스 프로젝트에 참여하거나 후원할 수도 있다.

또는, 여러 갈래로 나뉜 오픈소스 비디오 코덱 기술을 통합하고 로열티 없는 비디오 코덱을 만들기 위한 프로젝트를 추진하기 위해 구글, 넷플릭스, 모질라, 시스코시스템즈, 아마존, 마이크로소프트, 인텔 등이 구성한 '얼라이언스 포 오픈미디어[194]'의 경우나, 한국의 업종 특화 ERP 사업자들이 구성한 '오픈 솔루션 컨소시엄(Open Solution Consortium)[210]'과 같이 협력 기업들과의 컨소시움을 구성하여 새로운 오픈소스 프로젝트를 시작할 수도 있다. 물론, 세계 각국의 능력있고 열정있는 오픈소스 개발자들의 자발적 참여라는 장점을 누리기 위해서는 독점적인 소프트웨어 공동 개발 컨소시움과 달리, 개발에 참여하지 않았다 하더라도 어떤 기업이나 개인이든 무료로 사용, 수정, 재배포 할 수 있게 해야 한다는 전제는 필수조건이다.

그러나 오픈소스 소프트웨어를 개발하는 것에 참여하거나 후원(투자)하는 기업에게는 무료가 아닐 수 있다. 이들은 최초의 프로그래머 집단(자사에 고용된 개발자이든 후원을 받는 생면부지의 개발자이든)에게 자금(또는 어떠한 형태의 노력 비용이든)을 제공하여야만 하기 때문이다. 그러나 이 투자 비용은 소프트웨어를 (독자적이든 공동이든) 직접 개발하는 데 따르는 투자 비용보다는 작을 것이며, 개발이후의 유지관리를 위해 지속적으로 소요되는 비용을 포함한 것(TCO, 총소유비용)보다는 확실히 작다. 더불어, 오픈소스 커뮤니티의 일원이 됨으로써 얻게 될 혜택

(신기술 습득, 새로운 비즈니스 아이디어 및 기회, 내부 조직 역량 강화, 글로벌 협력 등)을 고려한다면 명백히 이득이다.

물론, 오픈소스 소프트웨어를 활용하는 것에 대한 선택에 위험 요소도 분명 존재한다. 오픈소스 소프트웨어 개발 커뮤니티의 지속성은 누구도 보장할 수 없기 때문이다. 이것은 미래에 또 다른 전환비용을 유발할 수도 있다[40].

또한, 컨소시움을 통한 개발과 후원의 경우에도 비슷한 위험이 존재한다. 어떤 개인 개발자나 기업도 그것의 개발을 보장하는 약속을 하기를 원하지 않기 때문에 프로젝트의 개발에 있어서 리더십이 결여될 수 있다. 이러한 현상은 처음부터 또는 후속 개발 과정에서 새로운 지출(노력 또는 비용 투자)의 필요가 생길 때 등 모두에서 발생할 수 있다. 그러나 이것은 앞에서 언급했듯이 패키지 소프트웨어를 구매하거나 컨소시움을 통한 독점적 소프트웨어 공동 개발을 선택한 경우에서도 빈번히 발생하는 문제이다.

제 5 장

소프트웨어 비즈니스

제5장

소프트웨어 비즈니스

5.1 소프트웨어 비즈니스 모델

개인이나 기업의 소프트웨어에 대한 수요를 충족시키는 데 수반되는 기본적인 과업은 이러한 소프트웨어를 만들어 내는 일, 즉 개발 그 자체이다. 하지만 특히 기업 수요의 경우, 충족시켜야 할 수요는 개발에서 끝나는 것이 아니다. 개발은 단순히 시작에 불과하다.

일단 소프트웨어가 만들어져서 가용하게 되면, 고객(주로 기업)들이 기꺼이 추가 비용을 지불할 의사를 가지고 있는 컨설팅(수요의 파악에서부터 시작하여, 기술의 채택 여부, 개발 또는 구매 의사 결정 등), 설치, 통합, 테스트, 그리고 기술의 유효 수명이 끝나는 시점까지는 지속적으로 이루어져야 하는 유지보수, 지원 및 교육훈련 등과 같은 관련 수요가 몇 가지 발생한다[42].

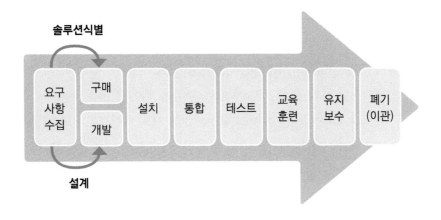

[그림 5-1] 소프트웨어 솔루션 적용 프로세스[43]

또한, 소프트웨어를 제공할 기업의 입장에서 두 가지의 비즈니스가 가능한데, 하나는 패키지 제품으로서의 소프트웨어를 개발하는 것이고, 다른 하나는 서비스로서의 소프트웨어를 제공하는 것이다. 이들 둘 사이에 어떤 것을 선택하느냐에 따라 수익의 창출 방식이 달라지게 되는데, 사실 이 둘은 매우 다른 비즈니스 모델이다. 물론, 이러한 선택은 소프트웨어를 소비하는 기업의 입장에서도 마찬가지이다.

5.1.1 개발 모델

개발에 집중하기를 바라는 기업은 선택할 수 있는 두 가지 옵션을 가지게 된다. 즉, 대중적 시장에 판매할 수 있는 패키지 제품을 개발하거나, 아니면 개별 고객의 수요에 맞춘 맞춤형 개발을 할 수 있다[42].

첫 번째 옵션은 대규모의 매출이익을 낼 가능성이 있지만, 그러한 매출이익은 시간이 지남에 따라 점차 여러가지 이유(경쟁, 시장 포화 등)로 지속하기가 어려워진다. 후자는 처음에는 매출이익이 훨씬 낮으면서도 훨씬 더 노동집약적이지만, 시간이 지남에 따라 매출이익이 보다 안정되고, 거시 경제 환경의 변화에 대하여 상대적으로 덜 민감하게 될 가능성이 있다. 이들 두 가지 옵션의 차별적 특징들을 좀 더 살펴보면 다음과 같다.

패키지 소프트웨어 비즈니스 기업들은 개발 과정에 대규모의 자금을 투자하고 난 뒤라야 시장에 출시 가능한 상용 버전의 제품을 만들어 낼 수 있으며, 심지어 출시 후에도 2년 내지 3년 마다 추가 개발에 대한 투자를 해야만 지속적인 수입을 유지할 수 있다. 그러나 특히 이러한 개발의 목적이 지배적 디자인으로서의 제품을 만들어 내는 데 있는 경우, 그 투자비용이 결국(수년 이내)에는 매출을 통해 회수될 수 있을 것이라는 어떠한 보장도 없는 관계로 지극히 위험하다[44].

하지만 소프트웨어 개발 프로세스는 다른 산업에서는 볼 수 없는 독특한 특징들을 가지고 있어서 경제학적으로는 잠재적으로 거대한 '규모의 경제'를 달성할 수 있다. 따라서, 일단 완제품을 확보하고 나면 추가적으로 판매되는 복사본에 드는 한계원가는 거의 없다. 이것은 소프트웨어가 앞에서 설명한 디지털 제품의 대표적인 사례이기 때문이다.

• 참고 – 한계원가

한계원가(限界原價, Marginal Cost)란, 기업의 행동을 결정하는 기초적인 원가개념으로서 생산량이 무한히 적게 변동하는 데 대한 원가의 변동분을 지칭하는 개념이다. 한계원가를 산출하는 목적은 경영자가 원가의 계수자료(計數資料)를 이용하여 생산계획을 수립하거나 경영상태를 판단하기 위함이다. 한계원가 곡선과 평균원가 곡선의 교차점은 단위원가가 최소가 되는 조업도(操業度)를 나타낸다. 그러나 이와 같은 이론적인 한계원가의 개념은 실제로 산출이 곤란하기 때문에 일반적으로 조업도를 적은 구간으로 구분하여 각 구간의 차이를 산출하는 차액원가를 대용개념으로 사용하고 있다[217].

예를 들어, 설비투자금액 2억 원에 대한 한계원가를 구하라는 문제가 있다. 이 질문을 쉽게 해석하면, 고정비(설비투자비) 2억 원을 뺀 상태에서의 원가를 산정하라는 뜻이다. 설비투자 2억 원에 대한 고정비는 손해 본다 생각하고 이를 무시한 뒤 나머지 금액으로 원가를 산정해 보자는 것이다[196]. 다음과 같은 시나리오를 가정하여 계산해보면 좀 더 이해하기 쉬울 것이다.

고정비 1 = 3억 원, 고정비 2(설비 투자) = 2억 원, 변동비 = 대당 1천만 원이라고 가정하고, 개당 제조원가(1)와 고정비 2를 무시한 한계원가(2)를 구해보면,

---

❶ 생산 수량에 따른 대당 제조원가

100개 생산할 경우: (300+200+10×100)백만 원 / 100개 = 15백만 원

50개 생산할 경우: (300+200+10×50)백만 원 / 50개 = 20백만 원

❷ 2억 원에 대한 생산 수량과 대당 한계원가

100개 생산할 경우: (300+0+10×100)백만 원 / 100개 = 13백만 원

50개 생산할 경우: (300+0+10×50)백만 원 / 50개 = 16백만 원

이 된다. 따라서, 한계원가를 적용하면 생산 수량이 감소하더라도 원가의 증가에 대한 충격이 다소 작아진다.

이러한 특성으로 인한 공급자들의 기회요인(규모의 경제)은 사실 수요자들에게도 영향을 준다. 앞서 설명한 바와 같이, 특정 기술과 제품에 익숙해지는데 투자되는 시간과 제품간 비호환성 등에 기인한 전환비용으로 인해 특정 기술과 제품의 사용자 기반이 크면 클수록, 이러한 사용자 기반은 시간이 지남에 따라 더 쉽게 성장하고 더 오래 생존하게 된다. 그 결과, 우리는 소프트웨어 시장에서 거대한 이윤이 창출되고 동시에 그러한 시장으로의 신규 기업의 진입은 차단이 되는, 소위 '승자 독식' 상황에 마주칠 수 있다[42].

• 참고 - 승자 독식(Winner-Takes-All) 시장

지배적 디자인의 출현은 시장을 자연스럽게 독점적 상황으로 변화시킨다. 일부 대체 기술이 틈새 시장 공략으로 생존할 수 있긴 하지만, 시장의 대부분은 하나의 혹은 소수의 디자인에 의해 잠식된다. 자신의 기술을 시장의 지배적 디자인으로 연결시킨 기업은 거대한 수익을 올릴 수 있으며, 몇 세대의 제품들을 통해 해당 제품군을 독식할 수 있다. 기업의 기술이 지배적 디자인으로 선택되면, 기업은 단기적으로 독점에 가까운 수익을 올릴 가능성을 가질 뿐 아니라, 차세대 제품 설계에까지 커다란 영향력을 지님으로써 산업의 발전 방향을 설정하는 유리한 위치에 설 수 있게 된다[3].

플랫폼 시장은 일반적으로 소수의 경쟁 플랫폼에 의해 제공된다. 많은 경우에 대다수의 사용자가 하나의 플랫폼에 의존하기도 한다. 특히 성숙기에 접어든 플랫폼은 소수의 플랫폼이 시장을

지배하는 경우가 많다. 예를 들어 신용카드 산업에서의 VISA, PC OS 산업에서의 윈도우가 그렇다. 그 이유는 플랫폼 기업 간의 경쟁에서 초반에 한번 시장을 점유하게 되면 참여를 망설이던 다른 판매자와 구매자들을 끌어오기가 쉽게 되고, 이는 네트워크 효과로 이어져 경쟁력이 더욱 커지게 되기 때문이다. 그러나 한번 잡은 승기를 계속 이어가는 것이 쉬운 일은 아니다. 닌텐도(Nintendo)가 비디오게임 콘솔 시장에서 선두 플랫폼의 자리를 플레이스테이션(PlayStation)에게 내어준 것처럼 플랫폼 시장에서는 치열한 경쟁으로 인해 주도권이 바뀔 수 있다. 이처럼 플랫폼 시장은 뛰어난 새로운 플랫폼이 기존에 시장을 독식하고 있던 플랫폼을 대체해나가는 연속적인 승자독식 대결을 통해 발전해 나가는 경우가 많다. 따라서 승자독식 시장이었던 플랫폼은 비록 새로운 사업자가 들어와서 치열한 경쟁을 거치더라도 그 시기를 지나면 다시 승자독식 시장이 될 가능성이 높다고 할 수 있다[175].

이와 같은 거대한 규모의 경제를 최대한 활용하고 있는 기업으로는, 데스크톱용 운영체제 시장에서 수위를 달리고 있는 마이크로소프트와 DBMS 시장의 강자 오라클과 같은 소프트웨어 산업의 거인들이 있다.

하지만 두 명의 직원을 둔 초소형 기업(Micro-Enterprise)이면서 혼자 하는 카드 게임인 솔리테어(Solitaire)를 개발한 굿솔 디벨로프먼트(Goodsol Development)와 같이, 특수한 틈새 시장(Niche Maket)에 집중함으로써 비즈니스를 만들어 내는 소규모 기업들도 있다[42].

• 참고 - 틈새 시장

'니치(Niche)'는 틈새를 의미하는 말로 '남이 모르는 좋은 낚시터' 라는 은유적인 뜻을 가지고 있다. 대중시장 붕괴 후의 세분화 된 시장이나 소비상황을 설명하는 말이기도 하다. 90년대 초반까지만 해도 한 제품을 가지고 전체 고객의 욕구를 만족시키는 것이 기업들의 목적이었다. 이것이 매스마케팅(Mass Maketing)이다. 그러나 시장이 성숙되고 소비자의 욕구가 다양해지면서 니치 마케팅이 부각되었다. 니치 마케팅은 마케팅 자원이 별로 없는 중소기업들이 대기업과 싸우기 위해 고안해낸 무기라고 할 수 있다. 앞에서 예로 든 굿솔 디벨로프먼트와 같이, 특정 소비자들의 욕구, 즉 비어있는 시장을 노리는 것이다. '작게 행동함으로써 더 크게 될 수 있다(Getting Bigger By Acting Smaller)'는 논리이다[232].

[그림 5-2] 굿솔 디벨로프먼트의 솔리테어 [247]

틈새 시장을 흔히 블루 오션(Blue Ocean)과 비슷한 개념으로 생각하기 쉬운데 그렇지 않다. 틈새 시장은 시장에서 특정 계층을 집중 공략하는 것이고, 블루오션은 아이디어의 변화와 혁신으로 기존에 존재하지 않았던 수요를 창출, 새로운 시장을 개척하는 것이다. 즉, 틈새 시장은 A제품군에서 A-1, A-2, A-3과 같은 식으로 시장을 쪼개고, 이 중에서, 예를 들어 A-1에만 집중 투자하는 식인데, 블루 오션은 A를 A+로 변화시키거나 새로이 B를 만들어내는 것이다. 틈새 시장 전략을 고려한다면, 먼저 시장 세분화의 과정이 필요한데 연령, 소득, 성별, 취향, 습관 등의 시장 특성을 조사하여 그 중 가장 적합한 계층을 타깃으로 정하고 전략을 수립하는 것이 가장 일반적인 방법이다[270]. 몇 가지 방법 및 사례를 보면 다음과 같다[197].

❶ 세대의 틈새 – 기성세대를 선점한 기업을 피해서 다른 세대들을 공략한 펩시의 사례

블라인드 테스트로 코카콜라와 맛을 비교하는 등의 다양한 마케팅 전략을 벌였으나 이미 코카콜라가 시장을 선점한 뒤라서 시장에서 고전하던 펩시는 새로운 세대인 젊은 세대를 공략하기로 하였다. 아예 다음 세대의 선택을 가치로 삼은 것이다. 20년 후 성과가 나타나기 시작했는데, 펩시를 즐기던 어린 청소년들이 대학을 졸업하고 사회에 나가자 펩시를 찾게 된 것이다. 코카콜라가 '이것이 진짜(The Real Thing)'라는 광고 카피로 대항했지만 어렸을 때부터 펩시에 길들여진 새로운 세대들에게는 먹히지 않았고, 결국 펩시의 매출이 코카콜라를 뛰어넘었다.

❷ 크기의 틈새 – 싱크 스몰로 공략한 폭스바겐 비틀의 사례

1970년대와 1980년대에 제작된 미국 차들은 대체로 길게 제작되었다. 당시 자동차 제조업체들은 차체를 더 길고 낮게 만들기 위해 노력했다. 그런 상황에서 폭스바겐의 비틀은 '싱크스몰(Think Small)'이라는 광고로 새로운 시장을 찾아냈다. 무조건 큰 차를 선호하는 미국 시장에서 작고 통통하고 높은 차라는 새로운 캐릭터로 틈새를 공략한 것이다. 비슷한 사례로 요즘 1인 가구나 2인 가족들이 늘고 있는 상황에서 무조건 큰 가정 용품보다는 작고 공간을 덜 차지하는 가구나 전자제품 등에 선호도가 높아지고 있다.

❸ 가격의 틈새 – 저가 시장 공략으로 성공한 병원의 사례

예전에는 라식수술 비용이 상당히 비쌌다. 보통 100~200만 원 선이었는데 한 병원이 60만 원에 라식수술을 판매해 성공한 것이다. 이미 기존 시장이 자리 잡았던 상황에서 저가의 시장을 공략해서 무너 뜨리고 기존에 라식수술에 대한 의도가 없었던 소비자들도 라식수술에 관심을 가지게 만들면서 아예 새로운 시장을 창출한 것이다. 요즘은 다른 업체들도 60만 원 선으로 가격을 내렸지만 이미 그 병원이 기존 시장에 자리 잡은 상태라 아직도 그 병원이 라식수술 분야에서는 1위를 차지하고 있다.

❹ 편리의 틈새 – 포장 생선의 편리성으로 성공한 cj 오쇼핑

불과 15년 전까지만 해도 사람들은 생선을 배달해서 먹는다는 것을 상상도 하지 못했다. 당연히 생선은 직접 가서 신선도를 확인하고 구입하였다. 그러던 중 cj 오쇼핑이 안동 간고등어를 선보이면서 소비자들은 시장에 가지 않아도 생선을 편리하게 먹을 수 있다는 것을 깨닫게 된다. 현재 포장 생선은 1,000억 원 이상의 매출을 올리고 있다.

❺ 대상의 틈새 – 포화시장에서 대상을 바꿔 성공한 사례

2008년 12월 홈쇼핑 최초로 애견 보험이 출시되었다. 당시 미국 발 금융위기로 경기가 좋지 않을 때였기 때문에, 사람도 보험을 해지하는 상황에서 애견을 위해 보험에 가입할까라는 의구심이 많았지만, 정작 출시 후 소비자들의 반응은 상상을 초월했다. 첫 방송에서 기존 보험 매출의 네 배 이상의 실적을 냈다. 비슷한 사례로, 한때 픽업아티스트(연애를 가르쳐주는 컨설팅 시장) 시장이 호황이었다. 하지만 점점 경쟁이 치열해지고 그 분야 비즈니스가 어려워지자, 이번에는 연애를 원하는 대상이 아니라 이별 후 힘들어하는 사람들을 대상으로 비즈니스를 진행해 성공한 사례들이 있다.

이와는 대조적으로, 맞춤형 개발을 하는 기업은 패키지 소프트웨어가 누리는 규모의 경제에 접근하지 못하게 된다. 모든 신규 고객들이 특수한 개발 결과를 요구하게 되는 관계로 시간과 노력 면에서 많은 원가가 들어간다(물론 이러한 유형의 기업들도 개발 결과물을 가능한 한 재사용함으로써 후속 개발원가를 절감하기 위한 노력을 하지만, 패키지 소프트웨어에 비하면 매번 훨씬 더 많은 비용이 소요된다).

전통적인 소프트웨어 개발 기업을 설립할 때 한 가지 중요한 문제에 마주치게 되는데 그것은 최초 투자의 필요성이다. 최초 버전의 소프트웨어가 발표 준비가 될 때까지는 개발에 전념하게 되는데 이에 따라 처음에는 어떠한 수입 흐름도 없는 반면에 지출의 발생은 필수불가결하다. 직접 개발 비용 외에도 마케팅과 영업에 필요한 지출 역시 무시할 수 없다[42].

이러한 문제에 대해서는 두 가지의 해법이 있는데, 하나는 외부의 투자를 유치하는 방법이고, 다른 하나는 제품의 개발과 동시에 당장 필요한 비용을 충당할 수 있는 다른 유형의 비즈니스 활동을 병행하는 방법이다.

상대적으로 맞춤형 개발 기업은 훨씬 위험이 덜하며 훨씬 적은 투자로 비즈니스를 개시할 수 있기 때문에(통상 계약이 체결된 후에 개발이 개시된다고 보면) 외부 투자자를 찾지 않아도 될 수 있다.

한편, 재무적 관점에서 보면 맞춤형 개발 기업보다는 패키지 소프트웨어 개발 기업들이 상대적으로 매력적(투자 가치 측면에서)인 관계로 벤처 캐피털로부터 개발 자금을 조달하기 수월하다. 이러한 방식의 자금 조달은 보다 빠른 성장을 가능하게 하며 그것은 성공의 중요한 요인이다.

이 시점에서, 우리는 재무적 관점에서의 투자자와 당사자 기업 사이에서 '기업의 성공을 판단하는 기준'이 다를 수 있다는 것을 고려해야 한다. 투자자 관점에서 성공적인 기업은 어떻게 해서든 매년 이윤을 내며 꾸준히 성장하는 기업이라고 생각한다. 손익계산서 상으로 큰 이윤을 내지 못하면서 동일한 규모를 유지하는 기업은 투자자들의 관심을 끌지 못할 것이다. 하지만 아이러니한 사실은 모험 정신이 투철한 몇몇 기업가들을 제외하고는, 큰 이윤을 내지는 못하지만 어느 정도 규모의 기업을 장기간 유지하는 것이 비즈니스의 주된 목적인 기업가들이 더 많다는 것이다. 뿐만 아니라, 사회적으로 이러한 기업들이 장기적으로는 양질의 일자리를 창출하고 유지해나간다는 것이다.

어찌 되었든, 소프트웨어 개발 기업들에게 있어서 충분한 외부 투자를 확보하는 것은 어려운 일이며, 가능한 경우라 할지라도 그것은 또 다른 단점을 가지고 있다. 투자자가 있다는 것은 투자를 상환하고도 남을 충분한 이윤을 창출하여야 한다는 것이므로 경영 의사결정에 큰 압박이 된다. 이러한 상황은 창업자들의 자율성과 의사결정 능력을 제한한다[42].

다른 옵션 역시 간단한 것은 아니다. 기업은 스스로 유지와 동시에 미래의 수익이 될 제품을 개발할 수 있을 만큼 충분한 수익을 창출하기 위하여 앞에서 본 설치, 통합, 테스트, 교육훈련, 유지보수 및 지원 등과 같은 타 영역의 비즈니스 활동을 병행해야 하지만, 사실 이러한 영역들도 수직적 또는 수평적으로 전문화 될 만큼 전념하지 않으면 규모의 경제 결여와 경쟁자들로 인해서 이익을 성공적으로 달성하기 어렵다. 게다가, 이러한 비즈니스 활동들은 대체로 개발 활동보다 매출 총이익률이 상대적으로 낮다.

그런데 최근 오픈소스 소프트웨어가 이러한 시나리오에 변화를 주고 있다. 자원자들의 협업을 통해 개발 과정에서의 원가 절감뿐만 아니라, 배포 및 마케팅의 패러다임을 바꿈으로써 개발 기업들에게 요구되던 최초 투자를 상당히 줄여줄수 있는 잠재력을 보여주고 있는 것이다.

어떤 기업이든 스스로 자문해 보아야 할 기본적인 질문 가운데 하나는, 특정 시점에 수익을 올리는 방법뿐만 아니라 그것을 어떻게 지속시킬 것인가에 관한 것이다. 서비스를 제공하는 데 집중하는 기업에게 있어서는 지속성이 당연한 일이 되겠지만(일반적으로, 고객이 만족하면 그 고객은 서비스를 계속 요청할 것이다), 패키지 소프트웨어의 생산에 집중하는 기업에게 있어서 꾸준한 수입의 흐름을 유지하는 것은 다음과 같은 몇 가지 문제들로 인해 만만치 않은 일이 될 것이다.

소프트웨어 비즈니스에서 성공적인 소프트웨어 제품을 개발하는 것은 베스트셀러를 저술하는 것과 비슷하다. 베스트셀러가 될수만 있다면 거대한 이윤을 창출하게 되겠지만, 그것은 매우 어렵고 어쩌다가 한번 가능한 일이다. 특히, 소프트웨어는 시나 소설과는 달리 일정한 수명주기를 가지고 있어서 그 버전이 베스트셀러가 되었다 하더라도 오래지 않아 더 이상 지속적인 수입을 보장하지 못하게 된다. 더구나 이러한 소프트웨어 수명주기의 특성은 일정 시간이 지난 뒤에만 문제가 되는 것이 아니고, 오히려 초기 버전에서 더 문제가 된다. 대체로 최초에 출시한 버전에는 (완전한 필드 테스트란 있을 수 없기 때문에) 몇 가지 예상하지 못했던 결함을 가지고 있을 수밖에 없고, 그 기능 또한 사용자들의 현장 요구에 맞도록 미세한 부분까지 조정되지 못한 상태일 수밖에 없다. 이것은 제품 개발 기업에게 핸디캡이 될 수도 있으나 반대로 버그가 심각할 정도로 많은 것이 아니라면, 그래서 시간이 지남에 따라 버그가 해결되거나 또는 고객 피드백에 따른 개선이 반영된 신규 버전을 출시하면서 업그레이드 또는 재구매에 따르는 지속적인 수입을 가능하게 해 줄 것이다[42].

그러나 역설적이게도 여기에는 예기치 못한 딜레마가 있다. 만일 후속 버전들이 매번 출시될 때마다 전작에 비해 충분한 개선을 포함하고 있으며 훨씬 더 매력적일 경우에는 계속해서 수익을 창출하게 될 것이다. 하지만 어느 순간 사용자들이 현재 보유한 버전이 충분히 만족스럽다고 판단을 하고 나면 새로운 버전에 대하여 지불해야 할 동기는 시들해지게 된다. 그 이야기는 개발 업체의 입장에서 새로운 버전의 출시가 기존 고객의 재구매를 통한 이윤을 더 이상 보장하지 못하게 된다는 것이고, 수익은 오로지 신규 고객(시장) 창출을 통해서만 가능해진다는 것이다.

결국, 개발 기업의 입장에서는 이러한 경향에 대처하고 후속 버전의 라이선스 판매를 통한 수익의 흐름을 유지할 수 있는 전략을 고민할 수밖에 없는데, 이런 전략은 불행히도 소비자를 희생시켜야 하는 대가가 따른다. 즉, 연속적인 제품 버전들 사이의 완전한 또는 부분적인 비호환성이 대표적인 전략 중 하나인데, 특히 이 전략이 더 이상의 호환성을 보장하지 않는 이유를 홍보하려는 기업들의 집중적인 캠페인과 결합될 경우, '최신 버전을 선호하는 수요에 따른 규모의 경제'라는 새로운 상황으로 귀결되게 되는데, 이러한 상황은 많은 사용자들로 하여금 심지어 이전 버전의 제품이 그들의 요구를 충족시키고 있음에도 불구하고 버전을 바꾸도록 강요하게 되는 것이다[42].

그렇다고 해서 소프트웨어의 업데이트가 반드시 개발 기업의 수익 유지 전략 때문이라는 의미는 아니다. 예를 들어, 세무 및 인사 관련 법제도와 규정 등은 종종 변경되기 때문에(세법의 개정, 조직 내 인사관리 규정 변경, 연말 정산 제도의 변경 등) 그때마다 고객들이 사용하고 있는 애플리케이션을 변경하고 업데이트 해야 한다. 이러한 특성을 활용하여 성공적인 비즈니스를 영위하고 있는 대표적인 기업으로 한국의 '더존'이 있다.

> • 참고 – 더존의 비즈니스 모델
>
> 더존 IT 그룹(DOUZONE IT Group, DOUZONE)은 대한민국의 IT전문 기업집단이다[252]. 1977년 설립되어 세무회계 소프트웨어를 중심으로 성장했다. 더존비즈온이 모태이며 더존다스를 지주회사로 하고 있다. 사명(社名)인 '더존'은 세무회계 소프트웨어의 대명사로도 사용된다.
>
> 대한민국 ERP 점유율 1위 기업으로, 2007년 대한민국 소프트웨어기업 최초로 1,000억 원대 매출을 기록했다. 기업시장(B2B)을 주요 고객군으로 하며 MIS, ERP와 같은 주력 제품 외에 포렌식을 비롯한 각종 보안서비스와 공인전자문서센터, 샵메일서비스, 전자세금계산서, 간편결재시스템, 그룹웨어, FAX 시스템, e-러닝 등의 서비스를 제공한다. 2011년에 강원도 춘천시 남산면 수동리에 위치한 더존 강촌캠퍼스로 본사를 이전하고 데이터 센터를 개관하여 본격적인 클라우드 컴퓨팅 사업에 진출했다.

계열사로 더존다스(DOUZONE DASS – 더존IT그룹 지주회사), 더존비즈온(DOUZONE BizOn – 더존다스의 ERP부문과 더존디지털웨어, 더존SNS, 더존뉴턴스, 더존ISS 등을 합병함), 더존 E&H(DOUZONE E&H – 더존비즈온 자회사), 더존넥스트(DOUZONE Next – 구 더존C&T), 더존IT네트워크(DOUZONE IT Network), 키컴(Kicom), 아이텍스넷(iTAXnet – 세무사 합작법인) 등이 있고, 해외 현지법인으로 더존차이나(DOUZONE CHINA), 더존재팬(DOUZONE JAPAN), 더존필리핀(DOUZONE PHILIPPINES) 등을 가지고 있다.

이 중에서도 특히, 더존비즈온은 중소기업용 세무/회계 솔루션 개발업체로 국내 1위의 확보한 브랜드를 보유하고 있다. 세무사들의 87%가 사용하는 등, 품질을 인정 받아 타 소프트웨어 업체와의 높은 진입 장벽을 보유하고 있다. 더존비즈온의 비즈니스 모델 근간에는 제품판매 이후 안정적으로 유지보수 매출이 꾸준하게 발생하는 것이다. 세무/회계 솔루션의 특성상 신규매출이 발생하면 세무 및 회계기준의 변경 등의 이유로 고객의 70% 이상이 유지보수 계약을 체결하고 있어, 현재 전체 매출 가운데 50% 이상이 유지보수 매출에서 발생하고 있는 점은 큰 투자 없이 이익을 지속적으로 내는 핵심 요소라 할 수 있다[205].

한편, 일단 어떤 아이디어가 소프트웨어로 개발, 출시되고 나면 다른 경쟁 기업들의 입장에서, 동일한 아이디어를 위한 R&D 또는 요구사항 분석에 상대적으로 적은 노력을 투자하고도 유사한 소프트웨어를 개발할 수 있는 기회가 생긴다. 이러한 특성이 소프트웨어 제품에만 국한되는 것은 아니지만, 소프트웨어의 경우 그 경쟁력이 아이디어에 의존하는 경향이 큰 반면, 같은 아이디어라 하더라도 소스코드로 작성되는 세세한 방식은 개발자마다 다르기 때문에 이를 모방이라 판단하기 어렵고, 이를 규제하는 것 또한 소스코드 개발이라는 또다른 창작 활동을 저해할 수 있기에 이를 제한할 수 없다. 최근 비즈니스 모델 특허 제도에 대한 반대 의견이 광범위하게 제기되는 것도 같은 맥락으로 볼 수 있다. 만일 경쟁 기업들이 제품을 보다 빨리 만들 수 있다면 그들은 동일한 시장을 두고 보다 유리한 가격으로 경쟁을 하게 될 것이다. 왜냐하면, 충분한 수의 기업이 이 시장에 진입하고, 상호 간에 호환이 가능한 유사한 제품군을 창출하게 되면, 소비자들은 다른 차별화 요인이 없는 상태에서 상대적으로 값이 싼 제품을 구매하게 되기 때문이고, 이는 매우 경쟁이 심한 상황을 초래하게 될 것이다[42].

그러나 이러한 현상은 비록 기업으로서는 높은 매출이익을 얻는 것이 어렵게 될지라도 이상적으로는 보다 많은 기술과 제품의 대중적 보급으로 이어지고, 결국 사용자들에게 혜택을 가져다 주게 된다. 문제는 이러한 과정에서 특정한 요인들이 상대적으로 큰 규모의 기업들을 유리하게 만든다는 것인데, 수요자 입장에서 작용하는 '규모의 경제'는 비록 뒤늦게 출시한 제품을 가지고서도 상대적으로 저가 경쟁(심지어 인터넷 브라우저와 같은 끼워팔기 등)을 지속할 수 있는 거대 기업들에게 절대적으로 유리하며, 반대로 큰 고객기반을 가진 거대 기업이 먼저 출시한 제품일 경우 소비자들의 입장에서 다른 경쟁 제품을 대체품으로 고려하는 것이 쉽지 않다는 것이다. 더욱이, 이들이 비호환성 정책을 취하게 된다면 경쟁은 더더욱 어려워지며, 사용자 고객 또한 벤더종속의 상황에 빠지게 된다는 것이다[42].

이러한 상황에서 자유롭게 배포되거나 심지어는 대가 없이 배포되면서도 유사한 기능을 제공해주는 오픈소스 소프트웨어의 등장으로 인해서, 라이선스 판매를 통해 높은 수익을 올리는 것이 더욱 어려워지고 있다. 어쩌면, 완전하게 호환 가능하면서도 무료인 오픈소스 소프트웨어의 부상은 독점적 소프트웨어의 수익모델인 사용자 종속 기반의 비즈니스 패러다임을 벌써 깨뜨리고 있다고 봐도 무방할 것이다. 따라서, 오픈소스 소프트웨어는 무료로 획득할 수 있는 가능성과 기존의 기술 간극을 뚫고 소프트웨어의 광범위한 이용에 기여할 수 있는 능력을 고려해 볼 때, 충분히 파괴적인 기술이 될 수 있다.

• 참고 – 파괴적 기술

파괴적 기술(Disruptive Technology)이라는 용어는 낮은 가격과 사용 편의성 등의 특장점들 또는 새로운 유형의 고객에 대한 집중으로 기존 시장의 솔루션을 대체하게 되는 혁신과 기술을 지칭한다. 초기에는 핵심 시장이 요구하는 성능 조건을 만족시킬 정도로 우수하지 않지만, 기존 기업 시장의 중심부로부터 떨어져 있는 지점에서 성장의 기회를 창출하면서, 자체적인 존속적 개선 경로를 따라 공격적으로 시장에 진출한다[257]. 이에 반대되는 개념으로는 '존속적 혁신'이 있는데, '파괴적 혁신'과 그 특성을 비교[179]하면 다음과 같다.

[표 5-1] 존속적 혁신과 파괴적 혁신의 비교

구분	존속적 혁신	저가시장에서의 파괴적 혁신	신시장에서의 파괴적 혁신
제품과 서비스에 대한 기대치	고객의 기대치가 가장 높고 까다로움	보통 수준으로 주로 가격과 편리함 등에 대해 민감함	단순함과 편리함 등 상품의 역할, 즉 상품의 소비로 인해 고객이 얻게 되는 궁극적 효용에 집중
타깃 고객층	가장 매력적인 고객층	필요로 하는 수준 이상의 제품, 서비스를 제공받는 고객층	경제적, 혹은 기술적인 이유로 기존 제품·서비스를 사용하지 않는 고객
접근법	기존 방식이나 비용구조를 유지하며 보다 나은 기능, 품질의 신제품을 개발	새로운 운영방식을 통해 저가 제품·서비스 제공, 로우 앤드(Low End) 시장 잠식	생산량이 적더라도 이윤을 창출할 수 있는 비용구조를 창출

5.1.2 서비스 모델

소프트웨어 비즈니스 기업은 복수의 비즈니스 콘텐츠(예를 들어 여러 개의 소프트웨어 솔루션)를 가질 수 있다[42]. 또한, 앞에서 보았던 [그림 5-1]의 소프트웨어 솔루션 적용 프로세스 중 하나 또는 그 이상의 단계에 전문화될 수 있다.

이 두 가지를 결합하면, [표 5-2] 및 [표 5-3]과 같은 수직적 전문화와 수평적 전문화라는 패턴을 찾아낼 수 있다.

[표 5-2] 수직적 전문화[43]

구분	SW솔루션1	SW솔루션2	SW솔루션3	…	SW솔루션n
개발	×	×			
설치	×	×			
통합	×	×			
테스트	×	×			
교육훈련	×	×			
유지보수 및 지원	×	×			
이관(마이그레이션)	×	×			

첫 번째 패턴은 수직적 전문화이다[42]. 일반적으로는 소프트웨어 개발을 주된 활동으로 하는 기업들이 주로 수직적 전문화의 경향을 보이게 되지만, 서비스 기업의 경우라도 그 회사의 비즈니스 전략이 맞춤형 개발 서비스에 집중되어 있다면 자연스럽게 설치, 통합, 교육훈련 등과 같은 기타의 관련 서비스를 수행하게 된다. 또, 제품으로서의 소프트웨어 전략을 채택하는 기업 역시 지속적인 수입의 흐름을 보장하기 위한 한 가지 방법으로서 관련 서비스를 최대한 활용하기도 한다.

소프트웨어를 구매한 기업은 유지보수 및 지원 등과 같은 관련 서비스와 업데이트에 따르는 후속 비용을 지불하고서라도 소프트웨어 자산에 대한 지속적인 소유와 사용을 하려 하기 때문에, 제품을 기업 고객에게 판매한다는 것은 동일한 고객으로부터 일정 기간 경과 후 유지보수 및 관련 서비스 계약을 획득할 수 있는 기회를 얻게 되며, 이러한 고객의 수가 어느정도 확보된 후에는 공급 기업의 입장에서는 일관된 현금 흐름을 예상할 수 있게 된다(실제로 한국처럼 제한적 시장을 가진 경우, 소프트웨어 패키지 사업자들의 상당 수가 제품 출시 후 수년이 지나면, 신규 고객 창출에 따른 수익의 가능성이 점점 줄어들기 때문에, 기 판매 제품의 유지보수 및 지원에 따른 매출에 의존하는 경향이 크다).

두 번째 패턴은 수평적 전문화이다[42]. 소프트웨어 제품을 사용하는 데서 창출되는 수요를 비즈니스에 최대한 활용하려는 기업의 경우에는 앞에서 보았던 [그림 5-1]의 소프트웨어 솔루션 적용 프로세스 중 하나 또는 그 이상의 단계에 집중하면서, 다양한 패키지(솔루션)에 관련된 서비스를 제공한다.

[표 5-3] 수평적 전문화[43]

구분	SW솔루션1	SW솔루션2	SW솔루션3	…	SW솔루션n
개발					
설치					
통합					
테스트					
교육훈련	✕	✕	✕	…	✕
유지보수 및 지원	✕	✕	✕	…	✕
이관(마이그레이션)					

일부 기업들은 교육훈련 또는 유지보수 및 지원에 전문화하지만(예를 들어, 한국의 경우 외산 솔루션을 판매, 교육, 지원하는 역할의 비즈니스 기업도 많다), 일부 서비스 기업들은 컨설팅(기술 선정, 자문 또는 인증 등), 맞춤형 개발, 또는 하드웨어의 공급까지를 포함하는 통합 솔루션 제공자(System Integration) 등과 같은 유형의 비즈니스를 창출한다.

참고로, GNU/리눅스 배포판과 같은 오픈소스 소프트웨어를 패키징, 판매하는 기업들도 수평적 전문화를 통한 서비스 제공 모델의 예라 할 수 있다.

한편, 한 가지 재미있는 현상은 서비스 지향 기업의 고객들은 대체로 통합적인 솔루션을 선호하며, 가능하면 단일한 제공자와의 거래를 선호한다는 것이다(고객 기업의 IT 담당자 입장에서는 단일한 사업자에게 토탈 서비스를 받는 것이 여러모로 훨씬 유리하기 때문에).

이러한 포괄적인 서비스를 제공할 수 있기 위해서는 당연히 강력한 기업 인프라와 기술력을 갖출 필요가 있는데, 이것이 중소기업의 진입에 제한이 된다. 규모가 작은 기업의 경우 스스로 모든 수요를 충족시킬 수 없기 때문이다. 이에 대한 일반적인 해결 대안은 중소 규모의 서비스 기업 혼자서 처리할 수 없는 부분을 외주(하청)를 주는 방법이다.

또 하나의 가능한 방법은 다파라(Daffara)가 「오픈소스 소프트웨어 기반 경제 모델의 지속가능성」에서 제안한 '컨설팅의 피라미드 모델[43]'이다. 설명하자면 다음과 같다.

"일반적으로 IT 컨설팅, 지원 및 유지보수 서비스 등에서 발생하는 요구사항은 80/20 법칙을 따른다(사실 소프트웨어 개발의 요구사항도 비슷한 경향이 있다). 즉, 80%의 질의 및 요구사항은 쉽고 즉각적으로 해결할 수 있다. 하지만 나머지 20%는 중요한 문제이며 전체 노력의 80%가 투입된다. 따라서, 서비스를 제공하는 중소기업은 많은 수의 고객들과 거래를 하면서 질의 및 요구사항의 80%를 직접 처리하면서 서비스에 대한 상당한 금액을 번다. 나머지 20%를 해결하려면 소프트웨어 개발 회사의 기술 지원 서비스가 필요한데, 이 회사에 대해서는 분명히 그 서비스 중소기업이 각각의 고객들로부터 받는 금액보다는 크지만 전체 고객들로부터 버는 금액의 총합보다는 작은 비용을 지불해야 한다 … (중략) 이 모델은 수직적으로 전문화된 소프트웨어 개발 회사와 통합적인 솔루션을 제공하는 회사 사이의 지속적인 협력을 창출하게 될 것이다. 전자는 수평적으로 전문화된 컨설팅(서비스 중소기업) 회사를 통해 더 많은 고객을 확보할 수 있게 되며, 그것은 또한 상당한 수익이 보장된다는 것을 의미한다. 후자는 많은 수의 고객 기반을 관리하면서 많은 수의 제품에 대하여 고품질의 지원을 제공할 수 있게 됨으로써 고객 기반이 충분히 크기만 하면 총합에 있어서는 수익성 있는 사업을 유지하게 될 것이다."

5.1.3 하이브리드 모델

제품에 집중하는 전통적인 소프트웨어 기업은 막대한 이윤을 창출할 수 있지만, 한편으로는 불경기 동안에는 큰 손실을 겪기도 한다. 경기가 좋지 않은 기간 동안에는 소비가 위축되는데 소프트웨어 제품은 그 영향을 빨리 받는다. 일부를 제외하고 대다수의 개인들뿐만 아니라 기업들은 IT 및 소프트웨어 구매 및 유지를 투자로 보기보다는 비용의 지출로 인식하는 경향이 크기 때문이다(물론, 불경기에는 소비뿐만 아니라 투자 또한 위축되기 때문에 여기에서 IT 및 소프트웨어를 구매하는 것이 비용인지 투자인지에 대한 논쟁은 무의미하다).

그 결과, 수입에 대한 보장이 지나치게 불안정하고 예측 불가능하면서 불경기에는 필연적으로 어려움을 겪게 될 것이기 때문에 전적으로 소프트웨어 제품의 개발에만 의존하는 기업은 많지 않다. 비록, 불경기 상황하에서는 모든 비즈니스가 영향을 받게 되겠지만 소프트웨어 제품보다는 서비스에 집중하는 기업들의 경우 장기 계약과 IT 및 소프트웨어를 유지해야만 하는 기존 고객들로 인해 상대적으로 경기에 덜 민감하다.

따라서, 제품의 개발 및 판매와 서비스의 제공을 다양한 방식으로 조합하는 하이브리드 모델[42]이 다수 존재한다. 또 이러한 조합은 초기 개발 중심에서 서비스 중심으로 점차 이행해 가면서 형성되는 경향을 보인다. 즉, 순수한 제품 모델로 시작하여 높은 매출과 대규모의 이윤을 획득하였으나, 이러한 수준의 수입을 유지하는 것이 어려울 것이라는 것을 깨닫게 된 기업들은 스스로의 지속성을 보장하기 위하여 또는 불경기에 대한 대응으로 자사의 고객 일부와 서비스 계약을 맺기 시작함으로써 성장률은 감소하겠지만 한편으로는 장기적인 안정성을 확보할 수 있기 때문이다. 또, 궁극적으로는 언젠가 자사 제품의 시장이 포화 상태에 이르게 되면 비즈니스 중심을 전적으로 서비스에 둘 수도 있다.

물론, 이것은 단순히 이론적인 측면이고 처음부터 제품과 서비스를 조합한 모델로 비즈니스를 개시하는 기업도 있을 수 있다. 반대로, 기대와 다르게 서비스 비즈니스의 조합을 시작조차 못할 수도 있다. 왜냐하면, 서비스로의 이행은 쉬운 과정이 아니며, 조심스럽게 진행하지 않을 경우에는 부정적인 결과를 가져올 수도 있기 때문이다. 특히, 시장 또는 경제 상황의 악화에 따른 위기 타개책으로 비즈니스 전략에 대한 세심한 고려없이 성급하게 하이브리드 모델을 채택하는 것은 제품 중심 기업에 많은 문제를 야기할 수 있다.

예를 들어, 특히나 대내외적인 위기 상황으로 수익이 이미 악화되고 있는 시기라면, 유지에 어려움을 겪고 있는 기업의 입장에서 말 그대로 다양한(!) 고객들의 패키지 제품으로서의 일반성을 유지하기 어려울 정도의 특수한 제품 수정 요구, 압력에 굴복할 수 있다. 만일 이러한 관행이 널리 퍼지고 개발 기업이 여전히 일반화된 제품의 판매를 통해 스스로의 수익을 유지하기를 원하는 경우, 이 기업은 일반화된 버전과 다양한 고객 상황에 맞춘 특수화된 버전 사이의 호환성을 유지하는 데 있어서 큰 어려움에 봉착하게 될 수 있다. 즉, 오류 수정과 개발 작업의 양이 늘어나고 때로는 수익보다 더 많은 지출을 발생시킬 수도 있다. 이러한 현상은 특히 한국의 경우 국산 소프트웨어 솔루션 패키지 사업자들에게서 빈번하게 나타나고 있는데, 심지어 일부 고객들의 경우 외산 소프트웨어보다 국산 소프트웨어를 선호하는 이유가 "커스터마이징이 가능하거나 수월하기 때문에"라고 말하고 있다.

한편, 최근 '서비스로서의 소프트웨어(SaaS: Software as a Service)'라는 개념이 새로운 비즈니스 모델로 부상하고 있다. 이것은 소프트웨어 및 관련 데이터는 중앙에 호스팅되고, 사용자는 웹 브라우저 등의 클라이언트를 통해 접속하는 형태의 소프트웨어 기능 전달 모델이다. 즉, 기능성에 중점을 두고 소프트웨어를 구현하는 새로운 방법인데, 이러한 사고는 기본적으로 소프트웨어는 사용자들의 문제를 해결할 수 있도록 해주는, 즉 서비스를 제공하는 것이 중요하다는 관점이다.

'온디멘드 소프트웨어(On-Demand Software)'로도 불리며, 기존의 ASP(Application Service Provider)를 확장한 개념으로 차세대 ASP로 볼 수 있다. 성공사례로 고객 관계 관리(CRM)영역의 CRM코리아(CRMKorea), 세일즈포스닷컴(Salesforce.com), 롸잇나우(RightNow) 등의 사례가 있다. 소프트웨어를 구입하여 사용하는 개념에서, 빌려쓰는 렌트의 개념으로 바뀐 것인데, 최근 중소기업뿐만 아니라 대기업에서도 적극적으로 도입되고 있다.

IDC에 의하면 SaaS 소프트웨어의 핵심 특징은 첫째, 네트워크 기반으로 접근하고 관리하는, 상업적으로 사용 가능한 소프트웨어라는 것이고, 둘째, 각 고객 사이트가 아닌 중앙의 위치에서 활동을 관리, 고객이 웹을 통해 애플리케이션에 접근하도록 한다는 것, 셋째, 애플리케이션 전달은 일반적으로 일대일 모델보다는 일대다 모델(Single Instance, Multi-Tenant 아키텍처)에 가까우며 여기에는 아키텍처, 가격, 파트너링, 관리 특성이 포함된다는 것, 넷째, 중앙화된 기능 업데이트로 패치와 업그레이드를 위한 다운로드 필요성을 제거했다는 것 등이다.

현재 대표적인 서비스 형태는 넷 네이티브(전용 응용프로그램을 활용한 직접 개발, 네트워크를 통해 다중사용자에게 서비스, ASP의 사업 형태), 웹 네이티브(순수 웹 기반의 응용프로그램을 개발, 웹 서비스 또는 웹 애플리케이션 형태로 제공), 주문형 소프트웨어(상업용 소프트웨어의 인터넷을 통한 서비스) 등의 세 가지가 있다.

이러한 패러다임 하에서는 사용자 입장에서 원하는 기능성을 확보하기 위하여 소프트웨어 제품을 획득하고, 관련 하드웨어 및 소프트웨어 인프라, 그리고 이에 요구되는 설치 및 지원을 갖출 필요가 없다. 즉, 소프트웨어가 완전한 서비스로 바뀐다는 것인데, 이러한 의미에서 앞에서 설명했던 소프트웨어 서비스(설치, 유지보수 및 지원 등)를 제공하는 기업과, 서비스로서의 소프트웨어(기능성)를 제공하는 새로운 모델을 구분하는 것이 중요하다.

충분히 강력한 네트워크 인프라가 필요하겠지만, 서비스를 받는 측의 기타 기술적인 부담은 줄어 들기 때문에 사용자들은 전적으로 기능성에 집중할 수 있게 된다. 또, 사용자들의 입장에서 서비스로서의 소프트웨어 모델은 어떤 특정 시점을 기준으로 한 하나의 애플리케이션 인스턴스를 사용하고 그에 대한 요금을 지불하기 기 때문에 전통적인 제품 구매 방법에 비해서 좀 더 저렴하게 소프트웨어를 제공받을 수 있으며, 더불어 IT 인프라 유지에 소요되던 금액의 상당 부분도 절감하게 될 것이다[42].

이러한 개념을 구현하기 위하여 서비스 제공 업체들은 모든 필요한 인프라, 필요한 소프트웨어의 호스팅, 그리고 브라우저를 통한 온라인 서비스 제공에 대하여 관리를 하게 될 것이다. 또한, 이들은 다수의 고객들에게 서비스를 제공하는 데서 판매 수익보다는 적지만 반복적이고 안정적인 수익을 얻게 된다.

한편, 오픈소스 소프트웨어와 SaaS의 확산은 전통적인 소프트웨어 공급 업체들을 위협하고 있다. 그러나 서비스로서의 소프트웨어 제공 업체들은 또한 오픈소스 소프트웨어의 사용으로부터 큰 이득을 볼 수도 있다. 오픈소스 소프트웨어를 자사의 소프트웨어 인프라 내에서 활용하게 되면 라이선스 또는 개발 비용을 상당 부분 절감하게 될 것이기 때문이다.

> **• 참고 – 자유 소프트웨어와 클라우드 컴퓨팅 서비스의 라이선스 이슈**
>
> SaaS 뿐만 아니라, PaaS(Platform as a Service), IaaS(Infrastructure as a Service), MBaaS(Mobile Backend as a Service) 등과 같은 클라우드 컴퓨팅 서비스(Cloud Computing)의 등장은 잠재적으로는 자유 소프트웨어 라이선스 이슈를 발생시킨다. 예를 들어, 클라우드 컴퓨팅 서비스 기업 또는 클라우드를 통한 애플리케이션 서비스 기업이 소프트웨어를 개발하기 위하여 GPL-라이선스를 가진 소스코드를 사용하는 한편, 수정된 소스코드를 비즈니스 보호 측면에서 폐쇄 상태로 유지하는 경우가 있을 수 있다. 이것은 GPL의 허술한 구멍을 악용하는 것인데 즉, GPL의 "해당 저작물을 이용한 또 다른 저작물의 경우에도 GPL 라이선스를 자동으로 적용한다." 라는 규정은 '(재)배포'의 경우에만 적용되기 때문에, 클라우드 서비스에서 제공하는 소프트웨어처럼 오로지 기능성만을 (재)배포하는 경우, 해당 기업으로서는 그 개선 내용을 공유(공개)해야 할 어떤 의무도 현재로서는 없는 것이다.

5.2 소프트웨어 비즈니스 시장

지금까지 소프트웨어 비즈니스 기업의 몇 가지 유형과 각각의 특성에 대하여 살펴 보았다. 하지만 실제의 비즈니스 과정에서 모든 유형의 기업들이 공통적으로 고려해야 할 것은 '무엇을 판매하며, 누구에게 판매할 것인가?'이다[42].

우선, 소프트웨어 제품 기업들 중에서 강력한 '규모의 경제'를 실현하고 있는 기업의 경우, 사용자 기반이 크면 클수록 매출이익률은 높아지게 된다. 따라서, 이들은 대중적 시장을 지향하도록 제품을 개발하는 것이 상대적으로 수익성을 높일 수 있는 방법이 될 것이다.

하지만 이와 같은 전략은 이제 막 시장에 진출하려는 기업, 특히 중소규모의 기업들에게 있어서는 결코 쉽지 않은 전략이다. 대중적 시장은 상대적으로 장기적이고 광범위한 분석 작업이 필요한데다, 대규모 기업들의 마케팅 공세에 의해 통제되기 십상이기 때문에 이들과 경쟁하여 시장에 안착하는 것은 극히 어려운 일이다.

따라서, 신생기업이나 중소기업의 경우 대규모 기업들에게는 매력적이지 못한 소규모의 틈새 시장에서 포착되는 수요를 충족시키는 것이 상대적으로 쉬울 수 있다. 이러한 시장은 대규모 기업들에게 있어서는 매력적이지 않지만, 중소규모 기업들에게는 충분한 크기가 될 것이다. 또한, 사회적 다양성은 점점 가속화되는 경향을 보이기 때문에 시장을 세분화하고 틈새를 식별하는 데 기반이 되는 요인들은 수없이 많고, 잠재적인 틈새 시장의 숫자는 계속 증가할 것이다.

그러나 여기에서의 핵심은 이러한 '틈새 시장 공략' 전략이 '얼마나 많은 수의 잠재적인 고객들을 확보해 줄 수 있는가'가 될 것이다.

다행히 소프트웨어는 유사한 수요를 지니고 있는 다른 지역으로의 확산이 상대적으로 쉽고, 심지어는 자체적으로 수요가 확장(추가 개발)될 수 있기 때문에 다른 유형의 제품들보다 더 많은 가능성을 가지고 있다. 소프트웨어 비즈니스에서 틈새 시장을 대상으로 한 제품을 개발할 때는 이러한 소프트웨어 시장의 특수한 환경을 이해하는 것이 필수적이다. 소프트웨어 개발은 기술적인 스킬(Skill) 외에도 대상 고객들의 비즈니스 영역에 특화된 업무 프로세스에 대한 뛰어난 지식을 필요로 한다(실제로 소프트웨어 설계 및 개발 전문가들은 비즈니스 프로세스 컨설팅에서도 뛰어난 역량을 발휘하는 경우가 많다). 에릭 레이몬드(Eric Raymond)가 그의 저서 『성당과 시장(Cathedral and the Bazaar)』에서 말하였듯이, "(소프트웨어) 프로젝트는 가려운 곳을 긁어주기 위해서 시작"[45]되기 때문이다. 따라서, 해당 틈새 시장 내에 자리잡고 있는 수요가 어떤 것인지를 더 잘 이해하기 위해서는 스스로가 (적어도 그 영역의 업무 지식 측면에서라도) 속해 있는 틈새 시장에서 시작하는 것이 유용하다.

고려해야 할 또 하나의 요인은 '누구(기업 또는 개인)에게 판매할 것인가?'이다 [42]. 개인 소비자는 소프트웨어 기반의 서비스에 대하여 지불을 하는 경우가 드물기 때문에 소프트웨어 서비스 비즈니스 기업의 경우 기업, 정부 기관 및 기타 조직에 집중하여야 한다. 물론, 소프트웨어 제품 개발 및 판매 기업들은 그들의 제품과 사업 전략에 기초하여 표적 시장의 잠재적인 고객을 선택할 수 있다. 하지만 이 경우에도 개인 고객 보다는 기업 고객이 상대적으로 소프트웨어 제품에 대하여 기꺼이 지불할 의사가 더 강하고, 추가 서비스(설치, 지원, 교육훈련, 그리고 기존 시스템과의 통합 등)를 통한 수익 창출에 기여할 수도 있기 때문에 훨씬 매력적이다. 실제로, 연구에 따르면 소프트웨어를 구매하는 기업은 일반적으로 연간 유지보수 비용으로 라이선스 가격의 15%에서 25%를 지불한다고 한다[46]. 또한, 소프트웨어 제품 구매 기업들은 종종 제품을 자신들의 특수한 수요에 맞추기 위하여 맞춤 개발 계약을 하기도 한다. 따라서, 기업 고객은 소프트웨어 기업이 추가적인 서비스로부터 수익을 창출하는 데 도움을 주면서 지속성에 대한 가능성을 제공한다. 하지만 앞에서도 언급하였듯이 이와 같은 추가 개발은 상대적으로 더 노동집약적일 것이며, 개발 기업은 커스터마이징 서비스를 제공하는 데 따른 원가가 그것을 통해 창출되는 수입을 초과하지 않도록 세심한 관리가 필요하다.

또다른 문제는 대규모 기업 고객일수록 소규모의 신생 기업과 서비스 계약을 맺는 것을 꺼린다는 점이다. 이들에게 있어서 계약의 핵심 요인 가운데 하나는 서비스를 제공하는 기업의 평판과 신뢰이기 때문이다. 따라서, 소규모 기업 또는 막 사업을 시작한 기업의 경우에는 유사한 규모의 고객, 즉 중소규모의 기업들에 집중하는 것이 상대적으로 쉬울 것이다.

틈새 시장을 포착하고 잠재적인 사용자 집단의 수요를 충족시키는 좋은 제품을 개발하는 것만으로는 시장을 확보하기에 충분치 못하다. 성공적인 신제품 또는 서비스를 출시하기 위해서는 시장의 기술 채택 패턴을 감안하는 것이 필수적이다.

마케팅에서는 전통적으로 다음과 같은 다섯 가지의 고객 집단을 지니는 가우스 곡선에 근거하여 '혁신 수용 모델(Innovation Adoption Curve)[47]'을 설명한다.

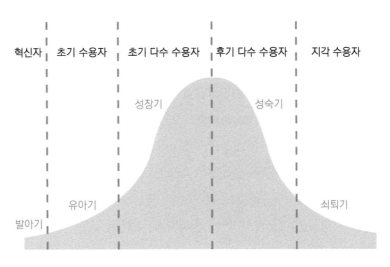

[그림 5-3] 로저스(Rogers, Everett M.)의 혁신 수용 모델

[표 5-4] 고객 집단의 성향

고객 집단	성향	설명
혁신자 (Innovators)	변화를 끌어당기는 용기있는 사람들	이들은 아주 중요한 커뮤니케이션 메커니즘이다.
초기 수용자 (Early Adopters)	의견 선도자	이들은 새로운 아이디어를 조심스럽게 시도한다.
초기 다수 수용자 (Early Majority)	신중한 사람들	이들은 조심스러우나 일반적인 사람들보다 좀 더 빨리 변화를 수용한다.
후기 다수 수용자 (Late Majority)	회의적인 사람들	이들은 대다수의 사람들이 새로운 아이디어와 제품을 사용하는 것을 확인하고 사용한다.
지각 수용자 (Laggards)	전통을 추구하는 사람들	이들은 옛 방식을 고수하는 것을 좋아하고, 새로운 아이디어에 비판적이며, 새로운 아이디어가 주류가 되거나 심지어 전통이 되어야 수용한다.

이 곡선은 두 가지 의미를 표현하고 있다. 즉, 하나는 중앙 두 개의 범주(초기 다수 수용자와 후기 다수 수용자)에 잠재적 고객의 대다수가 위치하고 있다는 점이며, 다른 하나는 시장의 기술 채택 패턴이 왼쪽(혁신자)으로부터 오른쪽(지각 수용자) 방향으로 움직인다는 것이다.

한편, 제프리 무어(Geoffrey A. Moore)는 그의 저서 『캐즘 마케팅』[48]에서 이러한 집단의 이름을 재정의하여 그들을 기술에 대한 혁신자(Innovators), 열광적인 팬(Technology Enthusiasts), 실용주의자(Pragmatists), 보수주의자(Conservatives), 지각 수용자(Laggards)로 명명하고, 공상가(Visionaries, 여기에서는 혁신자 및 기술 애호가)와 실용주의적인 대다수 사이의 이행이 연속적이지 않으며 달성하기 어렵다는 이유로 기존의 이론에 오류가 있다고 주장하고 있다. 이들 두 집단 간에는 캐즘(Chasm)[218][39]이 존재하며, 그래서 그는 다음과 같이 곡선을 다시 그리고 있다.

---

39 '캐즘'은 '첨단기술수용론'이라고도 하는데, 원래 지질학에서 쓰이는 용어로 지각변동 등의 이유로 지층 사이에 큰 틈이나 협곡이 생겨 서로 단절되어 있다는 뜻이다.

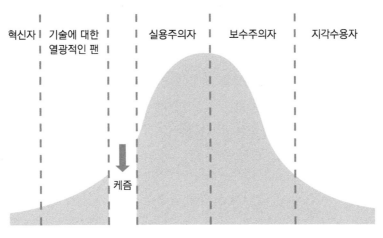

혁신자 | 기술에 대한 | 실용주의자 | 보수주의자 | 지각수용자
열광적인 팬

케즘

[그림 5-4] 무어(Moore)에 따른 기술 채택 곡선

혁신자와 기술에 대한 열광적인 팬은 그들이 이미 상당한 기술적인 스킬(Skills)을 갖추고 있기 때문에 신기술과 위험에 대한 높은 수준의 내성을 가지고 있다. 따라서, 이들은 혁신을 추구하는 데 있어서 순수한 기능성에 기초해서 기술을 채택하게 된다. 초기 및 후기 다수(실용주의자와 보수주의자)는 위험에 대한 내성이 낮으며, 어떤 기술이 스스로 생산성을 증대시켜주는 경우에는 제품을 구매하는 데 관심을 가지겠지만, 대부분의 경우 그 기술이 매우 안정적이고 성숙되었을 때만 구매에 관심을 가질 것이다.

따라서, 혁신적인 제품은 혁신자와 기술에 대한 열광적인 팬 사이에서 주로 성공할 수 있을 것이나, 만일 소프트웨어 개발 회사가 그 고객 기반을 확대하기를 원한다면, 제품의 구체적인 특징과 개선 사항 설명에 초점을 맞추는 대신에, 이전의 성공 사례와 구현에 대하여 설명하고, 지금까지의 사용자 (고객)수를 제시하는 방식으로, 이들 잠재 고객들의 신뢰를 이끌어내는데에 초점을 둔 별도의 마케팅 캠페인을 개시할 필요가 있다.

그러나 아이러니하게도 실용주의자들의 특성상, 다른 실용주의자들이 이전에 시도해보지 않은 솔루션을 쉽사리 채택하려 하지 않을 것이기 때문에, 이들 실용주의자 집단 속에서 첫 번째 고객을 확보하고 그들의 신뢰를 유지시키는 것은 필수적이지만 매우 어려울 일이다.

통상, 신뢰는 통합적인 솔루션을 제시하는 노력 속에서 서서히 구축될 것이며, 그 노력에는 제품의 안정성 및 사용자 편의성에 민감한 고객들을 유인하기 위한 유지보수 및 지원, 그리고 교육훈련을 포함한다.

이러한 집단의 첫 번째 고객은 그들이 나머지 고객들에게 벤치마크의 역할을 하게 될 것이므로 시간 또는 금전적 노력을 아끼지 말고 세심하게 다루어야만 한다. 일단 소수의 벤치마크 실용주의자들을 확보하고 나면 나머지 고객들을 유인하는 일은 훨씬 쉬운 일이 될 것이며, 일단 실용주의자들이 솔루션을 채택하고 나면 보수주의자들은 커다란 마케팅 노력 없이도 따라올 것이다[42].

반면, 비록 작은 잠재적 시장이지만 그것이 소규모 기업에게는 충분하다는 가정 하에 혁신자와 열광적인 팬에 집중하는 것은 이러한 집단들이 본질적으로 불안정하고, 더 이상 새로운 것이 아닐 경우 제품을 쉽게 포기하게 되기 때문에 위험할 수 있다.

기술 채택 곡선은 또한 제품의 수명주기와 함께 제품 발전의 동역학과 마케팅 관행을 나타내기도 한다. 즉, 마케팅 전략을 결정할 때는 먼저, 그 제품과 타깃 고객들이 수명주기상의 어떤 단계에 위치해 있는지를 명확하게 할 필요가 있다. 많은 새로운 특징들을 추가하고 제품을 진화시키는 것이 혁신자들을 유인하는 반면, 보수주의자들은 제품이 특정한 시나리오 속에서 작동하고 항상 동일한 방식으로 작동되기를 원한다. 이들의 문제를 해결해주는 것과 관련 없는 변경은 오히려 보수주의자들에게는 장애가 될 것이기 때문이다.

5.3 위상과 협력

한편, 개발할 소프트웨어 제품의 위상에 대한 세심한 고려도 필요하다. 즉, 제품이 지향하는 바가 산업선도자(Industry Leader), 추종자(Follower), 아니면 보완재(Complementary Product) 중 어떤 것인지에 관한 것이다[42].

산업선도자가 되는 것이 처음에는 매력적인 것으로 보일지라도 신생 기업에게는 효과적인 접근 방법이 아닐 수 있다. 이것은 신규 개발뿐 아니라 마케팅 캠페인 및 후속 영업 등에 있어서 상당한 투자를 요하게 되기 때문에 개발이 완료된 이후에라도 매우 복잡한 상황에 봉착하게 되고 쉽게 실패할 수 있다.

반면에 기존 기업이 이미 개발하고 출시하여 시장에 널리 채택된 제품에서 기능성의 결여를 발견하고 이를 해결할 수 있다면, 누락된 기능성을 갖춘 새로운 제품을 개발하여 산업선도자와 경쟁을 하던가(추종자), 아니면 산업선도자의 기능성을 보완하기 위하여 애드 온(Add-On) 개발을 하는 방법(보완재)을 고려해볼 수 있다. 이 경우, 제품을 상대적으로 짧은 시간에 개발할 수 있는 가능성(시장의 요구 사항에 대한 수집이 수월하고 기존 제품의 동작으로부터 아이디어를 손쉽게 획득할 수 있기 때문에) 외에도, 이미 산업선도자에 의해 많은 마케팅 활동이 이루어졌기 때문에 시장 개척에 따르는 비용과 시간 노력을 절감할 수 있을 것이다. 게다가, 보수적인 사용자들(사실 이들이 대다수를 차지한다)은 기술 및 공급자를 변경하는 것보다는 알려지고 입증된 솔루션에 대한 애드 온을 받아들이는 것을 훨씬 더 기껍게 여길 것이다.

특히, 애드 온 전략을 취하는 기업의 경우 예상 가능한 위험은 산업선도자가 스스로 누락된 기능을 개발하여 시장에서 핵심적인 위치에 있는 자사의 제품에 반영함으로써 애드 온 수요를 원천적으로 차단하는 것인데, 이런 관점에서 시장 내 핵심 제품 개발 기업과의 관계 형성은 필수적이다. 관련 부문 내에서 적극적으로 활동하는 다른 기업들은 직접적인 경쟁자이기도 하지만 동반자이기도 하며, 심지어 동일 부문에 있을지라도 각자의 특수한 전문성을 추구할 경우 우리 제품과 경쟁하지 않는 기업일 수도 있다. 그렇게 되기 위해서는 틈새 시장을 정의하고 차별화를 제공함으로써 강력한 경쟁자들과의 직접적인 경쟁을 회피할 수 있으며, 이들과 관련 제품 또는 서비스군(群)을 형성하기 위해 협력할 수 있다면 오히려 이들 기업의 존재는 우리의 성공에 있어서 중요한 요인이 될 수 있다.

결과적으로, 이미 산업선도자가 존재하는 시장에 뛰어드는 것은 신생 기업의 능력 범위를 벗어나는 영업 및 마케팅 캠페인을 필요로 할 것이다. 하지만 낮은(심지어 무료인) 가격으로 경쟁하는 오픈소스 소프트웨어를 활용하는 것은 충분히 파괴적일 수 있다[42].

제**6**장

오픈소스 소프트웨어의 가치

제**6**장

오픈소스
소프트웨어의 가치

6.1 기술적 측면에서의 가치

오픈소스 소프트웨어가 지닌 가치는 무수히 있겠지만 그중에서도 오픈소스 소프트웨어에 기여하는 소프트웨어 엔지니어들이 높은 기술력을 갖추고 있기 때문에 오픈소스 소프트웨어가 우리에게 소프트웨어 선진기술에 대한 접근 가능성을 준다는 점이 가장 큰 가치이다[173].

오픈소스 소프트웨어를 개발한다는 것은 개인적인 노력을 통해 공통적으로 사용할 수 있는 소프트웨어를 만들어 내는 것이다[49]. 뿐만 아니라 기업들 또한 직접적인 수익을 유발하지 않음에도 불구하고 막대한 비용을 투입하여 오픈소스 소프트웨어를 개발한다[180].

이러한 현상의 이유는 매우 다양하다. 개인적 관점에서 보면 개인적인 기술 습득 욕구에서부터, 경제적 대가를 바라는 경우도 있으며, 단순히 자신의 성취욕을 바라고 하는 경우까지 매우 다양하다. 또한 조직이나 커뮤니티 관점에서도 보더라도 기업의 혁신이나 수익을 위한 면이라든지 또는 마이크로소프트에 대항하는 등의 다양한 이유가 있다. 이러한 오픈소스 소프트웨어의 개발 동기는 [표 6-1]과 같이 나타낼 수 있다[50]. 즉 오픈소스 소프트웨어를 개발하는 이유는 기술적 동기, 경제적 동기 그리고 사회·정치적 동기 세 부분으로 나누어질 수 있으며, 이는 다시 미시수준인 개인적 동기와 거시수준인 조직 및 커뮤니티 수준 동기로 나누어진다.

[표 6-1] 오픈소스 소프트웨어 개발의 동기

개발동기	미시수준(개인적 동기)	거시수준(조직/커뮤니티 수준 동기)
기술적 동기	• 개인의 기술적 필요성을 충족시키기 위해 • 동료평가 시스템을 활용하여 소프트웨어 개발의 효율성을 높이기 위해 • 최첨단 기술을 사용하여 작업하기 위해 • 사용자들 및 고급 소프트웨어 개발자와의 상호 작용을 통한 기술학습 기회 학보	• 개발비용은 높아지고 질은 떨어지는 소프트웨어의 위기에 대응하기 위해(오픈소스 소프트웨어 개발 방식의 도입을 통해 적은 비용으로 신속하게 높은 질의 소프트웨어 개발) • 단순하고 지루한 개발 작업(테스트나 문서화)들을 사용자들과 나눠서 수행하기 위해 • 오픈소스 소프트웨어 커뮤니티를 통한 기업 연구 개발활동의 보완 및 강화(예: 넷스케이프의 모질라) • 기업의 혁신을 촉진하기 위해(IBM의 오픈소스 소프트웨어 개발) • 소스코드의 공개를 통해 소프트웨어 개발 및 활용의 투명성을 확인하기 위해(NASA나 국가안보기구 등에서 오픈소스 소프트웨어를 선호하는 이유)
경제적 동기	• 경력관리에서 이익을 얻기 위해(오픈소스 소프트웨어 개발 경험을 경력관리에 적절히 활용) • 코딩(Coding) 기술을 향상시키기 위해 • 스톡옵션(Stock Option) 등을 통해 부를 얻기 위해(오픈소스 소프트웨어 개발 및 배포회사에서 스톡옵션의 획득) • 낮은 기회비용(잃을 것이 별로 없음)	• 오픈소스 소프트웨어를 가지고 투자자의 열정을 이끌어 내기 위해 • 일상용품 중심의 소프트웨어 산업을 소비자 지향적 서비스 산업으로 패러다임 전환을 촉진하기 위해 • 기업의 브랜드 가치를 높이기 위해 • 관련 제품과 서비스 등을 판매해 간접적인 수익을 얻기 위해 • 개발도상국에 소프트웨어를 공급하기 위해 • 독점적 소프트웨어에 비해 저렴한 가격을 통해 비용절감
사회·정치적 동기	• 자기 성취욕구(소프트웨어 기획·개발에서 기업 경영진이 아니라 개발자 자신의 직접적인 통제를 통해 성취욕구의 달성) • 자신의 능력을 알리기 위해(개발사례를 제시함으로써 인적자원가치에 대한 정보제공) • 코딩 자체에 대한 동기 • 커뮤니티에 소속감을 얻기 위해 • 이타주의	• 사회운동(특히 마이크로소프트에 대항) • 디지털 격차의 극복(소프트웨어는 누구에게나 자유로워야 함) • 미래의 작업 방식 모델 개발(소프트웨어의 영역을 넘어서는 새로운 작업방식으로써의 오픈소스 소프트웨어 개발 방식)

또, 누구에게나 이미 만들어진 기반 위에 추가적인 개발(재사용)을 함으로써 개발 기간과 비용을 절감하는 장점을 주기 때문에 공급자의 원가절감과 비즈니스 기회를 넓혀 준다. 개방된 소스코드를 능력껏 활용함으로써 비용지출의 탄력성을 얻을 수 있는 특징이 있어 대체로 오픈소스 소프트웨어를 활용하는 조직은 총소유비용 절감이 가능하다.

독점적 시장구조 하에서 비싼 상용 소프트웨어 사용을 강요당하는 입장에서 오픈소스 소프트웨어는 가뭄에 단비 같은 존재이다. 특히, 소프트웨어에 많은 비용을 지불할 수 없는 후발국가에는 오픈소스 소프트웨어의 중요성이 더 높다. 소프트웨어 사용을 위한 투자에 제약이 많은 후진국으로 갈수록 상용 소프트웨어 불법복제율이 높다고 보는 시각은 이미 일반화되어 있다. 비용의 문제가 크게 작용하고 있다는 반증이라고 볼 수 있다. 국내에서도 최근 불법복제 단속의 범위를 더욱 확대하고 있고, 국방부와 마이크로소프트사 간의 분쟁에서 보듯이 대한민국이 개발도상국의 지위를 벗어났다는 판단 아래 상용 소프트웨어 라이선스 관리체계가 한층 강화되고 있다. 나아가 과거 마케팅을 위해 로컬시장에서 관행적으로 용인되던 사항도 라이선스 위반을 이유로 미래의 매출로 연결하려는 행태를 보이고 있다. 오픈소스 소프트웨어의 가치가 빛을 발하는 부분이다.

오픈소스 소프트웨어는 다수에 의해 품질이 관리되므로 안전하고, 소스코드를 볼 수 있기 때문에 오히려 보안에 강하다. 보안이 유지되어야 하는 것은 유통되는 정보이지 프로그램의 소스코드 그 자체는 아니다. 소스코드의 보안이 필요한 기업은 소프트웨어 공급기업에 국한된다. 국가의 중요한 정보를 처리해야 하는 입장에서도 소스코드가 어떻게 작동되는지 모르는 상황에서 편리하다는 이유로 무작정 아무 상용 소프트웨어를 쓸 수도 없고 검증된 소프트웨어만을 사용해야 한다. 백도어가 있을지 모르는 상황에서 중요한 정보를 처리할 수 없다면 소프트웨어를 일상적인 사무용으로만 사용할 수밖에 없다. 오픈소스 소프트웨어는 소스코드까지 들여다 볼 수 있으니 정보의 유출이 더 심할 것이라는 주장도 할 수 있지만 수많은 눈이 소스코드를 보고 있는 상황에서 정보를 유출시키는 백도어 소스코드를 담을 수는 없기 때문에 더 안전하다.

소프트웨어 기술의 학습과 전수의 관점에서도 오픈소스 소프트웨어는 유용하다. 교육현장에서 오픈소스 소프트웨어는 우수한 교재로 사용될 수 있다. 기업에서도 오픈소스 소프트웨어는 소프트웨어를 연구 개발하기 위해 지식을 공급해주는 정보의 보고가 된다. 앞으로 소프트웨어 산업은 물론이고 소프트웨어를 활용하는 모든 산업에서 더 빠른 소프트웨어 개발주기 또는 더 빠른 시스템 구축 주기를 요구하게 될 것인데, 소프트웨어 개발주기의 단축에 오픈소스 소프트웨어가 효과적으로 역할을 할 것이다. 전통적인 소프트웨어 산업 영역에서뿐 아니라 소프트웨어 융합이 확산됨에 따라 모든 산업에서 소프트웨어 개발주기 단축 요구는 증가할 것이다.

오픈소스 소프트웨어의 활용으로 인한 장점을 통하여 오픈소스 소프트웨어를 활용해야 하는 이유에 대해서 알아본다. 오픈소스 소프트웨어의 장점은 다음과 같은 대표적인 여섯 가지 측면이 존재한다[176].

오픈소스 소프트웨어를 활용함으로써 얻을 수 있는 첫 번째 장점은 융통성이다. 가령 하나의 오픈소스 소프트웨어를 사용한다고 가정해보면, 사용자는 라이선스 비용이나 예산에 제한을 받고 따라서 무료로 제공되는 컴포넌트를 최대한 다양한 종류로 테스트 할 수 있다. 이러한 다양한 종류의 컴포넌트를 테스트함으로써 사용자는 최선의 컴포넌트를 선택할 수가 있다.

두 번째로 얻을 수 있는 장점은 기술 지원이다. 오픈소스 소프트웨어의 가장 큰 특징 중 하나가 소스코드가 공개되어 있다는 것과 자유롭게 배포가 가능하다는 것이다. 이를 통해 소프트웨어에 문제가 생길 시 많은 개발자의 참여로 신속히 문제를 해결하는 것이 가능해진다. 또한 이러한 특성들로 인해 문제 해결뿐만 아니라 좀 더 빠르고 다양한 성능개선 프로세스를 기대할 수 있다. 마지막으로 소프트웨어적인 측면뿐만 아니라 개발자 입장에서도 개발 기술의 공동 습득이 가능함으로써 개개인의 기술 향상에 큰 도움이 된다.

세 번째로 얻을 수 있는 장점은 기술혁신 촉진이다. 예를 들어 많은 컴포넌트의 집합으로 구성된 소프트웨어가 있다고 가정하면, 만약 이 소프트웨어가 유료로 제공될 경우 각 컴포넌트들에 대한 실험은 불가능하다. 하지만 무료로 소프트웨어가 배포되고 공개될 경우 사용하지 않았던 컴포넌트들의 실험이 가능해진다. 즉 숨겨지고 사용되지 않았던 컴포넌트의 실험을 통하여 생각지 않았던 곳에서 기술혁신이 일어날 수 있다.

네 번째로 얻을 수 있는 장점은 재사용이다. 오픈소스 소프트웨어는 기존 상용 소프트웨어와 비교하여 소스코드에 직접 접근이 가능하다는 특징이 있다. 이럴 경우 차후 다른 소프트웨어의 개발 시 이 소스코드를 재사용할 수 있다는 장점이 있다. 이는 소프트웨어 개발 시간과 노력을 줄여주고, 소프트웨어의 생산성을 기존의 소프트웨어보다 훨씬 끌어올릴 수 있다.

다섯 번째로 얻을 수 있는 장점은 소프트웨어 품질 향상이다. 오픈소스 소프트웨어를 활용하여 개발할 경우 이미 개발되고 검증이 된 컴포넌트를 사용할 수 있다. 이는 이 컴포넌트를 통해 만들어지는 소프트웨어의 컴포넌트 또한 검증이 된다고 말할 수 있다. 이러한 검증된 컴포넌트를 사용함으로써 개발시간은 당연히 단축될 것이고, 개발의 유연성도 증가된다. 또한 전체적인 소프트웨어의 품질 향상 또한 보장할 수 있다.

마지막으로 얻을 수 있는 장점은 표준이다. 오픈소스 소프트웨어의 경우 소스코드가 공개되어 있고 자유롭게 배포가 가능해야 하므로 당연히 독점 소프트웨어보다 표준에 충실하고 상호 운영성이 뛰어날 수밖에 없다. 따라서 오픈소스 소프트웨어의 개발과정에서 새로운 표준의 형성이 될 수 있다.

과거 오픈소스 소프트웨어는 보석의 원석에 비유할 수 있었다. 즉, 오픈소스 소프트웨어를 가져다가 어떻게 가공하고 어디에 사용하느냐에 따라 가치를 달리하는 보석이 되었다. 그러나 시대적 요구는 오픈소스 소프트웨어도 완성도 높은 소프트웨어로 자리매김 하기를 꾸준히 요구해 왔다. 어찌보면 소프트웨어는 탄생한 시점부터 꾸준히 관리되면서 성장해야하는 특징을 갖고 있는데 오픈소스 소프트웨어 역시 점진적인 발전을 해왔기에 지금도 조명을 받고 있다고 할 수 있다. 그 발전의 원동력은 공유와 참여라는 오픈소스 소프트웨어의 고유한 문화로부터 비롯된다.

6.2 사회적 측면에서의 가치

기술적인 측면에서 완제품으로서의 독점적 소프트웨어와 오픈소스 소프트웨어는 큰 차이가 없다. 또, 개발 과정에서 제품에 적용되는 기술(예를 들어 설계, 아키텍처 또는 구체적인 구현)에 있어서도 둘 사이의 의미 있는 차이를 발견하기 힘들다.

그렇다면 오픈소스 소프트웨어는 독점적 소프트웨어와 어떤 점이 다를까? 그것은 주로 개발 모델의 세부적인 특징, 사용자 공동체 및 부가가치의 차별화와 관련이 있다. 즉, 소프트웨어 애플리케이션 개발의 고유한 기술적인 측면이 아닌, 그 바탕에 깔려 있는 함의로서의 차이(제품 및 서비스 내에서 전통적인 관점과는 다른 가치를 창출하고자 하는 지향)인 것이다.

앞에서 설명한 바와 같이, 전통적인 소프트웨어 비즈니스 모델들의 주된 가치는 소프트웨어 자체에 있는 것이 아니라, 그것이 채택될 때 획득되는 자본(수입)에 있다. 그러나 오픈소스 소프트웨어는 비즈니스를 통한 자본 획득의 가능성과 효과를 허용할 뿐만 아니라 촉진하기도 하는 사회적 생산(Social Production)과 네트워크 문화(Network Culture)에 기반을 두고 있다[51].

이 책의 1장에서 살펴 보았듯이, 최근 수십 년 동안 진행된 글로벌 네트워크의 발전과 이에 따른 기술의 민주화는 우리 사회에 다양한 영향을 주었다. 즉, 정보에 대한 쉬운 접근과 기꺼이 협력을 하고자 하는 의지는 오픈소스 소프트웨어에만 고유한 것이 아니라, 많은 분야에 있어서 유효하고 생존력 있는 대안을 개발하기 위한 기초를 형성하고 있다.

오늘날 사회적 생산과 관련된 다양하고 많은 논의들이 진행되고 있는 한편, 이를 통해 기업 조직들은 자신들의 비즈니스 모델을 위하여 사회적 가치를 창출하고 고객 유인을 촉진하기 위한 방법들을 발견하고 있다[51][52].

> **• 참고 – 사회적 생산 [248]**
>
> '사회적 생산(Social Production)'이라는 개념은 하버드 로스쿨 교수인 요하이 뱅클러(Yochai Benkler)가 주창한 용어인 '공통기반 동료협력생산(Commons-Based Peer Production)'과 같은 개념으로 사용되고 있는데, 이 개념은 많은 사람들이 협조적으로 (주로 인터넷을 통해) 일하는 사회경제적 생산(Socioeconomic Production)의 새로운 모델을 설명하고 있다. 이 모델은 일반적으로 전통적인 비즈니스 모델보다 덜 엄격한 계층적 구조를 가지며, 기여자에 대한 재정적 보상 없이 설계된 모델이다.

요하이 뱅클러(Yochai Benkler)는 『네트워크의 부』[53]라는 책을 통해, 사회적 생산을 특징짓는 중요한 측면들로 '정보의 경제학'과 '정보의 생산 및 유통'을 지적하고 있다.

첫째, 정보의 경제학 특성은 "정보란 IT 기술 활용의 결과로 다양한 차원에서 경제적인 함의를 가지는 하나의 공공재이다"라는 관점에서 출발한다. '새로운 정보의 창출'로서의 '혁신'은 정보의 제한 또는 통제가 존재하는 상황에서는 저해되는 반면, 정보, 지식 및 문화의 생산에 대한 개방성과 협업을 통해 촉진될 수 있다. 따라서, 네트워크를 통해 이루어지는 동료협력생산(Peer Production) 또는 혁신은 동기부여와 효율이라는 '기회의 선순환'을 창출해 낸다.

둘째, 정보의 생산 및 유통은 생산자와 소비자 사이에 자유가 어떻게 분포하는지에 따라서 다양한 패턴을 따를 수 있다. 일반적으로, 생산자에게 더 많은 자유가 부여되어 있을수록 소비자는 그것을 덜 향유하게 된다. 한편, 정보의 유통 경로는 정보의 공유 방법에 영향을 미친다. 정보 전달의 방향과 그 목표 역시 정보 공유에 영향을 미친다. 어떤 경우건 라이선스 부여는 정보의 흐름을 제한하는 반면, 네트워크의 양적인 성장은 반드시 정보의 흐름을 파편화하거나 제한하지 않을 수 있다.

한편, 협업으로서의 사회적 생산이 지니는 함의는 최근 많은 분야에서 명확해졌으며, 특히 오픈소스 소프트웨어 분야에서는 더욱 그러하다. 오늘날 지식과 아이디어 개선의 상호작용은 개념(Concept)의 생성을 촉진하고 발전시키는 하나의 좋은 방법이다[51].

정보기술의 진화는 '집중화 및 계층화'로 대표되던 전통적인 모델을 '네트워크화된 문화'로 변화시키고 있는데, 데이비드 볼리어(David Bollier)[54]는 이를 '푸쉬(Push) 모델에서 풀(Pull) 모델로의 변화'라고 설명하고 있다. '푸쉬 모델'은 소비자의 수요를 예견하고 이에 따라 생산 자원의 시기와 장소를 관리하는 대량 생산(Mass Production)에 기초를 두고 있다. 이에 반하여, 자원으로서 활용되는 생산 플랫폼의 개방성과 융통성에 기초를 두고 있는 '풀 모델'은 소비자의 수요를 예견하지 않으며, 오히려 신속하고 역동적인 프로세스를 활용하여 수요에 따라 제품을 개별화(Customize)한다. 이와 같은 네크워크화의 주된 경제적 및 문화적 특징은 다음과 같다.

첫째, 끊임없는 가치의 창출이다. 풀 모델에서는 정보와 베스트 프랙티스(Best Practices)의 공유가 네트워크의 모든 구성원의 지식의 집적을 상당히 개선한다. 이러한 네트워크는 가치의 창출과 제품의 개별화 또는 차별화에 기반을 둔 개방형 비즈니스 모델을 촉진하고 통합한다. 따라서, 풀 모델 플랫폼은 푸쉬 모델에서와 같이 유사한 구현에서 발생하는 중복 비용 없이 공동체를 통하여 혁신과 진화를 공식화, 개선, 증대시킨다.

둘째, 생산 과정에 대한 소비자의 참여이다. 푸쉬 모델은 소비자가 무엇을 원하는지 스스로 명확히 알지 못하고 사전에 정의된 분류 체계에 기초하여 선택하는 경향이 강한 영역에서 성공한다. 이와는 대조적으로, 풀 모델에서는 소비자가 스스로 무엇을 원하는지는 정확히 모르지만, 스스로가 시장의 일부로서 작용되기를 원한다는 것은 확실히 알고 있다는 의미에서, '생산 및 선정 프로세스'에 참여하기를 원한다.

셋째, 네트워크의 확장성과 전문화이다. 푸쉬 모델은 경제적으로 경쟁력이 있을 수 있는(예를 들어, 상대적으로 저렴한 생산 원가) 대안적인 생산 형태를 추구하는 경향이 있는 반면, 풀 모델은 주로 생산 네트워크에 가치를 부가하기 위한 최적의 방법을 추구하는 경향이 있다. 이와 같은 풀 모델의 특수한 지향은 생산 네트워크의 확장성(Scalability)과 전문화(Specialization)를 위한 최적의 참여자 조합을 선호한다.

넷째, 신뢰와 협력에 기반한 관계이다. 풀 모델은 모두의 이익을 위한 네트워크 구성원 사이의 신뢰, 지식의 공유 그리고 협력에 기반을 둔 관계 형성을 선호한다. 이러한 기풍은 종종 공유된 자원에 대한 지속적이고 공정한 관리를 위한 집합적 지배구조(Collective Government) 체계로 변환된다. 이런 의미에서 풀 모델을 적용하고자 하는 기업은 이 모델이 신뢰와 가치의 창출에 기반하고 있기 때문에 반드시 네트워크 구성원들에 대한 존재의 인정(Recognition)을 보장하여야만 한다.

다섯째, 지식의 집적과 공유이다. 푸쉬 모델에서 교육 활동은 나중에 학생들이 계층적 사회에 적응할 수 있게 하기 위한 사전 훈련으로서의 '정적 지식(Static Knowledge) 구축'에 집중한다. 반면, 풀 모델은 정보기술을 통해 학생들이 스스로 지식의 집적을 형성(그리고 그것을 공유)할 수 있도록, 많은 독립적인 자원에 대한 접근을 활용하여 활동의 역동적인 흐름에 진입할 수 있게 하여 준다는 의미에서 대안적(Alternative)인 교육 형태를 장려한다.

6.3 비즈니스 측면에서의 가치

오픈소스 소프트웨어 모델은 구성원 사이의 협력과 지식의 공유를 통해 혁신, 생산 및 글로벌 지식의 진화를 가능하게 해주는 구조를 공식화한다. 따라서, 오픈소스 소프트웨어 모델 그 자체와 여기에 참여하는 공동체의 모든 구성원들(사용자, 개발자, 기타 누구건 관계 없이)의 단 하나 중요한 목적은 '가치의 창출'이다. 이를 위해, 공동체의 표상인 분권화, 자유 및 독립성은 생산과 사회적 자본의 통합 및 응집에 대한 보장을 제공한다[51].

오픈소스 소프트웨어 모델은 소프트웨어 개발이나 창출된 가치의 인정이라는 두 가지 관점 모두에서 바라 보았을 때, 전통적인 시장을 지배하는 가치와의 차별화(즉, 가치의 인식 및 인정)에 기초하고 있다. 그러나 물론 오픈소스 소프트웨어 모델은 전통적인 시장에서의 개발 및 가치 창출 패러다임에도 적용 가능하다. 실제로 오픈소스 소프트웨어 모델은 최근 사회, 문화, 경제 등 많은 분야에서 적용되고 있다.

단순히 기술적인 관점에서 보았을 때는 대부분의 프로젝트가 (제한적이긴 하지만) 협업자들을 보유하고 있기 때문에 오픈소스 소프트웨어 개발 모델은 새로운 패러다임이 아니다. 더구나, 점진적이고 진화적인 개발 방법론은 오픈소스 소프트웨어에만 고유한 것은 아니다. 그럼에도 불구하고, 오픈소스 소프트웨어는 개발자와 사용자 모두를 프로젝트에 참여하도록 동기를 부여함으로써 소프트웨어의 개발과 진화를 공유하고, 그것을 공동체의 수요와 연결시켰다.

푸게타(Fuggetta)에 의하면 오픈소스 소프트웨어의 성공은 그것의 혁신과 생산에 영향을 미치는 다양한 기술적 및 경제적인 측면에서 그 요인을 찾을 수 있다[55]. 분권화, 협력 그리고 사용 및 활용의 자유로 인해서 오픈소스 소프트웨어는 다양한 문제에 대처하고 이를 해결하기 위한 새로운 철학의 선도자가 되었다는 것이다.

또, 다소 오래된 이야기이지만, 팀 오라일리(Tim O'Reilly)의 『오픈소스 패러다임 쉬프트(Open Source Paradigm Shift)』[56]에서는 오픈소스 소프트웨어의 차별화 요인이면서도 경쟁 우위를 창출할 수 있는 특징을 다음과 같이 정의하고 있다 (인터넷의 확산 초기에 작성된 글이라는 점을 염두하고 읽어주기 바란다).

첫째, 오픈소스 소프트웨어는 시장의 변화를 촉진하고 있다. 오픈소스 소프트웨어는 그것을 만든 사람들이 상상하는 이상의 함의를 가지고 벤치마크 시장의 구조에 많은 변화를 가져왔다. 이러한 변화는 마케팅, 유통 및 물류의 차별화 외에도 제품 품질, 저렴한 생산 원가 및 표준의 사용에 기초를 두고 있다.

둘째, 오픈소스 소프트웨어는 소프트웨어를 일상품(Commodity)화 시켜주고 있다. 예를 들어, 오픈소스 웹 브라우저와 같은 표준화된 커뮤니케이션 애플리케이션들은 폭넓은 호환성을 제공해주었다. 이에 따라 특히, 글로벌 커뮤니케이션 네트워크를 활용하는 오픈소스 애플리케이션들의 폭발적인 성장은 독점적 제품의 수익 창출 잠재력을 감소시키는 한편, 서비스를 제공하는 기업들에게는 생존력을 제공해 주고 있다.

셋째, 오픈소스 소프트웨어는 네트워크에 기반한 참여와 협업이라는 패러다임을 일반화시켜주고 있다. 소프트웨어 공유의 문화는 인터넷과 보조를 같이 하면서 성장해 왔다. 오픈소스 소프트웨어는 네트워크화된 공동체의 자연스런 언어로서, 그 구성원들 사이에 참여와 협업이라는 새로운 스타일을 만들어냈다. 이러한 협업은 인터넷이 사용자를 소프트웨어의 공동 개발자로 대우하는 것의 중요성을 강조하여 왔었기 때문에, 이는 선도적인 인터넷 애플리케이션들의 성공과 차별화에 있어서 핵심적인 요인이었다.

기술의 일상품화는 산업을 모든 사람을 위해 더 많은 가치를 창출하는 방향으로 움직여 나갈 수 있도록 해주는 프로세스의 일부분이다. 이러한 측면에서 인터넷은 많은 작은 조각들로부터 하나의 거대한 운영체제를 구축해 내고 모든 사람을 가치의 창출에 참여하도록 해 주는 단일한 가상의 컴퓨터이다. 이 속에서 오픈소스 소프트웨어 공동체의 핵심 가치는 '지식을 찾아내고 공유하는 정신'이다.

6.4 가치의 지속가능성

앞에서 협력적인 지식의 생산을 촉진하는 데 기반을 둔 새로운 비즈니스 관점으로서의 오픈소스 소프트웨어 모델을 살펴보았다. 그러나 비즈니스의 생명력은 앞에서 분석하였던 새로운 시장의 창출 가능성뿐만 아니라, 장기적인 지속가능성에도 영향을 받는다. 그렇다면 이제 오픈소스 소프트웨어 모델의 지속 가능성을 상품, 시장, 비즈니스라는 세 가지 측면에서 평가해보자[51].

첫째, 상품의 측면에서 오픈소스 소프트웨어에 기반한 제품(애플리케이션, 솔루션) 또는 서비스의 사회적 생산은 그것의 생산 원가를 훨씬 능가하는 가치의 창출을 촉진함으로써 전통적인 모델에 비하여 경쟁 우위를 가질 수 있다. 이러한 측면에서 오픈소스 소프트웨어 기반의 상품과 개방형 표준의 조합은 전통적인 상품들에 비해 상당한 차별화 요인을 가질 수 있다. 또한, 이것은 장기적으로 사회적 가치 공유라는 패러다임을 통해 기업들 간의 협력적 경쟁을 가능하게 해준다.

둘째, 시장의 측면에서 사회적 생산이라는 개념은 인터넷을 통해 전통적인 모델에 대한 대안으로서의 역할들을 제공하여 왔다. 또한, 사회적 자본은 개방적인 환경 속에서의 혁신을 위한 중요한 가치가 되고 있다. 실제로, 지식의 생산에 대하여 보상을 해줄 수 있는 수익성 있는 모델들이 출현하고 있다. 그 예로, 지식 비즈니스를 성공적으로 수행하고 있는 이노센티브(http://www.innocentive.com/)는 특정한 문제를 해결하는 아이디어에 대하여 보상을 해주는 웹사이트이다. 이 웹사이트 상에서는 문제를 제시하는 사용자(Seekers)와 재무적인 보상의 대가로 그것을 해결하는 사용자(Solvers)들이 공존한다. 이러한 사례들은 위키노믹스(Wikinomics)

또는 크라우드 소싱(Crowdsourcing)이라는 새로운 시장 논리의 창출로 연결되었다. 이는 앞에서 논의한 바 있는 풀 모델 즉, '아이디어와 노력의 유인'에 기반을 두고 있으며, 우리 사회에 일반화되고 있다.

셋째, 새로운 시장에 대한 관점은 아이디어, 개념 및 지식을 소유하지 않으면서 그것들을 최대한 활용하는 것과 관련되어 새로운 이윤을 추구하는 비즈니스 기회를 제공할 수 있다. 즉, 오픈소스 소프트웨어에 기반을 둔 상품(예를 들어, 애플리케이션)의 가치는 솔루션 그 자체에 있는 것이 아니라, 그것의 이용을 통하여 획득 및 생성되는 자본에 있는 것이다. 물론, 오픈소스 소프트웨어 모델의 유효성과 생존력은 그것을 활용하는 기업의 비즈니스 설계 특성에도 의존한다. 즉, 견고하고 지속 가능한 비즈니스 기회를 중심으로 기업을 설계하려는 노력이 선행되어야 한다(구체적으로 어떠한 노력들이 필요한지에 대해서는 뒤의 오픈소스 소프트웨어 비즈니스 모델의 다양한 사례들에서 논의하도록 하자).

당연한 이야기이지만, 오픈소스 소프트웨어에 기반을 둔 모델의 성패는 프로젝트 또는 기업의 생존력을 보장하고 지속적인 안정성을 유지할 수 있는 최소한의 임계 고객 규모를 확보할 수 있느냐에 달려 있다. 또, 앞에서 논의하였듯이 최초의 투자와 기대되는 효과 사이의 관계도 감안하여야 한다.

따라서, (사실 어떤 비즈니스 모델이나 마찬가지이지만) 오픈소스 소프트웨어 비즈니스를 시도하려는 기업 스스로에 대하여 조직 기반과 그 역량을 종합적으로 분석하고, 이를 새롭게 설계(사업 계획, 조직 구조, 비즈니스 프로세스 등), 보완 및 공식화하기 위한 노력이 오픈소스 소프트웨어 비즈니스의 성공에 대한 가능성을 증대시켜 줄 것이다.

제7장

오픈소스 소프트웨어 프로젝트의 이해

제 7 장

오픈소스 소프트웨어 프로젝트의 이해

먼저, 이 장에서는 오픈소스 소프트웨어 모델을 비즈니스 모델에 대한 고려 없이 오픈소스 소프트웨어 자체의 개발 관점에서 살펴보자[57].

이를 위하여 우선 오픈소스 소프트웨어의 개발에 관련된 몇 가지 기본적인 사고에 관해서 논의해 보고자 한다. 그리고 나서 오픈소스 소프트웨어 프로젝트를 수행하는 방식을 살펴본다. 마지막으로, 오픈소스 소프트웨어 프로젝트 관리의 주된 메커니즘을 분석할 것이다.

7.1 오픈소스 소프트웨어 개발

보통의 소프트웨어 개발과 마찬가지로 오픈소스 소프트웨어의 개발은 하나의 구체적인 기술적 문제를 해결하고자 하는 수요에 대응하여 이루어진다. 또, 오픈소스 소프트웨어를 개발하는 기술적인 프로세스 역시 사유 소프트웨어 개발과 많은 유사점을 가지고 있다. 그러나 '개방성'이라는 독특한 특징으로 인해 오픈소스 소프트웨어 개발의 세부적인 과정은 특수한 유형의 작업 방식들로 이루어진다[57].

이러한 특징들에 대하여 상세히 설명하는 것은 이 책의 목적이 아니므로 그 부분에 대하여는 저자의 다른 서적들[169][161]을 참고하길 바라며, 여기에서는 GNU/리눅스 개발 과정의 특징을 분석한 에릭 S. 레이몬드(Eric S. Raymond)의 『성당과 시장(The Cathedral and the Bazaar)』[45]에 나오는 몇 가지 개념을 중심으로 살펴보기로 한다.

첫째, 개발의 출발점이 갖는 특성이다. 오픈소스 소프트웨어의 개발은 사용자 또는 개발자들의 일상적 활동 속에서 발생하는 특정한 필요(요구)로부터 출발한다. 즉, 소프트웨어 개발에 대한 협업은 우리가 스스로 해결하기를 원하는 문제를 살펴보고 발견할 때 시작된다.

둘째, 커뮤니티 특성이다. 오픈소스 소프트웨어 커뮤니티는 개발자들뿐만 아니라 최종 사용자들을 포함하는 것으로서, 오픈소스 소프트웨어 개발에 의미를 부여하고 이를 지탱하는 기둥이다. 사용자들을 개발 프로젝트 내에서 파트너로서 대하는 것은 (사용자 고객 기반이 충분히 크다면) 코드의 오류를 수정하고 개선하는 가장 손쉬운 방법이다. 따라서, 협업자로서의 사용자들은 애플리케이션 개발에 있어서 가장 소중한 자원들 가운데 하나이며, 그들이 제공하는 좋은 아이디어와 솔루션을 인정하는 것은 프로젝트에 확실히 도움이 된다(오픈소스 커뮤니티의 특징들에 대해서는 뒤의 8.2절에서 좀 더 자세히 설명한다).

셋째, 오픈소스 소프트웨어 개발의 중요한 특징 중 하나는 신규 코드를 개발하기 위하여 기존 코드를 재사용 또는 재작성 하는 것이다. 이는 신규로 개발된 프로그램들에 흔히 내재될 수 있는 오류 발생의 확률을 크게 줄여주고(이것은 소프트웨어 공학의 관점에서 재사용의 이점으로 권장되는 사항이다), 기존 코드에 비해 개선된 기능성과 성능을 보장할 수 있다. 또한, 오픈소스 소프트웨어 개발 프로젝트는 코드의 신속하고 잦은 릴리스를 원칙으로 하고 있으며, 그것은 프로젝트 활동이 역동적이며 지속적이라는 것을 의미한다.

넷째, 리더십과 조정이다. 프로젝트 리더들은 강요하지 않고 비전 제시와 토론에 의한 설득을 통해 프로젝트를 조정하고 진화를 이끌어 낸다. 이러한 민주주의를 통해 글로벌 커뮤니티의 잠재력은 극대화된다.

7.2 오픈소스 소프트웨어 프로젝트

오픈소스 소프트웨어의 주된 목표 가운데 하나는 애플리케이션을 널리 배포하는 것이다. 아무리 좋은 소프트웨어라 하더라도, 생성된 코드가 잠재적인 사용자들에게 알려지지 않고 적용되지 않는다면 의미가 없는 것이다. 적어도 최소 규모의 사용자 기반을 확보하는 것이 필요하며, 이는 향후 지속적인 유지보수 및 진화를 위해서도 필수적이다[57].

이러한 측면에서, 벤자민 마코(Benjamin Maco)는 오픈소스 소프트웨어 프로젝트의 생성과 관리를 위하여 필요한 몇 가지 지침을 다음과 같은 실용적인 관점에서 제시하고 있다[58].

7.2.1 프로젝트 개시

오픈소스 소프트웨어 프로젝트를 개시하기 전에, 뒤에 이어질 개발 프로세스를 충분히 견뎌낼 수 있는 견고한 프로젝트 구조를 설계하는 것이 매우 중요하다. 일반적으로, 오픈소스 프로젝트의 기본적인 구조는 다음과 같은 사항들을 감안하여야만 한다.

- **신규 프로젝트 개시의 필요성** – 새로운 아이디어와 명확한 목표이다. 이는 완전히 새로운 아이디어일 수도 있고, 이미 유사한 프로젝트가 존재할 경우 차별화된 프로젝트를 개시해야 할 당위성일 수도 있다. 후자의 경우에는 특히 주의를 기울여야 하는데, 개발자 및 사용자 커뮤니티에서 그 당위성을 인정받을 수 있을 정도의 차별화된 목표를 가져야 한다. 그렇지 못하다면 기존에 존재하는 프로젝트에 참여하여 개선 요구를 관철시키거나, 향후 추종자들을 확보하여 '분기(Forking)'하는 것이 바람직하다.

- **애플리케이션의 주된 특징(기능, 라이선스 등) 정의** – 기능의 정의 못지 않게 중요한 것이 라이선스 정책이다. 이에 따라 커뮤티니의 개발자 및 사용자들의 참여 정도가 달라진다.

- **신규 프로젝트의 배포 및 개발에 대한 협업을 지원할 기본적인 인프라(웹사이트, 이메일 등)** – 최근에는 소스포지, 깃허브 등의 오픈소스 프로젝트 호스팅 사이트들이 다수 존재하며, 이들 사이트에서는 프로젝트를 게시하고 다운로드와 같은 배포를 지원하는 기본적인 기능 이외에도 개발 과정의 협업을 가능케 하는 코드저장소, 버전관리, 이슈포럼 등의 도구들이 지원되고 있고, 또 이 속에서 개발자 및 사용자들을 확보할 수 있기 때문에 초기에는 이를 활용하는 것이 유리하다. 다만, 많은 수의 사용자들로 인해 속도가 느리다는 문제점이 있으므로 프로젝트가 어느정도 확산되고 안정화되기 시작하면 독립적 인프라를 구축하여 링크하는 것이 좋다. 독립적인 프로젝트 사이트의 보유 여부는 개발자들과 사용자들로 하여금 그 프로젝트의 안정성 및 지속가능성을 판단하는 기준이 되기도 하기 때문이다.

7.2.2 개발자와 사용자

일단 프로젝트가 개시되고 나면, 그 다음 목표는 개발자들의 협업을 정의하고 구조화할 수 있는 정책 및 전략을 개발하고 제시하는 것이다. 협업 정책은 최소한 다음과 같은 두 가지를 포함하여야만 한다.

- '책임의 위임' 및 '기여에 대한 수용 절차'를 포함하는 조정 정책 – 이는 커뮤니티 멤버십에 대한 문제로 오픈소스 프로젝트 커뮤니티는 개발자들의 참여와 탈퇴의 자유를 제한하지는 않지만, 통상 민주주의와 능력주의에 기반한 계층적인 의사결정 구조를 가지고 있다. 이를 통해 프로젝트의 목표를 유지한다. 또한, 개발자들의 기여는 자유로우나 그 결과의 채택(코드 패치 등) 여부는 엄격한 상호검토(Peer Review)의 과정을 거치며, 최종적으로는 (능력에 기반해 민주적으로 선출된) 책임자 그룹에 의해 이루어진다. 이러한 메커니즘은 코드의 일관성과 품질을 보장한다.
- 개발 브랜치(Branches)의 구조 및 관련 코드저장소 등에 대한 관리 정책 – 오픈소스 프로젝트는 모듈라 설계(Modular Design)에 따른 동시 개발의 방식을 취하기 때문에, 각 모듈들이 다양한 브랜치(버전의 흐름)를 형성하게 된다. 이에 따라 코드저장소의 구조 또한 복잡해질 수밖에 없다. 병렬적 개발 작업의 효율은 이러한 관리 정책에 달려있다고 해도 과언이 아니다.

더불어, 오픈소스 소프트웨어의 사용자는 종종 개발자의 역할을 하기도 한다(그리고 그 반대도 성립한다). 사용자들의 가장 중요한 역할 중 하나는 기능성, 사용성 등의 품질 테스트이다.

7.2.3 지원 인프라

오픈소스 소프트웨어 프로젝트의 일상적인 활동들은 협업을 가능하게 해주는 지원 인프라가 없이는 수행이 불가능하다. 이와 관련한 대부분의 준비는 앞에서도 언급하였듯이 프로젝트 개시 과정에서 이루어지지만, 일단 프로젝트가 운영되기 시작하면 프로젝트의 진척에 맞추어 기존의 제반 자원들(문서, 메일링 리스트, 버그 트래킹 시스템, 버전 관리 시스템, 포럼, 채팅방, 위키 등)을 적용, 개선 및 보완하여야만 한다.

7.2.4 애플리케이션

사용자의 입장에서 프로젝트의 가장 중요한 구성 요소인 목표 애플리케이션에 대하여 요구되는 핵심 사항 중 하나는 릴리스되는 모든 버전의 성능에 대한 보장이다. 따라서, 각 버전의 릴리스에는 다음과 같은 세심한 배려가 필요하다.

- 기능 및 오류 수정 등의 개정(Revisions)에 대한 컨트롤 – 알파 및 베타 버전, 배포 후보 등 각각의 버전에 대한 상태를 명확히 제시함으로써 사용자들이 판단할 수 있게 한다.

- 풀 버전(Full Version)의 론칭(Launching) 시점에 대한 계획 – 개발자와 사용자들이 기대하는 수준의 품질을 가진 코드를 제공받을 수 있는 시점에 대한 예상은 커뮤니티 구성원들에게 중요한 문제이며, 이에 대한 묵시적인 책임은 프로젝트 리더들에게 있다. 그러나 이 책임이 명시적이지 않고, 또 이행에 대한 의무가 없다는 것이 흔히 오픈소스 소프트웨어가 가지고 있는 불확실성의 문제라는 지적이 있다. 이는 주어지는 보상없이 자발적 기여로 작동하는 사회적 생산 메커니즘의 공통적인 한계이다. 그러나 이것 또한 자연스러운 경쟁의 과정에서 충분히 극복되고 있다.

- 각 버전의 릴리스 방법(패키지, 소스코드, 바이너리 등) – 당연히 오픈소스 소프트웨어는 소스코드를 배포(제공)한다. 그러나 이 이슈는 소스코드의 제공에 관한 문제가 아니라 오히려 '소스코드의 상태로만' 배포되었을 때의 문제를 의미한다. 많은 오픈소스 소프트웨어 개발자들이 '무임승차(아무런 노력 없이 개발의 결과를 취하는 것)'에 대해 곱지 않은 시각을 가지고 있기 때문에 몇 번의 마우스 클릭만으로 설치가 가능한 패키지 제공이 달갑지 않았던 것이다. 그러나 최근에는 사용자 편의를 위한 패키지 제공이 일반화되고 있다. 패치를 위한 바이너리 코드의 제공도 최근 설치편의성을 고려하는 추세로 변하고 있다.

7.2.5 전파

마지막으로, 프로젝트에 대한 인지도를 높이는 것이 중요하다. 프로젝트가 진척됨에 따라 새 버전을 공중 포탈(소스포지, 깃허브 등)에 게시하면서 유스넷(Usenet) 등에 발표를 할 것인지 또는 프로젝트의 자체 메일링 리스트에 광고를 할 것인지 등을 생각해 볼 필요가 있다. 이는 버전의 상태(알파 및 베타 버전, 배포 후보 등)에 따라 적절히 판단해야 하는데, 성급한 전파와 확산은 잠재적인 개발자들과 사용자들의 실망을 초래할 수 있기 때문이다.

조금 다른 이야기이지만, 에릭 레이몬드 역시 오픈소스 소프트웨어의 개발 초기에는 폐쇄적 멤버십에 기반한 성당식 개발을 유지할 것을 권장하고 있다. 처음부터 시장식으로 개발하는 것은 어렵기도 할뿐더러, 엄격한 성당식 통제를 기반으로 일정 수준의 성숙도를 확보한 후 시장식 개발로 전환하였을 때 성공적으로 프로젝트를 유지할 수 있을 가능성이 크다는 의미이다.

7.3   프로젝트 관리

이 절에서는 프로젝트 개설자로서의 성공을 보장하기 위하여 반드시 마음에 새겨두어야 할 프로젝트 관리의 기본에 대하여, 칼 포겔(Karl Fogel)이 제시한 고려 사항들[59]을 중심으로 설명한다[57].

오픈소스 소프트웨어 프로젝트는 비공식적인 기여(예를 들어, 어떤 회사의 직원이 개인적인 시간과 노력을 투자해서 개발에 참여하는것과 같은)에 기반한 사회적 생산 메커니즘이다. 하지만 경우에 따라 직접적인 수익, 기부금 및 보조금 등이 제공되기도 한다. 오픈소스 소프트웨어 프로젝트에 대한 참여는 기여자들의 협업, 기부뿐만 아니라 그것을 기업이 주관하는 경우에는 그 기업의 비즈니스 모델, 마케팅 활동, 관련 제품의 라이선스 정책 등과 관련이 있기 때문에 다양한 유형의 재정적인 참여와 그것들의 조합이 존재할 수 있다. 물론, 이러한 펀드는 프로젝트를 지속하기 위한 전업개발자의 고용, 인프라 개선 등에 활용되는데, 오픈소스 소프트웨어 프로젝트에 제공되는 직간접적인 지원들은 신뢰에 기반하고 있기 때문에 이러한 자금의 공정한 관리는 매우 중요한 사안이 될 수 있다.

열성적이고 자발적인 기여자로 구성된 개발팀은 오픈소스 프로젝트의 안착과 미래의 진화에 있어서 매우 중요한 요소이다. 한편, 개발자들 각각이 책임지는 위치와 역할의 안정성과 지속성은 프로젝트의 기초를 강화해주며, 사용자들의 신뢰를 획득하는 데 있어서 무시할 수 없는 요소이다. 이것이 직원으로서의 개발자 고용을 고려하여야만 하는 이유이며, 실제로 그것은 프로젝트의 구조와 운영에 영향을 미친다. 또한, 앞서 언급한 신뢰에 기반하여 채용의 모든 조건과 과정이 투명하다는 것을 보장할 필요가 있다. 경우에 따라서는 프로젝트 소유자(Owner)의 서면 승인을 받아 커뮤니티 구성원들이 협업을 통해 개발자를 직접 모집, 검토 및 승인하도록 하는 것도 권장할만 하다.

오픈소스 소프트웨어 커뮤니티의 가장 중요한 특징 중 하나는 프로젝트 내에서 이루어지는 의사결정의 분산 및 분권화이다. 따라서, 개별 구성원들의 상호작용으로부터 시작하여 리더 그룹의 합의에까지 도달하도록 보장함으로써, 커뮤니티에 동기를 부여하고 지속성을 강화할 수 있다. 이러한 분권화는 프로젝트와 커뮤니티 사이의 투명성과 정당성을 확보할 수 있는 방안이다. 더불어, 프로젝트의 목표와 방향성이 구성원 모두에게 명확하게 전달되어야 하고, 리더들에게 주어진 권한은 프로젝트의 신뢰성을 보장하기 위하여 성실하고 투명한 방식으로 행사되어야만 한다 [237]. 이러한 신뢰성은 커뮤니티와 프로젝트를 유지하는 데 있어 중요한 전제 조건 중 하나이며, 그것은 예외 없이 모든 사람들에게 동일하게 적용되는 방법론, 절차, 관례, 작업 또는 운영 규칙의 정립에 의해 확보된다.

오픈소스 소프트웨어 프로젝트의 자원은 생산되는 코드의 품질관리, 기여에 대한 법률적인 보호, 애플리케이션의 문서화, 그리고 커뮤니티를 위한 인프라(웹사이트, 버전 관리 시스템, 유틸리티 등)를 포함한다. 이러한 제반 자원들의 관리는 프로젝트 및 그 결과물의 배포 및 대중화에 있어서 상당한 영향을 미친다. 오픈소스 소프트웨어 프로젝트라 하더라도 프로젝트의 배포와 대중화를 위한 마케팅이 필요하다. 앞서 수차례 언급했듯이, 오픈소스 소프트웨어 프로젝트는 개발자 및 사용자 대중들의 광범위하고 자발적인 참여와 지속적인 유입이 존재의 이유이자 성패의 관건이기 때문이다. 그러나 참여자들의 유인은 프로젝트의 목표 및 방향성뿐만 아니라 신뢰성, 투명성, 그리고 검증가능성 등과 같은 다양한 요인들에 영향을 받는다. 특히, 검증가능성과 관련하여 주의할 것은 마케팅에 있어서 유입을 촉진하기 위한 지나친 과대포장이다. 경쟁적 프로젝트가 존재할 경우 이러한 경향이 있을 수 있는데, 그러한 경우라 할지라도 대중들이 항상 우리를 바라보고 있으며, 우리가 하는 모든 주장이 거짓일 경우 그것은 쉽게 입증되거나 드러날 수 있다는 것을 간과하면 안 된다. 따라서, 검증 가능성을 확보하기 위한 조치로써 경쟁 프로젝트에 대한 개방적이고, 솔직하고, 객관적인 정책의 유지가 필요하다. 그 이유는 오픈소스 프로젝트 자체가 사용자 공동체를 위한 사용가치를 추구하고 있기 때문이며, 공동체 가치의 실현을 위해서는 타 프로젝트들과의 협력과 건강한 경쟁이 바람직하기 때문이다.

제**8**장

오픈소스 소프트웨어 커뮤니티의 이해

제8장

오픈소스 소프트웨어 커뮤니티의 이해

오픈소스 소프트웨어 개발 패러다임 내에서 커뮤니티의 역할은 매우 중요하다. 커뮤니티를 구성하고 있는 사용자와 개발자 모두는 개발뿐만 아니라 유지보수 및 지원, 진화의 과정 등에서 협업함으로써 프로젝트의 응집성과 지속가능성을 보장한다.

따라서, 이들의 참여는 프로젝트의 목표 달성을 위하여 필수적이며, 이 속에서 비즈니스 기회를 찾고자 하는 영리 기업에게는 더욱 그러하다. 이러한 의미에서, 커뮤니티와 기업 사이의 관계는 의사결정 및 행위의 신뢰성과 투명성에 기반한 상호작용으로부터 양자 모두 혜택을 볼 수 있도록 유지되어야만 한다. 즉, 여기에 참여하는 기업의 비즈니스는 이를 둘러싼 커뮤니티의 형성을 촉진할 수 있도록 잘 정의되고 구조화되어야 한다는 것이다.

한편, 커뮤니티는 시간의 경과에 따라 진화하는 역동적인 조직이므로 이들과 최적의 관계를 유지하기 위해서는 관리방법론을 확립하는 것이 필요할 것이다. 이러한 관리는 커뮤니티의 현재 상태를 식별하고, 구성원들의 기여에 대한 품질을 평가하고, 이러한 기여를 촉진하기 위한 절차의 확립 등을 의미한다[57].

8.1 기업의 전략과 커뮤니티

오픈소스 소프트웨어 프로젝트를 수행하는 기업은 비즈니스 목표를 달성하기 위해서 커뮤니티와의 관계를 세심하게 조직화하여야만 한다. 만일 어떤 기업이 프로젝트의 창설자 역할을 하게 되는 경우, 커뮤니티로부터 얻고자 하는 협업에 대하여 어떤식으로든 보상을 고민하여야 하지만, 반대로 그 기업도 보상을 받아야 하기에 비즈니스 목표에 적합한 전략을 확립하고 구성하여야 할 것이다[57].

• 분석 – 오픈소스 프로젝트에 참여하는 기업들의 동기

오픈소스 소프트웨어 프로젝트에 참여하는 기업들의 동기는 [표 8-1]과 같이 크게는 '프로세스 및 제품' 측면과 '개방성'이라는 요인으로 요약할 수 있다[169].

[표 8-1] 기업들의 오픈소스 프로젝트 참여 동기

분류	동기부여 요인
프로세스/ 제품	기업의 비즈니스 모델에 적합한 코드의 적용
	고품질의 코드
	오픈소스 커뮤니티의 기여와 피드백
	표준화
	모듈화 기술
개방성	사용자 기반 혁신
	인적 자산 향상
	오픈소스 모델 적용
	경쟁력
	명성
	상업적 가시성
	직원 만족

먼저 오픈소스 프로젝트는 '프로세스 및 제품'의 측면에서 기업들에게 직접적인 혜택을 제공하는데, 이들 기업의 프로세스와 제품의 품질은 오픈소스 프로젝트에의 참여를 통해 제공받는 피드백과 지원을 통해 강화되고 풍부해질 수 있다. 또, 오픈소스 프로젝트에서 사용되는 광범위한 모듈화 방식을 활용함으로써 제품의 설계뿐만 아니라 분업 체계를 향상시킬 수 있다. 특히, 신생 기업 또는 연구 집약적 기업들에게 있어서 오픈소스 소프트웨어는 제품 개발을 통한 시장 진입을 빨라지게 해준다.

한편, 오픈소스 프로젝트의 개방성은 기업들로 하여금 참여에 따른 상업적 가시성과 명성을 획득할 수 있는 기회를 제공해주기도 한다. 예를 들어, 썬(Sun)은 자바 플랫폼과 솔라리스(Solaris) 운영체제를 오픈-소싱하여 오픈소스 커뮤니티와 개발자들 사이에서 엄청난 신용을 얻었다. 또, 프로젝트 커뮤니티와 다른 참여기업(심지어 경쟁기업이라 하더라도)들을 통해 새로운 지식과 아이디어를 얻을 수 있는데, 이는 기업 내 프로세스와 작업 환경을 크게 향상시킨다. 뿐만 아니라, 참여하는 직원들의 마인드와 역량을 향상시킬 수 있다. 마지막으로, 사용자들의 참여로 이루어지는 프로젝트는 특히 벤더 기업들에게 고객의 니즈(Needs)를 정확하게 파악할 수 있게 해줌으로써 자연스럽게 사용자 기반 혁신 기술의 개발로 이끌어준다.

벤 콜린스-서스먼(Ben Collins-Sussman)과 브라이언 핏츠패트릭(Brian Fitzpatrick)은 오픈소스 소프트웨어에 기반을 두고자 하는 기업이 채택(일부의 경우 바람직하지 않은 결과를 가져올수도 있는)할 수 있는 전략의 유형을 다음과 같이 구분하고 있다[60].

첫째, 페이크(Fake) 오픈소스 전략이다. 이 전략은 OSI(Open Source Initiative)[238]가 승인하지 않은 라이선스로 소스코드를 공개하는 것이다. 이것은 소프트웨어 개선, 신뢰성 확보, 회사와 사용자들간의 관계 증진 등 오픈소스 프로젝트를 통해서 얻을 수 있는 장점도 상실될 뿐만 아니라, 심지어는 커뮤니티로부터 외면 당할 수 있기 때문에 실제로는 오픈소스 전략이 아니다. 그럼에도 불구하고, 상대적으로 저렴한 노력과 비용으로 관심을 끌게 될 수도 있다[57].

• 참고 – 마이크로소프트(MS)와 페이크 오픈소스

MS가 최근 몇 년 사이 큰 변화를 겪고 있다. 오픈소스 기술을 지원한다는 보도자료를 지속적으로 내놓고 있고, "MS는 리눅스를 사랑한다", "오픈소스 소프트웨어를 사랑한다"는 이야기를 하고 있기 때문이다.

과거 마이크로소프트(MS)와 오픈소스 기술과의 사이는 '원수'와도 같았다. MS의 최고경영자(CEO)였던 스티브 발머는 '리눅스는 암적인 존재다' 라며 오픈소스 기술에 대해 부정적인 평가를 내렸고, 2004년에는 윈도우 서버에서 리눅스로 전환하면 얼마나 많은 비용이 드는지 보고서를 따로 공개하기도 했다. 뿐만 아니라, MS는 호환성을 최대한 줄여 고객들이 다른 기술을 선택하지 못하도록 하는 정책을 추구하는 것으로도 유명하다. 이처럼, 그동안 오픈소스 문화는 공산주의나 다름없다고 비난해오던 MS가 정말 리눅스와 오픈소스 소프트웨어를 지지하는 입장으로 돌아선 것일까?

현재 MS 개발자가 공식적으로 참여한 오픈소스 프로젝트는 약 2천개이다. IT 기업이 보통 자신만의 오픈소스 기술을 만들어 공개하는 것과 달리, MS는 다른 단체 및 기업이 진행하고 있는 오픈소스 프로젝트에 합류하면서 오픈소스 기술을 개발하고 있다. 오픈소스 기술을 관리하던 MS의 자회사 MS 오픈테크놀로지가 공개한 프로젝트를 보면 이름 뒤에 '포 애저(For Azure)', '포 윈도우(For Window)'가 붙은, 즉 자사 제품과의 호환성을 높이기 위한 기술이 대부분이다. 그러다보니 상당수의 프로젝트가 오픈소스 기술이 핵심이라기보다는 API나 SDK류의 기술들이 대부분이다. 결국, MS 제품에서 이용하기 쉽도록 소스코드를 추가하고 이를 오픈소스 소프트웨어로 공개하는 식인 것이다.

이러한 측면에서 MS는 오픈소스 기술을 함께 만들 개발자가 아닌, 오픈소스 소프트웨어를 MS 제품에서 사용할 고객들에게 관심을 끌기 위해 오픈소스 소프트웨어를 강조하고 있는 것으로 보인다. 특히 'MS 클라우드'와 'MS 개발자도구'에서 오픈소스 기술을 이용하고 싶은 고객들을 타깃으로 하고 있는듯 하다. 이렇게 할 경우, 시간이 지날수록 애저는 모든 인프라 기술을 수용할 수 있는 그릇이 되고, 윈도우는 모든 개발도구를 수용할 수 있게 될 가능성이 높다. 예컨대, 이클립스에서 사용하던 모든 기능을 MS 비주얼스튜디오에서 이용할 수 있게 되고, 레드햇 엔터프라이즈 운영체제를 윈도우 애저에서 이용하게 도와주는 식이다.

오픈소스 소프트웨어 개발자들은 MS의 이러한 반쪽짜리 오픈소스 정책과 그간의 행적들을 보았을 때, 여전히 MS는 오픈소스 커뮤니티를 지원할 마음도 없고, 오픈소스 소프트웨어 이야기는 홍보수단일 뿐이라며 이를 달갑지 않게 바라보는 시각이 지배적이다.

둘째, 일명 '벽 넘어 코드 던지기(Throw Code Over the Wall)', 즉 기업이 프로젝트의 미래에 대한 관심이나 책임감 없이 소스코드를 공개하는 것이다. 이 경우, OSI의 승인을 받은 라이선스 정책을 취할 수도 있으나, 그렇다고 큰 의미를 부여할 수는 없다[57]. 이러한 전략은 의도적일 수도 있고 그렇지 않을 수도 있다. 의도적인 경우는 앞에서 언급한 페이크 오픈소스와 유사한 '기업의 이미지 마케팅' 전략의 일환으로 해석할 수 있는데, 결국 커뮤니티가 없는 오픈소스 소프트웨어에 불과하기 때문에 기업은 오히려 신뢰성을 상실할 것이다. 사실 더 큰 문제는 의도적이지 않은 경우에 있다. 이것은 독점적 라이선스 하에 판매되던 소프트웨어를 오픈소스 라이선스로 전환하는 '아웃바운드(Outbound)[176]' 전략이 치밀한 준비와 투자 노력 없이 실행되었을 때, 또는 우리 기업에서 더 이상 상품가치가 없다고 판단되는 소프트웨어 제품의 소스코드를 공개함으로써 자사의 관련 제품의 판매를 촉진할 수 있을 것이라는 '로스 리더(Loss Leader, 미끼상품) 모델'의 잘못된 적용에서 나타날 수 있는 대표적인 부작용이기 때문이다. 비록 의도하지는 않았지만, 결과적으로 신뢰성 상실은 물론이거니와 오히려 우리 기업의 관여와 통제를 벗어난 상태에서 동일한 기능을 가진 오픈소스 소프트웨어를 개발하는 대체 커뮤니티를 발생시켜 예상치 못한 경쟁에 직면할 수 있다.

셋째, 기업 내에서 내부적으로 애플리케이션을 개발하고, 공개적인 저장소에 진척을 공개하는 전략이다. 이렇게 할 경우, 기업은 커뮤니티와의 공식적인 관계와 신뢰성을 향상시킬 수 있다. 때때로 커뮤니티가 프로젝트에 대하여 협업할 수 있다. 그럼에도 불구하고, 완전히 내부적으로 개발을 진행하는 것은 불신의 요소가 되어 기업의 비즈니스 일정과는 무관한 독자적인 커뮤니티의 발생을 유발할 수도 있다[57].

넷째, 개방형 군주체제를 유지하는 전략이다. 이것은 프로젝트에 대한 권리, 즉 모든 의사결정에 대한 최종 결정권은 여전히 기업이 가지고 있으나, 애플리케이션에 대한 개발, 논의, 저장소 등은 모두 공개하는 전략이다. 이 경우, 기업과 커뮤니티의 신뢰성 및 투명성이 어느 정도 개선되어 커뮤니티의 참여를 이끌어낼 수는 있지만, 프로젝트의 분기(Forking) 위험을 내포하고 있어 장기적으로는 안정성을 유지하기 어렵다[57].

다섯째, 합의 기반의 개발 전략이다. 이 전략은 거의 모든 것이 공개적으로 이루어진다는 점을 감안할 때, 기업과 커뮤니티 간의 관계를 최대한 활용한다. 이 경우, 프로젝트는 분산되고 분권화된 의사결정과 협업 참여자 사이의 능력중심주의 작업체계에 기반하여 수행된다. 또, 프로젝트의 투명성과 기업의 신뢰성이 향상되기 때문에 장기적으로 지속 가능한 고품질의 자원봉사자들을 갖춘 모델이 형성된다. 다만 한 가지 고려할 점은, 협업의 효과는 서서히 나타나며 기업의 작업 부하도 상당하다는 것이다. 따라서 이러한 전략을 채택할 경우 기업의 비즈니스 일정과 투자에 대한 유기적인 조정이 필요하며 동시에 프로젝트 리더들의 역할이 중요하다는 점을 간과해서는 안 된다[57].

8.2 커뮤니티의 특징과 평가

오픈소스 소프트웨어 프로젝트를 고려하는 데 있어서 그 성공과 목표의 달성이 커뮤니티에 달려 있다는 점을 감안하면, 애플리케이션을 둘러싼 커뮤니티를 조기에 그리고 강력하게 형성하는 것이 바람직하다.

그러나 오픈소스 소프트웨어 커뮤니티는 마치 하나의 생명체처럼 대단히 역동적이고 유기적인 조직인 만큼 그 생명을 유지하는 데는 세심하고 지속적인 관심과 노력이 절대적으로 필요하다. 따라서, 일단 커뮤니티가 형성되고 나면 비즈니스 일정과 보조를 맞추면서 커뮤니티를 안정적으로 유지, 확대, 진화시킬 수 있는 활동 계획을 수립하는 것이 중요하다. 그러나 이러한 계획을 수립하기 위해서는 먼저 커뮤니티의 현재 상태를 정확하게 평가하는 것이 필요하다. 이와 관련해서, 크로우스톤(Crowston)과 하위슨(Howison)은 '오픈소스 소프트웨어 커뮤니티 평가 지침'에 관한 연구[61]에서 수명주기와 동기부여, 구조 등의 요소가 커뮤니티 평가의 기준이 되어야 한다고 설명하고 있고, 스테파노스(Stephanos Androutsellis-Theotokis) 등은 커뮤니티가 채택하고 있는 개발 프로세스와 그 안에 포함되어 있는 운영 방식(작업의 배정과 조정, 기여에 대한 평가 및 수용 주기 등)[169]을 커뮤니티의 건강성에 대한 평가 지표로 제시하고 있다. 이하 세 개의 절에서는 이들의 연구를 중심으로 살펴볼 것이다.

8.2.1 커뮤니티의 수명주기와 동기부여

대부분의 오픈소스 소프트웨어 프로젝트는 구조화되어 공개적으로 발전되기 전, 즉 초기에는 소수의 창설자 그룹에 의해 주도된다.

그러나 일단 프로젝트가 공개되고 나면 최초의 콘셉트에 대한 점진적인 정제 작업을 수행해만 한다. 즉, 아이디어 및 지식의 제안, 공유를 통해 초기 콘셉트의 발전적 변화를 이루어내야 한다. 그런데 이러한 프로세스는 커뮤니티의 협조 없이는 완료될 수 없다. 나아가 커뮤니티 구성원들의 프로젝트에 대한 참여는 주로 지적인 발전, 지식의 공유, 애플리케이션에 대한 관심, 프로젝트의 배경에 존재하는 이념 또는 철학, 평판 및 커뮤니티에 대한 책임감 등에 의해 동기부여 된다.

따라서, 커뮤니티의 상태 및 건강성은 현재의 커뮤니티가 수명주기상의 어디에 위치해 있는지, 그리고 프로젝트 리더들이 자발적 기여자들에 대한 충분한 동기부여 전략을 수행하고 있는지를 기준으로 평가할 수 있다.

8.2.2 커뮤니티의 구조

커뮤니티는 프로젝트의 특성(목표, 소유자의 의사결정 등)에 따라 여러가지 방법으로 구조화될 수 있지만, 일반적으로는 핵심 개발자들을 중심으로 그 목표와 일치하는 기능적이고 다양한 계층 구조를 갖추고 있을 때, 그리고 그 계층별 규모가 하부계층으로부터 상부계층으로 이어지는 피라미드 형태를 형성했을 때 건강하고 안정적이라 평가할 수 있다. 이에 대해, 에이미 조 김(Amy Jo Kim)은 [그림 8-1]과 같이 방문자(Visitor) → 초보자(풋내기, Novice) → 레귤러(Regular) 멤버 → 리더(Leader) 그룹 → 고참(Elder) 그룹으로 상승(오른쪽 그림)하는 계층 구조(왼쪽 그림)를 성공적인 커뮤니티 모델로 평가하고 있다[62].

[그림 8-1] 성공적인 오픈소스 소프트웨어 커뮤니티의 계층 구조

또다른 연구들에서도 이와 유사한 모델을 발견할 수 있는데, 이른바 '양파 모델(Onion Model)[169]'이 한 예이다.

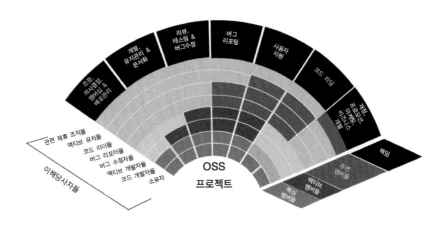

[그림 8-2] 오픈소스 프로젝트 커뮤니티의 주요 이해당사자들(Actors)

[그림 8-2]에서 볼 수 있듯이, 양파 모델에서는 다양한 계층의 프로젝트 개발 팀들이 있는데, 원의 가장 안쪽에 자리잡고 있는 것은 관리와 리더십을 발휘하는 역할의 개발자들이다. 반면, 바깥쪽에 자리할수록 프로젝트를 컨트롤 할 수 있는 힘이 점점 줄어든다. 또한, 커뮤니티는 구성원들이 맡은 역할을 격상시키는 프로모션 전략도 가지고 있다. 이 모델에서 다음과 같은 다양한 유형의 구성원들을 식별할 수 있다.

[표 8-2] 양파 모델의 멤버

분류	동기부여 요인
코어(Core) 멤버	프로젝트 소유자(Project Owner), 코어 개발자(Core Developers)
액티브(Active) 멤버	액티브 개발자, 버그 수정자(Bug Fixers)
페리페럴(Peripheral) 멤버	페리페럴 개발자(Peripheral Developers), 버그 및 문제들을 다루는 보고자 (Bug and Problem Reporters), 코드 리더(Code Readers), 액티브 유저 (Active Users), 제휴 단체나 기업(Affiliated Organizations or Businesses)
패시브(Passive) 유저	비평(Critique)이나 의견(Comments) 제공

8.2.3 개발 프로세스

오픈소스 소프트웨어 개발 프로세스는 프로젝트의 조직, 거버넌스, 커뮤니티 구조 및 목표에 따라 달라지지만, 공통적으로는 다음과 같은 고유의 단계별 특성을 가지고 있다[169].

- 대규모 병렬 개발(모듈라 개발 방법) 단계 – 모듈화는 독립적으로 설계되고 구현될 수 있는 파트들로 구성된 시스템으로서의 특징을 가지나, 전체를 지원하기 위해 함께 동작한다. 다른 모듈들과의 호환성은 수평적인 아키텍처 디자인

규칙(뚜렷하고, 명확하고, 이해하기 쉬운)에 의해 보장된다. 각기 다른 모듈 및 개발 작업들 사이의 느슨한 결합(Loose Coupling)은 설계시에 다른 모듈들에 영향을 주지 않고, 주어진 모듈에 대한 작업을 수행할 수 있게 한다. 이것은 더 많은 자율성을 제공하며, 기여자들 사이의 보다 적은 상호 작용을 요구한다. 종속성의 최소화로 제품의 품질에 영향을 주지 않으면서도 24시간 내내 세계적인 규모에서 개발을 수행할 수 있으며, 전체 시스템을 위태롭게 하지 않고도 코드의 변경 및 개선이 수행될 수 있기 때문에 실험적이고 탐험적인 구현 시도들조차도 안전하게 수용될 수 있다.

- 요구사항 정의 및 도출 단계 – 이 단계에서는 사용자의 필요와 요구사항 또는 해결해야 할 문제들을 보다 직접적으로 이해해야 하기 때문에 개발자, 페리페럴 멤버들과 자원자, 투자자 및 프로젝트에 관심을 가지고 있는 이해 관계자들, 잠재 고객들 또는 잠재적 최종 사용자, 과학자 등이 모두 포함될 수 있다. 참고로 오픈소스 프로젝트의 요구사항은 공식적으로 문서화되어 있지 않는 경우가 대부분이다. 요구사항은 이메일 문서, 프로젝트 레파지토리의 투두(TODO) 리스트 또는 버그리포트, 프로젝트의 이슈 트래킹(Issue Tracking) 데이터베이스에 있는 요청사항들에 숨겨져 있다.

- 새로운 기능의 결합 단계 – 일반적으로 프로젝트에 새로운 기능들을 결합하는 과정은 간략한 설명 또는 컨셉을 증명하기 위한 프로토타입(Proof-of-Concept Prototype)의 생성, 여러 후보 기능 중에서의 선택을 위한 투표, 특정 요구사항의 수집, 그리고 최종적으로 이를 설계하고 구현하는 절차를 따른다.

- 코드 통합 단계 – [그림 8-3]과 같은 독특한 다단계 절차로 이루어지는데 프로토타이핑, 투표, 검토 그리고 특별히 지정된 개발자 그룹들 내에서의 테스팅 등을 포함한다.

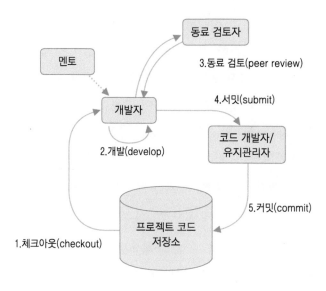

[그림 8-3] 오픈소스 프로젝트에서 새로 개발된 코드의 통합 과정

- 릴리스 단계 – 릴리스 관리는 주로 신뢰성 목표, 변경 허용의 범위, 문서화, 홍보 활동과 같은 다양한 속성들에 중점을 둔다. 많은 오픈소스 프로젝트들은 미리 정의된 기능이나 목표 날짜에 구애를 받지 않는다. 오히려 오픈소스 프로젝트들은 미뤄진 핵심 버그들의 처리, 과도한 변경 금지, 과거 버전에 대한 개선 사항의 문서화, 새로운 버전을 사용할 수 있음에 대한 통지 등을 통해 안정적인 배포 버전 생성을 목적으로 한다.

   그러나 이러한 오픈소스 소프트웨어 개발 프로세스는 계획이나 명확한 작업 배분과 평가의 부재 또는 기능 우선순위 결정의 결여시에는 오히려 부적절하게 작용할 수 있다. 이러한 의미에서 작업의 배정과 조정, 기여에 대한 평가 및 수용 주기 등은 커뮤니티의 조직화 정도와 건강성을 평가할 수 있는 명확한 근거가 될 수 있다.

8.3 품질 관리

개발 모델의 개방성(또는 자율성)과 이로 인해 프로젝트에 기여하게 되는 참여자들의 다양성(특히 기술 수준에서)이 오픈소스 소프트웨어의 품질 향상을 촉진하는지, 아니면 오히려 저해하는지에 관한 논란들이 있다.

그러나 중요한 것은 오픈소스 소프트웨어 개발 모델의 개방성과 분권화와 같은 특성들이 그로 인해서 엄격한 품질 통제 및 관리 메커니즘을 가능하게 할 뿐, 그 자체가 솔루션은 아니라는 점이다. 마찬가지로 이러한 특성들로 인해 오픈소스 소프트웨어의 품질을 보장할 수 없을 것이라는 우려 역시 커뮤니티들의 다양한 수준과 역량, 그리고 실질적인 품질 관리 활동에 대한 이해의 부족에서 비롯된 것이다.

모든 소프트웨어 개발 프로젝트가 그러하지만, 오픈소스 소프트웨어 개발이 성공적으로 진행되기 위해서는 그 수명주기 전반에 걸쳐 품질 관리를 위한 수단을 확립하여야만 한다. 즉, 반드시 모든 이해관계자들의 관점(소유자, 사용자 또는 커뮤니티의 전 구성원들)과 개발 또는 사용의 모든 단계에서 품질을 평가하고, 각각의 기대하는 수준과 비교할 수 있어야만 한다[57].

일반적으로 소프트웨어의 품질은 '제품(Product)'과 '프로세스(Process)'라는 두 가지 측면에서 평가한다. 또한, 이러한 소프트웨어의 품질을 평가하기 위한 공식적인 방법론과 기준, 척도들이 존재한다. 특히, 소프트웨어 제품 품질에 있어서 계량화(정량적 측정)가 가능한 척도들은 대부분 소프트웨어의 분류 체계에 따라 규정되므로 반드시 그 소프트웨어의 특징과 목표에 따라 결정되어야 한다(예를 들어, 증권 거래 시스템의 경우 기능성, 신뢰성, 사용성, 변경 용이성을 중시하지만, 임베디드 시스템의 경우 신뢰성, 효율성이 중요한 품질 요소이다).

소프트웨어 품질 평가 기준과 방법론들에 대한 상세한 내용은 다양한 소프트웨어 공학 관련 서적들과 국제표준(ISO 9126, ISO/IEC 15504 등)들을 참고하길 바라며, 여기에서는 오픈소스 소프트웨어의 품질 관리 메커니즘[63]을 '품질 보증'과 '통제 및 검토'라는 두 가지 측면으로 축약하여 설명한다.

8.3.1 품질 보증

오픈소스 소프트웨어 커뮤니티는 품질에 있어서 중요한 역할을 수행한다. 그 첫 번째는, 공식적인 품질 팀이 수행하는 테스트이고, 두 번째는 오작동의 증거 또는 기능 개선에 대해 리포트 하는 비공식적인 사용자 활동이다(앞의 '커뮤니티 구조'에서 설명한 '양파 모델'을 구성하는 다양한 이해관계자들의 역할과 활동 중 리뷰, 테스팅, 버그 리포팅, 코드 리딩 등의 활동을 눈여겨 보기 바란다).

한편, 오픈소스 소프트웨어 커뮤니티의 테스트에 있어서 특이할 만한 사항은 이 활동이 동작 테스트(소위 '블랙박스 테스트')에만 국한되지 않는다는 점이다. 코드 리딩(Code Reading), 코드에 주석(Comment) 달기 등은 신규 참여자들이나 초보 개발자들의 학습 방법이기도 하지만, 코드 검토(소위 '화이트박스 테스트')의 일환이기도 하다.

이러한 리뷰 활동은 개발자 간에도 이루어지는 일상적인 활동인데, 특히 개발이 완료된 모듈들에 대한 패치(Patch)의 적용(Submission)을 위해서는 동료 검토(Peer Review)가 필수적인 선행 조건이다.

또, 프리BSD(FreeBSD)[40]와 같은 일부 프로젝트에서는 공식적으로 개발팀의 새로운 멤버들이 개발한 코드에 대한 승인 책임을 지는 멘토를 지정하고 있으며, 개발자들의 패치 제출에 대한 단계적 검토를 위한 다계층 거버넌스 구조를 공식화하고 있는 프로젝트들도 있다[169].

---

40 AT&T의 유닉스 코드에서 출발하여 버클리 소프트웨어 배포판(BSD)을 거쳐 내려온 무료 유닉스 계열의 완전한 운영체제다. 신뢰성과 안정성을 인정받고 있으며, 성능과 x86 플랫폼에 초점을 두고 있다. http://www.freebsd.org/ 참조

8.3.2 품질통제 및 검토

소프트웨어 제품의 품질에 영향을 미치는 중요한 요인은 전체 개발 프로세스에 대한 통제 및 검토이다. 여기에는 코드 저장소의 가시성 및 접근성 보장, 개발의 각 단계와 브랜치(Branches)를 효율적이고 효과적으로 지원하고 관리하기 위한 버전 컨트롤 시스템의 사용, 동료 검토, 이슈 추적, 회귀 테스트(Regression Testing), 다양한 코드 품질 메트릭(Metrics)의 사용 등이 포함된다.

결국, 오픈소스 소프트웨어 프로젝트의 전반적인 품질을 위해서는 모든 조치에 있어서의 투명성, 개발 팀에 대한 신뢰와 동료 의식, 소스코드의 모든 부분에 대한 철저한 검토 및 테스트, 개발 표준 준수 등이 중요하며, 이것이 바로 오픈소스 철학의 바탕이 되는 진정한 해커 문화임을 명심해야 할 것이다.

> ### • 참고 – 해커 문화[64]
>
> 에릭 레이몬드가 「해커가 되는 길(How To Become A Hacker)」이라는 문서에서 정의한 '해커 문화'에 대해 간략히 소개하면 다음과 같다.
>
> "몇십 년 전 첫 번째 소형 컴퓨터가 만들어지고 아파넷(ARPAnet)[41] 프로젝트가 금방 시작되었을 때, 전문 프로그래머와 인터넷 마법사들로 구성된 공유문화 공동체가 있었다. 이런 문화의 구성원들이 "해커(Hacker)"라는 단어를 만들어냈다. 이들 해커들은 인터넷을 만들었다. 그리고 해커들은 유닉스(UNIX) 운영체제를 오늘날의 모습으로 가꾸었다. 해커들은 유즈넷을 운영하고 있고, 월드와이드웹이 제대로 돌아가게 만들었다. 만약 여러분이 이러한 문화의 일부이고, 또한 기여하고 있다면, 당신은 해커이다 … (중략)
>
> … 자신들을 해커라고 소리 높여 부르는 또 다른 집단이 있다. 이들은 주로 10대의 청소년들인데, 스릴을 느끼려고 컴퓨터 시스템과 전화 시스템을 프리킹(Phreaking)하는 자들이다. 진정한 해커들은 이들을 '크래커(Cracker)'라고 부르고 있으며, 자신들과는 아무런 상관 관계가 없기를 바라고 있다. 크래커들은 게으르며, 무책임하고, 그다지 현명하지 못하고 실력없는 자들이다.

---

41 아파넷(ARPAnet)은 미국 국방부의 고등 연구 계획국(Advanced Research Project Agency)의 주도하에 만들어진 세계 최초의 패킷 스위칭 네트워크로 1969년에 시작되었으며, 현재의 인터넷의 원형으로 알려져 있다.

전문적으로 다른 사람의 컴퓨터 보안을 파괴하는 행위는 당신을 해커로 만들지는 못한다. 쇠사슬로 자동차를 도둑질했다고 해서 자동차 엔지니어가 될 수 없는 것처럼 컴퓨터 보안 시스템을 깼다고 해서 당신이 해커가 될 수 있는 것은 아니다 … (중략)

… 해커들은 문제를 해결하고, 사상(事象)을 건설한다. 그리고 자유와 자발적인 상호 부조(扶助)의 신념을 믿는다. 해커로서 인정을 받으려면, 여러분은 이러한 유형의 마음가짐으로 자신을 무장해야 할 것이다. 그러나 단순히 마음가짐만으로는 안 된다. 반드시 실천이 따라야 한다. 그렇다고 겉과 속이 달라서는 안 될 것이다. 해커 문화에서 인정을 받기 위한 방편으로 해커식 마음가짐을 배양하려 한다면, 여러분은 주제의 초점을 잃은 것이나 진배없다. 이러한 것을 믿는 유형의 사람이 된다고 함은, 스스로 끊임 없이 동기부여를 하고 스스로 학습해야 된다는 것이다. 이것이 중요한 점이다. 모든 창조적인 예술과 마찬가지로, 명인(名人)이 되기 위한 가장 효과적인 방법은 거장(巨匠)들의 사고 방식과 심적 경향을 모방하는 것이다. 지적으로뿐만 아니라 정서적으로도 말이다 … (중략)

… 해커로 가는 길은 상당한 즐거움을 안겨다 준다. 그러나 엄청난 노력이 동반되는 즐거움이다. 노력을 통해서 동기 유발이 된다. 성공적인 운동 선수는 자신들의 신체를 단련하고, 과거의 자신의 한계를 극복하는 과정에서의 육체적 즐거움으로부터 동기 유발이 된다. 이와 같이 해커가 되어간다는 것은 문제를 해결하고, 자신의 기술을 예리하게 가다듬고, 자신의 지능을 함양하는 과정에서 원초적인 전율을 느끼는 것이다. 만약 당신이 천성적으로 이런류의 사람이 아니지만 해커가 되고싶다면, 당신은 모든 방법을 동원해서 이러한 사람이 되기 위해 노력을 해야한다. 그래도 해커가 되고 싶다면, 다음의 문구들을 깨달을 때까지 암송하라."

- 이 세계에는 해결을 기다리는 매력적인 문제들이 산적해 있다.

- 그 누구도 같은 문제를 두 번씩이나 해결하려들면 안 된다.

- 권태롭고 단조로운 일은 악(惡)이다.

- 자유는 좋은 것이다.

- 마음가짐이 되었다고 해서 능력이 없어도 된다는 얘기는 아니다.

8.4 기여의 합법성

커뮤니티의 참여가 수반되는 오픈소스 소프트웨어 프로젝트에 있어서 관련된 모든 구성원(프로젝트 소유자와 커뮤니티 멤버 모두)의 기여에 대한 법률적인 관리가 중요한데, 그것이 저작자의 권리(Authorship)와 소유권(Ownership)을 확립하기 때문이다. 또한 이것은 서로 다른 개발자들이 작성한 소스코드의 조합으로 이루어진 단일 소프트웨어 제품에 대한 권리에 영향을 주기 때문이다[57].

어떤 작업 결과물의 저작자는 그것을 창조한 자연인 또는 법인이므로 원 창작물의 저작자 자격은 불가피하게 그 사람에게 주어진다. 그러나 복수의 개인들이 작업한 결과물에 대해서는 다음과 같이 몇 가지 가능한 상황에 따라 고려할 점들이 존재한다[65].

- **협력적 작업(Collaborative Work)의 결과물은 독립적으로 활용하는 것이 가능한 부분들의 조합이다.** – 특히, 오픈소스 소프트웨어 개발 과정에서의 협업은 잘게 쪼개진 모듈들을 각자 개발하여 조합하는 방식이기 때문에 각 코드 조각들에 대한 독립적 활용이 가능하다. 이러한 조각을 '코드 스니핏(Code Snippet)'이라 한다.

- **공동 저작물(Collective Work)은 독립적으로 활용이 불가능한 다양한 기여의 집합이다.** – 동일한 코드 스니핏에 대한 다수의 반복적인 작업(예를 들어, 한 사람이 개발한 코드 스니핏을 다른 사람이 보완하는 식의 반복적인 개선)이 이루어지는 특성 때문이기도 하고, 프로젝트의 전 과정에서 모든 구성원의 직간접적인 참여가 이루어지기 때문이다.

- **위탁 작업 결과물(Commissioned Work) 또는 재정적인 보상에 따른 작업 결과물인 경우, 저작자 자격은 위탁을 의뢰한 측에게 있다.** – 특히, 오픈소스 소프트웨어 프로젝트에 기업의 재정적 참여(금전적 보상의 지급, 고용, 후원 등)가 있을 경우가 이에 해당한다.

오픈소스 소프트웨어에 있어서 저작자 자격은 주로 위의 고려사항에 따라 결정된다. 그러나 오픈소스 소프트웨어 커뮤니티는 이러한 문제에 대한 하나의 원칙을 공유한다. 즉, '소유권의 이전'이다. 자연적으로 발생하는 저작자의 권리는 유지하지만, 이에 대한 소유권은 커뮤니티에 이전함으로써 개발자 개인들의 배타적 소유를 배제하는 것이다. 참고로 이것은 저작자가 모든 저작권을 포기하기 때문에 소스코드의 자유로운 수정 또는 재배포뿐만 아니라 심지어 비공개 라이선스 방식으로 바꾸거나, 원 저작자의 이름을 지우고 자기의 작품으로 취급하는 것도 허용하는 '공공 도메인 소프트웨어(Public Domain Software)'와는 다르다.

> **• 참고 – 컴퓨터 프로그램 위탁개발의 경우 저작권의 귀속[224]**
>
> 흔히 이런 의문점을 가지고 있다.
>
> "(1) 회사 직원 A가 회사 업무 차원에서 컴퓨터 프로그램을 개발했을 때에 컴퓨터 프로그램의 저작권자는 누구인가?"
>
> "(2) B 회사가 회사 직원이 아닌 C 개발자에게 컴퓨터 프로그램 개발을 의뢰했을 때 그 컴퓨터 프로그램의 저작권자는 누구인가?"
>
> 오픈소스 소프트웨어 개발과 동일한 상황은 아니지만, 잠재적인 법률적 이슈에 이해를 돕기 위해 참고로 위탁개발 결과물에 대한 저작권 귀속에 관한 (대한민국의) 법 규정을 설명하면 다음과 같다.
>
> 저작권자란 컴퓨터 프로그램 등의 저작물을 실제로 창작한 사람으로 정의한다. 따라서 컴퓨터 프로그램 개발에 힌트나 동인을 준 사람은 저작권자가 아니고, 완성된 컴퓨터 프로그램을 검증한 사람 역시 저작권자가 아니다. 저작권자의 개념은 간단하긴 하지만 현실적으로 저작권자를 구분해 내는 것이 쉽지 않은 경우도 있다. 특히 컴퓨터 프로그램을 스스로 개발하지 않고 의뢰받아 개발한 경우가 그렇다. 컴퓨터 프로그램의 개발 의뢰는 회사 내에서 그 회사 직원에게 한 경우도 있고, 반대로 회사 외의 프리랜서 개발자에게 의뢰한 경우도 있다. 이를 차례로 살펴보자.
>
> 회사가 기획해 회사 내의 직원에게 개발을 의뢰한 경우 이를 '업무상 저작물'이라고 하는데, 우리 저작권법 제9조는 저작권의 귀속에 관해 '법인·단체 그 밖의 사용자(법인)의 명의로 공표되는 업무상 저작물의 저작자는 계약 또는 근무규칙 등에 다른 정함이 없는 때에는 그 법인' 등이 된다. 따라서 그 컴퓨터 프로그램의 저작권은 원칙적으로 회사에 속하게 되어 있다.

다만 회사가 기획한 다음 그 회사 내의 직원에게 개발을 의뢰해 업무상 저작물이 창작되었다고 하더라도 그 저작권 귀속에 관해 계약 또는 근무규칙 등에서 합의가 있는 경우에는 그 합의에 따라 저작권자가 결정되므로, 종국적으로 회사가 아닌 직원에게 저작권이 귀속될 수 있으나 현실적으로 이러한 경우는 매우 드물다.

한편 회사가 직원이 아닌 프리랜서 개발자에게 컴퓨터 프로그램의 제작을 의뢰한 경우는 어떠한가? 이 경우는 두 가지로 나눠 살펴봐야 한다.

첫째, 컴퓨터 프로그램의 제작을 단순히 의뢰한 경우(단순도급)인데, 이 경우에는 저작권자의 정의에 의해 의뢰한 사람(도급인)이 아닌 개발한 사람(수급인)에게 저작권이 귀속된다. 창작의 과정이 주도적으로 개발자에 의해 결정되기 때문이다. 따라서 컴퓨터 프로그램의 제작을 의뢰하고자 하는 사람은 반드시 계약으로써 종국적으로 저작권의 귀속이 의뢰한 사람에게 속함을 정해 둬야 할 것이다.

둘째, 컴퓨터 프로그램을 기획하고 개발자에게 자세한 주문이나 구체적인 지시를 하고 자기 의도대로 컴퓨터 프로그램을 작성케 한 경우인데, 이 경우에는 그 지시의 정도에 따라 달라질 수밖에 없다. 이에 관한 상반된 두 가지 판례를 소개한다.

먼저, 일본의 판례다. X가 화가 Y에게 지도 제작을 의뢰했는데, X는 지도의 도안·색채·도형뿐만 아니라 지도에 들어갈 주요 도로, 건물, 시설 등까지 상세히 지시하였지만, 도쿄지방법원은 화가 Y가 화가로서의 예술적인 감각이나 기술을 구사해 스스로의 창의와 수단에 따라 제작한 것이므로 화가 Y에게 저작권이 귀속된다고 판시했다.

반면, 우리나라 대법원은 '주문자가 전적으로 프로그램에 대한 기획을 하고 자금을 투자하면서 개발업자의 인력만을 빌어 개발을 위탁하고 개발업자는 당해 프로그램을 오로지 주문자만을 위해서 개발·납품한 경우'에 개발자가 아닌 의뢰자를 저작권자로 보았다(대법원 2000. 11. 10. 선고 98다60590 판결). 우리나라의 경우, 지시의 정도가 구체적이거나 개발자의 재량이 적어질수록 의뢰자에게 저작권이 귀속된다는 것인데, 이 경우를 법인 등의 업무에 종사하는 자가 업무상 창작한 프로그램에 준하는 것으로 볼 수 있다는 취지이다.

그러나 계약에 명확히 명시하지 않을 경우, 일본의 사례에서와 같이 여전히 다툼의 소지는 존재한다.

한편, 오픈소스 소프트웨어는 '수정과 재배포가 가능'하기 때문에 파생 저작물(Derivative Works)의 발생은 일반적인 현상이다. 그러나 그 결과물에 대한 권리 규정은 작업에 사용되는 오픈소스 소프트웨어 라이선스별로 특정하게 명시된 제약 사항에 따라 다를 수 있다. 따라서, 어떠한 경우건 오픈소스 소프트웨어를 새롭게 개발할 때도 반드시 이에 대한 조건을 명확히 규정하여야만 한다.

어떤 작업 결과물의 원래의 소유자는 항상 원저작자이다. 하지만 오픈소스 소프트웨어의 경우처럼, 작업 결과물에 대한 권리의 일부는 라이선스 조건에 따라 이전될 수 있다. 또한, 파생 저작물의 경우, 이전 저작물의 이용허가(라이선스)를 받았다는 가정하에 2차 저작자가 파생 저작물의 저작자가 되고, 첫 저자는 이전 저작물의 권리를 갖는다(이것은 비단 오픈소스 소프트웨어에만 국한되는 규정이 아니라 일반적인 지적재산권 관련 법률에 있어서도 동일하다).

따라서, 위의 권리를 행사하기 위해서 각각(원작자와 파생저작자 모두)의 작업 결과물에 대한 저작자를 식별할 수 있어야 한다. 프로젝트에 대한 기여자와 파생 저작물이 많은 오픈소스 소프트웨어의 경우, 다소 번거로울 수는 있으나 각각에 대해 기여한 저작자들의 명단을 유지하는 것을 원칙으로 하고 있다. 이것을 '크레디트(Credit)'라 하는데, 당초 영화 등의 제작자·출연자·협력자·자료제공자 등의 리스트를 의미하는 말로, 여기에서는 소스코드 파일에 원작자와 기여자들을 표시하는 오픈소스 개발자들의 관행을 의미한다.

제 9 장

오픈소스 소프트웨어 비즈니스 모델

제 9 장

오픈소스 소프트웨어 비즈니스 모델

오픈소스 소프트웨어에 기반을 둔 비즈니스 모델은 독점적 소프트웨어를 판매하는 전통적인 모델과는 다른 새롭고 독창적인 수입 획득 방법이다. 개인과 달리 기업이 오픈소스 소프트웨어 프로젝트에 참여하는 경우 한 가지 중요한 요인을 고려할 필요가 있는데, 그것은 투자에 대한 경제적인 수익을 확보하는 방법이다.

그러나 앞에서 살펴보았듯이, 소프트웨어를 통해 창출되는 수입이 반드시 그것의 판매와 직접적으로 연결될 필요는 없다. 소프트웨어의 판매가 수입의 원천인 기업은 소프트웨어 산업의 일부일 뿐이다. 또, 이러한 기업들조차도 불경기 속에서의 생존을 보장 받기 위해서든, 안정된 수입의 지속을 위해서든 보완적인 서비스 비즈니스를 채택하는 것이 유리하다는 것은 자명한 사실이다[66].

이번 장에서는 오픈소스 소프트웨어 모델의 이점과 이를 활용한 다양한 비즈니스 모델들을 살펴볼 것이다.

9.1 모델의 이점

비즈니스에 있어서 오픈소스 소프트웨어 모델의 적용은 기업에게 많은 전략적 이점들을 제공할 수 있으며, 또한 다양한 방법으로 회사 또는 조직의 비즈니스 모델에 영향을 줄 수 있다. [표 9-1]은 오픈소스 소프트웨어 비즈니스에 따른 전략적 이점[169]을 요약한 것이다.

[표 9-1] 오픈소스 소프트웨어 비즈니스의 전략적 이점

사용자 기반과 커뮤니티	시장 위상과 경쟁	수익모델 및 재정
• 사용자 기반 개발	• 제한된 시장으로의 접근	• 새로운 서비스 창출
• 시장에 대한 정보	• 명성	• 보완 서비스 요구 증가
• 혁신의 전파	• 경쟁자 공격	• 개발 비용 절감
• 생산성 증가	• 비공개 표준에 대항한 개발선점	• 낮아진 손익 분기점
• 고객 요구사항 만족	• 약자 포용정신	• 새로운 수익모델 도입
• 외부 개발자 활용	• 벤더종속 탈피	
• 새로운 스킬 및 프랙티스 습득		

9.1.1 사용자 기반과 커뮤니티

규모가 큰 사용자 커뮤니티들에서는 대개 최소한의 세일즈 및 마케팅 비용으로도 빠르게 오픈소스 소프트웨어로 변환하여 구축되는 사례들이 있다. 이 경우, 기존 시장들을 와해시키거나 재형성하면서 상당한 시장 점유율을 획득할 수도 있다. 그 예가 넷스케이프(Netscape)사인데, 넷스케이프는 자사 제품의 사용자 기반을 확대함으로써 경쟁사의 제품에 대항하기 위해 넷스케이프 브라우저(Netscape Browser)의 소스코드를 공개했다.

오픈소스 소프트웨어 개발을 통해 제품, 서비스, 고객의 요구, 그리고 궁극적으로는 시장 자체에 대한 정보가 동적으로 수집되기도 하며, 다른 제품이나 시스템과의 호환성을 확보할 수 있는 기회를 제공[67]하기도 한다.

동시에, 오픈소스 소프트웨어 개발은 커뮤니티를 통해 혁신과 연구의 성과를 전파하는 강력한 수단을 제공한다. 제품의 소스코드를 사용할 수 있게 하는 것은 수많은 개발자들에게 이에 대한 흥미와 매력을 느끼게 하여 더 큰 혁신으로 이끈다.

또, 오픈소스 소프트웨어 커뮤니티에서 발견된 재능과 전문성을 활용하여 개발 생산성이 크게 증가될 수 있으며[68], 오픈소스 소프트웨어 개발 프로세스와 사용자 및 고객 기반의 긴밀한 상호작용은 설계 프로세스와 커스터마이징 프로세스에서 고객의 요구사항을 반영할 수 있게 한다. 이것은 독점적 소프트웨어 개발 방법에 비해 경쟁 우위를 제공한다.

마지막으로, 오픈소스 소프트웨어로의 이동은 최소한의 개발자를 고용하는 소기업들이 외부 개발자들의 방대한 풀(Pool)과 그들의 기술적 스킬과 전문성으로부터 혜택을 볼 수 있게 한다. 또, 동료 검토와 같은 작업들에 참여함으로써 좀 더 나은 소프트웨어 제품들을 개발하고, 내부의 노력만으로는 창출하기 어려운 혁신에 이르게 한다.

9.1.2 위상과 경쟁

오픈소스 소프트웨어는 전통적인 시장 전략이 적용되지 않는 제한적인 커뮤니티들에 대한 효과적인 접근 방법이 될 수 있다. 이러한 틈새 시장의 특정한 요구에 대한 커스터마이징(Customizing) 및 개작을 통한 적용(Adaptation)은 추가적인 수익 흐름을 제공한다[69].

또한, 오픈소스 소프트웨어 접근법은 상당히 낮은 비용(또는 완전히 무료)으로 유사한 제품을 제공함으로써 경쟁자들에 의한 폐쇄적 독점적 표준들에 대항해 개발을 선점할 수 있으며[70], 경쟁의 무기로 사용할 수 있다. 이것의 전형적인 예로, 오픈오피스(OpenOffice) 제품 군[239]이 있다.

마지막으로 고객들은 오픈소스 소프트웨어 덕분에 '벤더종속(Vendor Lock-in, 공급 업체의 제품 및 기술에 구속되는 현상)'을 피할 수 있다. 이 점이 사용자와 고객의 충성도(Loyalty)에 긍정적인 영향을 주고 있다[71].

9.1.3 수익

독점적 소프트웨어 제품을 오픈소스 소프트웨어로 전환함으로써 얻을 수 있는 간접적인 효과들도 있다. 즉, 주요 공급 제품을 보완 또는 지원하는 다른 제품들과 서비스에 대한 수요가 증대되는 것이 한 예이다. 이것은 더 나은 품질, 지원 및 커스터마이징의 가능성 때문에 회사의 수익성, 시장 위상 및 평판의 향상을 이끌 수 있다[69]. 이와 같은 전환 전략, 즉 사유 소프트웨어에서 오픈소스 소프트웨어로의 이동은 부분적으로 또는 단계별로 수행될 수 있다. 만료 기한이 있는 클로즈드 라이선스(Closed License)로 소스코드를 제공하거나, 클로즈드 소스(Closed Source)로 최신 버전을 판매하면서 그 제품의 이전 버전을 오픈소스 소프트웨어로 변환하는 것도 선택 가능한 전략이다(그러나 이 경우 앞의 8.1절에서 설명한 '페이크(Fake) 오픈소스'가 되지 않도록 주의를 기울여야 한다).

또다른 방법으로, 소프트웨어를 부분적인 오픈 솔루션(Open Solution)으로 제
공함으로써 고객들에게는 가치를 제공하면서도 경쟁 상대들이 이 소스코드를 직접
적으로 이용하지 못하게 할 수도 있다[70]. 이를 위한 방법 중 하나는 제한적 라이
선스(Restrictive License)를 적용하는 것이다. 또 다른 방법으로, 소프트웨어 제품
의 가장 중요한 레이어에 대한 통제는 유지하면서 특정 부분만 오픈소스 소프트웨
어로 제공할 수도 있다(이러한 예로, 애플의 맥 OS X 운영체제를 들 수 있다).

그러나 소프트웨어 벤더가 그들의 제품을 오픈소스 소프트웨어로 공급할 것인
지를 결정하기 위한 방법과 정도는 시장 내에서의 위상 또는 다른 제품들과의 경쟁
에 따라 달라진다. 예를 들어, 보완재(Complementary Product)들의 생태계를 선
도하며 큰 시장 점유율을 가진 제품이나 또는 두드러진 기술적 역량을 가진 제품은
오픈소스 소프트웨어가 될 가능성이 적다[71].

9.2 모델의 분류

오픈소스 소프트웨어 비즈니스를 시도하려는 기업의 의사결정은 기술적, 사회적 이점과 같은 고려사항뿐만 아니라, 비즈니스 관점에서의 평가(아무래도 수익의 가능성이 주 관심사 이겠지만)와 그러한 의사결정이 조직에 미치는 영향에 대한 세심한 검토를 기반으로 이루어져야 한다.

사실 아직까지 오픈소스 소프트웨어 비즈니스 모델, 특히 오픈소스 소프트웨어를 개발하고 배포하는 것에 따르는 수익 논리는 독점적 소프트웨어를 라이선스 기반으로 판매하거나 서비스하는 전통적인 모델들보다 명확하지는 않다.

그러나 오픈소스 소프트웨어 비즈니스 모델에 있어서 수익 논리는 앞 절에서 살펴보았듯이 전체 그림의 한 부분일 뿐이다. 무엇보다 제품 전략과 비즈니스 전략이 중요한데 여기에는 제공되는 서비스의 유형, 핵심 기능의 개발과 경쟁 우위, 회사의 시장 접근 방식, 가치 사슬의 창출, 또는 특정 고객 커뮤니티의 개발 등이 포함된다. 그러므로 오픈소스 소프트웨어 비즈니스로의 이동은 단지 새로운 수익모델의 구성이라기보다는 기업의 전략적 행위로 보는 것이 바람직하다.

오픈소스 소프트웨어 비즈니스 모델에 대한 이해의 폭을 넓히고, 그것을 통해 다향한 모델들의 가능성을 분석하기 위해 우선 이 절에서는 오픈소스 소프트웨어 비즈니스 모델의 유형을 분류하기 위한 다양한 관점들을 살펴볼 것이다[41][69].

9.2.1 옵타로스의 분류

독점적 소프트웨어는 하나의 패키지 형태로 판매되기 때문에 대량의 판매가 가능하고, 이로 인하여 제품의 성능 및 기능 측면에서도 큰 발전을 이루어왔다. 하지만 오픈소스 소프트웨어는 독점적 소프트웨어와 같은 비즈니스 모델을 구축한다는 것이 어렵다. 오픈소스 소프트웨어는 라이선스 비용을 요구하지 않기 때문에 개발자들의 자발적인 참여에 의해서 소프트웨어의 향상을 이룰 수는 있더라도 그 자체로서 비즈니스 원동력으로서의 수익을 가져다주지는 않기 때문이다.

따라서, 오픈소스 소프트웨어의 비즈니스 모델은 독점적 소프트웨어와는 근본적으로 다른 형태를 가지고 있는데, 온라인 기반의 세계적인 IT 컨설팅 및 시스템 통합 서비스 전문 업체인 옵타로스(Optaros, https://www.optaros.com)는 오픈소스 소프트웨어 비즈니스 모델을 다음의 [표 9-2]와 같이 네 가지로 분류하였다 [72].

[표 9-2] 옵타로스의 오픈소스 소프트웨어 비즈니스 모델 분류

구분	설명
전통적인 소프트웨어 모델과 유사한 모델	초기에는 오픈소스 소프트웨어로 개발하다가 나중에 상용으로 판매하는 모델
듀얼 라이선스 모델	상용 소프트웨어로 판매되면서도 오픈소스 소프트웨어 라이선스를 유지하는, 즉 듀얼 라이선스를 갖는 비즈니스 모델
오픈소스 소프트웨어에 대한 서비스 가입 모델	오픈소스 소프트웨어의 획득은 무료로 누구나 이용이 가능하지만, 이에 대한 지원 및 서비스를 포함하였을 때는 일정 계약 기간을 두어서 이에 대한 비용을 지불하도록 하여 비즈니스를 수행하는 모델
오픈소스 소프트웨어 프로젝트에 서비스를 제공하는 모델	오픈소스 소프트웨어 프로젝트 자체에 대한 서비스를 제공하는 모델

첫 번째의 전통적인 소프트웨어 모델과 유사한 모델은 대형 소프트웨어 개발의 초기에 적용할 수 있는 형태이다. 초기에 개발되는 소프트웨어는 많은 기능을 가지고 있지 않기 때문에 오픈소스 소프트웨어의 형태로 누구나 사용, 수정할 수 있게 하지만, 소프트웨어의 기능이 추가되고 점점 크기가 증가하면서 상용 소프트웨어 제품으로 판매되는 경우이다. 즉, 상용 소프트웨어에 있어서 하나의 기반이 된다고 볼 수 있다.

두 번째의 듀얼 라이선스 모델은 다양한 계층의 사용자들에게 소프트웨어를 공

급하는 역할을 하는데, 같은 소프트웨어라 하더라도 기업 사용자를 대상으로 할 경우에는 이를 상용 소프트웨어의 형태로 판매하는 라이선스를 적용하고, 개인 사용자를 대상으로 할 경우에는 무료의 오픈소스 소프트웨어 라이선스를 적용한다.

세 번째의 오픈소스 소프트웨어에 대한 서비스 가입 모델은 소프트웨어 제품에 대한 비용을 청구하지는 않지만, 기업 또는 개인 사용자와 계약을 맺고 계약 기간 내에 서비스 및 지원을 수행하는 대가로 기업의 이윤을 도모할 수 있다. 최근에는 소프트웨어가 하나의 패키지 형태가 아닌 서비스의 형태로 제공되는 흐름이 확산되기 시작하면서, 이러한 비즈니스 모델을 가진 오픈소스 소프트웨어에 대한 관심이 더욱 높아지고 있고, 기존의 상용 소프트웨어를 판매하는 업체들도 오픈소스 소프트웨어를 공급하면서 이에 대한 서비스를 수행하기도 한다.

네 번째의 오픈소스 소프트웨어 프로젝트에 서비스를 제공하는 모델은 소프트웨어를 개발하는 기업보다는 소프트웨어에 대한 중개업이나 컨설팅 업무를 수행하는 업체에서 찾아볼 수 있는 비즈니스 모델로, 이들 중개업 및 컨설팅 기업에서는 오픈소스 소프트웨어를 직접 개발하지는 않지만, 이미 개발된 오픈소스 소프트웨어에 대해서 일반 기업에서 이들 소프트웨어를 사용하고자 할 때 이에 대한 전문적인 서비스를 수행하는 업무를 수행한다. 오픈소스 소프트웨어를 시스템 통합의 일부분으로 도입하여 사용하거나, 새로운 시스템을 개발하는 기업에 대해 오픈소스 소프트웨어를 지원하거나, 또는 오픈소스 소프트웨어 프로젝트를 대행하여 기업이 원하는 맞춤형 소프트웨어를 개발하여 공급하고 이에 대한 지원을 하기도 한다.

9.2.2 헥커와 레이몬드의 분류

오픈소스 소프트웨어의 비즈니스 전망에 대하여 연구한 프랭크 헥커(Frank Hecker)[202]는 오픈소스 소프트웨어 비즈니스 모델을 '수익의 원천', '라이선스 유형', '차별화의 기회', '지각된 가치에 근거한 가격 설정 기회' 등 네 가지의 분석 기준을 통해 [표 9-3]과 같이 분류하고 있다.

[표 9-3] 헥커의 비즈니스 모델 분류

모델	수익의 원천	라이선스 유형	차별화의 기회	원가 대비 지각된 가치에 기반을 둔 가격 설정 기회	사례
지원서비스 판매자	관련 서비스의 판매 (맞춤 개발에서 훈련, 컨설팅 등 모든 유형의 서비스를 포괄)	GPL	품질, 가격, 그리고 사용자 경험의 단순화 및 개선	제한적임(만일 기업이 양호한 평판을 가지고 있을 때는 가능)	시그너스 솔루션스, 레드 햇, 칼데라
로스 리더 (Loss Leader)	기타 독점적인 제품의 판매	BSD 또는 모질라	제품에 기반을 둠	가능함	샌드메일, 넷스케이프
위젯 프로스팅	하드웨어의 판매	–	하드웨어에 기반을 둠 (기능성, 성능, 융통성, 신뢰성, 원가 등)	제한적임(하드웨어의 가격 설정은 일반적으로 원가에 기반함)	코렐, VA 리눅스
액세서리 제공	물리적인 제품의 판매 (예 : 서적 등)	–	제품 품질과 전문가로부터 자유로운 소프트웨어 사용자의 충성도	제한적임(브랜드 평판으로 약간의 가격 인상이 허용될 수 있음)	오라일리
서비스 실현자	프로그램에 의해 제공되는 온라인 서비스의 판매	GPL 또는 모질라	백엔드 속성(고유하고 유용한 서비스의 창출)	만일 고유하고 모방 불가능한 서비스가 창출될 경우에는 가능함	넷스케이프
판매 후 무료화	주기적인 로스 리더 (Loss Leader)	BSD 또는 모질라	소프트웨어의 기능성 (폐쇄 상태가 유지되는 동안)	제품이 호환 가능한 자산이 될 때까지는 가능함(그 후에는 해제됨)	가설적임
브랜드 라이선스 부여	명칭에 대한 권리의 판매(버전이 일반적인 브랜드 버전과 공존함)	–	부가가치(예를 들어, 브랜드가 없는 제품에 대한 추가적인 검증 및 시험)	–	가설적임
소프트웨어 프랜차이징	프랜차이즈의 판매	–	지원 판매자와 브랜드 라이선스 제공	만일 양호한 평판을 지니고 있을 때 가능함	가설적임
하이브리드 (라이선스가 무료도 아니며 순수한 독점적 재산도 아님)	코드의 가용성을 제한함(특정한 조건 하에서의 라이선스 판매)				트롤텍, Qt
	상업적 사용자에게 판매할 시 사용자 기반의 처리				오픈 그룹
	상업적인 용도를 위한 판매 또는 특정 플랫폼 상의 사용을 위한 판매 시 사용자 기반의 처리				Qt

한편, 에릭 R. 레이몬드[45]는 오픈소스 소프트웨어의 '사용 가치(중간 제품으로서의 가치)'와 '판매 가치(최종 제품으로서의 가치)' 가운데 기업이 어떤 것을 최대한 활용하는가에 따라 분류하고 있다. 그러나 레이몬드는 사실상 '오픈소스 소프트웨어에 영향을 받는 간접적인 판매 가치'에 기반한 모델만이 다른 제품 또는 서비스의 판매를 실현 가능하게, 즉 수익을 내게 해준다고 보고 있다[198][240].

[표 9-4] 레이몬드의 비즈니스 모델 분류

구분	세부 모델
사용 가치에 기반한 모델	원가 공유(예: 아파치 그룹에 참여)
	위험 공유(예: 시스코)
간접적인 판매 가치에 기반한 모델	로스 리더(Loss Leader)/시장 포지셔너
	위젯 프로스팅
	레시피 무료 제공, 레스토랑 개설
	액세서리 제공
	미래는 무료로, 현재를 판매
	소프트웨어 무료 제공, 브랜드 판매
	소프트웨어 무료 제공, 콘텐츠 판매

이상에서 살펴본 헥커와 레이몬드의 비즈니스 모델들은 비록 분류에 있어서 체계화 및 추상화의 정도가 부족해 보이지만, 오픈소스 소프트웨어를 비즈니스 모델의 일부로서 활용한 기업들에 대한 관찰에 기초한 것이라는데 그 의미가 있다.

9.2.3 유럽 워킹그룹의 분류

자유 소프트웨어에 관한 유럽 워킹그룹의 보고서[73]에서는 먼저, 오픈소스 소프트웨어 프로젝트의 자금 조달 방식을 '대학 등 비영리 민간 조직에 의한 공공 자금 조달', '소프트웨어 기능 개선을 필요로 하는 이들에 의한 직접적 자금 조달 (예: 코렐의 마카다미아 등)', '관련된 혜택을 기대하는 비즈니스 주체들에 의한 자금 조달(예: 오라일리, 펄, VA 리눅스 등)', '내부 투자로서의 자금 조달(예: 레드햇)' 로 분류하고, 이 중에서 마지막의 방식이 프로젝트를 주도함으로써 경쟁 우위를 확보하고 그 결과, 서비스를 통한 수익 창출의 가능성이 있는 모델이라고 분석하고 있다. 이에 따라, '내부 투자로서의 자금 조달'에 의해 가능한 오픈소스 소프트웨어 비즈니스 모델들을 [표 9-5]와 같이 분류하고 있다.

[표 9-5] 유럽 워킹그룹의 비지니스 모델 분류

모델	차별화	수익	라이선스	사례
보다 나은 지식 제공	제품에 대한 더 나은 이해 (반드시 제품 개발자 또는 협업자여야 함)	관련 서비스 (맞춤 개발, 수정, 설치, 통합)	오픈소스 라이선스	• 리눅스케어 (LinuxCare, 초기 버전) • 알코브(Alcove)
제한된 보다 나은 지식 제공	제품에 대한 더 나은 이해 (반드시 제품의 개발자여야 함), 일부는 독점적 상태 유지	관련 서비스 및 상용 라이선스를 가진 모듈의 판매	오픈소스 및 상용 라이선스	• 칼데라(Caldera) • 지미안(Ximian)
필요한 모든 소스 제공	거의 완전한 무료 제품 (개발자여야 함)	관련 서비스(맞춤 개발, 수정, 설치, 통합)	오픈소스 라이선스	• 지미안(Ximian) • 조프(Zope)
제한된 소스 제공	원칙적으로 상용 제품 (채택을 확대하기 위한 전략으로서의 소스 제공)	상업적 버전의 판매	오픈소스 및 상용 라이선스	• 아토프코드(Artofcode) LLC • 에이다 코어 테크놀로지스 (Ada Core Technologies)
특별 라이선스	최고의 지식(GPL을 원하지 않는 고객에 대한 상용 버전의 제공)	상업적인 버전 및 관련 서비스의 판매	GPL 및 상용 라이선스	• 슬리피캣(Sleepycat)
브랜드 판매	이미지와 브랜드에 기초	배포판과 관련 서비스 (인증 및 훈련 포함)의 판매	오픈소스 라이선스	• 레드햇(Red Hat)

9.2.4 스테파노스의 분류

스테파노스(Stephanos Androutsellis-Theotokis) 등은 오픈소스 소프트웨어 생태계에 관련된 회사, 그룹 또는 조직들의 유형을 정의하고, 이러한 협력을 기반으로 가능한 비즈니스 모델들을 분류하였다[169]. [그림 9-1]은 오픈소스 소프트웨어 생태계를 구성하는 참여자들의 유형과 비즈니스 모델을 요약한 것이다.

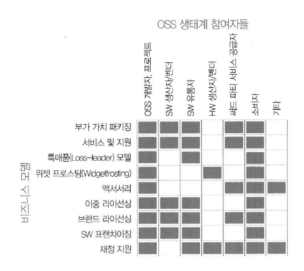

[그림 9-1] 오픈소스 소프트웨어 비즈니스 모델과 생태계

이 중에서 오픈소스 소프트웨어 생태계에 참여하는 '소프트웨어 유통업체들'은 시스템 통합, 패키징, 품질보증 및 서비스 비즈니스에 초점을 둔다. 전형적인 예로, 다양한 리눅스 운영체제 유통업체(예: 레드햇, 수세 등)들이 있다.

'소프트웨어 생산자들과 벤더들'은 자신들의 제품에 오픈소스 소프트웨어를 통합함으로써 총 개발 비용을 절감할 수 있다. 또, 보완 서비스 또는 써드-파티 오픈소스 소프트웨어 제품 사용자들을 대상으로 한 기술 지원을 제공할 수도 있고, 그들의 제품(예: 썬의 자바, 넷스케이프의 모질라) 또는 (부분적인) 소스의 공개를 선택할 수도 있다.

'하드웨어 생산자들과 벤더들'은 자신들의 하드웨어에 오픈소스 소프트웨어를 통합할 수 있다(예: IBM, HP 등). 또, 셋탑 박스(Set-top Box), 광대역 라우터(Broadband Router), 모바일 폰(Mobile Phone), GPS 내비게이터와 같은 임베디드 소프트웨어(Embedded Software) 플랫폼에서 오픈소스 소프트웨어를 사용할 수 있다(예: 티보 디지털 비디오 레코더, 안드로이드 기반의 모바일 폰 등).

써드-파티 서비스 제공자들은 프로젝트 및 유통 업체들과 유사한 기술 지원 서비스, 보조 서비스, 부가가치 서비스 등을 제공하며, 기타 비즈니스 유형들로 커뮤니티에서 오픈소스 소프트웨어 제품들과 함께 판매되는 액세서리를 생산하는 회사 등이 있다.

이러한 생태계를 구성하는 다양한 참여자들로 인해 가능한 비즈니스 모델들은 [표 9-6]과 같다.

[표 9-6] 스테파노스의 비즈니스 모델 분류

모델	세부 유형들과 사례	
부가가치 패키징	부가가치 제품들(상용 유틸리티, 응용프로그램 등)과 서비스(시스템 설치 및 통합, 기술 지원, 커스터마이징, 업그레이드 등)들을 핵심 오픈소스 소프트웨어 제품과 함께 번들로 제공	기술 지원, 커스터마이징 및 업그레이드 서비스 – 주로 기업 고객들을 대상으로 장기 계약
		소프트웨어 버전 지원 서비스 – 가장 최근의, 안정적이고 안전한 버전을 식별하고 제공, 구독(Subscription) 메커니즘을 통해 특별한 고급 버전 또는 향상된 버전을 제공(예: 레드햇)
		패키징 – CD-ROM과 인쇄된 문서 등의 물리적 배포와 배송
서비스 및 지원	부가가치 패키징과 유사한 비즈니스 모델을 형성하지만, 더 독립적인 서비스들과 지원기반 솔루션들을 대상으로 함	구독기반 모델 – 매뉴얼하게 소프트웨어 업데이트 버전과 새 버전을 체크할 수 있는 자격과 기술 지원을 위한 토론 포럼에 대한 접근할 수 있는 자격을 제공(특정 작업에 도움이 필요할 시 고용된 컨설턴트 및 계약업체를 이용할 수도 있음), 사후 교육 및 지원도 추가적인 도큐먼트, 매뉴얼과 함께 제공될 수 있음(예: 수세 리눅스, 레드햇의 제이보스 등)
		컨설팅 서비스 – 오픈소스 소프트웨어와 관련된 의사 결정과 투자 전략 제공(때때로 소프트웨어 공급자들이 컨설턴트 역할을 하기도 함)

로스 리더 모델	연결된 다른 상용 소프트웨어에 대한 수요를 유치하고 관심을 유발하기 위해 오픈소스로 배포	상용 소프트웨어는 오픈소스 제품의 향상된 버전일 수도 있고 (예: 오픈소스 샌드메일과 상용 샌드메일 프로), 기능이 추가된 제품들일 수도 있음 (예: 'IBM Rationale사'의 'Rose'나 'SA' 등).
듀얼 라이선스	고객들이 어떤 라이선스 방식의 소프트웨어를 사용할지 선택하도록 허용	비상용 응용프로그램 버전에는 GPL과 같은 무료 라이선스를 적용하고, 상용 응용프로그램 버전 또는 확장된 버전에는 상용 라이선스를 적용(예: 큐트, 마이에스큐엘)
위젯 프로스팅	하드웨어 제품들에 커널, 프린터 드라이버, 컴파일러, 운영체제 또는 응용프로그램과 같은 오픈소스 소프트웨어를 내장	예: 리눅스 커널을 탑재한 티보 셋탑박스, 페도라 GNU/리눅스 배포판을 기반으로 한 제3세계 어린이 노트북 보급 재단의 XO 노트북 등
브랜드 라이선싱	특정 브랜드 네임과 트레이드마크에 대한 사용권을 다른 회사에게 부여하고, 이에 대한 대가를 청구	예: 썬의 자바
액세서리	책, 매뉴얼 및 도큐먼트와 같은 다양한 물리적 액세서리와 티셔츠, 머그컵, 그리고 스티커와 같은 부속 아이템들을 판매하거나 컨퍼런스 주최	예: 오라일리

이 외에 '재정 지원과 공존'을 위한 참여의 유형도 있는데, 이것은 엄격한 의미에서는 비즈니스 모델로 인정되지 않을 수도 있지만, 오픈소스 소프트웨어 프로젝트들은 종종 그 제품들을 채택한 회사들로부터 기부금 지원을 받기도 한다. 또, 자유 소프트웨어 재단(FSF) 같은 단체들이 프로젝트들을 지원하거나 직접적으로 프로젝트에 참여하는 프로그래머들을 지원하기도 한다.

기업들 또한 오픈소스 소프트웨어 프로젝트에 펀딩(Funding)하거나 프로젝트에 기여할 개발자들을 제공하는 등의 직접적인 후원을 하기도 한다. 또는 이전에 비공개였던 소프트웨어의 소스코드를 배포하고, 자사 직원들이 그것을 가지고 커뮤니티에서 작업하도록 하는 등의 직접적인 후원자가 되기도 한다(예: IBM의 이클립스). 또, 벤처 캐피탈(Venture Capital) 펀드들도 레드햇, 넷스케이프 및 기타 성공 사례들에 주목하며 오픈소스 프로젝트들에 상당한 관심을 표명하고 있다.

9.2.5 데파라의 분류

카를로 데파라(Carlo Daffara)는 오픈소스 소프트웨어를 핵심 비즈니스 모델로 하고 있는 120개 기업들을 대상으로 한 실증적 연구를 통해, '주된 수익의 원천'과 그들의 '라이선싱 모델'를 중심으로 오픈소스 소프트웨어 비즈니스 모델을 분류하였다[211].

데파라는 이 연구에서 '주된 수익의 원천'으로 '선정(Selection)', 'IT 서비스 (설치/훈련/지원/컨설팅)', '구독(Subscriptions)', '라이선스' 등 4개의 변수들을 식별해냈고, '라이선싱 모델'로 특징지어지는 기업들에 대한 군집분석을 적용한 결과, 다음과 같이 여섯 가지의 기본적인 비즈니스 모델과 추가적인 일곱 번째 집단(기타 보조 시장)으로 분류하였다.

[표 9-7] 데파라의 비즈니스 모델 분류

비즈니스 모델	설명
듀얼 라이선싱	무료 제품에 기반한 폐쇄형 소스코드를 개발하기를 원하는 고객들에게 판매하기 위하여 GPL과 상용 라이선스를 이용하는 이중 모델(데파라는 이 모델을 'Twin Licensing'으로 명명하였지만, 이 책에서는 용어의 통일을 위해, 같은 의미이지만 더 많이 사용되는 'Dual Licensing'으로 바꾸었다)
오픈소스 소프트웨어와 상업적 제품의 분리	오픈소스 소프트웨어에 기반한 상업적 제품을 판매하는 모델
뱃지웨어(Badgeware)	브랜드 보호(배포된 제품은 반드시 원래의 로고/소유권을 보이도록 유지하여야 함)
제품 전문가	오픈소스 소프트웨어를 개발하고, 그것과 관련된 서비스를 판매하는 모델
플랫폼 공급자	확실히 믿을 수 있는 플랫폼을 공급하면서 선정, 통합 및 지원 서비스를 제공하는 모델
선정/컨설팅	분석 및 컨설팅 서비스 모델(일반적으로 그 결과는 사적으로 보호되어야 하기 때문에 공동체에 환원하지 않음)
기타 보조 시장	소스포지와 같은 모델(이 모델들은 다양한 반면, 그 수는 제한되어 있어 일반화가 어렵지만 이것 또한 중요한 수익모델이기 때문에 과소평가해서는 안됨)

데파라의 비즈니스 모델 연구는 현재 오픈소스 소프트웨어 비즈니스에 집중하고 있는 기업들에 대한 실증적인 데이터를 제공하고 있다는 점에서 의미있는 연구이지

만, 헥커와 마찬 가지로 분류 체계보다는 각 기업들과 그들의 비즈니스에 대한 개별적인 특성을 묘사하는 데 그치고 있다.

9.3 오픈소스 비즈니스 모델

비즈니스 모델은 일반적으로 '수익의 원천', '타깃 시장', '제품의 개발 및 영업 방법', 그리고 '경쟁(또는 협력)자들과의 관계'로 특징지어진다. 특히, '수익의 원천'은 비즈니스 모델을 분류하는 기준이며, 그 성과 또한 '수익'을 토대로 판단된다[69].

그럼에도 불구하고, 기업들이 오픈소스 소프트웨어 개발에 대한 투자를 어떤 방법으로 회수하는지(즉, 수익을 내는지)에 대한 관심 이외에도, 그들이 오픈소스 소프트웨어 개발 모델이 제공해줄 수 있는 많은 장점들을 어떤 방식으로 최대한 활용하는가를 분석하는 것도 중요하다. 그 장점들 중 하나가 '협력적 경쟁'이라는 개념인데, 이는 독점적 소프트웨어 산업 생태계와 구분되는 오픈소스 소프트웨어 산업 생태계의 독특한 특징이다. 그것은 오픈소스 소프트웨어 개발과 그에 따른 비즈니스 전략을 수립하는 데 있어서 매우 중요하다[74].

개방형 협력을 통해 품질향상, 비용절감, 고객참여 등과 같은 많은 이점들을 얻을 수 있음에도 불구하고, 경쟁자들이 우리의 투자로 인해 일부 혜택을 보는 것은 불가피하다. 그렇기 때문에 우리는 오픈소스 소프트웨 비즈니스 모델의 성공 사례들을 통해, 이와 같은 우려를 사업상의 장점으로 승화시키기 위한 방법을 찾는 것이 필요하다.

그러나 이에 대한 해답을 찾아나가는 과정에서 명심해야 할 것은 오픈소스 소프트웨어 비즈니스에 있어서의 핵심 가치는 경쟁기업들과의 관계에서가 아닌, 고객(커뮤니티)들과의 관계에 있다는 점이다. 결국, 오픈소스 소프트웨어 비즈니스에 접근하려는 기업들의 핵심적인 이슈는 '고객 가치와 비즈니스 가치의 일치'이다. 그 해답을 함께 고민하기 위해 이 절에서는 잘 알려진 오픈소스 소프트웨어 비즈니스 기업들의 가치 실현 방식을 사례 중심으로 살펴볼 것이다[69].

다만, 독자들의 이해를 돕기 위해 많은 연구자들이 앞서 제시한 다양한 비즈니스 모델들을 종합하여 몇 가지 범주로 다시 정리하였는데, 그 기준은 앞서 5장의 '소프트웨어 비즈니스'에서 설명한, 일반적인 소프트웨어 비즈니스의 세 가지 모델, 즉 '개발 모델', '서비스 모델', 개발과 서비스를 병행하는 '하이브리드 모델'이라는 분류를 준용하여 크게 분류하였다. 그 다음에, 큰 분류 아래에 각각의 연구자들이 제시한 모델들[72] [202] [198] [240] [73] [169] [211] [69]을 중복되지 않게 배치하였는데, 오픈소스 소프트웨어 산업 생태계의 특성상 하드웨어 벤더들과, 기타 참여자들(프로젝트 호스팅, 액세서리 사업자 등)의 보조적인 비즈니스 모델들이 무시할 수 없는 규모로 존재하기 때문에 이들을 위한 분류를 별도로 추가하고 그 사례들을 설명하였다.

그러나 다양한 비즈니스 모델들을 이처럼 특정한 범주로 굳이 구분하는 것은 독자들의 이해를 돕기 위함일 뿐임을 유의하기 바란다. 즉, 여기에서의 구분은 모델들간의 경계를 의미하는 것이 아니라는 것이다. 실제, 사례로 제시하는 많은 기업들은 몇 개의 모델을 조합하거나 연속적인 모델로 활용하고 있다. 또, 일부의 경우 아직까지 시도 단계에 머무르고 있는 비즈니스 모델들도 포함되어 있다는 점을 미리 밝혀둔다.

[그림 9-2] OSS 기반 비즈니스 모델 분류

9.3.1 개발 모델

이 절에서는 특정한 프로젝트의 기획자 또는 리더로서 오픈소스 소프트웨어를 개발하는 모델과 기업들을 설명한다[69]. 이 모델에서 해당 기업들이 오픈소스 소프트웨어에 관여하는 것은 매우 중요한데, 그들의 사업 전략의 핵심적인 측면이 커뮤니티를 관리하는 일과 그 과정에서 혁신, 확산 및 자발적 기여라는 기회 요인을 획득하는 것이기 때문이다. 본질적으로 이러한 모델들은 커뮤니티를 위한 오픈소스 제품과 상업적 제품 또는 관련 서비스를 함께 가지고 있으며, 따라서 그러한 모델의 성공은 이들 둘 사이의 균형에 달려 있다. 마이에스큐엘(MySQL AB)과 같은 기업들이나 데파라의 연구에 나오는 네 가지 범주(듀얼 라이선싱, OSS/상용 버전, 뱃지웨어 그리고 제품 전문가)가 가장 대표적인 예인데, 그들의 주된 문제는 오픈소스 라이선스와 결합된 모델을 유지하면서 어떻게 개발에 대한 최초의 투자를 회수하느냐가 될 것이다.

이들 기업들의 한 가지 공통적인 전략은 상용 라이선스를 통하여 수익을 확보하는 것인데, 헥커의 '로스 리더(Loss Leader)'와 '판매 후 해제'와 같이, 주기적으로 상용 라이선스를 조합하는 모델도 있다. 로스 리더의 개념은 널리 보급되어 있는 전략인데 소프트웨어에만 국한되는 것은 아니다. 즉, 회사가 다른 품목을 구매하기를 원하는 다수의 잠재적인 고객의 관심을 끌기 위한 방편으로써 어떤 제품을 무료로 또는 그것이 공급 업체에게 손실을 초래하더라도 낮은 가격에 공급하는 방법이다. 이러한 측면에서 보면, 듀얼 라이선스 모델 역시 일정 부분은 로스 리더 전략을 활용하는 것이라고 볼 수 있다.

관련 제품의 매출을 촉진하는 것 외에도 소프트웨어 산업 내에서는 이러한 성격의 오픈소스 전략을 채택하는 데 따르는 몇 가지 장점이 있는데, 그것은 해당 기술을 사실상의 표준으로 자리잡게 하거나, 제품을 보다 매력적인 것으로 만들기 위한 개선 및 보완을 달성하거나, 제품의 잠재적인 고객을 포함한 청중들의 공감대를 형성하거나, 유지보수 원가를 절감하는 등의 것들이다.

9.3.1.1 순수 OSS 개발 모델

9.3.1.1.1 사용가치획득 모델

이 모델을 설명하는 데 있어서 에릭 레이몬드가 『성당과 시장』[45]'에서 설명한 것 이상으로 정확하게 설명할 방법이 없다. 따라서, 이 절에서는 레이몬드의 설명을 상당 부분 인용, 발췌한다. 레이몬드는 다음과 같이 설명하고 있다.

소스코드를 감출 때, 정확히 무엇을 보호하게 되는 것일까? 누군가를 고용해 회계 프로그램 패키지를 만든다고 가정해보자. 소스코드를 감추려고 하는 유일한 합리적 이유는 프로그램 패키지를 다른 사람에게 팔고 싶거나, 경쟁 회사가 해당 프로그램을 사용하지 못하게 하기 위해서일 것이다.

전자는 명백히 판매가치의 보호이다. 그러나 사내용으로 만들어진 95%의 소프트웨어에는 이것이 적용되지 않는다. 후자의 경우에는 약간의 검토가 필요하다. 여러분이 회계 프로그램 패키지를 오픈소스로 공개한다고 가정해보자. 프로그램이 인기를 끌고 공동체의 개선으로 더 좋은 프로그램이 되어, 이제 경쟁사도 이 프로그램을 사용하기 시작한다. 경쟁사는 개발 비용 지출 없이 이익을 얻고 여러분의 사업도 잠식해 간다. 이것이 소스 공개를 반대하는 논거가 될 수 있을까? 그럴 수도 있고 아닐 수도 있다.

회계 프로그램 패키지를 만든다는 가정 아래에서 개발 비용은 소스를 공개하든 아니든 지출해야 하는 비용이다. 오히려, 소스코드를 공개해서 개발 부담을 분산시킴으로써 비용이 절감된다. 따라서, 실제 문제는 소스를 공개해 개발 부담을 분산시킨 것에서 얻는 이익과 경쟁사의 무임승차 때문에 늘어난 손실 중 어느 쪽이 더 큰가이다.

흔히 말하는 소스코드 폐쇄의 또 다른 이유는 특수한 특정 회계 기능의 소스가 공개되는 것이 사업 계획의 기밀적 측면을 드러내는 것과 같다는 두려움이다. 하지만 이는 나쁜 설계의 경우이다. 올바르게 만들어진 회계 프로그램이라면 명세와 같은 소스코드에는 사업 정보가 전혀 나타나지 않아야 한다. 예를 들어, 데이터베이스 엔진에 데이터베이스 스키마가 포함되지 않는 것과 같다. 좋은 설계는 엔진을 오픈소스로 만듦으로써 갖는 이익을 극대화하면서 핵심 자산인 스키마(사업 정보)는 보호하는 것이다.

완전히 비합리적인 이유로 소스를 폐쇄하는 경우도 있다. 예를 들면 소스를 공개하지 않으면 크래커나 침입자로부터 기업 시스템 보안을 더 안전하게 지킬 수 있으리라는 착각이다. 만약 여러분이 이런 경우에 해당한다면 보안 전문가와 즉시 상담할 것을 권하고 싶다. 정말로 보안에 신경 쓰는 전문가들은 뼈저린 경험을 통해 배워왔기 때문에 폐쇄소스 프로그램의 보안을 믿을 만큼 어리석지 않다. 보안은 신뢰성의 한 일면이다. 철저한 동료검토를 거친 알고리즘과 구현물만이 안전하다.

따라서, 사용가치와 판매가치의 측면에서 고려할 때 사유 소프트웨어를 오픈소스 소프트웨어로 전환함으로써 위협받는 것은 오직 판매가치뿐이라는 것이다. 즉, 사용가치는 영향을 받지 않는다.

만약 판매가치보다 사용가치가 소프트웨어 개발의 주된 동인이고, 폐쇄소스보다 오픈소스 개발 모델이 더 효율적이고 효과적인 방법이라면, 예상되는 사용가치만으로도 오픈소스 커뮤니티를 통한 개발이 훨씬 이득이 될 것이다. 이러한 모델은 어렵지 않게 찾을 수 있다.

그 첫 번째가 '비용 공유 모델'로 아파치의 사례이다. 높은 안정성의 고용량 웹 서버가 사업에 꼭 필요한 회사가 있다고 가정해보자. 이러한 웹 서버는 하루 24시간, 일주일 내내 쉬지 않고 가동되어야 하며 더 빠른 속도와 맞춤변경도 필요하다. 이러한 요구를 어떻게 충족시킬 수 있을까? '사유 웹 서버 구입', '직접 개발', '아파치 그룹에 참여' 등 세 가지 선택이 가능할 것이다(이 중에서 사유 SW 구입과 직접 개발의 경우 앞의 4.2절에서 설명한 바 있기 때문에, 여기에서는 '아파치 그룹에 참여' 하는 경우의 이점만 설명한다). 아파치 서버는 동시다발적인 개별적 개발 노력보다 하나의 코드 기반을 개선하는 노력을 한데 모으는 것이 더 현명하다는 것을 깨우친 웹 마스터들이 개발한 것이다. 아파치를 선택했을 때의 이점은 매우 크기 때문에 아파치의 시장 점유율은 출시될 당시에도 높았지만, 지금도 60% 이상을 차지할 만큼 꾸준히 높아지고 있다. 아파치 사례는 개별 비즈니스 측면에서는 경쟁적일 수 밖에 없는 사용자들이(예를 들어, 이러한 웹서버를 필요로 하는 사용자들은 대부분 서로 경쟁적인 전자상거래 사이트를 운영하고 있기 때문에) 오픈소스 개발에 협력적으로 자금을 제공해 공통의 이점을 찾은 모델이다.

두 번째는 '위험 분산 모델'로 시스코 사례를 들 수 있다. 어느날 네트워크 장비 제조업체인 시스코(Cisco)의 프로그래머 두 명이 사내에서 사용할 분산 인쇄 스풀링 시스템 개발을 맡았는데 꽤 어려운 작업이었다. 임의의 사용자 A가 (바로 옆 방일 수도 있고 1천 킬로미터 이상 떨어진 곳일 수도 있는) 임의의 프린터 B를 사용할 수 있어야 하는 것은 물론이고 인쇄 용지나 토너 상태에 문제가 있을 경우, 가까이 있는 다른 프린터로 경로를 바꿀 수 있어야 했다. 또한 이런 문제를 프린터 관리자에게 보고하는 기능도 있어야 했다. 두 사람은 표준 유닉스의 인쇄 스풀링 소프트웨어를 솜씨 좋게 수정하고 몇 개의 래퍼 스크립트(Wrapper Script)를 덧붙여 작업을 완성(http://www.tpp.org/CiscoPrint/)했는데, 나중에 그들과 시스코 모두에 문제가 있음을 깨닫게 된다. 문제는 두 사람 모두 시스코에 계속 있을 것 같진 않다는 점이었다. 두 사람이 모두 시스코를 떠나면 결국 소프트웨어는 유지관리가 되지 않아 언젠가는 쓸모가 없어질 것이다. 자신이 개발한 소프트웨어가 그렇게 되는 것을 보고 싶은 개발자는 없을 것이다. 두 사람은 관리책임자에게 인쇄 스풀링 소프트웨어를 오픈소스로 공개해 달라고 설득했다. 그들의 주장은 소프트웨어가 오픈소스로 전환되더라도 시스코의 입장에서는 잃어 버릴 판매가치가 없으며, 오히려 더 많은 것을 얻게 되리라는 것이었다. 결국 사용자와 개발자 공동체가 확산되어 이 소프트웨어가 지속적으로 성장하도록 함으로써 시스코는 최초 개발자가 없어졌을 때 맞닥뜨릴 위험을 효과적으로 피할 수 있었다.

9.3.1.1.2 분산(소액)판매 모델

일반적으로 제품에 대해 오픈소스 라이선스를 허용하게 되면, 지적재산권을 통한 직접적인 수익 획득의 기회를 상실하게 될 것이라고 생각한다. 하지만 어떤 프로젝트에 대하여 오픈소스 라이선스를 선택한다고 해서 반드시 그것이 해당 제품으로부터 직접적으로 수익을 확보할 가능성을 포기하는 것을 의미하지는 않는다[69].

실제로는 많은 사람들이 만일 그 돈이 원래의 저작자에게 돌아갈 것이라고 생각될 때는 스스로 가치가 있다고 생각하는 작업 결과에 대하여 기꺼이 지불할 의사를 가지고 있다. 만일 어떤 프로젝트가 충분히 성공적이라면, 길거리 연주자가 입장료는 받지 않지만 자신의 시간과 노력의 투자에 합당한 돈을 거둘 수 있는 것처럼, 개발에 대한 대가를 얻을 수 있게 될 것이다[201].

오픈소스 소프트웨어 개발에서는 이와 같은 직접적이고, 분산된 자금 조달을 구조화하기 위한 메커니즘들이 구현되어 왔는데 '보조금', '보너스 및 장려금'에서부터 개발자와 잠재적인 고객을 함께 끌어 들이는 '온라인 시장'의 조성 등이 그 예이다[69].

물론, '기부(보조금)'라는 형태가 이러한 유형의 자금 조달에 있어서는 가장 간단한 메커니즘이지만, 수입에 대한 보장이 필요한 개발자에게는 지나치게 불안정한 것이다.

반면, 어떤 특정한 기능에 관심을 가지고 있는 사람들이 그것의 구현에 대하여 보상을 제시하는 '보너스 및 장려금' 체계에서는 다양한 사람이 기여할 수 있는 합계 보상 규모가 개발자에게 충분한 금액에 도달하면, 개발자는 그 일을 할 수 있다고 제안을 하고, 그것이 완료되었을 때 지급을 받는다[228].

한편, 이러한 체계는 개발 팀과 사용자들 사이의 신뢰에 의존하기 때문에 어떠한 지불 보장도 갖추고 있지 않다. 따라서, 이에 대한 대안으로 자연스럽게 일정한 형태의 중립적인 중개자가 필요하게 되었다. 중개자의 핵심은 '지불 기능'에 있는데, 소액에 대한 '지불 의사' 부족보다는 '불편함'이 문제였기 때문이다[75].

이에 기초해서 '가상 소프트웨어 시장'을 조성하려는 몇 가지 시도가 있었다. 그 가운데 현재 운영되고 있는 것으로는 바운티컨트리(BountyCountry, http://bountycounty.org/), 마이크로플렛지(MicroPledge, http://micropledge.com/) 및 바운티소스(BountySource, https:// www.bountysource.com/) 등이 있다.

이 모델은 만일 완전히 자원봉사자로 구성되는 비영리 오픈소스 소프트웨어 프로젝트일 경우에는 상대적으로 쉽게 사용자들의 공감을 불러 일으키기 때문에 오픈소스 소프트웨어를 위한 자금 조달의 자연스러운 방법으로 성공할 가능성이 높다. 즉, 개발자들이 각각의 관심과 역량에 맞게 프로젝트에 기여하는 것과 마찬가지로 사용자들 역시 자신의 가능성과 이해 관계에 맞추어 재정적인 기여를 하면서 프로젝트의 일부를 구성하기 때문이다.

그러나 이 모델은 기업의 주된 비즈니스로 적절치는 않다. 많은 프로젝트가 자금 조달을 위해 이러한 아이디어를 채택하고 있지만, 이것만으로는 기업을 운영할 만큼 충분한 수익을 확보하기 어렵기 때문이다.

따라서, 만약 이 모델을 적용(특히, 프로젝트를 주도할 경우)하기를 원하는 기업은 프로젝트의 목적이 영리 추구가 전부가 아니어야 하며, 또 커뮤니티 구성원들과 후원자들에게 해당 프로젝트가 공통의 선에 긍정적 영향을 미칠 것이라는 것을 입증함으로써 투명성과 신뢰를 인정받기 위해 노력하지 않으면 안 될 것이다.

9.3.1.2 OSS-독점적 제품 혼합 모델

9.3.1.2.1 듀얼 라이선싱 모델

이 모델은 고객들이 어떤 라이선스 방식의 소프트웨어를 사용할지를 선택하도록 하는 모델이다[69]. 즉, 오픈소스 버전에는 GPL과 같은 방식의 라이선스를 적용하고, 상용 버전에는 독점적 라이선스를 적용하여 판매하는데 보통, 독점적 라이선스가 적용되는 버전은 오픈소스 제품에는 없는 추가적인 특징과 기능을 포함한 확장 버전인 경우가 많다. 이렇게 하는 이유는 오픈소스 커뮤니티의 개발자 역량뿐만 아니라, 광범위한 고객층을 확보(유인)함으로써 확장된, 즉 보다 많은 기능을 가진 상용 버전의 판매를 강화할 수 있기 때문이다.

확장된 버전이 아니더라도 이러한 모델을 적용할 수도 있는데, 만일 누군가가 그 소스코드를 활용하여 파생 작업 결과물(Derived Works)을 만들어 내어 소스코드 없이 배포(즉, 독점적 제품으로 판매)하기를 원하는 경우, 그것을 허용하지만 이때 에는 라이선스 비용을 지불해야만 한다. 즉, 이 경우에는 상용 버전 라이선스가 적용되는 것이다. 그러지 않을 경우 모든 파생 작업 결과물은 반드시 소스코드와 함께 재 배포하여야 한다. 즉, GPL과 같은 방식의 라이선스가 적용된다.

예를 들어, 버클리 DB 개발 회사인 슬리피캣 소프트웨어의 슬리피캣 오픈소스 라이선스(무료)에서는 만일 이 소프트웨어가 나중에 재배포되는 어떤 애플리케이 션 속에서 사용되는 경우, 애플리케이션의 완전한 소스코드를 다른 사람들이 사용할 수 있도록 공개해야 하며, 합당한 조건하에 자유롭게 다시 재배포가 허용되어야 한다는 조건하에 무료로 버클리 DB를 사용할 수 있도록 하고 있다. 만일 누군가가 파생된 애플리케이션의 소스코드를 공개하기를 원하지 않을 경우, 그 사람은 슬리피캣 소프트웨어 라이선스(상용)를 구매하여야 한다[76].

이러한 전략은 해당 오픈소스 소프트웨어를 제품에 내장하여야 하는 상업적인 목적의 사용자층(대부분 소프트웨어 개발 기업들)이라는 시장(수요)이 있을 때 가능하다. 즉, 최종 제품 또는 보다 복잡한 제품의 일부분으로 사용할 '부품으로서의 제품'이 필요한 경우이다. 이러한 부품의 고객들은 자기가 개발하여 판매할 최종 제품으로서의 소프트웨어 소스코드를 공개하고 싶지 않기 때문에 라이선스 비용을 지불하고 구매하는 것이다.

이러한 듀얼 라이선싱 모델은 커뮤니티(즉, 무료 라이선스에 만족하고 그 계약 조건에 따라 사용하는 사람들)와 기업(즉, GPL과 유사한 상호주의적 라이선스 계약 조건을 꺼려하는) 둘 다를 고객으로 삼는다.

하지만 이 모델을 적용할 경우 아무런 반대급부도 받지 못하면서 기여하는 자발적 참여자들의 동기에 부정적인 영향을 미칠 수 있기 때문에, 오픈소스 소프트웨어 제품을 위하여 협업하는 사람들의 커뮤니티를 유지하기 위한 각별한 노력이 필요하다.

또, 제품에 대한 라이선스에서 획득한 수익의 배분을 요구하는 불만에 찬 커뮤니티 구성원들로 인해 발생할 수도 있는 미래의 문제를 회피하기 위하여 개발자 커뮤니티의 기여자들로부터 저작권을 위임받아야만 한다.

따라서 실제로는, 듀얼 라이선싱 모델에 기반을 두고 있는 기업들은 개발에 대한 외부로부터의 기여에서 그다지 큰 혜택을 보지 못하고 있다. 커뮤니티에서 얻을 수 있는 것은 대부분 버그 발견과 사소한 패치 정도이고, 주류 개발 팀은 거의 100% 그 회사의 직원들인 경우가 일반적이다.

이러한 모델에서 발생할 수 있는 또 하나의 문제는 고객(기업)들이 오픈소스 라이선스 버전과 자체적으로 개발한 애드-온 제품을 별도의 독립적인 애플리케이션으로 사용할 수 있는 형태로 개발할 수 있다는 것이다.

따라서, 이러한 듀얼 라이선싱 모델을 적용하는 기업들은 종종, 단순히 라이선싱에서 창출되는 수익에만 의존하지 않고 추가적인 서비스의 제공과 같은 다른 비즈니스 활동과의 조합을 통해 수익을 유지하기도 한다.

이러한 모델의 사례로는 푸남볼, 마이에스큐엘(MySQL), 슬리피캣 DB, 트롤텍/

노키아 등이 있다. 그 중에서 푸남볼의 사례를 좀 더 자세히 살펴본다.

푸남볼(www.funambol.com)은 '오픈소스를 활용한 모바일 2.0'의 개발을 수행하는 회사이다. 본사는 미국의 레드우드 시티에 위치하고 있으며, 2001년에 설립하여 2007년 기준 직원 수 약 40명의 소규모 회사이다. 2007년의 매출액은 약 4.8백만 달러 정도로 알려져 있으며 주요 고객으로는 보다폰, 어스링크 및 컴퓨터 어소시에이츠 등이 있다[69][229][231].

푸남볼은 모바일 장치 및 PC용의 푸시 이메일, 주소록 및 달력, 데이터 동기화, 그리고 애플리케이션 서버 등의 기능을 가진 '모바일 애플리케이션 서버'와 '모바일 애플리케이션용 개발 플랫폼'을 개발하고 있으며, 이 둘은 모두 '푸남볼'이라는 이름 하에 개발되고 있다.

푸남볼은 '커뮤니티 에디션(Community Edition)'에 대해서는 AGPLv3 라이선스로, '커리어 에디션(Carrier Edition)'에 대해서는 상업적인 독점적 라이선스로 코드 베이스를 판매하고 있다. 푸남볼은 이러한 전략을 폐쇄형 버전의 대규모 구현에 필요한 추가적인 기능성의 제공과 커리어 에디션에 기반을 둔 서비스의 제공에 조합하고 있다.

푸남볼은 서비스로서의 소프트웨어(SaaS)의 형태를 이용한 상업적인 사용에 대해 추가적인 보호를 제공하는 '아페로(Aferro) GPL' 라이선스를 채택하였다. 앞에서 살펴보았듯이, GPL은 SaSS와 같이 애플리케이션 자체가 재배포되지 않는 경우 파생 저작물에 대한 공개를 강요할 수 없는데, '아페로 GPL'은 'SaaS' 모델에 따라 소프트웨어의 기능을 제공하는 경우에도 소스코드의 공개를 요구함으로써 이러한 문제를 해결하고 있다. 푸남볼의 소프트웨어는 이동전화회사, 장비제조업체들에게 특히 매력적인 플랫폼이기 때문에 듀얼 라이선싱의 이상적인 모델이 되고 있다.

또한, 푸남볼의 상업적 버전에 반영된 추가적인 기능들은 주로 대형 기업 고객들의 수요에만 최대한 집중하려 노력하고 있기 때문에, 무료 제품을 사용하고 개발하는 커뮤니티 구성원들은 이러한 추가 기능들을 개발할 필요나 압박을 느끼지 못하게 함으로써 앞에서 언급한 커뮤니티와의 문제 발생 가능성을 차단하고 있다.

앞에서 본 바와 같이, 생존력이 있는 수입의 원천을 정의한다고 해서 모든 기업의 성공을 보장하지는 못한다. 그러나 오픈소스 소프트웨어 전략은 독점적인 소프트웨어에 기반을 둔 전략과는 다른 전략을 구현할 수 있게 해준다. 푸남볼은 이 점에서 의미가 있는 사례인데, 그것은 지금의 비즈니스 모델을 찾아내기 전에 이전까지의 비즈니스 관행과 마케팅 타깃을 재정립하기 위해 수행했던 노력들 때문이다.

푸남볼은 회사 설립 초기에, 자사의 오픈소스 소프트웨어 제품을 중심으로 고전적인 소프트웨어 공급 업체 모델을 확립하려고 애를 썼다. 이 회사는 간헐적 연결(연결이 회복되었을 때 데이터를 동기화하는 방식으로 애플리케이션이 오프라인으로 작동할 수 있는) 방식으로 모바일 애플리케이션을 개발할 수 있게 해주는 싱크4제이(Sync4J)를 개발하였다. 푸남볼은 대기업과 무선통신사업자들을 잠재적인 고객으로 식별하였는데, 많은 직원 수와 이동성 증가로 인해서 모바일 장비와 기업 서버 사이의 데이터 동기화에 대한 수요가 있기 때문이다.

푸남볼은 이러한 고객들에 대한 마케팅을 위하여 전화 캠페인을 통해 직접적으로 잠재적인 고객들에 대한 접근을 시도하는, 즉 마케팅과 영업 인력에 특히 중점을 두는 선제적인 영업 전략을 추구하기로 결정하였다.

그러나 이러한 노력은 그다지 성공하지 못했다. 대기업들이 소규모의 신생 기업인 푸남볼과 거래하는 것을 꺼렸기 때문에 영업 목표를 채우는 데 실패하였고, 이러한 영업 전략을 유지하기 위해서는 푸남볼이 감당할 수 있는 것보다 훨씬 큰 영업 및 마케팅 팀이 필요하다는 사실을 깨달았다. 이것은 소규모 신생 기업에겐 진입장벽이었던 것이다. 즉, 대규모 기업들로 구성된 잠재적인 고객 집단에 접근하기 위해서는 신뢰성을 제공하기 위한 충분한 규모와 평판, 그리고 대규모의 마케팅 능력을 갖추는 것이 필요하였던 것이다.

뼈아픈 경험 후, 푸남볼은 전략을 바꾸어 고객의 행동에 대응하는 형태의 수동적인 마케팅에 집중하게 되었다. 즉, 고객이 푸남볼을 찾게 하고 그 다음에 역으로 고객을 파악하는 것이다. 구매의 가능성이 있는 고객을 파악하는 기준은 한 가지 요인, 즉 오픈소스 소프트웨어 제품의 다운로드 숫자였다. 일단 충분한 수의 다운로드가 이루어지고 나면 다음과 같은 일반적인 영업 주기를 식별할 수 있었다[69][77].

❶ 잠재적인 사용자가 제품과 기술적인 문서에 관한 정보를 얻기 위하여 싱크4제이 웹사이트에 접속한다.

❷ 사용자가 제품을 다운로드 한다.

❸ 나중에 사용자가 보다 상세한 정보를 얻기 위하여 메일링 리스트에 가입한다.

❹ 제품을 광범위하게 사용한 다음(일반적으로 R&D 또는 파일럿 프로젝트에서 사용할 것이다), 고객이 가격 및 라이선싱 조건에 대하여 문의하기 위하여 푸남볼에 연락을 한다. 이때 내부적으로 그들은 잠재적인 고객으로 분류된다.

❺ 최종적으로 잠재 고객이 견적 및 공식 제안을 요청하면 푸남볼의 고객이 될 수 있다.

이러한 영업 전략을 지속하기 위한 핵심 요인은 높은 수준의 제품 다운로드 수를 유지하는 것인데, 다운로드 수는 어느 정도의 규모를 확보하고 나면 지속적이고 더 많은 다운로드를 창출하게 되며, 이러한 메커니즘은 관성을 얻어 독립적으로 작동하게 된다.

푸남볼은 높은 수준의 다운로드 수를 확보하기 위하여 무료 버전의 사용자에 대한 마케팅과 이를 중심으로 한 커뮤니티 형성에 많은 노력을 기울였는데 개발자 포럼, 메일링 리스트, 전문 간행물, 컨퍼런스, 오픈소스 소프트웨어 비영리 조직과의 동반자 관계 형성 등을 통해 이미 자리잡은 오픈소스 제품들과의 시너지를 확립하면서, 개발자들 사이에서 제품의 인지도를 높이는 데 집중하였다. 상대적으로 경험이 적은 사용자들을 위해서는 제품 설치가 쉽고 웹사이트에서 충분한 문서를 구할 수 있다는 것을 보장하는 노력을 하였다. 이러한 노력들이 쉬운 일은 아니었으나, 오히려 직접적으로 수익을 창출하는 고객들에 대한 마케팅 및 영업보다 훨씬 비용이 덜 들고 효율적이었다[69].

9.3.1.2.2 OSS-독점적 부가 제품 모델

이 모델(데파라의 '오픈소스 소프트웨어와 상업적 릴리즈의 분리'와 같은)에서는 하나의 프로그램이 '기본 버전'과, 기본 버전에 기반을 두고 있으나 플러그 인 또는 액세서리의 형태로 추가적인 기능을 갖춘 독점적 '상업적 버전'이라는 두 개의 버전을 가진다[69]. 폐쇄형 제품을 생성하기 위해서 무료 버전은 반드시 MPL 또는 BSD 형태의 라이선스를 사용함으로써 상용 소프트웨어와의 조합을 허용할 수 있어야 한다.

이 모델의 핵심은 수익 창출용 독점적 제품의 판매 가치를 빼앗지 않으면서 무료 제품을 충분히 흥미로운 것으로 유지하는 데 있다. 공동체가 전체 소스코드에 대하여 접근 권한을 가지고 있지 못한 관계로 공동체의 공감을 잃게 될 위험이 크기 때문이다. 또한 제품을 중심으로 형성된 공동체가 독점적 버전의 기능을 스스로 개발하기로 결정하여 판매를 통한 수익 창출을 어렵게 만들 수 있다는 위험도 있다.

이 모델에서 두 부류의 사용자를 구분할 수 있는데 그것은 일부 추가적인 기능을 갖춘 제품에 대하여 기꺼이 지불을 할 의사가 있는 사람들과, 소기업, 초소 기업 및 개인 사용자와 같이 가격에 매우 민감한 사용자들이다. 무료와 독점적인 버전을 모두 유지하는 것은 폭넓은 채택을 가능하게 한다. 소프트웨어에 있어서 '승자 독식' 시장에서는 폭넓은 채택에 기반을 둔 전략이 매우 중요하다. 따라서, 이 모델은 듀얼 라이선싱 모델과 마찬 가지로 사용자 세분화 원칙에 기반을 두고 있다.

이 모델의 한 가지 사례는 오픈소스 서버를 중심으로 일련의 독점적 제품을 판매하고 있는 샌드메일사이다. 다른 사례로는 하이페릭(IT 운영/감시), 소스파이어(SNORT의 상업적 버전), 짐브라/야후(메시징, 그룹웨어) 그리고 젠소스/시트릭스(가상화) 등이 있다[69].

오픈소스 소프트웨어에 기반을 둔 비즈니스 모델에 대하여 연구할 때, 우리는 종종 시장점유율을 확대하기 위한 경쟁 우위로서 자사의 코드를 공개하기로 결정하는 대기업을 생각한다. 샌드메일은 이러한 프로세스가 역방향으로 일어나는 흥미로운 사례이다. 즉, 샌드메일은 무료의 비영리 제품을 바탕으로 하여 상업적인 제품으로부터 수익을 창출하는 것뿐만 아니라, 프로젝트 내에서의 지배적인 입지를 유지하고 그 사용자 기반을 확장하는 것까지를 목표로 하고 있다.

1997년에 설립한 샌드메일사(www.sendmail.com)는 미국 캘리포니아 에머리빌에 본사를 두고 있으며, 2007년 기준으로 125명의 직원과 2천3백만 달러의 매출을 기록하고 있는 회사이다[69][231].

샌드메일은 메일전송기관(MTA) 가운데 하나이며, 오픈소스 소프트웨어 커뮤니티로부터 탄생한 프로젝트 가운데 가장 잘 알려진 사례이다. 1998년도에 모든 이메일 전송량의 80%가 샌드메일을 통해 전송되는 것으로 추정될 만큼 독보적인 존재였다. 비록 마이크로소프트 인스체인지 서버(Microsoft Exchange Server), 엑심(Exim) 및 포스트픽스(Postfix)에 일부 사용자를 빼앗기기는 하였으나, 여전히 인터넷 상에서 가장 대중적인 MTA이다. 그러나 중요한 것은 1970년대에 시작된 개발 작업만큼이나 긴 제품의 수명이다.

에릭 알만(Eric Allman)은 1980년대 초반에 딜리버메일(delivermail) 프로그램에 대한 이전의 작업을 기초로 하여 버클리대학교에서 샌드메일의 첫 번째 버전을 개발하였으며, 1997년도에 샌드메일사를 설립하였다. 회사의 전략은 보완적인 서비스를 제공하는 것과 추가적인 샌드메일 기능(예를 들어, 사용자 편의성이 있는 인터페이스)을 독점적 제품으로 판매하는 데 집중되었다. 이 회사는 또한, 개발을 위한 호스팅 서비스와 인적 지원을 제공함으로써 샌드메일 개발의 지속성을 공개적으로 유지하려는 노력을 기울였다. 회사를 설립할 때 알만은 사업을 개척하는 것을 기대하였을 뿐만 아니라, SMTP[42] 공개 표준을 위태롭게 하는 독점적인 포맷의

---

42 간이 전자 우편 전송 프로토콜(Simple Mail Transfer Protocol, SMTP)은 인터넷에서 이메일을 보내기 위해 이용되는 프로토콜이다. 사용하는 TCP 포트번호는 25번이다. 상대 서버를 지시하기 위해서 DNS의 MX레코드가 사용된다. RFC2821에 따라 규정되어 있다. 메일 서버 간의 송수신뿐만 아니라 메일 클라이언트에서 메일 서버로 메일을 보낼 때에도 사용하는 경우가 많다. SMTP는 텍스트 기반의 프로토콜로서 요구/응답 메시지뿐 아니라 모든 문자가 7bit ASCII로 되어있어야 한다고 규정되어 있다. 이 때문에 문자 표현에 8비트 이상의 코드를 사용하는 언어나 첨부파일과 자주 사용되는 각종 바이너리는 마임(MIME)이라고 불리는 방식으로 7비트로 변환되어 전달된다. SMTP는 메시지를 생성하는 방법을 규정하지 않는다. 메시지 생성을 위하여 로컬 편집이나 단순한 전자 우편 응용이 사용된다. 메시지가 생성되면 호출된 SMTP가 메시지를 받고 TCP를 이용하여 다른 호스트의 SMTP에게 전달한다.

대두로 위협 받고 있던 샌드메일의 지배적인 입지까지 보호하기를 기대하였다. 회사는 통합 및 지원 서비스를 제공할 뿐만 아니라, 기업의 수요에 반응성이 높은 제품도 제공하면서 기업 환경에 대해 회사의 노력을 집중하였다. 회사가 개발한 확장 버전들은 그래픽 인터페이스와 관리의 편의성을 제공하며 독점적인 포맷으로 판매된다.

샌드메일은 오픈소스 소프트웨어 개발을 통해 혁신과 표준을 추동하는 일을 지속하는 한편으로, 이메일이 업무에 필수적인 ISP와 기업들을 위한 상업적인 제품과 서비스를 개발하고 있다.

샌드메일의 설립은 '캐즘'을 건너서 실용적이고 보수적인 다수에 의한 제품의 채택을 보장하기 위해 필요한 조치였다고 생각할 수 있다. 그럼에도 불구하고, 알만에게 있어서는 샌드메일의 원래 기능을 유지하는 것도 중요하였으며, 따라서 무료 버전을 개발하기 위한 비영리 조직으로서의 샌드메일 컨소시움을 설립하였다. 이러한 방법으로, 회사는 기여, 원가 절감, 제품 혁신 및 진화와 같은 개방형 개발 모델의 장점을 최대한 활용할 수 있게 된 것이다[69].

결국, 알만은 스스로의 오픈소스 프로젝트를 포기하지 않고도 자사의 제품에 대한 독점적인 확장판을 판매하는, 즉 '캐즘'의 장점을 누리게 되었다. 무어의 모델에 따르면 오픈소스 샌드메일을 둘러싼 커뮤니티는 포장되지 않은 제품과 새로운 기술 제안에 관심이 있는 혁신가와 기술 자체에 대한 열렬한 팬이며, 기업 고객들은 매우 다른 수요와 목적을 가지고 있는 실용주의자와 보수주의자들이다.

제품의 포장과 마감(사용편의성, 그래픽 인터페이스, 안정성 등)의 기능에 집중하는 독점적인 확장판은 혁신가들에게 흥미로운 것이 아닐뿐더러 불필요하게까지 느껴진다. 이와 같은 커뮤니티와 상업적인 고객들 사이의 캐즘의 존재는 커뮤니티가 캐즘의 반대편에서의 확장에 어떠한 관심도 가지고 있지 않은 관계로, 핵심적인 오픈소스 버전과 폭넓게 사용되는 상용 버전이 공존하는 것을 허용하는 것이다.

9.3.2 서비스 제공 모델

일반적으로 독점적인 소프트웨어에 기반한 모든 서비스 모델은 오픈소스 소프트웨어와 관련된 서비스 모델로 확장할 수 있기 때문에, 이들 서비스 기업들에게는 사실상 가능한 비즈니스 기회가 더 많이 존재한다.

단순히 소프트웨어가 무료라고 해서 그것이 바로 그 소프트웨어가 모든 사람들에게 (예를 들어, 기술적인 측면에서) 접근 가능하다는 것을 의미하지는 않는다. 기업의 입장에서는 선정, 설치, 훈련 및 지원이라고 하는 과업이 항상 필요하기 마련이고, 따라서 만일 라이선스 구매 예산을 서비스의 개선에 지출할 수 있게 된다면 보다 더 나은 서비스를 기대할 수 있기 때문에 고객의 입장에서 훨씬 매력적일 수 있다.

한편, 서비스 제공 모델은 다음과 같이 규모 및 솔루션의 세분화, 산업분야의 세분화, 맞춤형 개발/선정/컨설팅/통합/교육/훈련/기술지원/유지보수 등 특정 서비스에 대한 전문화를 통한 여러가지의 세부적인 모델이 존재할 수 있는데, 대부분의 경우 기업들마다 가능한 서비스들을 조합하여 비즈니스를 영위하는 경우가 많다 [69].

- **맞춤형 개발** – 오픈소스 소프트웨어는 기업에게 "구매할 것인가 또는 개발할 것인가"라는 질문에 대한 절충점을 제공한다. 오픈소스 소프트웨어 제품을 가지고 시작하여 내부에서 또는 맞춤형 개발 서비스 기업을 통하여 자신의 수요에 맞도록 수정, 추가 개발할 수 있기 때문이다. 하지만 오픈소스 프로젝트와 긴밀한 관계를 유지하지 않은 채로 이러한 수정을 사적으로 구현할 경우, 수정 부분과 후속 버전 사이의 호환성을 유지하는 데 있어서 문제가 될 수 있다. 따라서, 커뮤니티와 협력하면서 작업하거나 아니면 해당 커뮤니티의 프로젝트에 밀접하게 관련되어 전문화된 지식을 가지고 있는 서비스 기업들에게 이 작업을 의뢰하는 것이 좋은 방법이다.

- **선정** – 선택가능한 다양한 오픈소스 애플리케이션이 있을 경우에 선정이 핵심적인 과업이 된다. 요구사항에 대한 적합성뿐만 아니라 프로젝트의 건전성, 버그 수정 및 신규 릴리즈의 속도나 빈도, 제품의 안정성 등도 평가하여야만 한다. 그러나 이러한 평가는 단순한 작업이 아니다. 예를 들어, 일반적으로 신속한 버그 수정과 잦은 릴리즈가 건강한 활동성을 가진 프로젝트를 의미하는 지표이지만, 수요 기업의 입장에서는 시간이 경과되어도 크게 변화하지 않는 안정적인 제품이 보다 적합할 수도 있기 때문이다.

- **설치 및 통합** – 설치와 통합은 일반적인 소프트웨어 환경에서도 많은 수요를 창출하는 분야이지만, 오픈소스 소프트웨어의 경우 더 많은 비즈니스 기회가 존재하는 분야이다. 왜냐하면, 오픈소스 소프트웨어의 단점으로 거론되는 것 중 하나가 패키징과 같은 '제품화(Productization)의 부족'이기 때문이다. 즉, 자동 설치 프로그램, 그래픽 인터페이스, 상세한 설치/관리/사용자 매뉴얼 등과 같이 경험이 부족한 사용자들이 쉽게 설치 및 사용할 수 있도록 해주는 기능들이다. 앞에서도 언급하였지만, 이와 같은 제품화의 결여가 보다 창의적이고 혁신적인 작업을 선호하는 오픈소스 소프트웨어 개발자들이나 기술에 대한 광적인 팬들에게는 상관이 없을뿐더러 오히려 그런 사람들에게 더욱 매력적인 측면이 있는데, 이들은 관리 기능을 개인적인 취향에 따라 직접적으로 수정하는 것을 선호하기 때문이다. 그러나 캐즘을 건너서 실용주의적이고 보수주의적인 기업 고객에게 도달하기 위해서는 패키징의 수준이 보다 더 높아져야만 한다. 한편, 고객 기업내의 독점적인 시스템과의 공존을 위한 통합의 과정은 호환성 문제의 해결이 필요할 수 있기 때문에 시스템 통합 비즈니스에 대한 수요가 발생하게 된다 [46].

- **기술적인 인증, 지원, 유지보수** – 이것은 국제적인 표준의 준수에 대한 인증뿐만 아니라 특정한 기술 환경의 지속 가능성에 대한 인증까지 포함한다. 즉, 고객 기업은 솔루션의 도입에 따른 계약을 통해 구매하는 패키지가 일련의 요건을

충족한다는 보증과 그에 대한 법률적인 책임을 요구한다. 따라서, 이 경우 소프트웨어를 납품하는 업체는 솔루션에 대하여 책임을 지는 중개상의 역할을 하게 된다. 또, 고객 기업이 기술지원 및 유지보수 서비스 기업을 선정할 때도 문제를 해결할 방법뿐만 아니라 발생할 수 있는 문제에 대한 책임을 물을 개인 또는 회사를 고용하는 것이다[78].

- **교육/훈련** – 교육과 훈련은 서비스 기업의 입장에서는 상대적으로 쉽게 수입을 올릴 수 있는 원천이 될 수 있다. 대부분의 오픈소스 소프트웨어 프로젝트의 경우 공식적인 훈련 프로그램이 결여되어 있으며, 그것은 누구든 그러한 사업에 진입할 수 있다는 것을 의미한다. 실제로 교육과 훈련을 주 비즈니스로 하고 있는 많은 기업들은 자사의 서비스 내용에 오픈소스 소프트웨어 관련 교육을 포함시키고 있다.

이러한 서비스 모델에 오픈소스 소프트웨어를 사용하는 것은 차별화 요인을 강화시켜 주는데, 차별화 요인 중 하나는 라이선스 비용이 없거나 적다는 것이다. 이로 인해서 오픈소스 소프트웨어 기반 서비스 모델은 독점적 솔루션 기반 모델에 비하여 명확한 경쟁 우위를 지니게 되는데, 이러한 차별화 요인의 장점을 활용하기 위해서는 제안된 솔루션이 장기적이고('총소유비용'을 감안하더라도), 상대적으로 사유 소프트웨어보다 저렴하고, 경쟁제품과 최소한 동등한 수준의 품질을 갖추고 있는 것이 중요하다. 또한 전환비용을 고려하더라도 고객들에게 상대적으로 매력적이어야 할 필요도 있다. 더불어 이러한 서비스 제공자들의 수익은 고객이 지불하게 될 지속적인 서비스 비용에 의존할 수 밖에 없으므로, 고객의 입장에서 또 다른 '종속(벤더종속과 마찬가지로 오픈소스 소프트웨어에 대한 종속)'에 빠질 수 있는 위험을 감수하고서라도 이러한 선택을 하게 될 만큼 고품질의 서비스를 지속적으로 제공할 수 있어야 한다.

한편, 서비스 기업의 시장은 오픈소스 애플리케이션이 존재한다고 해서 줄어들지 않는데 실제로 이러한 유형의 기업들이 다양한 오픈소스 프로젝트에 관여하고 있다. 플랫폼 유통업체나 기술지원 서비스 기업들의 경우 고객이 관심 가질 만한 분야의 오픈소스 소프트웨어에 대한 버그 수정에 기여하기도 하며, 애플리케이션들의 통합 또는 호환성 보장 등을 위한 작업에 관여한다. 개발보다는 컨설팅 및 선정에 집중하는 기업들은 직접적으로 프로젝트에 기여하지는 않지만, 자신들이 주로 다루는 솔루션의 판촉과 채택을 권장하는 컨설팅의 형태로 기여하고 또 수익을 창출한다. 이하 절에서는 이들 서비스 제공 모델의 특성과 사례들을 살펴볼 것이다[69].

9.3.2.1 플랫폼 유통 모델

이런 유형의 기업들은 포괄적인 소프트웨어 솔루션을 만들어내기 위한 구성 요소의 통합과 선정에 그 활동이 집중되어 있다. 오픈소스 소프트웨어와 그것의 개발 모델에 의해 생성되는 결과물의 다양성은 각각을 연결하고 호환성을 보장해 줄 통합된 팀을 필요로 한다. 이로 인하여 서로 다른 주체들에 의한 다양한 유통 사업이 출현하게 되었다[69].

플랫폼 유통 기업들은 애플리케이션 개발 및 서비스 제공 업체와 유사한 모델을 사용하지만, 차이점은 이러한 기업들의 경우 개발보다는 폭넓은 제품 기반의 선정 및 통합이 업무의 핵심을 차지하고 있다는 것이다.

이 모델을 활용하는 기업들의 핵심 제품은 주로 기업들을 위한 통합된 소프트웨어 패키지(주로 플랫폼)이다. 그것은 때때로 문제를 유발하는데, 바로 그러한 플랫폼들이 오픈소스 소프트웨어인 관계로 누구나 자유롭게 접근이 가능하기 때문에 제품으로서의 패키지에 대한 차별화가 매우 어렵다는 점이다.

따라서, 이들은 패키지화된 CD의 판매와 같은 전통적인 모델 하에서 소프트웨어를 유통시키는 것 이외에도, 가입 제도(Subscription 방식)를 통해 설치 및 지원과 같은 서비스에서 차별화를 꾀한다. 이러한 모델의 성공은 그 기업을 대표하는 브랜드의 신뢰성에 기반한다. 즉, 이 모델은 심지어 오픈소스 소프트웨어 제품의 특장점이나 일부 성능을 희생하고서라도 보다 적절하고 전문적인 지원, 안정적이며 신뢰성 있는 솔루션 등을 추구하는 고객 기업들을 주 대상으로 부가가치를 창출하는 것이다. 이들 고객 기업들의 입장에서는 소프트웨어에 대한 투자는 감가상각이 되며, 따라서 소프트웨어에 투자를 하고자 하는 기업의 입장에서는 최소한 투자(구매)한 소프트웨어의 수명 주기(통상 5개년 정도의 감가상각을 고려하면) 동안은 지원이 보장되는지가 중요할 수 있다. 여기에 더해, 하나의 기술 솔루션으로부터 다른 솔루션으로 이행하는 데 따르는 추가적인 비용(폐기/이관 및 전환비용 등)을 감안할 때, 최소감가상각 기간이 지나도 원한다면 지원이 지속될 수 있다는 확신을 제공해주는 것이 중요한 일이다[69].

따라서, 이 모델에 있어서 신뢰의 창출은 필수적이며, 그것은 동일한 오픈소스 소프트웨어 제품이나 유사한 여타 제품들과는 차별화된 강력한 브랜드의 구축을 전제로 한다. 이러한 이유로, 비록 이들 기업들의 주 업무가 오픈소스 소프트웨어의 개발은 아니지만, 때때로 그들이 판매하는 소프트웨어의 기반이 되는 오픈소스 소프트웨어의 오류를 수정하거나 새로운 기능 또는 제품을 개발하는 오픈소스 프로젝트에 직간접적인 기여를 한다.

이러한 비즈니스 모델의 대표적인 사례로 소스랩스, 와일드 오픈소스, 스파이크 소스, 레드햇 등이 있다[69].

예를 들어, 소스랩스의 경우 리눅스, 아파치, 마이에스큐엘(MySQL), PHP 등과 같이 통상적으로 함께 사용되는 소프트웨어의 인증된 조합(흔히, 첫 글자를 따서 '램프, LAMP'라 칭함)을 제공한다. 즉, 다양한 컴포넌트들을 인증되고 미리 테스트된 스택 형태로 조립하는 역할이다. 반면에, 와일드 오픈소스는 성능에 특화된 또는 임베디드(내장형) 시스템에 특화된 패키지를 유통한다. 이들 회사들은 안정성과 성능이 인증된 플랫폼 패키지의 유통과 함께 유지보수 및 지원 서비스를 제공한다 [46].

또 다른 사례인 스파이크 소스의 비즈니스 모델을 좀 더 자세히 살펴보자. 캘리포니아주 레드우드(미국)에 본사를 두고 있는 스파이크소스(www.spikesource.com)는, 2003년도에 벤처 캐피털사인 클라이너 퍼킨스 앤드 바이어스(Kleiner Perkins & Byers)에 의해 설립된 회사로서 2005년 4월 첫 제품을 출시하였다. 2006년 10월, 약 80명의 직원들을 거느린 스파이크소스는 현지 솔루션 제공 업체 및 기술 파트너 망을 통하여 유럽으로 진출하기도 하였다[231].

많은 오픈소스 소프트웨어들의 경우 품질은 좋을지 몰라도 아직은 비즈니스 애플리케이션 구축에 필요한 데이터베이스나 개발 툴과 같은 다양한 제품들과 연동하기가 쉽지는 않다. 스파이크소스는 이에 착안하여 패키지화된 오픈소스 컴포넌트에 대한 유지·지원 서비스를 기업에게 제공할뿐만 아니라, 오픈소스와 사유 소프트웨어가 혼합된 인프라스트럭처 소프트웨어용 자동화 도구와 서비스도 제공한다. 즉, 리눅스, 아파치, 마이에스큐엘(MySQL) 데이터베이스, 제이보스(JBoss) 오픈소스 자바 애플리케이션 서버 등으로 구성된 패키지를 조합하여 유통하고, 이후 가입 기반 지원, 유지보수 서비스를 수행한다. 또, PHP뿐만 아니라 펄(Perl), 파이썬(Python)으로 개발된 소프트웨어 컴포넌트를 조합한 형태도 제공한다. 또한 MS 윈도우, 썬 마이크로시스템즈의 솔라리스, 오라클의 데이터베이스 애플리케이션과 같은 상용 제품이 포함된 스택도 지원하고 있다.

스파이크소스는 오픈소스 스택에 대해 일련의 업데이트와 원격관리를 제공한다. 스파이크소스는 제품의 새로운 버전과 보안 업데이트가 나오게 되면 고객에게 업데이트를 보내게 된다. 또한 가능한 패치를 찾기 위한 자동화된 버그 데이터베이스 추적 시스템을 갖추고 있다.

이러한 측면에서 오픈소스 인프라스트럭처 소프트웨어에 대한 유지보수 서비스를 제공하는 소스랩스와 유사한 것으로 보이나 실제로는 차이가 있다. 소스랩스는 정기 업데이트를 효율화하는 소프트웨어를 개발하는 대신 오픈소스 제품들이 더 좋은 성능과 확장성을 갖도록 좀 더 '견고한' 램프(LAMP) 조합을 개발하고 서비스

하는 것에 집중하고 있기 때문이다. 반면, 스파이크소스의 목표는 시험, 인증 및 지원 서비스를 통하여 오픈소스 소프트웨어의 기업 내 채택을 촉진하는 것이다. 레드햇과 같은 전통적인 통합 솔루션 유통 업체와의 차별화 요인의 하나로서, 스파이크소스는 테스트 자동화와 서로 다른 플랫폼 및 운영체제(심지어 사유 소프트웨어까지를 포함한) 사이에 설치 가능한 애플리케이션의 조합을 강조하고 있다[79].

스파이크소스는 PHP, 마이에스큐엘(MySQL) 및 아파치의 최신 버전을 포함하고 있는 스파이크 WAMP-1.4(윈도우 설치용)와 같은 번들 외에도, 개발자들이 스스로 애플리케이션을 테스트 및 통합할 수 있도록 한 뒤 스파이크소스 인증을 받게 함으로써 보다 좋은 소프트웨어 제품화를 달성할 수 있도록 하는 플랫폼을 출시하였고, 이러한 서비스를 개발자들에게 제공하기 위해 웹사이트(http://developer.spikesource.com)를 개설하였다. 스파이크소스의 비즈니스는 오픈소스 소프트웨어의 가시성을 증진시키고 채택을 촉진하는 데 있어서 매우 긍정적인 작용을 하고 있다.

한편, 스파이크소스가 사용하고 있는 자동화 소프트웨어는 여러 컴포넌트들로 구성되어 있는데, 일부분은 소스코드를 공개하지 않고 있다. 이러한 전략은 경쟁자들의 유사한 서비스를 봉쇄하고자 하는 것인데, 오픈소스 소프트웨어에 대한 판매로부터 얻을 수 있는 수익보다는 차별화된 서비스를 통해 획득하는 수익이 더 크고, 더 오랜 기간 지속가능하기 때문이다. 즉, 스파이크소스의 사례에 있어서 테스트 애플리케이션에 대해 회사가 투자한 노력은 이 소프트웨어의 라이선스 판매를 통해서가 아니라, 유사한 서비스를 제공하는 다른 기업들로부터 회사의 차별화 요인을 보호하는 것을 통해 보상될 것이다.

9.3.2.2 컨설팅 및 시스템 통합(SI) 모델

고객들의 입장에서는 통상 기술적 구현의 상세 내용보다 당면한 문제 또는 필요에 대한 완전한 해결책(Solution)을 제공해줄 수 있는 업체가 중요하다. 이때의 완전한 솔루션은 하드웨어, 소프트웨어 및 서비스를 조합하여 고객의 업무 프로세스를 개선하여 주는 것이므로, 개별 제품들 사이의 호환성과 같은 세세한 문제들에 대해 일일이 신경쓰지 않기를 원한다[69].

이러한 수요에 따른 비즈니스 모델이 시스템 통합 사업인데, 이들 기업의 관건은 원가의 절감과 충분한 수의 고객기반을 통한 수익의 창출이다. 따라서, 이들 비즈니스 기업의 입장에서는 잠재적인 고객의 수를 늘리기 위하여 서비스 가격을 대폭 낮출 수밖에 없는 경쟁 상황에 직면하게 되는데, 이에 따른 수익성의 악화는 실제 현실속에서 또다른 문제를 야기하고 있다. 즉, 원가의 절감을 달성하기 위해서는 결국 납품받는 소프트웨어 및 하드웨어의 가격을 최대한 낮추어야 하며, 하청 등을 통해 투입되는 인력의 인건비를 줄일 수밖에 없는데, 이는 또다시 서비스 품질의 저하에 따른 고객 불만족을 유발한다[80].

그런데, 오픈소스 소프트웨어는 이들 SI 비즈니스 기업들에게 품질의 손실 없는 원가 절감을 통한 고객기반의 확대와 함께 절감된 원가를 서비스에 투자할 수 있는 여력을 제공한다. 즉, 오픈소스 소프트웨어 기반의 SI 비즈니스 기업은 전통적인 소프트웨어 산업 내의 다른 경쟁자들보다 더 뛰어난 가격과 품질을 보장함으로써 진입 장벽을 확보할 수 있게 되는 것이다. 대표적인 대형 통합 업체인 IBM의 사례를 좀 더 살펴보자[69].

미국 뉴욕 주 아몽크에 본사를 두고 있는 IBM(www.ibm.com)은 1911년 CTR사로 출발하여, 1924년에 IBM으로 이름을 바꾸었다. 전 세계 170개국에 진출하고 있으며, 2015년 기준으로 직원 수 약 40만 명에 매출액은 818억 달러에 달하는 글로벌 대기업이다[242].

20여년 전만 해도, IBM은 소프트웨어에 대한 지적재산권의 가장 강력한 옹호자 가운데 하나였다. 이 회사의 주장은 강력한 저작권 보호 없이는 기업이 소프트웨어 개발에 투자할 어떠한 인센티브도 없을 것이라는 것이었다.

그러나 오늘날 IBM은 리눅스, 이클립스(Eclipse) 개발 플랫폼, 기타 오픈소스 애플리케이션들에 상당 수준의 재정적 기여를 제공하고 있으며, 오픈소스 소프트웨어에 대한 캠페인에 앞장서고 있다.

IBM이 한 때는 세계의 선도적인 소프트웨어 제조업체였지만, 현재 IBM의 비즈니스 모델은 하이엔드 하드웨어의 판매 및 통합 서비스의 제공에 집중되어 있으며, 이 회사의 소프트웨어들은 통상 자사 하드웨어와의 복합 솔루션으로 판매되어 왔다. 따라서, IBM의 입장에서는 자사의 경쟁력이 소프트웨어에만 한정되지 않았고, 하드웨어 자체가 진입장벽으로서의 역할을 해주었기 때문에 사실상 자사 하드웨어에 사용하는 소프트웨어 자체의 차별화가 결여된다고 해서 잃을 것이 거의 없다. 즉, 메인 프레임에 대한 높은 진입장벽을 감안할 때, 오히려 낮은 원가의 소프트웨어(대표적으로 리눅스)를 사용함으로써 품질 경쟁력의 손실 없이 가격을 낮추고 고객의 범위를 확장할 수 있었다.

2015년 8월에 발표한 보도자료[276]에 따르면, IBM이 리눅스를 메인프레임에 탑재한 지 15년만에 메인프레임의 1/3이 리눅스로 가동되고 있다고 한다. 또한, IBM은 단일 건 기준 최대 규모에 해당하는 IBM 메인프레임 코드를 오픈소스 커뮤니티에 공개하고 커뮤니티와의 협력을 강화함으로써, SW 개발에 대한 투자 위험을 상당 부분 회피하는 효과와 함께 오픈소스 커뮤니티 개발자들과 고객 기업들 사이에서의 이미지 개선이라는 마케팅 효과를 함께 누리고 있다.

한편 아야몬, 에노말리, 나비카, 오픈로직, 옵타로스, 익스텐드 등과 같이 소프트웨어 개발보다는 선정 및 컨설팅 서비스에 집중하는 기업들도 있다. 이들 기업은 보다 다양한 오픈소스 프로젝트에 관여하게 마련이며, 특히 고객 기업들이 관심을 가질만한 분야에서 통합이라든가 서로 다른 애플리케이션 사이의 호환성 보장 등에 기여한다. 이들 기업은 자신들이 주로 다루는 솔루션의 판촉과 채택의 과정에서 수익을 얻을 수 있다[69].

9.3.2.3 기술지원 및 교육/훈련 서비스 모델

사유 소프트웨어(Proprietary Software)의 장점으로 흔히 기술지원을 손꼽는다. 다시 말해, 상용 소프트웨어 패키지를 구입하면 소프트웨어 벤더로부터 차별화된 수준의 기술 지원을 제공받는다. 이는 라이선스 요금에 포함되어 있을 수도, 별도의 요금을 지불해야 할 수도 있다. 그러나 대신 '자유'와 '유연성'을 포기해야 할 수도 있다는 아이러니가 존재한다(벤더종속의 문제). 즉, 벤더의 지원 내용과 수준을 그대로 받아들여야 한다. 이 내용과 수준이 마음에 들지 않더라도 다른 방법이 없다[69].

반면, 오픈소스 소프트웨어 대한 지원은 소프트웨어 자체에 포함되어 있지 않다. 그러나 이러한 특성은 오히려 필요한 수준의 지원을 적당한 가격에 받아볼 수 있게 해주기도 한다. 레드햇(Red Hat)과 같이 가입 조건으로 기술을 지원하는 벤더들도 있지만 상용 소프트웨어에서와 같이 벤더들이 지원을 제공하지 않을 수 있다. 그러나 그렇다고 해서 지원을 기대할 수 없다는 의미는 아니다. 소프트웨어와 패키지로 묶여 있지 않을 뿐 다양한 방법으로 지원을 받을 수 있다. 예를 들어, 오라클 고객이라면 오라클에서만 효과적으로 지원을 받을 수 있다. 그러나 아파치(Apache) 소프트웨어를 사용하고 있다면 가격과 품질 경쟁을 펼치고 있는 다수 기술 지원 회사들로부터 지원을 받을 수 있다.

오픈소스 소프트웨어의 공개성 때문에 누구나 해당 소프트웨어에 대해 전문가가 되어 그와 관련한 서비스를 제공할 가능성이 있다. 물론, 최초 개발자들이 상업적 서비스를 제공하는 데 가장 유리한 위치에 있는 것은 사실이다. 드루팔(Drupal)의 창시자인 드라이스(Dries Buytaert)가 액퀴스(Acquis)를 설립했을 때처럼 말이다. 하지만 누구나 전문 지식을 습득해 서비스를 제공할 수 있다는 사실에는 변함이 없다.

이러한 기술지원 서비스 비즈니스를 기반으로 하는 기업은 앞의 시스템 통합(SI) 서비스 기업과 달리 소규모의 기술 지원 인력만으로도 비즈니스를 영위할 수 있으며, 실제로도 소규모 기업인 경우가 많다. 따라서, 이들 소규모 비즈니스 기업들에게는 일반적으로 특정한 틈새시장에 기반을 두고 사업을 유지할 수 있을 만큼의 소수의 고객만 있으면 된다. 틈새 공략을 위한 시장 세분화의 가능성은 무한하지만, 보다 중요한 것은 해당 영역 및 고객 기업들에 대한 보다 긴밀하고, 보다 개인화된 관심이다(많은 고객들은 대규모 다국적기업의 작은 고객이 되는 것보다는 소기업의 큰 고객이 되기를 선호한다).

이러한 비즈니스 모델의 기업 중 특이한 조직 체계를 가지고 있는 이스터에그 (Easter-eggs)의 사례를 살펴보자[69]. 이스터에그(www.easter-eggs.com)는 오픈소스 소프트웨어에 대한 기술지원 서비스를 제공하는 프랑스의 중소기업이다. 1997년도에 설립된 이 회사는 GNU/리눅스 시스템의 설치, 관리 및 보안에서부터 애플리케이션의 수정 및 맞춤 개발 그리고 컨설팅, 감사 및 훈련 등을 포함하는 폭넓은 범위의 서비스를 제공한다. 2006년을 기준으로 15명의 인원이 80만 유로의 매출을 달성하였다. 주요 고객으로는 파리 르네 데카르트 대학교(http://www.univ-paris.fr/)와 유럽카(Europcar, 렌터카 회사로 약 3,500개의 대리점을 보유하고 있음) 등이 있다[226].

이 회사가 오픈소스 소프트웨어에 대한 서비스를 제공하기로 한 의사결정은 재무적인 원칙보다는 윤리적인 원칙에 기초한 것이었는데, 이스터에그는 어떤 종류의 벤처캐피탈 자본가 또는 외부 투자도 전혀 없이 완전하고도 전적으로 직원들에 의해 통제되고 있다. 이러한 조직 체계를 구현하기 위하여 이스터에그 노동자조합 (http://www.easter-eggs.org)을 설립하였으며, 이 조합이 회사 지분의 99.8%를 보유하고 있다. 이스터에그는 '사회적기업'을 표방하는데, 이 회사는 운영 원칙으로 재무적 투명성, 공평한 보수, 직원들의 참여 및 공동 책임을 위한 메커니즘 등을 강조하고 있다[227].

한편, 이스터에그 조합은 네트워크를 형성하고 소규모의, 사회적으로 책임 있는 기업들이 상대적으로 큰 규모로 서비스를 제공할 수 있도록 하기 위한 전략의 일부로서, 그리고 공동 판촉의 한 방법으로서 유사한 비즈니스 모델을 가지고 오픈소스 소프트웨어 기반의 서비스를 제공하는 16개의 프랑스 기업들을 하나로 묶어 자유 기업 네트워크(http://www.libre-enterprise.org)를 설립하기도 하였다.

이러한 사례 외에도 오픈소스 소프트웨어와 관련된 서비스를 제공할 방법이 여러 가지가 있는데, 그 중 하나는 바로 교육/훈련이다. 많은 기업들이 펄(Perl) 또는 파이썬(Python) 등과 같은 프로그래밍 언어 또는 오픈소스 소프트웨어 제품에 대해 교육/훈련을 요구하고 있다. 교육 비즈니스 업체는 커뮤니티에서 명성을 얻어 이를 고객을 끄는 데 사용할 수 있다.

9.3.3 개발-서비스 혼합 모델

이 범주에 속하는 기업들은 개발한 제품을 오픈소스 소프트웨어로 공개하고 수익은 서비스를 통해 창출하는 유형이다. 이 모델은 데파라가 분류한 제품 전문가와 뱃지웨어 모델과 비슷하다[69].

9.3.3.1 OSS-전문가 서비스 모델

이 모델은 앞에서 언급한 대표적인 수직적 전문화 모델인데 알프레스코(CMS 솔루션), 콩피에르(ERP, CRM 솔루션), V타이거 및 오픈브라보 등이 그 사례로 꼽히고 있다. 그중에서 오픈브라보의 비즈니스 모델을 좀 더 자세히 살펴보자.

팜플로마(스페인)에 본사를 두고 있는 오픈브라보(www.openbravo.com)는 2001년도에 테크니시아(Tecnicia)라는 사명으로 설립(이후 펀딩 과정에서 오픈브라보로 개명)되었으며, 상호 독립적으로 작동하거나 조합하여 작동할 수 있는 SME(중소기업)용 오픈소스 애플리케이션인 오픈브라보 ERP와 오픈브라보 POS를 개발한다. 이 제품들은 중소기업의 경영관리 및 판매시점관리 단말에 대한 수요를 충족시키는 것을 목적으로 하고 있다. 소스코드는 2006년도에 발표되었는데, 오픈브라보 ERP는 MPL 1.1[234]에 따라 라이선스가 부여되고 있으며 다양한 환경과 데이터베이스 시스템에서 운영이 가능하기 때문에, 현재까지도 소스포지에서 가장 활발한 프로젝트 가운데 하나로 자리 잡고 있다(소스포지 내에서 1백만 회가 넘는 누적 다운로드 수를 기록하고 있다)[213][215]. 오픈브라보 POS는 오픈브라보 ERP 와 통합할 수 있는 판매시점 단말 시스템이다. 이 제품은 GNU/GPL[230]에 따라 라이선스가 부여되며 다양한 환경에서 다양한 데이터베이스 시스템을 이용하여 실행 가능하다. 이것은 기본적으로 터치 스크린 단말용으로 설계되어 있다.

직원 수 50명 가량의 이 회사는 연간 30만 유로(€) 이상의 매출을 올리고 있으며, 2008년 5월, 펀딩을 통해 1천 2백만 달러를 넘는 자금을 확보하였는데, 여기에는 소데나, GIMV, 아다라 및 아마데우스 캐피털 파트너스 등과 같은 벤처 캐피탈 기업들이 참여하였다[221].

이 회사는 자사 제품의 위상을 산업내 선도자로 만드는 것을 목표로 비즈니스 전략을 수립하였는데, 이를 달성하기 위하여 세심한 커뮤니티 관리와 협력적 경쟁 개념을 적용하는 데 주력하면서 오픈소스 소프트웨어의 장점을 최대 활용하고 있다. 앞서 푸남볼의 사례에서 보았듯이, 오픈브라보는 혼자의 힘만으로는 잠재적인 사용자들 사이에서 자사의 제품을 광범위하게 배포할 수 없다는 사실을 깨달았다. 비록 오픈브라보 ERP와 오픈브라보 POS[214]가 대기업이 아닌 중소기업 시장을 표적으로 삼고 있지만, 이 부문의 선도자가 되고자 하는 목표를 달성하기 위해서는 제품이 전 세계 곳곳의 셀 수 없을 정도로 많은 중소기업들에게 도달해야만 한다. 그러나 오픈브라보는 이러한 전 세계적 규모의 마케팅 활동도 쉽지 않을뿐더러, 더 큰 문제는 중소규모 고객기업들은 통상, 현지 기업 또는 통합적인 솔루션을 제공하는 기업을 선호하기 때문에 이들 사용자들에게 직접 서비스를 제공하기 위하여 경쟁하는 일은 거의 불가능하다는 점을 인식하였다.

오픈브라보는 이와 같은 장벽을 극복하기 위하여 현지 기업들을 경쟁자가 아닌 협력자로서 포지셔닝 하였다. 즉, 제품을 직접 개발했다고 해서 그것이 최종 사용자들에게 서비스를 제공하는 데 있어서 반드시 최선은 아니라는 것을 인정한 것이다. 다시 말해 오픈브라보의 미션은 전 세계의 IT 서비스 기업들이 오픈브라보 ERP와 오픈브라보 POS에 대한 서비스 제공을 통해 새로운 수익을 창출할 수 있도록 해주는 좋은 제품을 개발하는 것과 최종 사용자가 아닌 IT 서비스 기업들에 대한 전문가 서비스를 제공하는 것이다. 이러한 협력기업들은 오픈브라보 ERP와 오픈브라보 POS의 현장 적용(커스터마이징)을 수행하는 하나의 거대한 파트너 네트워크를 구성하고 있다[81].

오픈브라보는 제품에 대한 신뢰성을 제공하는 동시에 앞에서 설명하였던 '컨설팅의 피라미드'와 유사한 체계를 구현함으로써 자사의 파트너들에게 다양한 서비스(지원, 훈련)를 제공하고 있다. 이렇게 함으로써, 제품 개발자들의 지원을 받는 파트너 기업들은 현지 시장에서 '최상의 코드와 최고의 지식'이라는 비즈니스 전략을 최대한 활용할 수 있게 되고, 오픈브라보는 자사 제품의 확산과 파트너들로부터의 직접적인 수익 획득이라는 이점을 누리는 협력적 경쟁 전략을 유지할 수 있는 것이다.

9.3.3.2 OSS-SaaS 모델

오픈소스 소프트웨어 제품을 개발한 회사는 '서비스로서의 소프트웨어'라는 패러다임(SaaS)을 통하여 개발한 제품을 최대한 활용할 수 있다. 즉, 설치 및 지원 서비스를 제공하는 대신 인터넷을 통해 사용자 기능(소프트웨어 및 하드웨어 인프라까지 포함)을 제공하면서 서비스 가입비의 형태로 수익을 창출하는 것이다[69].

이 모델의 대표적인 사례는 서브버전(Subversion)을 통해 협업 개발(버전 컨트롤, 이슈 트래킹, 커뮤니케이션 등) 환경에 대한 서비스를 제공하고 있는 콜래브넷(CollabNet)이다. 또, 슈거CRM(SugarCRM), 소셜텍스트(SocialText) 및 재스퍼소프트(JasperSoft) 등도 주목할 만한 사례들이다.

이들 기업에게 있어서 소스코드가 공개되어 있다는 것이 수익 창출에 장애가 되지는 않는다. 고객이 애플리케이션을 다운로드하고, 설치하고, 수정할 수 있다는 것은 앞에서 언급한 바와 같이, 고객들이 자신들의 문제를 해결해 주는데 대하여 기꺼이 지불할 의사가 있다는 사실 때문에 수입의 손실보다는 마케팅과 배포 확산을 위한 도구가 되기 때문이다.

그럼에도 불구하고, 모든 코드를 공개하는 것은 차별화와 경쟁자의 진입 기회를 발생시킨다는 문제를 유발할 가능성이 있다. 충분한 기술적인 능력과 인프라를 갖춘 어떤 기업이든 코드를 확보할 수 있다면 유사한 서비스를 제공할 수 있기 때문이다.

그러나 오픈소스 소프트웨어 제품을 개발한 기업은 '최상의 코드와 최고의 지식'을 기반으로 커뮤니티로부터 충분히 공감을 얻고 차별화할 수 있다. 또, 여기에 더해 앞에서 본 바 있는 'OSS-독점적 제품 혼합 모델'과 마찬 가지의 방식으로 코드의 일부분을 폐쇄 상태로 유지하여 차별성을 강화할 수도 있다[69].

9.3.4 하드웨어 보조 모델

헥커가 설명한 비즈니스 모델 가운데 하나인 '위젯 프로스팅'은 지금도 여전히 유효하다. 하드웨어 제조업체들에게 있어서 소프트웨어의 개발은 하드웨어 제품을 판매하기 위해 필요한 것이며, 따라서 오픈소스 소프트웨어는 관련 원가를 낮출 수 있는 바람직한 전략이다. 또한, 오픈소스 소프트웨어 개발 모델의 채택은 다른 플랫폼으로의 이식 가능성을 확장시켜 준다[69]. 우리는 앞에서 하드웨어 공급업체가 원가를 절감하는 하나의 방법으로서 오픈소스 운영체제를 선택함으로써 잠재적인 고객 기반을 확대시킨 IBM의 사례에 대하여 살펴 본 바 있다.

한편, 최근 임베디드 장치에서 리눅스가 수행하고 있는 역할은 실로 절대적이라 할 수 있는데(한 가지 재미있는 사실은, 이와 같은 임베디드 장치의 확산은 컴퓨터 역사 초기의 '하드웨어와 소프트웨어 혼합 판매'로의 회귀를 보고 있는 것 같다는 점이다),

이러한 기기들은 제한적인 기능의 단순한 운영체제를 기반으로 한 소프트웨어가 내장된 상태로 제공된다. 임베디드 리눅스는 최근 이러한 유형의 하드웨어 비즈니스 기회를 증진시키고 있다. 현재, 내장형 시스템 가운데에서는 리눅스 기반의 운영체제가 가장 많이 사용되고 있으며, 이러한 경향은 앞으로도 지속될 것이다[82].

또한, 적당한 가격에 구입 가능한 소프트웨어가 존재한다는 것은 그것을 중심으로 한 생태계를 형성시키기도 한다(즉, 소프트웨어가 중심이 되고 하드웨어는 일부가 된다). 예를 들어, 아스테리스크(Asterisk) IP 음성 플랫폼은 많은 기업들에게 저렴한 가격으로 교환기를 사용할 수 있게 해주고 있다. 하지만 동시에 사용자들은 IP 단말기, 아스테리스크 카드, 라우터, 녹음 장치 등과 같은 특정한 하드웨어 요소를 구매해야 한다. 이러한 하드웨어 제품을 제조하는 기업들은 아스테리스크와 같은 소프트웨어의 확산으로부터 혜택을 볼 수 있으며, 따라서 그들은 소프트웨어의 개발에 참여하고 기여한다. 마찬가지로, 아스테리스크 개발의 주된 책임을 지고 있는 디지움(Digium)과 같은 소프트웨어 개발 회사들은 하드웨어와 관련 서비스를 판매함으로써 돈을 벌 수 있다.

이러한 기술을 통하여 활용할 수 있는 틈새도 존재할 수 있는데, 이러한 틈새를 확보함으로써 비즈니스를 성공적으로 영위하고 있는 기업이 있다. 아반자다 7(Avanzada 7, www.avanzada7.com)이 그 사례인데, 이 회사는 아스테리스크의 구현에 필요한 하드웨어를 판매하지만 스스로는 제조 업체도, 유통 업체도 아니라고 강조하고 있다. 이 회사의 차별화 포인트는 장치를 판매한 후에 제공하는 무료 지원 서비스이다. 또한, 아반자다 7은 신뢰성 있는 기술 지원 네트워크를 위해 디지움과 파트너십을 맺음으로써 앞에서 설명한 바 있는 피라미드형 네트워크를 확립하였다[69].

또 다른 사례로, 첨비산업(www.chumby.com)을 들 수 있다. 캘리포니아 샌디애고(미국)에 본사를 두고 있는 첨비산업은 2006년도 8월에 출시된 '첨비(Chumby)'를 개발 및 판매하려는 목적으로 설립되었다. 이 무선(WiFi) 장치는 라디오를 대체하여 '첨비 네트워크(Chumby Network)'에 접속할 수 있도록 설계되었으며, 이 장비는 네트워크를 통해 여러 가지 정보를 다운로드 할 수 있다. 또한 팟캐스트, 인터넷 라디오, 그리고 일부 비디오를 플레이 할 수 있다. 이 장치는 리눅스와 어도비 플래시 라이트(Adobe Flash Lite) 상에서 실행된다[69].

• 참고 - 어도비 플래시 플레이어

어도비 플래시 플레이어(Adobe Flash Player)는 어도비 시스템즈에 인수합병된 매크로미디어사가 만들고 배포했던 멀티미디어 플레이어이며 사람들에게 널리 쓰이는 응용 소프트웨어이다. 플래시 플레이어는 어도비 플래시 저작 도구인 어도비 플렉스나 다른 수많은 매크로미디어 관련 저작 도구로 만든 SWF 파일을 실행할 수 있다.

어도비 플래시, 줄여 말해 플래시는 어도비가 만들어 배포한 멀티미디어 저작 프로그램이라고도 하며 어도비 플래시 플레이어라고도 부른다. 벡터 및 레스터 그래픽스, 액션스크립트라는 이름의 네이티브 스크립트 언어, 비디오 및 오디오의 양방향 스트리밍을 사용한다. 정확히 말해 어도비 플래시는 저작 환경이며, 플래시 플레이어는 플래시 파일을 돌리는 데 쓰이는 가상 머신이다.

플래시 플레이어는 ECMA 스크립트 기반의 액션스크립트(AS)라는 이름의 임베디드 스크립팅 언어를 지원한다. 그로 말미암아, 액션스크립트가 객체 지향 코드를 지원하는 변수 없이 스크립트 구문으로부터 성장하게 되었으며, 이제는 자바스크립트(다른 ECMA 스크립트 기반의 스크립팅 언어)의 기능과 비유할 만큼 변화되었다.

플래시 플레이어는 원래 2차원 벡터 애니메이션을 보여 주려고 만든 것이지만, 그 뒤로는 리치 인터넷 애플리케이션과 스트리밍 비디오 및 오디오를 만드는 데 적합하게 되었다. 벡터 그래픽스를 사용하여 파일 크기를 줄일 수 있고 대역 및 로딩 시간을 줄이는 파일을 만들어 준다. 플래시는 웹 페이지에 넣을 수 있는 게임, 애니메이션, GUI의 공통 포맷이다.

플래시 플레이어는 일부 브라우저에 내장되어 있으며 최신 버전의 다른 브라우저(모질라 파이어폭스, 오페라, 사파리, MS 인터넷 익스플로러)에서도 플러그인을 통해 사용할 수 있게 되어 있다. 플러그인의 각 버전은 완전히 하위 호환성을 유지하고 있다.

플래시 플레이어는 원래 2차원 용이지만, 현재 여러 플래시용 3D엔진이 나와있고, 플래시 플레이어 11부터 기본으로 그래픽 가속을 지원한다.

이 장치는 브라우저를 갖추고 있지 않으며 콘텐츠는 오로지 위젯을 통해 다운로드 할 수 있는데, 이들 위젯들은 각각 블로그에서 최신 뉴스를 읽고 갤러리에서 최신 사진을 다운로드 하는 등의 기능을 갖추고 있다.

첨비 하드웨어와 소프트웨어는 무료이며 그 도식(스키마)과 인쇄회로기판 그리고 심지어는 소스코드까지 다운로드가 가능하다. 회사의 마케팅 활동은 개방성에 기반을 두고 있다. 즉, 첨비는 외부 케이스를 변경하고, 입맛에 따라 확장 장치를 붙이고, 새로운 위젯을 개발하는 등 어떤 수준에서든 개별화가 가능하다. 따라서, 이 장치는 '사용자 편의성'을 고려한 패키지 제품으로서도 판매되지만, 회사의 통제를 벗어나서 확장시킬 수 있는 길을 열어 줌으로써 모든 사용자가 원하는 대로 진화할 수 있도록 해준다. 첨비는 자체 장비의 도식과 PCB에 대한 접근을 허용하고 있다. 하지만 그것은 개인들을 위한 것이지 경쟁기업들을 위한 것은 아니다. 즉, 설계를 사용하고 그것을 자체 제품에 반영하기를 원하는 제조 업체들은 라이선스 비용을 지불해야만 한다[222].

그러나 사실 첨비의 비즈니스 모델은 하드웨어로부터 수익을 얻는 데 맞추어져 있지 않으며, 장치의 가격도 상대적으로 저렴하다. 회사의 창업자이자 CEO인 스티브 톰린(Stebe Tomlin)은 첨비를 이용하여 선택가능한 복수의 비즈니스 모델이 있었다고 한다. 즉, 첨비는 더 많은 가격을 부과하여 전통적인 하드웨어 공급 업체의 모델을 따를 수도 있었고, 아니면 장치에 대해서는 값을 싸게 부과하고, 그 다음에 콘텐츠 서비스 가입에 대해 대가를 청구할 수도 있었다. 하지만 첨비가 선택한 방법은 제품의 판매를 통하여 원가를 회수할 정도의 수익만 얻은 다음, 광고를 통해 회사의 이윤을 지속적으로 창출하는 것이었다. 현재, 첨비는 개방성을 무기로 애플의 아이팟 터치 및 아이폰과 같은 유사한 제품에 대하여 명확한 차별화 및 상업적 우위를 점하고 있다.

9.3.5 기타 보조 모델

오픈소스 소프트웨어의 확산은 다음과 같은 기타 관련 시장을 창출하고 있다 [69].

- **커뮤니티 호스팅** – 소스포지(SourceForge), 콜래브넷(CollabNet), 프레시미트(Freshmeat)와 같은 오픈소스 소프트웨어 개발용 호스팅 서비스 및 협업 도구를 제공하는 기업들과 구글코드(Google Code), 코더스(Coders), 크루글(Krugle) 및 코다스(Codase)와 같은 오픈소스 코드검색 엔진이 그 예이다.

- **법률적 인증** – 블랙덕(BlackDuck)과 팔라미다(Palamida)와 같이 전적으로 법률적인 이슈(라이선스 문제)에 집중하는 기업들이 그 예이다.

- **서적 판매** – 오라일리가 가장 대표적인 사례이다.

- **상품 판매** – 소스포지의 자회사로서 괴짜(Geek)들을 대상으로 하는 티셔츠에서 머그컵 그리고 액세서리 디바이스들에 이르기까지 다양한 유형의 제품을 인터넷으로 판매하는 씽크긱(ThinkGeek)이 대표적인 사례이다.

- **광고** – 광고를 통해 수익을 내는 가장 흔한 형태로는 홈페이지에 광고를 게시함으로써 약간의 수익을 얻는 방법이 있다. 하지만 광고를 통해 놀라울 만큼 많은 수익을 내는 사례도 있는데, 모질라는 자신들의 웹 브라우저인 파이어폭스의 기본 검색 사이트를 구글로 지정하는 계약을 맺었다. 파이어폭스 사용자들이 인터넷 검색에 있어서 기본적으로 구글을 활용하게 됨에 따라 자연히 구글의 사용량은 크게 늘어났다. 이는 구글에게 실로 엄청난 규모의 이익을 가져다 주었고, 모질라 역시 구글로부터 약 550억 원 정도를 받아갔다. 또 다른 예로, 아스테리스크(Asterisk)를 운영하는 디지움(Digium)의 경우 이와 유사하게 특정 IP 폰 업체를 기본으로 설정함으로써 수익을 얻는다.

제 **10** 장

비즈니스의 고려사항

제 10 장

비즈니스의 고려사항

오픈소스 소프트웨어는 사유 소프트웨어에 대한 유효하고 생존 능력을 갖춘 대안의 하나이다. 개발 및 설치의 모듈화, 표준 기반의 운영 그리고 애플리케이션의 끊임 없는 진화 등과 같은 특징들은 오픈소스 소프트웨어의 경쟁력이다. 이러한 의미에서 오픈소스 소프트웨어가 전통적인 소프트웨어 공학이 태생적으로 안고 있는 생산성 문제의 근원적 한계를 돌파할 수 있는 해결책이 될 것이라는 점은 의심의 여지가 없다. 또한, 오픈소스 소프트웨어는 전통적인 시장속에서는 감추어져 있던 독립성, 자유, 낮은 원가 및 높은 투자 효율, 위험의 분산과 같은 '가치'를 재구성한다. 뿐만아니라 기업으로 하여금 관련 업체 또는 보완재 공급 업체들과의 협력적 경쟁 전략을 확립할 수 있게 하여 준다.

하지만 그것만으로는 오픈소스 소프트웨어가 비즈니스의 은 탄환(Silver Bullet)이 될 수는 없다. 즉, 지속적인 안정정과 신뢰성을 가진 비즈니스를 영위하기 위해서는 반드시 오픈소스 소프트웨어가 가지고 있는 장점들을 통합하고 조정하는 한편, 예상 가능한 단점들을 관리 및 통제할 수 있는 전략을 정의하여야만 한다.

따라서, 이 장에서는 오픈소스 비즈니스 조직으로 전환(또는 새롭게 구성)하기 위해 진단해보고 미리 갖추어야 할 전제 조건들[83]을 살펴본다.

또, 오픈소스 소프트웨어가 사유 소프트웨어에 대한 경쟁력 있는 대안이 될 수 있게 하여 주는 주된 특장점들과 함께 기존의 소프트웨어 산업 내에서 언급되고 있는 단점들(우려이기도 하고 사실 오해일 수 있지만)에 대하여 간략하게 살펴 보게 될 것이다.

마찬가지로, 오픈소스 소프트웨어 비즈니스 전략의 장점과 함께 반드시 고려하여야 할 고객 입장에서의 예상 가능한 문제들도 짚어볼 것이다.

10.1 기업 관점에서의 고려사항

사유 소프트웨어에서 오픈소스 소프트웨어로의 이동에는 신중한 고려가 필요하다. 다양한 소프트웨어 제품, 회사, 또는 시장은 이에 상응하는 다양한 접근 방식을 요구하고 있으며, 어떤 경우에는 소스 코드의 공개가 현명한 판단이 아닐 수 있다.

예를 들어, 세련되고 개선된 기능들을 통해 부가 가치를 제공하는 제품들보다 원가 우위(Cost Leadership) 또는 수평적 기능 범위(Horizontal Functional Scope)에 초점을 두고 있는 소프트웨어 제품들이 오픈소스 소프트웨어로 이동하기에는 더 좋은 후보들이다[43]. 즉, 대중적인 시장에 맞게 설계된, 광범위하고 수평적인 범위의 소프트웨어가 오픈-소싱(Open-Sourcing)에 더 적합하다는 것이다. 왜냐하면, 이러한 소프트웨어가 외부 개발자들의 관심을 더 끌 수 있기 때문이다.

이러한 의사 결정에 있어서 소프트웨어 제품의 마켓 포지션(Market Position)도 역시 중요한 요인이다. 예를 들어, 시장 점유율이 높은 제품, 최신 기술 분야(State-of-the-Art)의 역량 측면에서 경쟁자들보다 앞서 있는 제품, 또는 다른 회사들의 제품이나 서비스의 기반이 되는 위치에 있는 제품 등을 오픈-소싱하는 것은 벤더에게 이득이 되지 않는다.

---

43 소프트웨어 요구사항에 있어서 '수평적'이라는 것은 넓은 범위의 소프트웨어 기능을 구현하려고 한다는 것을 의미하며, 반대로 '수직적'이라는 것은 소수의 요구사항을 높은 품질 수준에서 정밀하게 구현하는 것을 말한다.

제품을 오픈소스 소프트웨어로 제공할 것인지에 대한 의사 결정 과정에서는 다음과 같은 사항들을 반드시 고려하여야 한다.

- 타깃 제품의 시장 평가 – 상업적 제품과 오픈소스 소프트웨어로의 제공, 혹은 두 가지의 결합을 모두 고려하여야 한다. 또한, 오픈소스 소프트웨어가 될 제품에 시장의 관심도가 있는지를 판단한다.

- 개발 커뮤니티의 관심도 판단 – 제품이 오픈소스 소프트웨어가 되었을 때, 커뮤니티의 개발자들이 그 주변에 얼마나 잘 형성되고 그들의 기술, 전문 지식과 개발 노력을 얼마나 잘 제공해줄 수 있는지를 고려한다. 이 과정에 포럼, 메일링 리스트, 커뮤니케이션 채널들에 대한 통찰(Insight)이 판단에 도움을 줄 것이다.

- 제품의 어떤 부분들을 오픈소스 소프트웨어로 제공할 것인지 결정 – 제품의 소스코드 중에서 일부분만 오픈소스 소프트웨어로 공개하고, 나머지는 사유 소프트웨어로 유지하는 것도 가능하기 때문이다. 영업 비밀(Trade Secrets) 또는 공표하지 않는 것이 더 좋을 수 있는 알고리즘, 소스의 일부분이 다른 제품들과 공유되거나, 다른 라이선싱 체계를 가진 써드 파티(Third Party)[44] 기술들에 의존적인 경우에는 공개하지 않는 것이 좋다.

- 단기 전환비용의 균형 – 새로운 오픈소스 소프트웨어 버전과 이전 버전들의 호환성(Backward-Compatibility) 유지 비용, 또는 오픈소스 소프트웨어로의 전환에 반대하여 다른 제품들로 대체하려는 고객들의 이탈에 따른 손실 비용이 기술적 전환비용에 포함될 수 있다. 또, 새로운 인원의 고용이 필요할 수도 있고, 직원들이 만약 오픈소스 소프트웨어에 충분히 익숙하지 않다면 설치, 구성, 그

---

44 '써드 파티(Third Party)'는 해당 분야에 호환되는 상품이나 파생 상품 등을 생산하는 회사들을 말한다. 예를 들어, 컴퓨터 제조 업체의 자회사 또는 하청 업체로서가 아니고, 독자적으로 개인용 컴퓨터(PC)의 주변 장치나 응용 소프트웨어를 개발, 제조, 판매하는 사업자들이 '써드 파티'이다.

리고 유지보수 같은 프로세스들의 일부분을 아웃소싱(Outsourcing)[45] 하는 것이 필요할 수 있다.

- 새로운 프로세스, 인프라와 환경을 고려 – 오픈소스 프로젝트와 커뮤니티를 형성하는 것은 회사나 조직의 소프트웨어 개발 방식을 바꿀 것이다. 그것은 분산된 버전관리 시스템과 공개적으로 접근 가능한 이슈 추적 시스템 같은 특수한 기술적 인프라, 프로세스, 공개의 형태, 협업 커뮤니티, 새로운 거버넌스 모델과 관리 기법, 분업, 그리고 지리학적으로 분산된 팀을 위한 지원과 같은 이슈들을 지원해 줄 수 있는 환경을 요구할 것이다. 또 오픈소스 커뮤니티에 접근하고, 인터넷을 통해 이용 가능하도록 오픈소스 소프트웨어 정보를 관리하고, 라이선싱 이슈들을 처리하고, 고객들에게 응대하는 것과 같은 부가적인 활동들이 조직적으로 지원되어야 한다. 오픈소스 소프트웨어로 이동하기 전에 이러한 요소들이 개발되고 지원될 수 있는지를 확인하는 것이 중요하다.

- 조직 내에 올바른 정신이 존재하는지 확인 – 오픈소스 소프트웨어 개발은 특별한 정신과 문화를 요구한다. 이것이 회사 내에 존재하지 않는다면 이를 함양할 필요가 있다. 물론 저항이 있을 수도 있다. 일부 직원들은 프로젝트의 요구사항에 그들의 스킬과 역량을 매치시킬 필요성을 인식하지 못할 뿐만 아니라, 지적재산권(Intellectual Rights)을 존중하는 문화가 없을 수도 있다[46]. 이러한 이슈들을 극복할 수 있는 방법으로는 다른 오픈소스 프로젝트나 이벤트에의 참여, 개발 커뮤니티의 관심을 끌만한 라이선스의 선택, 또는 전환을 실행하기 전에 회사 직원들이 다른 오픈소스 프로젝트에 참여할 수 있도록 하는 것 등이 있을

---

45 '아웃소싱(Outsourcing)'은 기업의 내부 프로젝트나 제품의 생산, 유통, 용역 등을 외부의 제3자에게 위탁, 처리하는 것을 말한다. 미국 기업이 제조업 분야에서 활용하기 시작했으며 경리, 인사, 신제품 개발, 영업 등 모든 분야로 확대되고 있다. 기업은 핵심 사업에만 집중하고 나머지 부수적인 부문은 외주에 의존함으로써 생산성 향상을 극대화 할 수 있다.

46 사유 소프트웨어 기업의 개발자들은 관리자에 의해 업무가 배정되는 방식이 아닌, 요구사항 목록 중 자신의 역량과 스킬을 고려하여 스스로 업무를 할당하는 문화에 익숙하지 않다.

수 있다. 소스코드를 공개함으로써 경쟁 업체들에게 이득이 될 수도 있다는 것을 이해시킬 필요가 있고, 불가피하게 발생할 수 있는 무임 승차(Free Riding)에 대한 인내심도 갖출 필요가 있다.

· 참고-무임 승차

　사전적인 의미로 '무임 승차(Free-Riding)'란 정당한 요금을 지불하지 않고 차량에 탑승하는 행위를 지칭하는 말이다. 그런데 경제적인 의미로는 재화나 서비스가 제공하는 혜택에 상응하는 대가를 지불하지 않고 해당 재화나 서비스를 이용하는 행위를 '무임 승차'라고 부른다. 일반적인 재화나 서비스의 경우에는 무임 승차 현상이 나타나기 어렵지만, 공공재의 경우에는 '배제 불가능성'을 지니고 있어 무임 승차 현상이 발생한다. 예를 들어, 마을 앞의 개천에 다리를 놓는 경우를 생각해보자. 마을 사람들은 다리 건설에 들어가는 재원을 마련하기 위해 각자 자신이 진정으로 느끼는 가치만큼을 부담하기로 했다. 그리고 일단 다리가 건설되면 얼마를 지불했느냐와 관계없이 누구나 다리를 이용할 수 있다. 따라서, 이러한 사실을 알고 있는 마을 사람들 대부분은 자신이 느끼는 가치보다도 적은 가치만을 표현할 가능성이 높다. 이처럼 공공재의 경우에는 사람들이 공공재로부터 느끼는 진정한 가치를 표현하지 않고 이를 이용하려는 무임 승차 현상이 발생하게 된다. 따라서 공공재를 일반적인 재화나 서비스처럼 시장에 맡겨서 자율적으로 생산되도록 한다면, 무임 승차 문제로 인해 결국 사회적으로 필요한 공공재가 과소 공급될 가능성이 있다. 이러한 문제점을 방지하기 위해 전통적으로 국가가 국민들로부터 세금을 걷어 공공재를 공급해 왔다.

· **코드 정제** - 부차적으로 보일 수도 있지만, 코드의 배포(Public Distribution) 준비는 코멘트(Comment, 주석)의 재작성(Rewriting) 또는 추가, 문서화, 특정 기능의 재구현(흔히 '리팩토링'이라고 한다), 내부 검토용으로만 작성된 부분의 제거 등과 같은 벅찬 작업이다. 소스코드는 커뮤니티에 의해 세심하게(심지어 자동화된 툴에 의해) 살펴지기 때문에 이 작업은 매우 중요하고, 기업의 첫인상에 영향을 줄 것이다.

> **· 참고-정제**
>
> '정제(Sanitize)'는 '우유가 제품으로써 고객에게 전달되기 직전에 살균된다'라는 의미에서 유래한 것이다. '코드 정제'는 오픈소스 소프트웨어 개발자들 사이의 은어로서, 다른 개발자들이 읽기 편하도록 코드를 정제한다는 의미와 개발자들에 의해 만들어진 코드가 올바른 것인지 코어 개발자들에 의해 승인되는 과정을 모두 의미한다.

- **적절한 비즈니스 모델의 선택** – 다양한 비즈니스 모델들이 적용될 수도 있고, 그중 하나가 선택될 수도 있다.

- **적절한 라이선스의 선택** – 다양한 특성과 다양한 정도의 허용성을 가진 많은 라이선스들이 있다.

- **마케팅 방식의 결정** – 오픈소스 소프트웨어 제품에 대한 인지도를 구축하는 것은 매우 어려운 일이다. 기존의 커뮤니케이션 채널들에 익숙해지거나, 새로운 채널을 생성할 필요가 있을 수도 있고, 고객들의 커뮤니티가 새롭게 형성되어야 할 수도 있기 때문이다.

10.2 고객 관점에서의 고려사항

사유 소프트웨어가 주류를 이루고 있는 전통적인 시장 속에서 오픈소스 소프트웨어에 기반을 둔 제품 및 서비스를 고려하고 있는 고객들이라면, 사유 소프트웨어와 비교한 오픈소스 소프트웨어 모델의 장점과 단점을 식별하는 일이 매우 중요하다.

특히, 고객의 관점에서 보았을 때 제품 아키텍처 상의 기술적인 차별화보다는 경제적인 이슈가 더 중요할 수 있다. 만일 우리가 시장을 성공적으로 공략하고자 한다면 회사의 전략에 이러한 특징들을 감안할 필요가 있다.

따라서, 이하 절에서는 고객 관점에서 오픈소스 소프트웨어의 장점과 고려사항[83]들을 기술적, 경제적 측면 모두에서 설명하고자 한다.

10.2.1 오해와 진실

비용, 보안, 품질, 유지보수 및 기술지원 그리고 응용 관점 등에서 흔히 알려진 잘못된 오해는 오픈소스 소프트웨어의 도입과 활용을 제한한다. 이 절에서는 오픈소스 소프트웨어에 관해 일부에서 제기하고 있는 우려(오해)와 그 진실에 대해 알아본다.

10.2.1.1 총소유비용

사용자 입장에서 소프트웨어 개발에 관한 비용은 가장 우선적으로 고려해야 할 요소이다. 비용에 따라 소프트웨어를 도입할지가 결정되기 때문이다. 이러한 비용에 관한 잘못된 인식 중 하나는 오픈소스 소프트웨어가 초기 도입 비용에 도입 이후의 비용을 포함하면 오히려 전체 비용이 더 크다는 것이다. 이를 확인해보기 위해서 미국의 로버트 프랑스 그룹(Robert Frances Group)은 오픈소스 소프트웨어와 사유 소프트웨어의 총소유비용(Total Cost Ownership, TCO)을 분석하였다.

• 참고 – 총소유비용

총소유비용은 하나의 자산을 획득하려 할 때 주어진 기간 동안의 모든 연관 비용을 고려할 수 있도록 확인하기 위해 사용되는 기법이다. 즉 총소유비용은 일정기간 동안 빌딩, 트럭, 소프트웨어 등과 같은 '하나의 자산을 소유하고 운영하는 데 소요되는 모든 비용'으로 정의될 수 있다. 따라서 총소유비용은 단지 구입비용만을 반영하는 것이 아니라 자산의 추후 사용 및 유지에 있어 필요한 모든 다른 측면들을 포함한다[184].

총소유비용의 개념은 1987년 가트너의 빌 커윈(Bill Kirwin)이 PC를 소유하는데 발생하는 총 비용을 산정하는 소유비용모델로 제시한 것에서 유래되었는데 이에 따르면, 그동안 총소유비용은 PC의 저가격화와 클라이언트/서버 기술의 성숙화에 따라 도입 시의 비용이 종래의 메인 프레임에 비해 싸진 것은 틀림없으나, 총비용을 따져 보면 실제로는 어느 정도 비싸졌다는 반성에 기초하여 비용을 재검토하는 지표로 사용되어 왔다. 총소유비용 개념을 보다 심도 있게 이해하기 위해 총소유비용의 정의를 분해해서 살펴보면 다음과 같다[84].

첫째, 총(Total)의 개념이다. 이는 평가 영역 내에 포함되는 것은 어느 것도 배제되어서는 안 되며, 동시에 이중 혹은 중복 산정되어서도 안 됨을 내포한다. 따라서 총소유비용은 모든 비용 항목들을 포함하여야 하며, 이를 위하여 비용 항목 계정 차트들을 기반으로 하여 비용 항목들이 누락되지 않도록 하여야 한다.

둘째, 비용(Cost)이다. 이는 하드웨어 및 소프트웨어 자산의 취득, 인건비, 서비스 수수료, 고장이나 서비스 결여 등에 대한 비용을 화폐가치로 환산한 비용을 말한다. 여기서 비용은 직접 비용과 간접 비용으로 다시 구분할 수 있는데 직접 비용은 구입비, 인건비 등을 포함하며, 간접 비용은 가령 부서 내 직원이 다른 부서 직원에게 기술을 지원하고 있다면, 이때 IT 문제를 진단하고, 수리하고, 문제를 해결하는 직원의 비용은 총소유비용 계정 차트에서 동료를 지원하는 비용 항목으로 포함시킬 수 있다.

셋째, 소유(Ownership)이다. 이는 자산을 소유함을 의미한다. 따라서 총소유비용에서의 모든 비용은 IT 자산에 대한 비용들로서 자산과 이를 이용하는 사람들에 대한 비용으로 구성된다.

넷째, 총체적인 관점(Holistic View)이다. 이는 IT 비용이 IT 예산(즉, IT 부서의 예산이나 IT 자산에 대한 예산)으로 편성되지 않을 수도 있음을 의미한다. 즉, 다른 부서의 예산이나 다른 계정의 예산으로 편성된 것들도 총소유비용에 포함되어야 하는 것들이 있다는 것이다.

다섯째, 기업 영역(Enterprise Boundaries)이다. 이는 총체적 관점을 IT 비용 항목들뿐만 아니라 기업 전체의 범위로 파악하여야 함을 의미한다. 일반적으로 IT 비용은 기업 전반적인 비용으로 발생할 경우 실제로 크게 증가하는 경향이 있다. 또한 IT 비용은 공급사슬, 고객의 요구, 정부의 규제 그리고 경제 환경 등과 같은 외부적인 요소에 의해 영향을 받기 때문에 기업 전체적인 개념으로 파악되어야 한다는 것이다.

여섯째, 기간(Over Time)이다. 이는 자산 비용이 시간에 걸쳐서 발생하고 변하기 때문에 전 라이프 사이클에 걸쳐 파악되어야 함을 의미한다. 즉, 초기 구입비용이나 훈련비용뿐만이 아니라 이후의 업그레이드 비용, 대체비용 등을 포함한다. 이에 따라 총소유비용은 다년간의 투자 비용(자신의 감가상각 기간으로 나누어진)과 한 해의 비용(노동, 연간 비용 등)으로 나누어 이들을 사용기간(보통 3년 내지 5년을 사용기간으로 산정한다) 동안의 연 평균 비용으로 표현된다.

로버트 프랑스 그룹은 전 세계 약 2,000여개의 웹 서버 운영업체들을 대상으로 윈도우 기반 웹서버와 리눅스 기반 웹서버 운영 시의 비용을 분석했다. 그 결과, 독점적 소프트웨어인 윈도우 기반 웹서버를 사용했을 때보다, 오픈소스 소프트웨어인 리눅스 기반의 웹서버를 운영했을 때 TCO가 39% 정도 낮은 것으로 확인되었다. 3년간의 지속적 비용을 조사한 결과는 다음의 [표 10-1]과 같다[85].

[표 10-1] 웹 서버 운영비용(3년간 하루 10만 방문 수 기준)

구분	1년	2년	3년
리눅스	$49,931	$62,203	$74,475
솔라리스	$421,718	$491,619	$561,520
윈도우	$91,724	$141,193	$190,662

또, 마이에스큐엘(MySQL)사가 2012년 조사한 자료에 따르면, 3년 동안 엠에스에스큐엘(MS SQL) 대비 마이에스큐엘(MySQL)의 총소유비용 절감 비율은 96.1%이고, 사이베이스(Sybase) 대비 마이에스큐엘의 총소유비용 절감비율은 98.7%였다[86].

한편, 2012년에 한국의 정보통신산업진흥원(NIPA)에서도 오픈소스 소프트웨어와 독점적 소프트웨어의 총소유비용을 비교, 연구하였는데[185] 이에 따르면, 국내 51개 정보시스템 보유 업체를 대상으로 해당 정보시스템에 설치된 오픈소스 및 독점적 소프트웨어에 대한 평균 총소유비용 절감 비율을 산정한 결과 63.3%로 계산되었으며, 정보시스템 분야 사용자(User) 수 규모별 총소유비용 절감 비율은 대형은 53.1%, 중형은 52.2%, 소형은 43.8%로 나타났다고 밝히고 있다. 또, PC 분야의 평균 총소유비용 절감 비율을 산정한 결과 59.4%로 계산되었으며, PC 대수 규모별 총소유비용 절감 비율은 대형 PC실은 63.4%, 중형 PC실은 40.2%, 소형 PC실은 36.9%로 나타났다. 이는 클라우드 컴퓨팅 분야에서도 마찬가지인데, 역시 이들의 조사 결과에 따르면, 클라우드 컴퓨팅 정보시스템에 설치된 오픈소스 및 독점적 소프트웨어에 대한 총소유비용 절감 비율을 산정한 결과 61.2%로 나타났다.

이처럼, 초기 도입 비용뿐만 아니라 도입 이후에 소요되는 지속적 비용을 보더라도 오픈소스 소프트웨어의 비용 절감 효과가 더 크다는 것이다.

그럼에도 불구하고, 왜 실제와 다르게 비용에 대한 오해가 존재하는 것일까? 그 것은 오히려, '오픈소스 소프트웨어는 무료이기 때문에, 전혀 비용이 들지 않는다' 라는 막연한 생각으로 섣불리 준비없이 접근하였다가, 막상 실제의 도입 과정에서 또는 도입 이후의 운영 및 개선의 과정에서 예상치 못했던 비용(전문 기술지원업체 또는 내외부 기술인력들의 노력이 필요한 경우에 수반되는)의 발생을 경험한 사례 들이 부풀려진 결과이며, 이를 마케팅에 이용하는 일부 독점적 소프트웨어 기업들 로 인해 형성된 잘못된 관념인 것이다.

따라서, 오픈소스 소프트웨어 비즈니스 기업들 역시, 비즈니스 마케팅에서 지나 치게 '무료'를 강조하는 고객유인 방식을 경계하여야 할 것이다. 이는 고객들에게 잘못된 인식을 심어줄 수 있기 때문이며, 결국 그것이 수익모델의 창출을 저해할 것이기 때문이다.

생각해 보라! 오픈소스 소프트웨어가 '무료'라는 이야기를 귀에 못이 박히도록 듣 고, 그것 때문에 오픈소스 소프트웨어를 새로운 대안이라 생각하고 이 세계에 들어 온 고객들이 지갑을 열겠는가?

10.2.1.2 기술 채택의 위험과 품질

새로운 기술의 채택에 따르는 위험은 오픈소스 소프트웨어이든 독점적 소프트웨 어이든 관계없이 동일한 이슈이다. 앞에서 우리가 기술수용모델에 관해 살펴보았듯 이 새로운 기술의 경우, 기술적으로도 안정화되고 시장에서의 광범위한 인지를 획 득하기 전까지는 '다수 수용자(Majority)'들의 관점에서 '어느 정도 위험이 있다'라 고 말할 수 있다[83].

그러나 그것이 딱히 '새로운, 최초의' 기술이 아닌 경우, 우리는 시장 내 다양한 제품과 서비스들에 대한 가격과 품질을 비교, 검토하고 이를 '선택'하게 된다. 결국, 오픈소스 소프트웨어든 독점적 소프트웨어든 고객들의 입장에서는 '가격 대비 품질과 서비스'라는 측면이 중요한 것이다.

그러나 오픈소스 소프트웨어의 채택과 사용에 대한 위험의 가능성을 경고하는 일부의 주장에는 이와는 다른 논리가 적용되고 있는듯 하다.

즉, 오픈소스 소프트웨어가 '검증되지 않은 새로운 기술'이라는 것이다. 그러나 기술의 검증과 제품의 검증은 전혀 다르다. 앞에서도 언급하였듯이 오픈소스 소프트웨어를 개발하는 데 적용되는 기술 그 자체는 독점적 소프트웨어의 기술과 다르지 않다. 다만, 그 기술들로 소프트웨어를 개발하는 방식이 다를 뿐이며, 오픈소스 소프트웨어 개발 모델의 장점에 대해서는 이 책의 곳곳에서 언급하고 있다. 한편, '검증되지 않은 새로운 제품'이라는 측면에서는 어떠할까? 독점적 소프트웨어의 경우, 일반적으로 시장에 새롭게 등장(또는 출시)한 제품이라면 현장(고객) 검증의 전례가 있을리 없다. 하시만 오픈소스 소프트웨어의 경우에는 처음부터 고객(사용자)의 참여로 개발되고, 개발과 동시에 사용된다.

이러한 오픈소스 소프트웨어 개발 모델과 관련해서 데이비드 휠러(David A. Wheeler)는 오픈소스 소프트웨어가 개발될 때 개발자와 참여자, 사용자 사이에서 소스코드를 어떻게 공유하고 발전시켜 나가는지를 관찰하여 [그림 10-1]과 같은 모델로 정리하였다[87]. 이 모델에 의하면, 소스코드의 재배포를 통해서 사용자들이 소프트웨어를 사용하였을 때, 문제 및 개선사항에 대한 지속적인 보고가 이루어지는 과정에서 소스코드가 더욱 발전해 나가고, 이로 인해서 소프트웨어도 발전한다는 것이다[87].

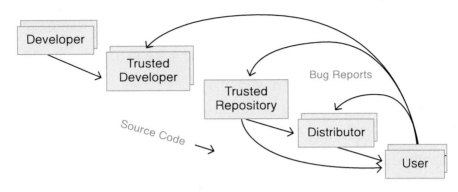

[그림 10-1] 휠러(Wheeler)의 오픈소스 소프트웨어 개발 모델[87]

이와 같이 개발의 과정에 사용자를 참여시키고, 빠르고 잦은 릴리스를 통해 사용자들로부터 즉각적인 피드백을 받아 반영하는 것이 오픈소스 소프트웨어의 개발 방식이고, 이것은 현재 독점적 소프트웨어 개발 프로젝트에서도 널리 적용되고 있는 XP 또는 애자일(Agile) 방법론의 기본적인 철학이다.

따라서, 오픈소스 소프트웨어 자체에 대하여 '검증되지 않은 새로운'이라는 표현은 적절치 않다. 어쩌면 새롭고, 또한 받아들이기 주저스러운 것은 오픈소스 소프트웨어 그 자체가 아니라, '전 세계 수많은 개발자들의 자발적인 기여로 소프트웨어가 개발되고, 그것을 대부분 무료로 자유롭게 사용, 배포, 수정할 수 있다는 것'이 아닐까? 또, 위와 관련하여 무료로 사용이 가능하다는 점(이것이 장점임에도 불구하고) 때문에 오픈소스 소프트웨어의 품질을 신뢰할 수 없다는 주장도 있다. 아무래도 많은 비용을 지불하고 구매하는 상용 소프트웨어보다는 품질이 떨어지지 않겠냐는 말이다. 이러한 주장의 논리는 오픈소스 소프트웨어가 그에 대한 비용을 청구하지 않기 때문에, 이에 대한 개발 역시 일정한 보수를 받고 개발하는 형태보다는 많은 개발자들이 자발적으로 참여해서 개발되며 프로젝트를 여러 사람이 주관하기 때문에 소스코드의 형태가 개발자마다 다르고 상용 소프트웨어 개발에 비해 체계가 덜 갖추어져 있다는 것이다.

그러나 이 역시 사실과는 거리가 멀다. 물론, 앞에서도 살펴보았듯이 품질요인들은 다양하기 때문에 모든 요인들을 언급할 수는 없지만, 소스코드의 체계(소위, '코드 품질')에 관해서 말하자면, 오픈소스 소프트웨어 프로젝트의 경우 많은 사람들이 참여하는 만큼 무엇보다 중요한 것이 의사소통과 효율이다. (효율의 측면에서 병렬적이고 동시적인 개발을 가능하게 하는 모듈라 방식의 설계는 이미 앞에서 설명한 바 있고) 각 개발자들이 작성하는 소스코드는 그 자체가 의사소통을 위한 문서로서의 역할을 한다. 즉, 누구나 자신이 개발하지 않은 소스코드라도 읽고 이해할 수 있도록 작성되어야 한다는 것이다. 이는 코드 파일의 구조뿐만 아니라, 코드 내부의 상세한 주석(Comment) 그리고 함수, 변수, 상수 등에 대한 표준화된 명명 규칙과 이의 철저한 준수가 전제되어야만 가능한 것이다. 실제로 오픈소스 소프트웨어 프로젝트의 코드 표준과 이에 대한 준수 관행은 널리 알려져 있다. 디오미디 스피넬리(Diomidis Spinellis)는 그의 저서[14]에서 이를 설명하고 있는데, 오픈소스 프로젝트들은 '소스코드 디렉토리 구조', '파일의 명칭', 'README 파일에서 기술하고 있는 내용', 심지어는 '소스코드 내의 주석'까지도 체계적인 작성 표준을 가지고 있으며, 이를 준수한다. 예를 들어, 'lib'는 라이브러리 코드, 'main'에는 서버의 기반코드, 'include'에는 공통 헤더 파일, 'modules'에는 설치 가능한 추가적인 부품, 'os'에는 특정 운영체제에 관련된 코드가 들어있다[176].

또, 파일의 이름은 그 자체로 적절한 정보를 포함하고 있다. 예를 들어, README 혹은 READ.ME는 가장 먼저 읽어야 할 로드맵 파일, INSTALL은 설정, 제작, 설치 방법을, CREDITS는 프로젝트 참여자 명단, NEWS는 프로젝트의 최근 소식, HISTORY는 프로젝트의 역사, COPYING(GNU 규정) 또는 LICENSE는 프로젝트의 라이선스, MANIFEST는 배포본의 파일 리스트, FAQ는 프로젝트에 관해 자주 묻는 질문과 답, TAGS는 Emacs나 vi를 위해 생성되는 태그(즉, 메타데이터로 부여된 키워드 또는 분류) 파일이다.

이러한 표준의 제정 및 준수는 다양한 개발자들의 비대면 개발 과정에서 초래할 수 있는 의사소통의 효율화를 위해서 필수적이기 때문이기도 하지만, 이러한 관행들은 누구나 소스코드를 쉽게 읽을 수 있게 하고, 이를 통해 상호간의 철저한 리뷰와 평가를 가능하게 한다. 이것은 자연스럽게 코드의 품질을 보장하게 된다.

사실, '위험'은 애플리케이션 또는 솔루션의 개발을 위하여 사용되는 기술 또는 방법론보다는 참여하는 개발자들의 역량과 경쟁력에 기인한다. 오픈소스 소프트웨어 개발은 상용 소프트웨어 개발과는 다르게 커뮤니티를 통한 많은 개발자 및 참여자들에 의하여 끊임없이 발전해 나가는 형태이기 때문에, 개발자들의 동기부여에 의해서 지속적으로 발전해 나아가고 있다.

이는 국내외의 오픈소스 소프트웨어 도입에서의 성공사례를 통해 확인할 수 있다. 이미 국내외 대기업에서 오픈소스 소프트웨어를 도입했거나 도입 중인 사례들이 상당한 안정성을 지속적으로 유지하고 있는 것으로 평가받고 있다. 참고로 2004년에 미국의 140여 개 대기업을 대상으로 리눅스 운영체제 도입여부에 대해 조사한 결과, 140여 개 기업 중 53%가 업무용 소프트웨어로 리눅스를 사용 중이며, 새롭게 도입할 예정인 기업도 52%정도였다[88]. 이외에도 리눅스뿐만 아니라 품질을 인정 받고 다양한 분야에 쓰이고 있는 오픈소스 소프트웨어가 실제로 매우 많다. 이처럼 다양한 기업에서 사용 중이고 또한 도입 예정이라는 것은 품질 측면에서 상당한 인정을 받고 있다는 것을 반증한다. 결국, 오픈소스 소프트웨어라고 해서 품질이 떨어질 것이라는 것은 잘못된 생각이며, 오히려 상용 소프트웨어보다 높은 품질로 인정받는 경우도 많다는 것을 알 수 있다.

한편, 오픈소스 소프트웨어에 기반을 둔 솔루션의 개발은 기술적 측면에서는 독점적 소프트웨어 환경과 차이가 없지만, 회사와 사용자 공동체 사이의 협업과 공동진화에 기반을 둔 방법론은 '규모의 협력'이라는 장점을 제공해 준다. 이러한 특징은 '규모의 경제'를 최대한 활용할 수 있게 해주며, 동시에 '세분화된 시장의 창출'을 가능하게 해준다. 뿐만 아니라, '애플리케이션의 확장과 진화 사이의 상호운용성'을 증진시키는 '융통성'과 '모듈성'에 이르기까지 수많은 가능성들을 제공한다. 그리고 이러한 특징들은 구체적인 비즈니스 기회의 창출을 촉진한다.

10.2.1.3 보안, 신뢰성과 수명주기

오픈소스 소프트웨어는 소스코드가 공개되어 있다는 큰 장점이 있다. 하지만 이러한 장점은 사람들로 하여금 소스코드가 공개되어 있기 때문에 그만큼 보안에 취약하지 않을까 생각하게 만든다.

그러나 소스코드가 공개되어 있다는 사실 그 자체가 보안성에 직접적 영향을 끼치는 것은 아니다. 예를 들어 보편적으로 사용되는 암호화 및 인증 알고리즘인 RSA(Rivest Shamir Adleman)는 알고리즘부터 소스코드까지 모두 오픈소스 소프트웨어로 공개되어 있다. 하지만 현재 이 알고리즘은 암호화 제품들에 보편적으로 사용되고 있다[83].

물론, 소스코드가 공개됨으로 인하여 해커에게 어느 정도 공격을 할 수 있는 여건을 마련해 주는 것은 사실이다. 하지만 이처럼 노출된 보안취약점들은 오픈 소소 소프트웨어 지원업체 및 관련 커뮤니티 등을 통해 단시간 내에 능동적으로 대처할 수 있는 여건 또한 제공한다. 즉, 사유 소프트웨어의 경우 보안취약점이 발생될 경우 개발업체에서 그 문제를 해결할 때까지 기다릴 수밖에 없다. 그러나 이것도 어디까지나 알려진 보안취약점의 경우이며, 의도적이든 아니든 간에 알려지지 않은 경우 사용자들은 어떠한 대응도 할 수 없다.

사실, 사유 소프트웨어 개발 기업의 경우 적어도 개발자들의 규모면에서 오픈소스 소프트웨어 프로젝트에 투입되는 인적 자원들과 경쟁하는 것은 점점 어렵게 될 것이다. 그러나 이를 적절히 활용하고 협력한다면 기업이나 소비자 모두에게 솔루션의 경쟁력과 신뢰성 측면에서 득이 될 것이다.

10.2.1.4 기술지원과 문서화

오픈소스 소프트웨어에 기반을 둔 애플리케이션은 때로는, 사유 소프트웨어 애플리케이션을 구매하였을 때 통상적으로 기대할 수 있는 패키징 서비스(설치, 매뉴얼, 교육, 유지보수)가 제공되지 않을 수 있다. 그러나 이러한 상황은 비즈니스의 관점에서 볼 때, 오히려 다양한 사업 기회의 원천이 된다[83].

뒤의 12장에서 자세히 살펴 보겠지만, 사실 소프트웨어 산업에 있어서 후발 주자이거나 상대적으로 열악한 기반을 가지고 있는 국가들의 경우, 누구보다 적극적으로 오픈소스 소프트웨어의 활용 기반을 구축하기 위한 정책들을 추진하고 있는데, 그 이유 중 하나는 오픈소스 소프트웨어를 자국(Local)에 적용하는 과정에서 기대할 수 있는 기술 역량의 축적이다. 우리나라의 경우에도, 오픈소스 산업에 발을 내디딘 기업들이 처음에는 리눅스에 대한 설치 CD를 만들고, 한글화(이를 'Localizing', 즉 '지역화'라 한다)하고, 설치 지원, 관리 및 사용 교육, 패치 등의 유지보수와 같은 일들을 비즈니스의 주 내용으로 시작하였다. 그러나 지금은 오픈소스 프로젝트를 개설하고 리드하는 기업들을 쉽게 찾아볼 수 있고, 오픈소스 커뮤니티에서 프로젝트의 커미터(Commiter)로서의 역할을 수행하는 개발자들도 많다. 결국 오픈소스 소프트웨어의 도입과 활용을 촉진하는 과정에서 자연스럽게 해당 국가의 지역 역량이 향상되는 것이다. 이것은 산업의 관점에서 봤을 때, 글로벌 소프트웨어 기업의 패키지를 구매했을 때 발생하는 국부의 유출을 방지하고, 발생한 수익이 자국의 지역 역량 강화에 다시 투입되는 선순환 구조가 가능해진다는 것을 의미한다. 또한, 이와 같은 비즈니스 기회뿐만 아니라, 고객 입장에서는 보다 신속하고 근접한 서비스 지원 획득의 기회로 보는 것이 타당할 것이다.

한편, 오픈소스 소프트웨어의 개발이 개인이나 커뮤니티에 의해 주도되는 경우가 많다 보니 유지보수 시 사유 소프트웨어처럼 한 업체로부터 지속적으로 지원을 받지 못할 것이라는 생각이 널리 퍼져 있다. 하지만 실제로는 유지보수 전문 업체뿐만 아니라 SI 업체들도 오픈소스 소프트웨어의 유지보수를 수행하고 있으며 그 범위는 매우 크게 늘어나고 있다. 뿐만 아니라 커뮤니티를 통해서 무료로 지원을 받는 것도 가능하다.

또한, 사유 소프트웨어가 오픈소스 소프트웨어에 비해 유지보수나 기술 지원 서비스가 더 좋을 것이라 생각할 수도 있다. 하지만 이것은 유지보수 계약이나 지원업체의 문제일 뿐이다. 즉, 더 많은 비용을 지불함에 따라 지원업체로부터 더 많은 기술적 지원을 받을 수 있고, 지원업체의 역량에 따라 유지보수의 질이 달라지는 것이지, 상용 소프트웨어를 사용하느냐 오픈소스 소프트웨어를 사용하느냐에 따라 유지보수나 기술 지원 문제가 바뀌지는 않는다는 것이다.

따라서 오픈소스 소프트웨어를 사용함으로써 유지보수나 기술적 지원문제가 발생할 것이라는 생각은 이러한 문제가 오픈소스 소프트웨어이기 때문이 아니라, 그동안 이를 수행하는 비즈니스 기업 및 관련 산업 기반이 취약했기 때문이라는 측면에서 적어도 지금에 와서는 기우임이 분명하다.

10.2.1.5 응용 문제

흔히 오픈소스 소프트웨어의 사용을 꺼리는 이유 중 또 다른 하나는 사용하기 불편하다는 점이다[83]. 예를 들어 현재 리눅스 기반의 응용 소프트웨어는 아직 윈도우만큼 다양하지 못하고 그 기능 또한 풍부하지 못한 것이 사실이다. 또한 윈도우 환경에 익숙한 사용자들은 당연히 생소한 리눅스 환경으로의 전환을 꺼릴 수밖에 없다.

사실 오픈소스 소프트웨어 개발에 대한 동기부여가 이익을 창출하기 위한 것이 아니고, 개발자들 및 참여자들의 관심 및 흥미에 의해 개발하는 경우가 주를 이루기 때문에, 개발되는 오픈소스 소프트웨어가 어떠한 시장적 가치를 가지고 있는지는 이들에게 주요 이슈사항이 되지 않는 경우가 많다[89].

그러나 이 또한 적어도 기술적 문제는 아니며, 과거에 비해 최근에는 상황이 크게 달라졌다. 예를 들어, 인터넷 뱅킹의 경우 수년 전만 해도 모질라와 같은 오픈소스 웹 브라우저를 지원하지 않는 곳이 많았다. 은행 같은 기업에서는 이윤을 추구할 수밖에 없는데, 소수 사용자를 위해 이를 도입하기에는 비용이 많이 소모되었고, 당시에만 해도 윈도우 PC에서의 인터넷 뱅킹만으로도 충분히 사용자들에게 불편을 주지 않았기 때문이다. 그러나 지금은 정부의 웹호환성 정책에 따라 거의 모든 금융 기관들이 오픈소스 브라우저에서 인터넷 뱅킹을 가능하게 하고 있으며, 정부 기관의 홈페이지 또한 마찬가지이다. 또한, 현재 지속적으로 증가하고 있는 리눅스 환경의 사용자나 오픈소스 소프트웨어 사용자들을 고려하여 일반 기업에서도 지원이 계속 증가하고 있다.

뿐만 아니라, 오픈 오피스와 같은 개인용 오픈소스 애플리케이션들이 지속적으로 그 분야를 확대해 나가고 있고, 윈도우에 익숙해져 있던 사용자들을 고려한 호환성 정책(오히려 리눅스 기반 애플리케이션들이 윈도우 기반 애플리케이션 사용자들을 겨냥한 호환성 제공에 힘을 쏟고 있는 상황)과 사용성 개선 노력이 꾸준히 이루어지고 있다. 때문에 이제는 응용 소프트웨어의 다양성 결여에 대한 문제 해결도 머지 않았음을 조심스레 전망해 본다.

10.2.2 장점과 고려사항

오픈소스 소프트웨어 고객으로서 누릴 수 있는 많은 장점들은 또한 시장에서 그 고객 기업의 포지셔닝에 영향을 미치기 때문에 고객의 입장에서도 새로운 비즈니스 기회를 제공한다. 그러나 오픈소스 소프트웨어의 도입이 고객 입장에서 몇 가지 이유로 어려울 수도 있고, 또 도입의 효과가 기대보다 작을 수도 있다.

아래에서는 오픈소스 소프트웨어를 도입하는 고객 기업에서 기대할 수 있는 장점[90]과 함께, 도입 의사결정 또는 도입의 과정에서 일부 발생할 수도 있는 문제점 [83]에 대하여 논의한다.

10.2.2.1 경제적 효과

오픈소스 소프트웨어는 고객에게 벤더(또는 기술지원업체)에 대한 독립성, 사유 소프트웨어 제품 및 서비스에 대한 대체품, 표준 준수 소프트웨어 및 보완재, 호환 가능한 소프트웨어 솔루션(일상품화) 등 많은 대안을 제공함으로써 비즈니스 의사 결정의 폭을 크게 넓혀준다.

반면, 고객은 현재 사용하고 솔루션에 대한 전환비용 또는 호환성 문제에 봉착할 수 있다. 즉, 대안으로서의 오픈소스 소프트웨어 도입에 대한 의사결정이 때로는 단기간의 기술적 성과 또는 ROI(투자 대비 효과), 그리고 현재 사용하고 있는 소프트웨어 및 제공 업체에 대한 유대 관계 등에 의해 편향될 수 있다[83][91].

때문에, 오픈소스 소프트웨어 비즈니스로의 전환을 고려하는 소프트웨어 기업의 경우에서와 마찬가지로, 이를 도입하려는 고객 기업 역시 장기적인 관점과 철저한 사전 준비를 통해 접근할 필요가 있다.

10.2.2.2 원가 관리

기술 원가 관리의 효율 및 효과성의 증대는 기업의 규모에 관계 없이 최종 고객 모두에게 매우 중요하다. 오픈소스 소프트웨어는 고객 기업의 원가 구조를 효율적으로 변화시키고 기술 투자의 효과성을 촉진시킨다.

반면, 일부의 경우 도입 원가가 오픈소스 소프트웨어 또는 사유 소프트웨어 중 어떤 것을 선택하더라도 같을 수 있다. 때로는 예를 들어 교육훈련 및 지원, 또는 생산성 문제로 인해서 플랫폼 변경이 눈에 보이지 않는 원가를 추가적으로 발생시킬 수도 있다고 생각한다. 그러나 이러한 비용을 정량적으로 측정하는 것이 어렵기 때문에 이러한 주장의 근거도 또는 이에 반박할 근거도 제시하기 쉽지 않다[83].

그러나 오픈소스 소프트웨어를 통해서 매우 짧은 기간 동안에 개발 원가 또는 라이선스 구매 원가를 정량적으로 절감할 수 있다는 것은 논란의 여지가 없다. 이러한 원가 절감은 다시 서비스 또는 장기적인 기술 투자(물론, 앞에서 TCO의 관점으로 살펴보았듯이 오픈소스 소프트웨어 유지보수 비용도 상대적으로 저렴하지만)를 위한 자금으로 활용할 수 있다. 또한, 소스코드에 대한 자유로운 접근은 고객 또는 전문화된 기업에 의한 애플리케이션의 특화 및 확장을 촉진함으로써 미래의 추가적인 경쟁력과 이익을 기대할 수 있게 해준다[92].

10.2.2.3 위험 관리

앞에서 오픈소스 소프트웨어가 기술혁신을 촉진시키고 원가를 절감함으로써 고객 기업의 경쟁력을 증진시킨다는 점은 여러 차례에 걸쳐 설명하였다.

그러나 고객 기업(심지어 개인에 있어서도 마찬가지이지만)의 입장에서 모든 기술적인 도전은 어느 정도의 위험을 가지고 있게 마련이다. 그런데, 이러한 도전의 과정에서 한 번 이상 실패한 경험을 가지고 있는 경우에는 그 위험이 의사결정에 미치는 영향의 정도가 클 수밖에 없다.

실패에 대한 직간접적인 경험은 설령 새로운 도전이 조직의 효율을 증진시킬 수 있는 방안임에도 불구하고 그에 따르는 위험을 감수하려 하지 않는 경향을 강화시킨다. 이러한 경향으로 인해, 중요한 기술적인 개발을 완료한 후에는 특별한 상황이 도래하기 전까지는 새로운 소프트웨어를 채택하여야 할 필요를 외면할 수 있다. 일상적인 프로세스의 운영, 기술, 직원에 영향을 미칠 수 있는 새로운 소프트웨어로 인해 발생할 수도 있는 위험을 회피하려 하기 때문이다[83].

물론, 이러한 상황이 오픈소스 소프트웨어에 대한 검토에서만 발생하는 것은 아니다. 앞서 기술 수용 모델에서도 설명하였듯이 새로운 기술, 새로운 제품, 새로운 서비스 업체 모두에게 해당하는 문제일 수밖에 없다.

그러나 결국 이러한 경향은 벤더종속을 심화시키고, 조직 역량의 정체를 유발함으로써 기업의 경쟁력을 약화시키며, 이로 인해 새로운 위험이 발생할 가능성을 높인다. 따라서, 오히려 고객 기업의 입장에서 바람직한 위험관리 전략은 현상의 보존보다는 다양한 대안들에 대한 접근으로 잠재적 리스크의 발생 가능성을 분산시키고, 그러한 위험이 발생하였을 때 신속하게 대응함으로써 조직에 미치는 영향을 최소화하기 위한 대체품들을 검토하고 적용할 수 있는 조직 역량을 구축하는 것이다.

제 **11** 장

오픈소스 소프트웨어
라이선스의 이해

제11장

오픈소스 소프트웨어
라이선스의 이해

11.1 개념 및 정의

오픈소스 라이선스의 다양한 유형들을 구분하기 위해서는 먼저 공공 도메인, 카피레프트 등과 같은 배경 개념에 대한 이해가 필요하다.

11.1.1 공공 도메인

공공 도메인 소프트웨어는 저작자가 자신의 저작권을 포기한 소프트웨어를 의미한다. 따라서 이것은 라이선스라고 말하기 어렵다. 공공 도메인 소프트웨어는 누구나 필요에 따라 사용할 수 있고, 심지어 개인 재산과 같이 취급할 수 있기 때문에 원하는 것은 무엇이든 다 할 수 있다. 즉, 공공 도메인 소프트웨어를 다른 유형으로 다시 라이선싱 할 수도 있고 원버전의 라이선스(즉, 공공 도메인이라는 표시)를 삭제할 수도 있다. 또한 원저작자의 이름을 삭제하고 새롭게 자신의 작업 결과물로 표시할 수도 있다[182].

오픈소스 소프트웨어는 소스코드의 통제권을 양도함으로써 공공 도메인(Public Domain) 제품이 될 수 있다. 그러나 오픈소스 소프트웨어는 공공 도메인 소프트웨어가 아니다. 오픈소스 소프트웨어는 저작권이 있으며 라이선스 하에 배포된 것이다. 단지 기존의 방식보다 사용자에게 더 많은 권한을 주는 라이선스일 뿐이다[169].

11.1.2 오픈소스 소프트웨어와 카피레프트

오픈소스 소프트웨어는 소유권을 전혀 주장하지 않는 공공 도메인과, 저작권 또는 특허법에 의해 보호받는 것 사이에 존재한다. 모든 오픈소스 소프트웨어 라이선스는 공통적으로 두 가지 특징을 가지고 있다. 소프트웨어 배포에 의한 라이선스료의 취득 권리를 포기하는 것과, 라이선시들에게 소스코드를 사용할 수 있게 하는 것이다.

카피레프트(Copyleft, 카피라이트의 반대 개념으로 만들어진 단어)는 소프트웨어를 재생산, 개작, 또는 배포하는 권리를 허용하는 오픈소스 라이선스의 한 형태이다. 그러나 이것은 모든 파생 저작물(Derivative Work)을 원저작물과 동일한 라이선스 하에 배포하도록 강제한다.

그러므로 카피레프트 라이선스는 오픈소스 라이선스의 부분 집합이다. 그리고 그들이 얼마나 제한적인지에 따라 강한-카피레프트(Strong-Copyleft), 또는 약한-카피레프트(Weak-Copyleft)로 나누어진다.

11.2 라이선스 유형

오픈소스 소프트웨어는 다른 소프트웨어와는 다르게 소스코드를 볼 수 있고, 수정이 가능하며, 재배포가 가능한 소프트웨어라는 특징을 가지고 있지만, 오픈소스 소프트웨어에 대한 라이선스 또한 OSI의 '오픈소스 정의'가 등장한 이후로 다양하게 생겨나게 되었기 때문에, 이에 대한 라이선스 모델도 역시 기존의 모델과 동일하다고 할 수는 없다. 오픈소스 소프트웨어 라이선스는 자유 소프트웨어 재단의 GNU GPL을 중심으로 한 라이선스와 OSI의 '데비안을 위한 우리의 약속'과 같은 라이선스로 크게 분류할 수 있다.

자유 소프트웨어 재단의 GNU GPL과 같은 라이선스를 숀 도허티(Sean Doherty)는 제한적 라이선스라고 하였다[93]. 이러한 라이선스를 가진 소프트웨어를 사용하고 수정하여 사용자들 개인의 특성에 맞는 소프트웨어로 변경하였을 때, 변경된 소프트웨어에 대해서도 소스코드를 공개하고 수정 가능한 형태로 재배포를 해야 한다는 것을 의미한다. 따라서 제한적 라이선스를 가진 소프트웨어를 사용하였을 때 어떠한 이윤을 추구하거나 상업적 목적으로 사용하는 것이 금지되어 있으며, 이로 인하여 파생된 모든 소프트웨어에 대해서도 같은 규칙을 적용해야 한다.

이는 단순히 오픈소스 소프트웨어를 수정 후 재배포를 하는 것에만 해당되는 것은 아니다. 독점적 소프트웨어를 개발하는 개발자들이 제한적 라이선스를 가진 오픈소스 소프트웨어를 도입하고 이를 자신이 보유하고 있는 소프트웨어의 일부분으로 추가하여 재개발하였을 때에도 제한적 라이선스가 마찬가지로 적용되기 때문에, 자신이 기존에 개발하였던 소프트웨어의 소스 코드에 대해서도 공개를 해야 한다는 점에서 제한적 라이선스에 대해서는 많은 논란거리가 있었다. 특히 마이크로소프트와 같은 대형 상용 소프트웨어 기업에서는 정부 및 기업들이 GPL 라이선스를 가진 소프트웨어를 사용하지 말아야 한다고 주장하였는데, GPL 라이선스가 독점적 소프트웨어에 대한 지적재산권에 대해서 피해를 줄 수 있기 때문에 이를 사용하는 것이 소프트웨어 산업에 피해를 줄 수 있다는 것이다[94]. 마이크로소프트나 몇몇 학자들은 GPL 라이선스의 보급이 후속 소프트웨어에까지 영향을 미치기 때문에 이를 '바이러스성 라이선스'라고 주장하기도 하였다[95][96]. 이러한 제한적 라이선스는 오픈소스 소프트웨어의 보급을 위한 라이선스이기도 하지만, 상용 소프트웨어 기업을 비롯한 많은 사람들에게 반감을 불러일으키기도 한다.

한편, 도허티(Doherty)는 제한적 라이선스가 아닌 OSI 및 데비안에서 정의한 오픈소스 소프트웨어에 대한 라이선스를 '허용적 라이선스'라고 하였다[93]. 허용적 라이선스는 제한적 라이선스와는 다르게 사용자가 오픈소스 소프트웨어를 개인의 특성에 맞는 소프트웨어로 변경하였을 때 이를 다시 재배포하거나 소스코드를 공개할 수도 있지만, 상용 소프트웨어로의 판매나 독점적 소프트웨어로의 보유에 대한 제한을 가하지 않는 라이선스를 의미한다. 대표적인 라이선스로는 BSD(Berkeley Software Distribution) 라이선스를 들 수 있으며, 현재 존재하는 대부분의 오픈소스 소프트웨어 라이선스도 허용적 라이선스에 포함된다.

허용적 라이선스는 상업적 용도로의 사용을 허용하기 때문에, 상용 소프트웨어 기업에서도 해당 라이선스를 가진 소프트웨어에 대해서 하나의 경쟁 대상으로 인식할 수는 있어도, 라이선스 자체에 대한 논란은 거의 존재하지 않는다. 또한 허용적 라이선스를 가진 오픈소스 소프트웨어의 등장으로 인하여 현재의 소프트웨어 시장에서 오픈소스 소프트웨어만의 독창적 시장구조를 가지면서도 상용 소프트웨어와 공존할 수 있는 계기가 되었다.

썬 마이크로시스템즈는 2006년 11월 자사에서 개발한 프로그래밍 언어인 자바를 GPL v2 라이선스로 오픈소스 소프트웨어화 하였다. 이는 스팍(Sparc), 솔라리스(Solaris), 썬 오피스(Sun Office)에 이어서 오픈소스 소프트웨어화에 대한 발표인데, 이는 썬 마이크로시스템즈에서 오픈소스 소프트웨어를 주력으로 하고 이에 대한 후원을 지원함으로써 마이크로소프트의 소프트웨어 시장 독점에 대한 대항마로

떠오르고 있음을 의미한다.

오픈소스 소프트웨어는 자유롭게 사용, 수정 및 배포가 가능하나, 저작권 및 오픈소스 소프트웨어로서의 위상 보호와 관련하여 몇 가지 제약이 따른다. 이러한 권리와 제약들은 소프트웨어 라이선스에 표현되어 있다. 소프트웨어 라이선스는 소프트웨어 소유자들(Licensor, 라이선서)과 잠재적 사용자들(Licensee, 라이선시) 간의 계약이라 할 수 있기 때문이다.

오픈소스 라이선스에는 여러 가지 유형이 있지만, 공통적으로 소스코드의 사용 및 파생 소프트웨어의 개발과, 원본 소프트웨어 및 파생 소프트웨어에 대한 비독점적, 상업적 이용의 허용 여부를 규정하고 있다.

오픈소스 소프트웨어의 라이선스 소유자(라이선서-일반적으로 소유자 또는 저작자)는 단일 개발자, 개발자 그룹 또는 조직일 수 있으며, 그들이 해당 소프트웨어에 대한 저작권을 가지고 있다. 라이선스 소유자(라이선서)들은 개발의 동기, 프로젝트의 특성, 잠재적 고객, 그리고 성공 가능성과 같은 요인들을 평가하고 조합함으로써 그들의 작업 결과물을 오픈소스 라이선스로 할 것인지, 그리고 한다면 어떤 유형의 라이선스를 채용할 것인지를 결정한다.

반면에 라이선시는, 오픈소스 소프트웨어의 최종 사용자, 또는 추후에 배포되거나 라이선스 될 예정인 자신들의 제품(또는 응용프로그램)에 오픈소스 소프트웨어를 포함시키는 사람이다.

다음 절에서는 주요 오픈소스 라이선스들의 특징을 설명한다. 좀 더 자세한 설명은 한국저작권위원회에서 2016년 11월에 발간한 『오픈소스 라이선스 가이드 3.0』 [187]을 참조하기 바라며, 해당 가이드의 내용 중 주요 라이선스 유형들과 간략한 설명을 발췌하여 이 책의 [부록]에 표시하였다.

11.2.1 GPL과 카피레프트 라이선스

GNU[47] 공중사용허가서(GPL)는 리차드 스톨만(Richard Stallman)에 의해 1980년대 중반에 만들어졌으며, 이것은 자유 소프트웨어 개발을 위한 기초를 제공하였다.

GPL이 널리 퍼질 수 있게 기여하였던 큰 특징은, 라이선스의 '전염성(Viral)'이다. GPL 소프트웨어로부터 파생된 저작물의 소스코드는 GPL로 배포해야만 한다. 그 결과, GPL 프로젝트에서 작업하는 개발자는 자신의 코드가 독점적 소프트웨어에 사용되지 않을 것을 보장받는다. 이것이 카피레프트 개념의 본질이다.

다시 말해, 파생 저작물의 생성 자체는 허용하지만, 라이선스의 변형을 허용하지 않는다. 다만, GPL에 포함된 유일한 가격 규정은 누구라도 복제에 대한 물리적 비용을 청구할 수 있다는 것이다.

GPL하에 배포되고 있는 소프트웨어는 리눅스 운영체제 커널, GNU 이맥스 편집기(Emacs Editor), C 컴파일러 등 많은 예들이 있다. 카버(B. W. Carver)의 2005년 연구에 따르면 온라인 오픈소스 소프트웨어 저장소인 프레쉬미트닷넷(Freshmeat.net)과 소스포지닷넷(SourceForge.net)에 호스팅 된 프로젝트 중 GPL 계통의 라이선스를 취득한 프로젝트가 각각 68%와 69%에 이른다.

2007년에 나온 GPLv3[48]에는 이전까지 암묵적으로만 제시되었던, '특허 보복' 조항이 명시되었는데, 이는 특허 소송으로부터 오픈소스 소프트웨어 개발자들을 보호하기 위한 목적이다.

---

47 'GNU'는 'GNU는 유닉스가 아니다!(GNU's Not Unix!)'의 재귀적 약어(Recursive Acronym)이다.

48 'GPL 버전3'는 소프트웨어 특허 소송으로부터 유저를 지켜, GPL 소프트웨어에서 디지털 저작권 관리(DRM) 기술이 사용되는 것을 막기 위한 목적으로 만들어졌다. GPL 버전3에는 독자적으로 개정된 GPL 소프트웨어에 관해서 특허 침해 소송을 제기하고 있는 조직이 그것을 이용하는 것을 금지하는 '특허 보복 조항'이 포함되어 있다. 스톨만은 GPL 버전3에는 소프트웨어 특허에 근거한 소송을 저지하고자 하는 분명한 의도가 있다고 말한다.

11.2.2 레서-GPL과 약한 카피레프트 라이선스들

　LGPL 라이선스(GNU Lesser General Public License- http://www.gnu.org/
copyleft/lesser.html 참조)는 라이브러리 GPL로 알려져 있는데, FSF에서 제안된
GPL의 파생된 형태이며, 주로 소프트웨어의 라이브러리에 사용될 목적으로 제안되
었다. GPL 라이선스와의 차이점은 수정되지 않은 LGPL 라이선스 프로그램, 또는
라이브러리는 독점적 소프트웨어, 또는 더 일반적으로는 LGPL 라이선스의 적용을
받지 않는 프로그램에서 사용될 수 있다는 점이다.

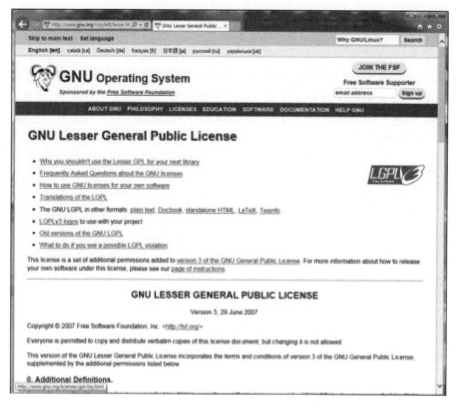

[그림 11-1] GNU LGPL 라이선스(http://www.gnu.org/copyleft/lesser.html)

예를 들어, GPL 라이선스의 적용을 받는 특정 라이브러리가 상용 프로그램에 사용되어 이 둘이 동시에 배포될 경우, 배포된 상용 프로그램과 라이브러리는 파생 소프트웨어로 취급되기 때문에 결과적으로 GPL 라이선스를 침해하는 것이 된다. LGPL 라이선스의 목표는 이러한 지나친 제약을 극복하고자 하는 데 있다.

이는 오픈소스 라이선스의 대한 제약을 완화시키기 위한 접근 방식으로, 약한 카피레프트(Weak Copyleft)라고 한다. 약한 카피레프트의 코드는 상용 라이선스가 적용된 파생 저작물의 개발에도 사용될 수 있다. 그러므로 LGPL은 이러한 라이선스의 조합을 허용하지 않는 GPL과, 이것을 자유롭게 허용하는 보다 완화된 비 카피레프트(Non-Copyleft) 라이선스 간의 중간 입장을 취한다.

FSF는 아파치 라이선스(Apache License)와 같은 비교적 덜 제한적인 조건하에 허가된 라이브러리로부터, 자유 소프트웨어 라이브러리 영역을 지키기 위한 전략으로 LGPL 라이선스를 개발하였다. 이러한 라이브러리들은 독점적 소프트웨어와 함께 배포하는 것을 허용하여, 폭넓게 사용될 수 있는 가능성을 증대시킴으로써 FSF의 영역을 확대하고자 하였다(http://www.gnu.org/licenseSWhy-not-lgpl.html 참조).

NPL/MPL 라이선스(NPL/MPL Licenses)는 1998년에 넷스케이프(Netscape)에 의해 제안되었으며, 약한 카피레프트 접근 방식을 사용하였다. 소소 코드가 상용 파생 소프트웨어에 널리 사용되는 것을 허용하면서도, 동시에 수정된 코드가 다시 그들과 커뮤니티에 환원되도록 보장하는 것이 넷스케이프의 의도였다. 넷스케이프는, 넷스케이프 공중 라이선스(Netscape Public License, NPL)의 베타 버전을 제안하였으며, 이에 대한 공공의 의견과 피드백을 통해 결과적으로 개선된 두 번째 라이선스인 모질라 공중 라이선스(Mozilla Public License, MPL- http://www.mozilla.org/mpl 참조)를 개발하였다. LGPL과 비슷하게 MPL은 독점적 코드에 대한 소스 공개를 의무화하지 않는 것을 포함하여 보다 큰 파생 저작물에 대한 작업을 허용한다. 그러나 넷스케이프 자체의 소스코드에 대한 변경 사항은 커뮤니티에 제공해야 한다.

아티스틱 라이선스(The Artistic License)는 GPL의 조건이 너무 제한적이라는 것을 느낀 래리 월(Larry Wall)에 의해 1991년, 즉 펄(Perl)이 발표된 시점에서, 펄을 위해 만들어졌다. 이 라이선스(AL)의 목표는 펄을 상용 패키지에 사용하는 것을 허용하기 위함이었다.

AL은 변경 사항들에 대해 게시하고, 변경 사항을 소스코드에 설명하고, 또는 변경에 따른 실행 파일들의 이름을 수정하고, 변경 사항에 대한 문서화가 유지되는 한, 프로그래머가 원하는 모든 것을 할 수 있도록 허용한다.

AL은 GPL과 매우 유사하지만, 약한 카피레프트 라이선스이므로 파생 소프트웨어에 대해 동일한 조건의 배포를 요구하지는 않는다.

이 외에도 썬 인더스트리 표준 소스 라이선스(Sun Industry Standards Source License, SISSL- http://www.opensource.org/licenses/sisslpl.php 참조), 썬 퍼블릭 라이선스(Sun Public License, SPL- http://java.sun.com/spl.html 참조), IBM 커먼 퍼블릭 라이선스(Common Public License, CPL- http://www.ibm.com/developerworks/library/os-cpl.html 참조), 그리고 그의 파생인 이클립스 퍼블릭 라이선스(Eclipse Public License, EPL- http://www.eclipse.org/legal/epl-v10.html 참조)와 같은 다양한 라이선스가 제안되었으며, 이들은 모두 약한 카피레프트 접근방식을 지향한 라이선스이다.

11.2.3 BSD와 카피레프트가 아닌 라이선스들

BSD 라이선스는 원래 캘리포니아 대학교(University of California)에 의해 유닉스 관련 주요 코드의 배포를 위해 사용되었다. 그 이후, 이 라이선스 하에서 상당량의 오픈소스 소프트웨어가 배포되었다. 이는 원저작물의 크레디트(Credit- 영화 등의 제작자 · 출연자 · 협력자 · 자료 제공자 등의 리스트)를 제공하는 한, 다른 조건이나 또는 다른 라이선스로 파생 저작물을 배포할 수 있다. BSD 라이선스는 주요 비 카피레프트 라이선스 중 하나인데, 배포된 소스코드를 가지고 작업하는 개발자에 대해 아무런 요구사항도 강요하지 않는다. 약한 카피라이트와는 대조적으로 기여에 대한 인센티브도 없지만, 커뮤니티에 수정 사항을 반환해야 할 의무도 없다. 원래는 이전 작업에 대한 감사의 표현(Acknowledgments)을 요구하는 조항이 포함되어 있었지만, 이 조항은 반대에 부딪혀 1999년에 없어졌다. 마지막으로, BSD 라이선스는 소스코드로부터 파생된 제품을 원저작자나 기여자들이 보증할 수 없음을 명시하는 비보증(No-Endorsement) 조항이 포함된다.

아파치 소프트웨어 재단(http://www.apache.org/licenses/ 참조)에서 사용되는 아파치 라이선스(Apache License)는 BSD 라이선스에서 파생되었다. 2004년에 버전 2.0으로 재작성 되었는데, BSD 및 MIT/X11 라이선스[49]와 매우 유사하다. 그러나 아파치 라이선스 버전 2.0은 원본 소스를 포함하지 않더라도 다른 라이선스를 따르는 파생 저작물을 자유롭게 만들 수 있지만 MIT와 BSD 라이선스는 이러한 내용이 특별히 명시되어 있지는 않다.

---

49 'MIT 허가서(MIT 라이선스, MIT License)'는 매사추세츠 공과대학교(MIT)을 기원으로 하는 소프트웨어 라이선스 중 가장 대표적인 것으로, X11 License 또는 X License로 표기되기도 한다. MIT 허가서는 미국의 매사추세츠 공과대학교에서 소프트웨어 공학도들을 돕기 위해 개발한 라이선스이다. MIT 허가서를 따르는 소프트웨어를 개조한 제품은 반드시 오픈소스 소프트웨어로 배포해야 한다는 규정이 없으며, GNU 일반 공중 허가서의 엄격함을 피하려는 사용자들에게 인기가 있다. MIT 허가서는 GNU 일반 공중 허가서(GPL) 등과 달리 카피레프트는 아니며, 오픈소스 소프트웨어 여부에 관계없이 재사용을 인정하고 있다. BSD 라이선스를 기초로 작성된 BSD 계열 라이선스 중의 하나이다. 여러 가지 라이선스 중에서도 MIT 허가서는 제한이 매우 느슨한 라이선스라고 할 수 있다. 이 허가서를 따르는 대표적인 소프트웨어로 X-윈도우 시스템(X11)이 있다.

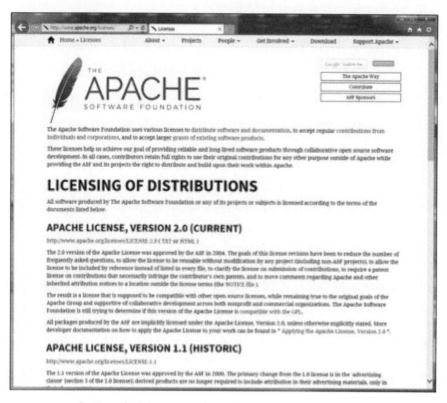

[그림 11-2] 아파치 라이선스(http://www.apache.org/licenses)

아파치 라이선스는 소스코드 중 오픈소스 소프트웨어 영역과 상용 소프트웨어 개발 영역을 구분할 수 있게 한다. 오픈소스 소프트웨어와 추가된 코드에 대해 각기 다른 라이선스로 적용할 수 있다. 그러나 만약 추가된 코드가 원저작물에 '기여' 한 것으로 표현되기를 원한다면, 추가된 코드도 아파치 라이선스를 적용해야 한다.

MIT/X11 라이선스는 실제 BSD보다 먼저 만들어진 또 다른 비 카피레프트 라이선스이다. 이것은 1987년에 X-윈도우 시스템 소스코드를 위해 만들어졌다. BSD와 매우 비슷하지만 MIT/X11은 비 보증 조항을 포함하고 있지 않다는 것이 주요 차이점이다.

11.2.4 기타 라이선스들

오픈소스 소프트웨어와 비슷하게, 기술 문서와 출판물들을 위한 라이선스들도 생성되어 왔다.

전형적인 예로 매뉴얼, 교과서 또는 기타 문서들에 쓰이는 GNU 공개 문서 라이선스(GNU Free Documentation License, FDL- http://www.gnu.org/copyleft/fdl.html 참조)가 있다.

[그림 11-3] GNU 공개 문서 라이선스(http://www.gnu.org/copyleft/fdl.html)

이 라이선스는 문서나 출판물의 수정 여부와 관계없이, 또는 상업성 여부와 관계없이 모두에게 복사와 재배포를 자유롭게 허용한다. 다른 비슷한 라이선스로는 열린 출판물 라이선스(Open Publication License, OPL- http://www.opencontent.org/openpub/ 참조)가 있다.

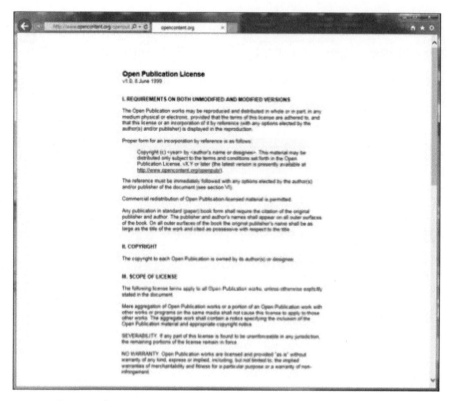

[그림 11-4] 열린 출판물 라이선스(http://www.opencontent.org/openpub)

크리에이티브 커먼즈(Creative Commons)는 비영리 단체로, 2001년에 설립되었으며, 현재 스탠포드 대학교 로스쿨(Stanford University Law School)에 기반을 두고 있다. 이 단체는 크리에이티브 커먼즈 라이선스(Creative Commons Licenses)를 통해 저자들이 그들의 작업 결과물에 대한 대부분의 권리들을 양도함으로써 이 결과물들의 자유로운 사용을 공개적으로 허가할 수 있게 하는 방법들을 제공한다. 그것은 소프트웨어를 넘어 문학과 예술의 영역에까지 오픈소스 모델이 확장될 수 있다는 것을 의미한다.

이 라이선스는 저자와 크리에이티브 커먼즈 사이의 계약을 통해 적용되며, 저작권은 14년 동안 크리에이티브 커먼즈에게 부여된다. 이 계약은 한 차례 갱신될 수 있고, 그 추가 적용 기간은 역시 14년이다.

• 참고

'크리에이티브 커먼즈(Creative Commons, CC)'는 저작권의 부분적 공유를 목적으로 2001년에 설립된 비영리 단체이다. 이 기관은 2002년 12월 16일에 저작권 라이선스인 크리에이티브 커먼즈 라이선스를 만들었다. 크리에이티브 커먼즈는 2001년 샌프란시스코에 본부를 두고 시작되었다. 설립자이자 회장인 '로런스 레시그' 교수는 그가 맡았던 엘드리드 대 애시크로프트 사건에서 불거진 문제를 해결하기 위해서 이 조직을 만들었다(http://creativecommons.org/ 참조).

'크리에이티브 커먼즈 라이선스(Creative Commons license)'는 특정 조건에 따라 저작물 배포를 허용하는 저작권 라이선스 중 하나로, 간단히 'CCL'이라고도 한다. 크리에이티브 커먼즈 라이선스는 미국의 저작권을 염두에 두고 개발되었다. 따라서 개별 나라의 사정에 맞지 않을 수도 있기에, 이를 각 나라에 맞도록 수정하는 'iCommons' 프로젝트를 진행하고 있다. 2008년 현재 대한민국을 포함한 50개국에서 이 작업이 완료되었고 아일랜드, 요르단 등 5개국에서 작업이 진행 중이다. 대한민국에서는 '사단법인 한국정보법학회'가 이 일을 맡아서, 대한민국 법에 맞는 크리에이티브 커먼즈 라이선스를 개발하여 발표하고 있다. 대한민국에 맞춘 지역화가 완료된 최신 버전은 2.0이다. 최근에는 워드프로세서 한글 2007, 다음 블로그, 네이버 카페 등에서 이용자가 간편하게 크리에이티브 커먼즈를 사용할 수 있도록 서비스를 제공하고 있어서 크리에이티브 커먼즈 라이선스로 저작권을 표시하는 대한민국의 누리꾼이 점차 늘어나고 있다.

한편 앞서 설명한 모든 오픈소스 라이선스들과는 다르게, 오픈소스 정의에 속하지 않는 라이선스들도 있는데, 썬 커뮤니티 소스 라이선스(Sun Community Source License, SCSL- http://java.sun.com/j2se/1.5.0/scsl_5.0-license.txt 참조)가 한 예이다. 이 라이선스는 독점적 제품들에 오픈소스 소프트웨어의 장점들 중 일부를 통합시키려는 의도로 썬(Sun)에 의해 개발되었다. 다른 오픈소스 라이

선스들과의 차이점은 썬에 의해 부과된 호환성 요구사항(이는 회사들이 소스코드에 대한 수정본을 배포하기 전에 '썬'의 허락을 얻을 것을 요구하고 있다. 이를 통해 '썬'은 자신들이 제공하는 소프트웨어의 진화, 개발 및 마케팅 호환성을 통제할 수 있게 된다)을 준수해야 한다는 것이다. 즉, 반드시 라이선서(Licensor)인 썬에 의해 '규정준수인증(Compliance Certification)'을 받아야만 변경된 소스코드를 배포할 수 있다는 것이다. 게다가, SCSL에 따라 라이선스가 부여된 코드를 상업적인 목적으로 사용할 경우 로열티(Royalty)의 지불이 요구될 수 있다.

2001년에 만들어진 '마이크로소프트 공유 소스 이니셔티브(Microsoft Shared Source Initiative- http://www.microsoft.com/resources/sharedsource/default.mspx 참조)'도 하나의 예이다. 마이크로소프트는 이를 통해 소스코드 중 일부에 대한 접근을 제한적으로나마 제공하였지만, 결국 오픈소스 라이선스의 투명성(Transparency)과 단순성(Simplicity)이 결여되었다는 비판을 면치 못하고 있다.

11.3 라이선스 선택

오픈소스 프로젝트나 프로그램에 어떤 라이선스를 적용할 것인지에 대한 의사 결정에 영향을 미치는 다양한 고려 사항들이 있다.

무엇보다도 먼저, 새로운 라이선스를 만들기보다는 경험적으로 시도되었던 라이선스들 중 하나를 선택하는 것이 일반적인 권고 사항이다. 잘 알려져 있고 신뢰받는 라이선스를 적용함으로써 신뢰성과 명확성을 제공할 수 있다. 반대로 불분명하고, 지나치게 복잡하며, 거의 사용되지 않는 라이선스는 혼돈성과 모호성을 유발할 수 있다. 또한, 새롭게 라이선스를 구성하는 것은 많은 경험과 법률적 지식을 필요로 하기 때문에 일반적으로 권장되지 않는다.

또한, 라이선스의 선택은 기존 프로젝트에서 사용된 소프트웨어와 그 라이선스 체계에 의해 제한될 수 있다. 예를 들어, 기존의 BSD 라이선스 소프트웨어를 사용하여 프로젝트를 수행할 경우 그 팀은 새롭게 개발될 소프트웨어에 적용할 라이선스를 자유롭게 선택할 수 있으며, 이에 대한 고지와 권리포기[50]를 고려하지 않아도 된다. 그러나 GPL 소프트웨어가 사용되었다면, 프로젝트 팀이 선택할 수 있는 유일한 옵션은 그 프로젝트의 결과물에도 역시 GPL을 적용하는 것뿐이다.

라이선스의 선택에는 다음과 같은 고려 요인들이 있다.

- **주제와 고객** – 개발자들, 시스템 관리자들, 또는 기술적으로 숙달된 고객들을 대상으로 한 소프트웨어, 프로젝트는 허용적 라이선스를 적용하는 것이 좋다. 이러한 라이선스들이 커뮤니티에 강하게 어필할 수 있기 때문이다. 뿐만 아니라, 이러한 프로젝트에 참여하는 개발자들은 종종 '경력 향상의 기회'라는 측면에서 동기부여 된다. 따라서, 그들은 상용 소프트웨어의 사용자들을 포함한 광범위한 영역의 고객들에게 자신들의 능력을 입증할 수 있도록 라이선스가

---

50 원 저작물의 사용 사실에 대한 고지(Notifications)와 이를 통해 파생된 저작물에 대한 저작권을 포기(Disclaimers)하는 것을 의미한다. 영어의 'Disclaimer'는 원래 '권리 포기 각서'를 뜻하는 법률 용어이다.

허용적이기를 원할 것이다.

- **기존 OSS에 대한 의존성** – 기존 프로젝트와의 컴파일 의존성은 프로젝트가 사용할 라이선스의 형태를 좌우할 수 있다. GPL 소프트웨어에 대한 컴파일 의존성(즉, 소스코드 의존성)을 갖는 프로젝트(예를 들어, 리눅스 커널의 드라이버)는 파생 저작물을 개발할 때, 기존의 소프트웨어 라이선스인 GPL을 적용해야 한다[97]. 반면에, 기존의 소프트웨어가 런타임 의존적이라면, 파생 저작물에는 이러한 요구 조건을 적용하지 않아도 되는 것으로 완화된다.

- **환경과 운영체제** – 상용 플랫폼과 상용 운영체제(OS)들을 기반으로 하는 프로젝트는 더 제한적인 라이선스를 채택하는 경향이 있다.

- **기업 참여** – 만약 프로젝트에 상당한 참여를 하고 있는 기업들이 있다면, 그들은 강한-카피레프트 라이선스가 채택되는 것을 꺼려할 가능성이 있다.

- **상업화 목적** – 일부 상용 프로젝트들에서 오픈소스 소프트웨어의 포함을 고려할 경우, 이것을 허용하는 비-GPL 라이선스가 요구된다.

- **복제 방지** – 만약 다른 프로젝트 그룹이 우리 프로젝트의 소스코드를 복제하거나, 그들의 제품에 활용하는 것을 방지할 필요가 있다고 느낀다면, 이것을 예방할 수 있는 라이선스나 적어도 변경된 부분을 우리 커뮤니티에 알려줄 것을 요청하는 라이선스가 바람직할 것이다.

- **사고방식** – 라이선스의 제한성 정도는 그들이 선택한 라이선스 하에서 누군가가 작업한 결과에 대한 재배포 권리 또는 오픈소스 운동의 목표에 대한 개발자와 프로젝트 커뮤니티의 신념에 따라 달라질 수 있다.

- **동기부여** – 개발자들의 내재적, 외재적 동기(예를 들어, 문제 해결에 대한 도전, 동료들에 의한 인지, 금전적 인센티브, 그리고 미래의 고용 기회)가 소프트웨어 라이선스 선택에 영향을 미친다.

일반적으로 보다 허용적인 라이선스가 적용된 프로젝트들은 매우 숙련된 프로그래머들에게 더 매력적이고, 더 많은 기여를 촉진시킬 수 있다. 왜냐하면, 프로그래머들은 그들의 작업에 대한 지적재산권이 유지되기를 원할 수도 있지만, 단순히 자기 만족을 원할 수도 있기 때문이다.

11.4 라이선스 우려와 위험

다양한 오픈소스 라이선싱 체계들의 적용에 대해 여러 가지 우려들이 있다. 이 우려들 중 하나는 오픈소스 소프트웨어와 독점적 소프트웨어의 조합을 허용하는 라이선스들의 사용이 오픈소스 소프트웨어 운동 옹호자들의 관념을 저해할 수 있다는 것이다. 게다가, 오픈소스 소프트웨어와 독점적 소프트웨어의 조합을 허용하는 라이선스들로 인해, 오픈소스를 가지고 독점적 소프트웨어를 만드는 비-카피레프트 라이선스 프로젝트들에게 경쟁을 허용할 수 있다. 이것의 한 예가 애플인데, 애플의 맥 OS X는 프리 BSD 운영체제를 기반으로 하고 있다[51].

또한, 서로 다른 라이선스 하에 배포된 오픈소스 소프트웨어들의 결합은 호환성 이슈들에 대한 주의가 필요하다. 일반적으로, 다양한 라이선스들 하에 릴리스된 오픈소스 소프트웨어들을 조합할 수 있는데, 최소한 원저작물과 같은 수준의 제한적 라이선스가 적용된다. 그러나 이러한 규칙에도 예외는 있으므로 각 라이선스의 특수성이 주의 깊게 고려될 필요가 있다. 예를 들어, MPL 라이선스 하의 소프트웨어는 MPL에 존재하지 않는 추가적인 제한을 부과하는 라이선스로 재배포 할 수 없다. 그 결과로, MPL 소프트웨어는 원칙적으로 GPL과 호환되지 않는다. 이러한 경우에도, MPL 라이선스에서도 프로그램이나 그 일부에 다른 라이선스

---

51 (참고) 최근 애플은 차기 'OS X'를 '메버릭(Mavericks)'이란 이름으로 바꾸고, 이에 대한 사용권을 무료로 배포하고 있다. 물론 소스코드를 제공하지는 않는다.

의 선택을 허용하는 조항이 존재하며(http://www.gnu.org/licenses/license-list.html#GPLIncompatibleLicenses 참조), 그렇게 함으로써 부분적으로 이러한 제한을 극복한다.

또한, 독점적 소프트웨어와는 달리 오픈소스 라이선스의 적용을 받는 프로젝트는 다양한 분기 위험으로부터 보호되지 않는다. GPL 라이선스는 파생 저작물이 GPL로 유지될 것을 강제함으로써 독점적 프로젝트로 분기되는 위험을 회피한다. 그러나 비-카피레프트 소프트웨어들(BSD와 아파치 같은)의 경우, 개발자들이 비-OSS 개발로 분기해 나가 개발을 지속하는 것으로부터 보호받지 못한다.

상용 소프트웨어 개발 업체들은 몇 가지 측면에서의 명확성 부족으로 인해 그들의 제품에 오픈소스 코드를 통합하는 것과 관련된 위험이 있다는 것을 느낄 수 있다. 앞서 언급했듯이, 일부 오픈소스 라이선스들(특히 GPL의 경우)은 파생 저작물에 원저작물과 동일한 라이선스를 적용할 경우에 한해서만 재사용을 허용한다. 그러나 원래의 오픈소스 소프트웨어를 어떻게 사용하는 것이 파생 저작물인지에 대한 정의가 충분히 명확하지 않을 수 있다.

예를 들어, 만약 GPL 라이선스가 적용된 프로그램이 독점적 라이브러리에 대한 런타임 종속성을 가지고 있는 경우(또는 그 반대)에는 GPL 라이선스를 적용할 필요가 없다. 그 두 개의 프로그램들은 별개의 존재로 유지된다. 그러나 FSF는 이를 인정하지 않고, 이 경우에는 대신 LGPL을 사용해야 한다고 주장하고 있다.

이 경우 사용 가능한 전략은 오픈소스 코드에 의존하는 소프트웨어 제품의 부분을 아키텍처 수준에서 다른 부분과 명확하게 분리시키는 것이다. 그리하여, 오픈소스 소프트웨어에 의존하는 부분은 오픈소스 소프트웨어로, 나머지는 독점적 소프트웨어로 라이선싱 하는 것이다. 그러나 어떤 경우에도 법률 자문을 받을 것을 권장한다. 또 다른 대안으로, 오픈소스 커뮤니티와 독점적 소프트웨어 기업의 중개 서비스를 위한 '패키징 회사들'이 활용될 수 있다. 이들은 다양한 기술적 책임, 법률, 라이선스 및 지적재산권 이슈들을 담당한다. 이도 아니라면, 독점적 제품에 오픈소스 코드의 일부를 포함하기 위해서 오픈소스 프로젝트 소유자에게 명시적 허가를 요청해야 한다.

11.5 라이선스 확인 방법

오픈소스 소프트웨어의 활용과 재사용 시 라이선스 의무사항을 올바르게 준수하기 위해서는 배포하는 소프트웨어 내에 어떠한 오픈소스 소프트웨어가 사용되었는지를 먼저 파악해야 한다. 소프트웨어를 개발하면서 사용한 오픈소스 소프트웨어를 파악하는 방법은 직접 확인하는 방법과 툴(Tool)을 이용하는 방법으로 구분할 수 있다[187].

먼저 직접 확인하는 방법으로는 오픈소스 패키지 내에 포함되어 있는 라이선스 정보를 확인하는 것이다. 최상위 디렉토리 내에 LICENSE, COPYING 등의 이름으로 존재하며, 오픈소스 소프트웨어 사용자는 이 파일을 통해 패키지가 어떤 오픈소스 라이선스로 배포되고 있는지를 확인할 수 있다. 또는 TLDRLegal (https://tldrlegal.com/)에서 제공하는 라이선스 검색 기능을 이용하면 텍스트 검색을 통해 라이선스 정보를 확인할 수 있다.

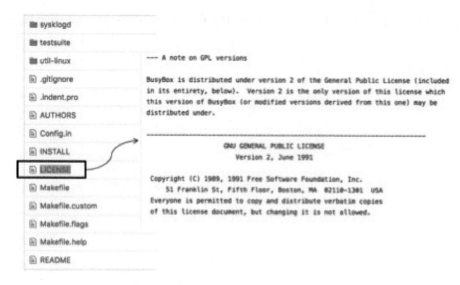

[그림 11-5] TLDRLegal의 라이선스 검색 기능

또한, 오픈소스 소프트웨어는 소스 파일 내 라이선스 문구가 명시되어 있으므로 오픈소스 소프트웨어 사용자는 각 파일 내 포함된 문구를 통해 라이선스를 확인할 수 있다.

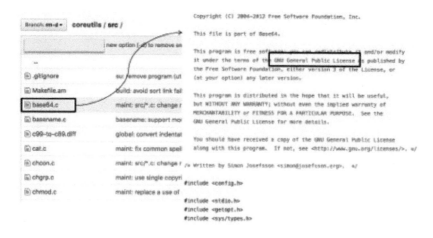

[그림 11-6] 오픈소스 소프트웨어의 라이선스 문구

이처럼 소프트웨어 개발자들이 사용하려는 오픈소스 소프트웨어의 라이선스를 직접 확인하고, 이를 개발팀 내에서 공유할 수 있는 문서에 기재해 나가는 형태로 오픈소스 라이선스 확인 프로세스를 갖춘다면, 개발이 완료되는 시점에 별도의 자동화 도구를 이용하지 않고도 개발 소프트웨어 내에 포함된 오픈소스 소프트웨어 및 각 라이선스 정보를 확보할 수 있게 된다.

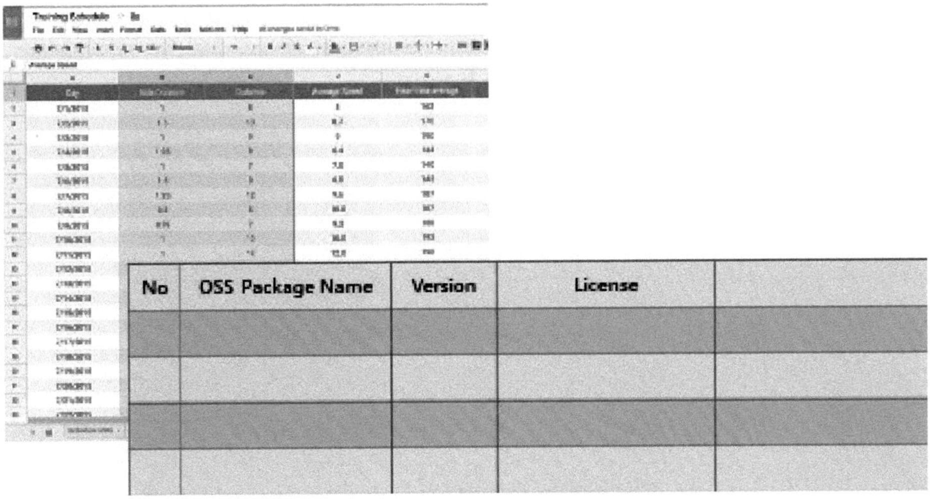

[그림 11-7] 오픈소스 라이선스 관리 문서

다음으로 도구를 이용하는 방법이 있다. 소프트웨어 내에 오픈소스 소프트웨어의 포함 여부를 확인하기 위한 도구는 소스코드 내의 문자열을 검색하는 도구와 실제 소스코드 내용을 스캔하여 오픈소스 코드와 비교하는 도구, 그리고 소스코드 없이 바이너리를 스캔하여 오픈소스 소프트웨어를 확인하는 도구 등 세 가지 형태로 분류할 수 있다.

첫째, 문자열 검색 도구는 소스 파일 상단의 라이선스 문구를 검색하여 자동으로 라이선스를 판단하는 기능을 수행한다.

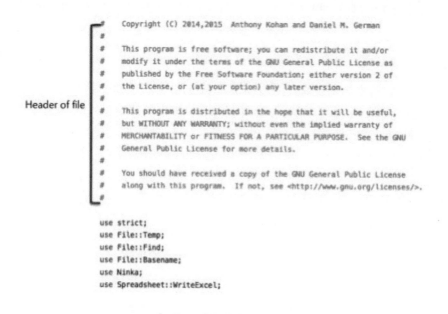

```
#   Copyright (C) 2014,2015  Anthony Kohan and Daniel M. German
#
#   This program is free software; you can redistribute it and/or
#   modify it under the terms of the GNU General Public License as
#   published by the Free Software Foundation; either version 2 of
#   the License, or (at your option) any later version.
#
#   This program is distributed in the hope that it will be useful,
#   but WITHOUT ANY WARRANTY; without even the implied warranty of
#   MERCHANTABILITY or FITNESS FOR A PARTICULAR PURPOSE.  See the GNU
#   General Public License for more details.
#
#   You should have received a copy of the GNU General Public License
#   along with this program.  If not, see <http://www.gnu.org/licenses/>.
#

use strict;
use File::Temp;
use File::Find;
use File::Basename;
use Ninka;
use Spreadsheet::WriteExcel;
```

Header of file

[그림 11-8] 문자열 검색 기능

문자열 검색 기능을 수행하는 도구들은 FOSSology(http://fossology.org), Ninka32(http://ninka.turingmachine.org), TripleCheck(http://triplecheck. net/download.html) 등이 있는데, 이들 도구들은 모두 오픈소스 소프트웨어로 공개되어 있어서 기업이 무료로 사용할 수 있다.

둘째, 코드 스캔 도구를 사용하는 것인데 이를 제공하는 기업들은 Github 등 오픈소스 호스팅 사이트에서 주기적으로 오픈소스 소프트웨어를 취합하여 오픈소스 데이터베이스를 구축하고, 이를 활용하여 사용자의 소스코드와 일치하는 오픈소스 정보를 제공한다. 오픈소스 소프트웨어는 특성상 시간이 지나면서 여러 개발자에 의해 수정, 배포가 반복되면서 다수의 새로운 오픈소스 소프트웨어로 배포될 수도 있는데, 코드 스캔 도구는 오랜 시간 동안 이런 형태로 생성된 오픈소스 소프트웨어를 모두 데이터베이스에 포함하게 되고, 그 결과로 분석 대상 코드에 대해 다수의 오픈소스 소프트웨어와 일치하는 분석 결과를 보여주게 된다. 일반적으로 코드 스캔 도구가 제공하는 기능은 이렇게 분석 대상 코드와 일치하는 데이터베이스 내의 오픈소스 소프트웨어를 찾아주는 역할만 수행하고, 실제 정확한 출처는 사용자가 직접 판단해야 한다. 오픈소스 라이선스에 익숙하지 않은 사용자는 이러한 판단을 하기가 쉽지 않으며, 특히 해당 소프트웨어를 개발한 사람이 아니면 잘못된 판단을 할 가능성이 높다. 따라서, 코드 스캔 도구에서 검출이 된 코드 조각에 대해서는 도구 사용자가 아닌 해당 코드의 개발자에게 코드 출처를 확인하여 라이선스를 판단하는 것이 효과적인 코드 스캔 도구의 사용 방법이다.

한편, 한국저작권위원회에서는 오픈소스 소프트웨어 사용 여부를 확인해 볼 수 있도록 코드아이[273]를 개발하여 국내 영세업체를 대상으로 무상 서비스를 제공하고 있다. 코드아이를 사용하여 자신의 소스코드 파일이나 폴더를 선택해 검사를 요청하면, 서버에 저장된 데이터베이스와 비교해 검사 보고서를 제공한다. 소스코드는 암호화된 상태로 SSL(Secure Socket Layer) 상에서 전달되기 때문에 유출될 위험은 없다. 코드아이는 현재는 900만 파일의 오픈소스 데이터베이스를 보유하고 있으며, 앞으로도 지속해서 데이터베이스를 늘려가고 있으므로 소프트웨어 업체의 오픈소스 소프트웨어 사용에 대한 리스크를 좀 더 철저히 방지할 수 있을 것으로 기대된다.

[그림 11-9] 코드아이

셋째, 바이너리 스캔 도구를 사용하는 방법이 있다. 써드 파티(3rd Party)로부터 소프트웨어를 받을 때는 대부분 소스코드 없이 바이너리 형태로 입수한다. 그런데, 지금까지 언급한 도구들은 모두 바이너리 형태의 소프트웨어에 대해서는 오픈소스 소프트웨어 확인 기능을 제공하지 못한다. 하지만 써드 파티로부터의 소프트웨어 입수가 증가하는 소프트웨어 개발 환경을 고려하면 바이너리 형태의 소프트웨어에 대한 오픈소스 소프트웨어 및 라이선스의 확인이 필요하다. 바이너리 형태의 소프트웨어를 스캔하여 오픈소스 소프트웨어 사용 여부를 확인할 수 있는 도구는 오픈소스 도구로 BAT(http://www.binaryanalysis.org)가 있고, 상용 도구로는 앱체크(Codenomicon AppCheck, http://www.codenomicon.com/products/appcheck/)가 있다. 오픈소스 BAT는 분석 대상 바이너리에 대해 hexdump, strings 등의 명령어를 이용하면 문자열(String) 정보를 추출하고, 이를 오픈소스 데이터베이스 내 문자열 정보와 비교하여 오픈소스 소프트웨어 사용 여부를 판단한다. 이러한 방식은 간단하고, 아키텍처나 컴파일러와 관계없이 사용 가능한 장점이 있지만, 바이너리 분석 특성상 소스코드를 직접 분석하는 도구에 비해 정확도가 떨어진다.

제12장

오픈소스 소프트웨어 지원 정책

제 12장

오픈소스 소프트웨어
지원 정책

12.1 정부의 오픈소스 소프트웨어 지원 목적

전 세계적으로 정부차원에서 오픈소스 소프트웨어(Open Source Software)를 지원하는 다양한 정책들이 제시되어 실현되고 있다. 오픈소스 소프트웨어를 범정부적으로 지원하는 이유와 방식은 각 나라마다 다르지만, 지원 정책 자체의 필요성에 관해서는 공통적 논리를 가지고 있다. 즉, 경제적 효율성, 보안상의 이점, 특정 벤더에 대한 종속성의 극복, 기술의 혁신, 시장경쟁의 확보 등이 그것인데, 이러한 논리는 공공분야에서 특히 강하게 제시되고 있다.

오픈소스 소프트웨어는 한정된 사람들에 의한 기술 개발이 아니라 다양한 사람들이 지식을 공유하며 축적해 나가고 이를 통해 개발이 이루어진다는 점에서 국가 성장의 조건에 적절히 부합한다고 할 수 있다. 뿐만 아니라 산업적 측면에서, 소프트웨어는 강한 네트워크 효과를 지니고 있기 때문에 사유 소프트웨어(Private Software)가 시장의 대부분을 점유하게 될 경우 특정 벤더(Vendor)에 의한 독점적인 시장구조가 형성될 것이란 우려도 있다. 소프트웨어 산업 전반이 상용 소프트웨어에 완전히 종속될 경우 국가 전체의 소프트웨어 산업 발전을 가로막을 수도 있다. 이렇듯 국가발전의 핵심동력이라는 측면과 산업적 가치라는 측면을 모두 고려해 볼 때, 오픈소스 소프트웨어의 중요성은 더욱 부각되고 있으며 국가의 정책적 지원 또한 그 당위성을 얻고 있다[98][181].

정부는 소프트웨어 시장에서 본래 그 역할이 막중하다. 소프트웨어 제품을 직접 구매하는 가장 큰 수요자가 될 뿐 아니라, 소프트웨어 시장의 미래를 결정하는 정책 입안자가 되기 때문이다. 이에 해외의 정책 수립기관들은 건전한 오픈소스 생태계 조성을 위한 소프트웨어 정책을 구사하고 있다. 적절한 오픈소스 생태계의 구축이 소프트웨어 공급 기업의 기술혁신을 가속화 시키고, 소프트웨어 고급 개발 인력을 양성·공급하는 데 필수적이기 때문이다. 더불어 전반적인 개발 비용을 절감하게 하고 소프트웨어 시장의 독점으로 인한 특정 컴퓨팅 환경에 종속되지 않도록 해준다. 이처럼 오픈소스 소프트웨어가 경제 전반에 미치는 긍정적 효과를 인식한 해외 주요국들은 글로벌 소프트웨어 기업에 대한 종속성 탈피, 자국 SW 산업 육성, 원천기술 확보 등을 위해 공공부문에서 활발히 오픈소스 소프트웨어를 이용하며 그 활용 범위를 확대하고 있다[99][100][101][181].

세계 주요 국가들이 오픈소스 정책을 활발히 시행하고 있으며[102][103][104][105][106][107][108][109][110][111], 그에 따라 오픈소스 소프트웨어 분야에서 경쟁력을 키워나가고 있는 것과는 달리, 우리나라의 오픈소스 소프트웨어의 산업경쟁력은 취약한 편이다. 이는 선진국들이 1990년대부터 사유 소프트웨어의 지배적 기술에 대한 종속의 우려가 있다는 것을 인지하고, 소프트웨어 사용의 비용을 절감하고 기술을 추격하기 위하여 오픈소스 소프트웨어를 적극 권장하여 산업을 진흥시키려 노력한 반면, 우리나라의 경우 이제야 그와 유사한 정책들을 논의하는 단계에 있기 때문이다. 소프트웨어 관련 원천 기술이 미약한 우리나라의 경우 오픈소스 소프트웨어의 적극적인 활용이 더욱 필요하며, 관련 산업정책을 효율적으로 운영할 필요가 있다[98][181].

오픈소스 소프트웨어는 사적 자원을 투입해서 공공재를 생산하는 방식을 취하기 때문에 기존의 기술혁신 패턴과는 다른 양상을 보여주는 매우 독특한 생산방식이다. 뿐만 아니라 개발자들이 공동개발 방식을 취함으로써 소위 네트워크 효과에 의해 크게 영향을 받는다. 이러한 특징 때문에 특정 임계점 이상의 개발자가 참여해야만 성공적으로 소프트웨어가 유지, 관리, 개발되는 특성이 있다. 이와 같은 오픈소스 개발방식의 특성을 고려했을 때 정책당국은 오픈소스 소프트웨어 개발이 성공적으로 이루어질 수 있도록 플랫폼을 조성하는 역할을 함으로써 정책적으로 오픈소스 소프트웨어에 개입하게 된다. 이외에도 정부는 IT 서비스 조달 과정에서 수요자로 등장하여 수요 진작을 통합 산업 발전 전략을 꾀하기도 한다. 이처럼 정책당국은 오픈소스 소프트웨어 산업에서 크게 공급측면의 산업 발전과 수요측면의 시장 확대 및 혁신촉진이라는 측면에서 정부의 역할 및 시장개입을 촉진하고 있다[181].

오픈소스 소프트웨어 산업을 개별 국가들이 효과적으로 관리하고 활용함으로써 후발국의 SW 개발 능력을 향상시키고 개방성을 높이며 비용절감을 이룩할 수 있다. 따라서 이를 위해 세계 주요국들이 어떠한 정책적 노력을 기울이고 있는가도 매우 중요한 논의 대상이다. 실제로 오픈소스 소프트웨어 산업은 각국의 소프트웨어 산업 발전을 위한 하나의 기회요인으로 인식되고 있으며, 오픈소스 소프트웨어 선도국들은 관련 기업들에 대한 지속적 투자와 함께 오픈소스 소프트웨어 사용 활성화를 위한 입법과 정책 개발 등 범정부적 차원의 지원을 동시에 제공하고 있다 [181].

12.2 해외 각국의 지원정책

오픈소스 소프트웨어는 소프트웨어 산업의 발전과 경제적 효과에 중요한 의미가 있다. 소프트웨어를 재사용하여 소프트웨어 개발에 드는 비용을 감소시키고, 그로 인해 경제적 효과를 도모하며, 개발자나 벤더 사에 대한 종속성을 감소시키고, 소프트웨어의 공개로 인해 혁신적인 기술의 발달 등이 가능하기 때문이다.

오픈소스 소프트웨어를 사용하는 것이 국가 전체 산업에 많은 영향을 미친다는 이유로 미국과 유럽연합(European Union, EU) 등을 중심으로 오픈소스 소프트웨어의 개발을 지원하는 정책과 프로젝트들이 활성화 되어 있고 페루, 아르헨티나, 이탈리아 등 남미 및 유럽을 중심으로 공공부문에서 오픈소스 소프트웨어의 구매를 강제하거나 권장하는 정책이 제안되고 있다[112].

이 절에서는 국외의 정책 동향과 지원 프로젝트 및 프로그램 등에 대하여 간략히 살펴본다. 보다 자세한 내용은 부록의 "세계 각국의 오픈소스 소프트웨어 정책 및 현황"을 참조하기 바란다[183].

12.2.1 유럽 국가들의 오픈소스 소프트웨어 정책

소프트웨어 분야에서 미국에 뒤처져 있는 유럽은 오픈소스 소프트웨어에 대한 지원이 활발한 편인데, 이들 유럽 각국은 다양한 정책 프로그램들을 통해 오픈소스 소프트웨어 기술개발을 촉진해왔다. 독일, 프랑스가 대표적으로, 이 두 국가는 오픈소스 소프트웨어를 가장 적극적으로 지원하고 활성화 하는 나라로 꼽을 수 있다. 하지만 오픈소스 소프트웨어 사용을 의무화한다기보다는, 합리적인 정책 결정 근거에 따라 오픈소스 소프트웨어가 명백한 혜택을 제공할 경우 오픈소스 소프트웨어를 우선 선택하도록 유도하는 권고 사항이 주를 이룬다. 따라서 IT 관련 조달에 있어 오픈소스 소프트웨어를 상용 소프트웨어 솔루션과 똑같은 선상에서 함께 검토하며, 가치 대비 비용이 저렴한 쪽과 계약을 해야 한다는 판단을 내리고 있다[186].

12.2.1.1 유럽연합

유럽연합은 1998년부터 오픈소스 소프트웨어와 관련된 지원 정책을 추진하는 한편 각 나라들에서 오픈소스 소프트웨어를 우선 선택하도록 유도하고 있다. 유럽 연합의 오픈소스 소프트웨어에 대한 기본적인 정책은 EU 국가들이 함께 힘을 모아 오픈소스 정책을 효과적으로 진행 시킬 수 있도록 하는 데 중점을 두고 있다. 이를 위해 유럽연합은 2004년과 2005년에 오픈소스 소프트웨어에 대한 대대적인 투자를 승인하였는데, 그로 인해 지금까지 유럽연합은 유럽 각각의 국가들마다 운영체제에 있어서 자립이 가능할 만큼의 수준으로 끌어 올렸다는 평가를 받고 있다[183].

EU 회원국 행정부 간의 전자정보교환을 지원하기 위한 프로그램인 IDA (Interchange of Data between Administrations)에서는 유럽연합 공공부문에서 창출된 소프트웨어와 지식들을 공유할 수 있는 방안을 연구하였다. 그 결과 각 회원국의 공공분야에서 개발된 소프트웨어를 재활용 할 수 있도록 소프트웨어 공유를 위한 법 제도와 유지보수 방안, 자금 조달 방안 등을 포함한 오픈소스 소프트웨어 방식을 채택할 것을 제안하였다[113].

12.2.1.2 프랑스

프랑스는 국가 정보화 수준에서 IT 강국의 면모를 보이고 있는 국가로, EU 내에서 오픈소스 소프트웨어를 강력하게 지지하고 지원하는 나라이다. 이미 1998년, 수상 산하에 전자정부 구현시 필요한 부처간 업무조정 및 기술지원업무를 수행하기 위해 AICTA(Agency for Information and Communication Technologies in Administration)를 설립하였는데, AICTA는 공공부문에서 오픈소스 소프트웨어 활용촉진과 경험공유를 위한 정보수집, 분류 및 홍보컨설팅, 전문가 네트워킹 센터, 공공부문 오픈소스 소프트웨어 활용경험 확산 등의 활동을 수행하고 있다. 1999년부터 공공기관을 중심으로 다양한 오픈소스 소프트웨어를 활용하고 있는데, 2001년도에는 전자정부 구축을 위한 오픈 스탠더드의 채용을 추진한 바 있고, 2002년도에 프랑스 사회당 의원 3명이 오픈소스 소프트웨어를 공공업무현장(관청)에서 사용하는 것을 의무화시키기 위한 법안을 발의하는 등 오픈소스 소프트웨어를 중요하게 인식하고 강력하게 지지하고 있다[183].

행정부는 정부 웹사이트의 표준화를 위하여 오픈소스 콘텐츠 운영 시스템을 도입했으며(2003.8), 국방부는 리눅스 기반 운영 시스템을 보완할 수 있는 개발 프로젝트를 위해 컨소시엄을 구성했고(2004.9), 문화통신부는 2005년 말까지 전체적으로 오픈소스 소프트웨어로 전환한다는 계획을 발표했다. 이후 2005년도에는 문화성에서 400여대의 서버를 리눅스로 전환하는 계획을 추진하기도 했으며 내무부, 관세청, 재정경제산업부, 프랑스 국립경찰청은 오픈소스 소프트웨어인 오픈오피스(OpenOffice)를 우선 사용하기로 하며, 국립경찰청의 경우 8만대의 컴퓨터에 사용되는 사무용 소프트웨어를 사유 소프트웨어에서 오픈오피스로 전환하는 작업을 2005년 2월부터 당해 연말까지 수행했다.

2004년 2월 9일 리용에서 프랑스 총리는 2004년~2007년까지 수행되는 전자정부 계획을 수립했다. 이 계획은 4년 동안 프랑스 전자정부 구축을 위해 일관성 있고 연계된 환경을 마련하는 것을 골자로 하는데, 4년 동안 전자정부구현 행동계획의 틀 안에서 140개 조치가 취해지며, 이 계획을 통해 약 300개에 달하는 새로운 서비스를 제공하게 된다. 이 프로젝트의 일환으로서 정부 기관의 데스크톱에 오픈소스 기반 소프트웨어를 설치하기로 했다. 현재 프로젝트에 맞추어 정부 기관의 데스크톱에 오픈소스 기반 소프트웨어들이 설치되었으며, 기존 계획을 유지하고 있다[183].

12.2.1.3 독일

독일 역시 오픈소스 소프트웨어를 적극적으로 지원하고 활성화 시키고자 노력하는 나라 중 하나이다. 독일 재정부에서는 1997년부터 오픈소스 소프트웨어를 이용한 파일럿 프로젝트를 추진하였으며 연방조달청은 1999년 이후 2000년까지 서버 및 데스크톱까지 오픈소스 소프트웨어로 전면 교체했다. 연방 내무성은 리눅스 및 오픈소스 소프트웨어 추진기관인 KBSt(Koordinierungs und Beratungsstelle fur Informationstechnik)를 통해 IBM과 독일 정부의 오픈소스 소프트웨어로의 이행 지원에 관한 포괄적인 계약을 체결했다.

2001년 2월 연방의회에서 '정보사회에서의 독일경제'라는 안건이 제출돼 같은 해 11월 통과되었는데, 이 제안에서는 독일연방 정부가 오픈소스 소프트웨어를 사용할 것과 이를 위한 제반 요건을 갖출 것을 권고했다[183]. 2003년 3월 독일의원 운영회는 일부 컴퓨터에서 리눅스를 사용할 것을 결정했으며, 이 결정은 공공기관 뿐만 아니라 경제계에서 오픈소스 소프트웨어의 사용을 권장하는 중요한 계기가 되었다.

독일은 내무부 산하에 KBSt를 설치하여 공공부분에서 오픈소스 소프트웨어를 구현하고 활용하는 활동을 지원해주고 있으며, 민간부문의 오픈소스 소프트웨어 활용 촉진 및 중개 기구 설립 필요성 증대로 경제기술부에서 민간 오픈소스 소프트웨어 개발 및 활용 지원을 실시하고 있다. 이에 따라 오픈소스 소프트웨어의 개발자와 사용자, 서비스 제공자 및 제조업체를 연계시키는 역할을 수행하는 BerliOS 프로젝트를 추진하고 있으며, 이를 통해 중소기업의 오픈소스 소프트웨어 활용을 촉진하고 지원한다. 독일경제기술부(Ministry of Economy and Technology)에서 추진하고 있는 BerliOS 프로젝트는 오픈소스 소프트웨어 개발자, 사용자, 제조회사 및 서비스 제공기업들에게 웹 기반 오픈소스 소프트웨어 플랫폼을 제공하고 오픈소스 소프트웨어 관련 해결책을 공공기관과 중소기업에 제공하는 역할을 하고 있으며, 이를 통해 2003년 이후 꾸준히 자국 행정망의 운영체제(OS)를 오픈소스 소프트웨어로 전환하고 있다[188]. BerliOS 프로젝트는 프로젝트 관리 플랫폼(developer.berlios. de), 뉴스 서비스(news.berlios.de), 소스 알림 서비스(sourcewell.berlios.de), 소스 비즈니스 서비스(sourcebiz.berlios.de), 소스 라인 서비스(Sourcelines.berlios. de), 독웰 시스템(docell.berlios.de) 등의 내용을 지원한다[183].

한편, 독일연방정보 기술안정청(Federal Office for Information Security)에서는 1998년부터 2년간, 여러 회사의 보안 소프트웨어간의 호환성을 달성하는 데 목적을 둔 스핑크스(SPHINX) 프로젝트를 수행했다. 이후 2002년 독일연방정보 기술

안정청은 이집트 프로젝트라는 명칭 아래, 스핑크스 표준으로 호환되는 오픈소스 소프트웨어 기반 이메일 클라이언트를 개발해 독일의 컴퓨터 박람회인 세빗(CeBIT)에서 발표한 바 있는데, 이는 행정기관의 재정 지원에 의해 독일에서 첫 개발된 오픈소스 소프트웨어로서 주목할 만하다. 또 2002년 독일연방정보 기술안정청은 자체 시스템의 보완 수준과 실용성을 높이기 위해 오픈소스 소프트웨어와 상업용 소프트웨어를 혼합 사용하는 것으로 시스템 마이그레이션(Migration)을 시작했다.

또, 오픈소스 소프트웨어 형태로 공공 부문에서 신뢰하고 적용할 만한 암호 기술을 개발해 제공하는 것이 목표로, 연방정부기술부에서 주관하며 독일 유닉스 사용자 그룹(German Unix User Group) 및 독일의 GMU, GmbH, 리눅스랜드 인터내셔널(LinuxLand International) 등의 기업이 참여하는 GnuPG(GNU Privacy Guard) 프로젝트를 수행했다. 이는 데이터 처리와 통신에 관련된 보안 문제를 오픈소스 소프트웨어 기반으로 해결해 나가는 프로젝트로, Open PGP 표준을 구현하고 있다[183].

2003년 5월 3일 독일의 뮌헨(Munich) 시의회 회의에서는 마이크로소프트가 윈도우(Windows) NT V 4.0을 더 이상 지원하지 않기로 결정한 것을 계기로 오픈소스 소프트웨어 사용을 본격 논의하였는데, 이 논의는 경제적인 비용 절감뿐만 아니라 소프트웨어 회사로부터 독립성을 유지하고, 보안을 향상시키려는 전략적 목적도 포함되어 있다.

이후, 2003년 6월부터 2004년 5월까지 모든 시위원에 의해 오픈소스 소프트웨어로의 마이그레이션 개념이 세부적으로 정의됐으며, 이 과정에서 비용, 직원 훈련, 적합한 오픈소스 소프트웨어 제품 등이 논의되었고, 마이그레이션에 있어 기술적인 부분도 검토되었다.

2004년 6월 16일 뮌헨 시의회는 클라이언트 컴퓨터에 오픈소스 소프트웨어를 사용하기로 결정하고 이를 제공할 업체 선정을 위해 공개입찰을 실시했다. 2006년

10월 9일 뮌헨시의 리눅스 마이그레이션이 시작됐으며, 'LiMux' 프로젝트로 명명된 이 작업은 1만 4,000대의 데스크톱과 노트북 컴퓨터를 MS 소프트웨어 환경에서 데비안 환경으로 전환하는 프로젝트였다.

12.2.1.4 영국

영국정부는 독일이나 프랑스처럼 오픈소스 소프트웨어에 대한 확실하고 강력한 지지를 표명하고 있지는 않으나, 오픈소스 소프트웨어에 대한 긍정적인 입장을 가지고 있다.

영국정부는 소프트웨어 선택 시 가치 기반 비용을 산정하는 방법을 세부적으로 제시하고, 오픈소스 솔루션을 정부 IT 조달 품목의 대안으로 생각하고 있다. 즉, 경제성을 근간으로 한 SW 조달기준 마련·시행(금액대비 최고의 가치를 가진 솔루션을 구매, 개개의 IT 공급업체에 대한 의존에서 탈피, 시스템 개발, 향상 및 통합에 있어서 보다 많은 융통성을 제공하는 오픈소스 소프트웨어 사용을 직극 장려 등)하고 있다[183].

또한 특정 상용 제품과 서비스에만 계약이 집중 되는 것을 피하고 프로그램에 관한 제반 권한을 취득할 수 있는 제품을 선호하도록 정책을 취하고 있다. 이는 영국정부당국의 향후 IT 개발에 있어서 공개 표준(Open Standard)을 지원하는 호환성을 지닌 제품만을 사용하고 정부의 SI 사업의 경우 소스코드에 대한 완전한 권리확보 의지를 표명한 것에서 더욱 분명히 나타난다. 또한 영국의 조달청과 지방의 IT 관련 공무원 단체인 정보기술관리협회(SOCITM) 등이 MS와의 라이선스 갱신에 어려움을 겪자 윈도우(Windows)를 리눅스로 대체하는 안을 검토하고 있다. 그리고 정부의 지원이 투입된 R&D 소프트웨어 개발의 기본대안으로서 오픈소스 소프트웨어를 사용할 수 있는 방안을 강구하고 있다. 또, 부처 간의 상호 연동을 위해서 프로그램의 상호연동성 또한 오픈소스 소프트웨어를 사용하는 데 영국정부가 고려하는 사항 중 하나이다. 때문에 영국정부는 미래의 정보기술 발전과 관련해서 개방 표준과 기술 명세를 지원해 줄 수 있는 호환성을 가진 제품만을 사용할 것이라는 가이드라인을 정립, 활용하고 있다.

최근 영국에서는 오픈소스 소프트웨어 촉진을 위한 연구소를 설립하였다. 즉, 오픈소스 소프트웨어 이용 촉진을 목적으로 버밍엄(Birmingham)에 NOC(National Open Centre) 설립이 추진되고 있다. NOC 설립에는 국립 컴퓨팅 센터(National Computing Centre), 버밍엄시 의회(Birmingham City Council), 의회 주도의 DBI(Digital Birmingham Initiative)가 공동 참여했으며, 2007년 1월 공식적으로 업무를 시작하였다. 또한 센터는 컨퍼런스와 세미나 주최, 오픈소스 정책 및 혁신에 관한 연구논문 발간 등을 수행하고, 오픈소스 혁신 기회 발굴을 위한 자문위원회를 구성하였다[183].

12.2.1.5 기타

노르웨이 공공 분야의 오픈소스 소프트웨어 활용은 주로 교육 분야를 중심으로 전개되어 왔으며, 이는 자국어에 대한 MS 제품의 지원 부족에 기인한다. 2005년 노르웨이 근대화부(현재는 정부행정개혁부)는 노르웨이의 국가 정보화 계획(eNorway 2009–Digital Leap)에 오픈소스 정책을 포함시켰다[183]. 또한, 2005년, 100여개 학교가 스쿨리눅스(Skoleinux, 교육기관용으로 커스터마이징된 리눅스 버전)를 사용하고 있으며, 베르겐 시와 사르스보그 시가 리눅스를 운용하고 있다[183].

스페인도 다양한 오픈소스 활성화 정책을 갖고 있는 국가 중의 하나인데, 중앙정부 정책뿐만 아니라 다양한 지방정책을 통해 오픈소스 소프트웨어 보급에 앞장서고 있다[183].

12.2.2 미국과 남미 국가들의 오픈소스 소프트웨어 정책

12.2.2.1 미국

미국 정부는 오픈소스 소프트웨어가 IT 접근성을 개선하고 소프트웨어 제품에 대한 선택의 폭을 넓히는 데 기여한다는 점을 인정하지만, 다양한 소프트웨어 개발의 한 가지 모델로 인식하고 있다. '경쟁력 있는 제품은 시장에서 선택된다'라는 믿음에서 미국 정부는 오픈소스 소프트웨어 관련 정책에서 중립적인 입장을 견지하고 있어서 연방 정부차원의 공식적인 오픈소스 소프트웨어 정책을 보유하고 있지는 않다.

때문에, 2002년 국방성에서 오픈소스 소프트웨어 사용에 대한 규칙을 제정하고, 이를 통하여 2003년 오픈소스 소프트웨어를 도입한 것과 2004년에 기획예산처에서 오픈소스 소프트웨어에 대한 차별을 개선하기 위한 정책이 수립된 이후 각 공공기관에서 객관적인 판단을 통해 오픈소스 소프트웨어 도입이 이루어지고 있는 것을 제외하고는, 아직까지 자국의 마이크로소프트사의 윈도우 제품군과 애플사의 맥 OS 제품군, 그리고 기타 상용 유닉스(Unix) 제품군들이 중앙정부에 대거 도입되어 있는 것으로 파악되고 있다[183].

그러나 한편으로는 정부기관의 오픈소스 소프트웨어 도입을 촉구하는 보고서가 연방정부 소속의 정책기관에서 발표되기도 했는데, 2000년에 대통령 정보통신 자문 위원회(PITAC)에서는 보고서를 통해서 연방 정부가 하이엔드 컴퓨팅용 소프트웨어 개발의 한 대안으로서 오픈소스 소프트웨어 개발을 촉진해야 한다고 조언한 바 있다.

특이할 만한 사항으로는 해군에서 오픈소스 소프트웨어에 대한 다년간의 자체적인 테스트를 통해 고안정성, 저비용, 고생산성 및 보안성에 대한 신뢰성을 검토완료 하였고, 2008년에 내부 시스템 도입 시 오픈소스 소프트웨어를 의무적으로 검토할 것을 권고하는 정책(Bold IT Policy)을 수립하여, 이후 다양한 오픈소스 소프트웨어가 미 해군의 시스템으로 사용되고 있다는 점이다.

한편, 각 자치주에서도 오픈소스 소프트웨어에 대한 다양한 정책을 시도하고 있는데, 주 정부의 입법안 또는 정책들은 일반적으로 오픈소스 소프트웨어의 사용을 강제하는 것이 아니라, 오픈소스 소프트웨어를 일반 상용소프트웨어와 동등하게 고려하도록 하면서 더 나은 조건을 제시하는 제품을 선택하도록 공정 경쟁을 유도하고 있다[183]. 이는 주 정부의 예산 절감에 대한 의지가 강하게 작용하기 때문인 것으로 보인다.

이 외에도 매사추세츠 주 정부는 하버드 대학, MIT 대학과 협력하여 정부 및 공공기관들을 위한 애플리케이션 리포지터리(Government Open Source Collaborative)를 구축했으며, 여기에는 매사추세츠, 캔사스, 미주리, 펜실베이니아, 로드아일랜드, 유타, 버지니아, 웨스트 버지니아 주 등이 참여했다. 또, 매사추세츠 주는 2007년부터 주의 모든 공식 문서는 개방형 표준으로 작성돼야 한다고 발표한 바 있다. 캘리포니아 주, 오클라호마 주, 오레곤 주, 로드아일랜드 주, 텍사스 주 등이 유사한 법안을 상정했으나 인준에는 실패했다.

플로리다 주 라르고 시는 900여 시청 직원의 컴퓨터를 GNU/리눅스로 전환하면서, 하드웨어 및 소프트웨어에서 1백만 달러를 절감했다고 발표했다. 리눅스를 운영체제로 사용하는 것에서 더 나아가 시의 컴퓨팅 모델을 씬 클라이언트 시스템으로 전환해 하드웨어 비용을 상당 부분 절감했다. 텍사스 주 휴스턴 시도 시스템 환경을 오픈소스 소프트웨어로 전환했다.

이처럼 미국이 오픈소스 소프트웨어에 대해 상대적으로 미온적인 태도를 견지하고 있는 것은 자국 내의 MS를 비롯한 거대 SW 기업들의 로비 활동으로 오픈소스 소프트웨어에 우호적인 입법안 제정을 가로막고 있기 때문이라는 지적이 있다.

그러나 한편으로 미국은 오픈소스 소프트웨어 개발, 영리 활동 및 컨퍼런스와 리눅스에 대한 지지의 허브라고 할 수 있는데, 300여 유저 그룹, 오레곤 대학의 오픈소스 랩과 같은 대학 내 오픈소스 활동 등이 그 지지대 역할을 해주고 있다.

12.2.2.2 남미

남미 국가들의 경우, 소프트웨어 구입에 필요한 비용 절감뿐만 아니라, 자국의 소프트웨어 산업 육성 및 불법복제 방지를 위해서 적극적인 오픈소스 소프트웨어 정책을 도입해 왔다. 이에 따라 최근 소프트웨어 시장에서 오픈소스 소프트웨어는 독점 소프트웨어와의 경쟁에서 크게 약진하는 모습을 보여 왔다.

남미지역의 대표적 국가인 브라질은 공공과 민간 분야 모두 오픈소스 소프트웨어 도입이 활발하며, 연방 중앙 정부 및 지방 정부들이 오픈소스 소프트웨어 정책의 법제화에 적극 나서고 있어 오픈소스 소프트웨어 도입을 검토하고 있는 개도국들에게 '역할 모델'이 되고 있다.

브라질은 국가차원에서 오픈소스 소프트웨어의 도입장려를 권고하는 강한 추진력과 정책을 가진 국가 중의 하나이다. 브라질 정부는 최근 매우 공격적인 오픈소스 소프트웨어 정책을 도입하여, 공공 행정 분야에서 오픈소스 소프트웨어 활용도를 높이고 있다.

브라질 정부가 공격적으로 오픈소스 소프트웨어 정책을 추진하고 있는 데는 세 가지 주요한 이유가 있다. 첫 번째, 다른 중남미 국가들과 마찬가지로 오픈소스 소프트웨어 도입을 통해서 IT 비용을 절감하기 위해서이다. 브라질 정부는 상용 소프트웨어 라이선스 비용으로 연간 3,400만 달러를 지불하고 있는 상황이다. 두 번째, 오픈소스 소프트웨어 산업을 활성화시킴으로써 자국의 소프트웨어 수출을 촉진시키려 하는 것이며, 마지막으로, 브라질 정부는 오픈소스 소프트웨어를 통해서 중산층 및 저소득 계층 국민들의 IT 접근성을 높이려 하고 있다. 이외에 일자리 창출, 소프트웨어 번역능력 개발 그리고 중남미의 지정학적 위치(미국) 등도 정책 추진의 고려 사항들이다.

브라질 의회는 2003년 10월 연방정부 및 공공기관에서 사용되는 모든 소프트웨어를 오픈소스 소프트웨어로 전환할 것을 명령했다. 에스피리토 산토 주 의회(2002

년 12월), 마토 그로쏘도 솔 주 의회(2003년 4월), 파라나 주 의회(2003년 11월), 산토 카타리나 주 의회(2004년 1월) 등 4개 주 의회가 공공기관에서 가능한 경우 오픈소스 소프트웨어를 우선적으로 고려할 것을 명령하는 법안을 통과시켰다. 바히아 주, 미나스 게라이스 주, 리우데자네이루 주, 상파울루 주 등 4개 주 의회에서는 유사한 법안을 2004년 상정했으며 현재 유보 중인 상태이다. 2005년 초 룰라 다 실바 대통령은 22개 부처와 14개 비서국에서 서버 및 데스크톱용 운영체제, 애플리케이션, 인터넷 브라우저, 그리고 이메일 등 4개 분야 이상에서 오픈소스 소프트웨어를 반드시 사용토록 하는 대통령 지시 사항을 발표했다. 이에 따라, 이후에 기존의 상용 소프트웨어를 계속 사용하려는 정부기관들은 반드시 합당한 사유를 제출해야 한다.

브라질의 오픈소스 소프트웨어 정책을 총괄하고 있는 브라질정보기술원(The National Institute of Information Technology, IIT)은 대통령직속 기관으로서 브라질 공공 분야의 오픈소스 소프트웨어 활용도 제고 과정에서 강력한 리더십을 발휘한 바 있다. 오픈소스 소프트웨어의 최대 강점은 저렴한 구매 비용이라고 할 수 있다. 이로 인해서 오픈소스 소프트웨어는 특히 교육 분야에서 높은 경쟁력을 보이고 있으며, 브라질의 저소득층들도 IT 기술의 혜택을 누릴 수 있는 원동력이 되고 있다[183].

남미의 브라질과 더불어 페루에서도 2003년에 오픈소스 소프트웨어에 대한 참조 권고안이 부통령에 의해 의회에 제안되면서 오픈소스 소프트웨어 도입에 대한 정부 차원의 급진적이고, 혁신적이며, 강제적인 정책 추진을 통해 오픈소스 소프트웨어 도입에 많은 성과를 일궈냈다. 하지만 MS에 친숙한 소비자들의 집단적인 반발 등으로 인해 일부 정책들은 철회를 하는 등 여전히 난관들이 남아있는 상황이다.

한편, 아르헨티나 정부는 오픈소스 소프트웨어 도입 면에서 브라질에 비해 매우 조심스러운 정책을 취하고 있다. 경제적인 효과가 충분히 검증되기 전까지는 중립적인 정책을 유지한다는 입장이고, ASLE(Ambito de Software Libre en el Estado) 등을 통한 검증 작업을 진행하고 있다.

12.2.3 아시아 국가들의 오픈소스 소프트웨어 정책

12.2.3.1 중국

중국은 국가 안보 확립과 기술자립국 실현이라는 정책적 목표 하에 오픈소스 소프트웨어 개발 및 도입 확산을 위해 적극적으로 정책을 펼치고 있다. 중국의 오픈소스 소프트웨어 관련 정책은 공공수요 확산을 위한 구매제도 정비와 표준화 등 연구개발 투자이다[183].

중국은 정부가 투자하는 프로젝트에서 소프트웨어를 조달하는 경우 리눅스 관련 제품의 채택을 권고하고 있는데, 정보산업부는 2001년 3월 리눅스를 중점 사업 분야로 선정하여 산하기관인 CCID(China Center for Information Industry Development)를 통해 홍기리눅스에 투자하면서 정보보안, 기업용, 오피스 등을 개발하고 있으며, 중국 내 대학, 기업들이 연합해 리눅스 기반의 독자 운영체제를 개발하고 있다.

공공 도입 확산 정책은 2002년 6월 29일 개최된 제9기 전국인민대표대회 상무위원회 제28차 회의에서 통과된 중화인민공화국정부구매법을 통하여 공식적으로 정부 부처의 리눅스 사용을 장려하고 있다. 이 법은 자국의 물품, 프로젝트 및 서비스를 우선 구매해야 한다고 명시하고 있으며, 나아가 북경 시 과학기술위원회 등 각 성, 시 정부에서 중국 소프트웨어 제품을 우선적으로 구매할 것을 규정하는 후속 조치가 뒤따르면서 오픈소스 소프트웨어 관련 정책에 가속도가 붙었다.

2000년 6월 발표한 국무원 18호 문건에서 중요한 오픈소스 소프트웨어와 기초 소프트웨어의 개발을 지지한다고 명시함으로써 오픈소스 소프트웨어에 대한 정부 지원을 공식적으로 밝혔다. 본 문건을 기초로 중국 소프트웨어 산업구조의 불완전성과 낮은 기술수준을 높이기 위해 선진기업과의 기술협력을 강화하기 위하여 2004년 3월 신식산업부와 HP는 리눅스 소프트웨어 랩(Linux Software Lab)을 설치하였다.

또한, 전자정부 건설을 위해 2004년 중국정부정무전자화 투자를 위하여 400억 위안을 투자할 것이라 발표하였으며, 이 중 소프트웨어와 정보서비스 관련 투자는 140억 위안이다. 이러한 전자정부화를 위한 IT 표준화에 대한 투자의 일환으로 중국전자기술표준화연구소(CESI) 주도로 전자정보산업발전기금을 사용하여 3년간 연 2,500만 위안을 투자하기로 발표하였다. 이에 따라 정부투자 및 민간연구소가 공동으로 '리눅스 표준체계연구보고 초안', '리눅스 API 규범 초안', '리눅스 운영체제 기술요구규범 초안', '리눅스 서버시스템 요구규범 초안', '리눅스 사용자 인터페이스 규범 초안' 등 서버 시스템에서 사용자 인터페이스까지 다양한 표준화 연구를 진행하고 있다.

그동안 중국 정부는 자국의 중요한 정보를 보호하고 해외 IT 거대 기업에 대항할 수 있는 IT 생태계를 조성하기 위해서는 가장 기초적인 SW인 운영체제(OS)를 제어해야 된다고 보고 오랜 기간에 걸쳐 OS 개발에 공을 들이면서 완성도를 높여왔다. 개발 노력과 함께 실질적인 활용에도 적극적인 모습이다. 최근 자국 OS의 활용이 빠르게 확산되는 추세로 데스크톱뿐 아니라 모바일, 서버, 임베디드, IoT 등 전 영역에 이른다.

최근 중국은 행정용 PC의 윈도우 사용을 금지했으며, 퀄컴사도 반독점과 관련해 과징금 폭탄을 맞는 등 해외 IT 기업에 대한 강도 높은 제재를 취하고 있다. 북쪽에 자리한 쓰핑 시는 2014년 행정용 PC의 MS 윈도우를 네오기린(NeoKylin)으로 전환하고 다른 지역에도 이와 같은 조치를 확대할 계획이다. 또 중국 시장에 진출한 글로벌 IT 기업들도 정부의 입장을 수용하는 가운데 미국 델(Dell)사는 향후 중국에서 판매하는 PC의 42%에 네오기린을 탑재할 예정이라고 밝혔다. 현재 중국 내 MS 윈도우 사용 비중은 95% 이상을 차지하고 있지만 중국 정부의 자국 OS 보급 노력이 지속된다면 오픈소스 소프트웨어의 점유율도 빠르게 성장할 것으로 보고 있다.

또한 중국 정부는 2014년 스마트폰 OS인 COS(China Operating System)를 발

표한 바 있다. 중국 정부 산하 중국과학아카데미 소프트웨어 연구소(ISCAS)가 리눅스를 기반으로 개발한 '중국 정부 공식 OS'이다. 야심차게 출시했으나 현재로선 이렇다 할 확산 성과는 없다. 그러나 자국 IT 기업들이 자체 개발한 OS는 좋은 성적을 거두고 있다. 대표적으로 알리바바가 독자적으로 리눅스를 기반해 개발한 모바일 OS인 '윈OS'를 탑재한 스마트폰이 안드로이드에 이어 모바일 OS 2위로 등극했다.

12.2.3.2 일본

일본 정부는 주도적으로 한·중·일 오픈소스 소프트웨어 포럼 등을 창립하고 국제적으로 전문가들의 교류를 추진하는 한편, 오픈소스 어플리케이션 등을 전자정부 시스템 및 교육시스템 등에 있어 시범적으로 사용하는 기회를 늘임으로써 프로그램의 안정성과 품질 향상을 유도하고 있다[183].

궁극적으로 대형 민간회사에 의해 좌우되는 소프트웨어 시장에 있어 오픈소스 소프트웨어도 하나의 대안이 될 수 있도록 오픈소스 소프트웨어의 품질수준을 제고시키는 데 투자를 하고 있다. 아울러 컴퓨팅 자원의 효율적 활용을 목표로 하는 그리드 컴퓨팅 기술에도 투자를 하면서 정보기술의 효율성과 활용을 달성하려 하고 있다. 현재 등장하고 있는 그리드 컴퓨팅 기술이 오픈소스 소프트웨어 기술을 활용한 것들이 대부분이라는 점에서 오픈소스 소프트웨어 활용의 범위를 확대해 나가고 있다.

일본 정부는 IT 정책의 일환으로 2001년 'e-Japan 전략'을 시작으로 하여, 'IT 정책 패키지', '신산업 창조 전략', 'u-Japan 전략'의 네 가지 IT 전략 추진을 통하여 IT 및 미래 산업의 육성을 시도하고 있는데, 2005년 'IT 정책 패키지' 추진 시책 중 전자정부의 추진과 관련하여 오픈소스 소프트웨어 활용 촉진을 위해 CIO 연락회의 산하 총무성 및 경제산업성이 중심이 되어 2005년 초에 오픈소스 소프트웨어에 관한 정부조달의 기본적인 고려방안(지침)을 제정하였다[191]. 일본의 오픈소스 정책은 직접적인 정부 관여가 아닌 아시아 여러 국가들과 협력을 강화하는 방향으로 지원해 왔으며, 정보화진흥협회와 협력하여 여러 기업들과 오픈소스 포럼을 운영하고, 아시아 여러 나라가 참여하는 아시아 오픈소스 소프트웨어 심포지엄(Asia OSS Symposium: www.asia-oss.org)을 주관하고 있는 등 장기적 전략적 관점에서의 다자간 틀에서 협력을 진행하는 데 주력하고 있다[192].

한편, 일본의 독립행정법인 정보처리추진기구에서 2008년을 기준으로 발표한 오픈소스 소프트웨어 활용 비즈니스 실태조사 보고서에 따르면, 전체 기업 중에서 고객 서비스 대응을 위한 오픈소스 소프트웨어 이용 기업과 오픈소스 소프트웨어를 자사 시스템의 기반으로 적용하는 기업이 전체의 70%를 차지하고 있다. 또한 '오픈소스 소프트웨어 이용을 검토하고 있다'는 기업이 4.8%, '오픈소스 소프트웨어에 관심은 있으나, 지금은 관망 중'인 기업이 19.8%로 향후에는 이들 기업이 오픈소스 소프트웨어를 이용할 가능성이 있는 것으로 나타났는데, 일본 시장에서도 특정 벤더가 독점하는 형태를 벗어나기 위한 한중일 동북아 3국간의 동북아시아 OSS 포럼(NEAOSSF)과 IPA의 OSSiPedia(오픈소스 소프트웨어의 활용 사례, 기술정보, 오픈소스에 대한 기본지식을 제공하는 정보 데이터베이스) 등의 사업이 활발히 진행되고 있다.

12.2.3.3 인도

저렴한 노동력에 많은 IT 기업들을 가지고 있는 인도는 대통령이 공개적으로 오픈소스 소프트웨어에 대한 지원을 발표하는 등 정부 차원에서의 대대적인 지원을 하고 있다. 문맹률이 60%나 되는 인도는 2005년부터 정부 차원에서 정책적으로 오픈소스 소프트웨어를 자국어로 현지화하는 것을 적극적으로 추진하고 있는데, 이는 오픈소스 소프트웨어를 활용함으로써 저렴한 비용으로 문맹퇴치 활동과 IT 적용이라는 두 가지 목적을 동시에 이루기 위한 정책이다.

인도는 2009년 e-거버넌스(e-Governance)에 대한 정책으로 '전자정부통치를 위한 오픈스탠다드 드래프트'를 발표함으로써 전자정부시스템에 오픈스탠다드 기반의 인터페이스를 적용하고 있다[183].

인도의 케랄라 주는 레드햇과의 협약을 통하여 행정기관 및 학교에 리눅스를 설치함으로써 라이선스 비용에 대한 효율화를 실행하였고, 또한 계속 되는 기술지원 협약을 통하여 교육을 실시하였으며, 정책적 강제성을 통해 오픈소스 소프트웨어로의 전환을 성공리에 실시하고 있다[183].

12.2.3.4 태국

태국의 오픈소스 정책의 움직임도 역시 매우 활발한 편이다. 2003년 6월 태국의 정보통신부와 과학기술부 간에 오픈소스 소프트웨어 개발에 대한 협력 의지를 보였으며 태국정부 R&D 부처인 국립전자컴퓨터기술센터(이하 NECTEC)는 태국어 버전 리눅스에 기반을 둔 오픈오피스, 즉 오피스 TLE(Office for Thai Language Extension)를 개발하기도 했다. 이는 정부의 저가 PC 정책과 함께 반향을 불러 일으켰으며, 태국의 사례는 낮은 PC 보급률과 저소득으로 고민해 오던 베트남, 미얀마, 라오스 및 주변 국가들의 관심을 받고 있다[183].

태국 정부 R&D 부처인 국립전자컴퓨터기술센터(NECTEC)는 태국어 버전 리눅스와 이에 기반한 오픈오피스인 오피스TLE을 개발하고, 세미나 및 교육 활동을 통해 오픈소스 소프트웨어를 적극적으로 홍보하고 있으며, 600여명의 엔지니어를 교육시켜 모든 NECTEC의 운영 환경을 오픈소스 소프트웨어 기반으로 변환시키겠다는 야심찬 계획을 가지고 있다. NECTEC은 OfficeTLE의 추진 단계를 웹 사이트 (http://www.softwarebank.org)에 공개하고 있다.

또한 NECTEC은 교육용 오픈소스 소프트웨어로 리눅스 시스(LINUX SIS, LINUX School Internet Server)를 개발하여 패키지로 배포하고 있다. 이 패키지는 웹 기반으로 되어 있으며 비싼 상업용 서버나 소프트웨어 대신 무료로 공급되는 시스템 운영 소프트웨어를 쉽게 이용할 있도록 지원하고 있다. 이 패키지는 태국어로 된 매뉴얼과 쉽게 구동할 수 있는 CD-ROM, 그리고 웹 기반 서버 운영 소프트웨어와 교육 과정 교재도 함께 포함돼 있고 이를 이용하여 2만 3,000개 학교에 오픈오피스(Open Office) 2.0.1과 다른 오픈소스 소프트웨어(파이어폭스, 김프 등)를 설치해 25만 대를 공급하고 오픈소스 소프트웨어 사용 방법도 함께 교육하였다.

이러한 NECTEC의 노력에 힘입어 태국 정부는 오피스 TLE와 리눅스 TLE를 탑재한 저가 PC를 판매할 수 있게 되었다. 정보통신부 장관은 2003년 4월 저가 PC 보급을 통해 PC 보급률을 높이고 또한 자국 내에서 생산된 컴퓨터의 확산을 증가시키겠다는 발표를 했는데, 저가 PC의 사양을 보면 태국어 버전의 리눅스 TLE 운영체제와 태국어로 된 오피스 TLE 등 오픈소스 소프트웨어가 설치돼 있으며 다소 저사양의 PC(1GHz 프로세서, 20GB HDD, 128MB RAM, 4인치 모니터)로, 약 47만 원에 판매되었다.

태국은 주변 국가와도 긴밀한 협조체제를 구축하고 있어 태국의 NECTEC는 베트남, 미얀마 등과 인력 개발, 오픈소스 소프트웨어의 현지화, 리눅스 배포, 기준화 그리고 세미나 등을 정례화 하기로 MOU를 맺고 있다.

2003년 통계에 따르면 태국으로 수출되는 모든 데스크톱의 40%만이 윈도우를 탑재했으며 이 수치는 이제껏 가장 낮은 수치로 기록되고 있다. 태국의 PC 생산업체인 레이저컴퓨터가 2003년 처음으로 HP를 제치고 PC 판매 1위를 기록했는데, 레이저컴퓨터는 운영체제로 리눅스만 사용하고 있다.

당시 이러한 태국 정부의 움직임에 대항하기 위해 MS는 윈도우 XP와 오피스를 저가 PC에 맞게 커스터마이징해 60만 원에서 3만 7,000원으로 할인 판매했다. 가트너는 태국의 이러한 PC 시장이 향후 다른 나라의 윈도우 판매에 큰 영향을 끼칠 수 있음을 시사한 바 있다[183].

12.2.3.5 말레이시아

말레이시아는 2005년도에 오스만(Osman) 내각장관에 의해 공공 영역에서 오픈소스 소프트웨어에 대한 마스터플랜을 수립하고 2006년도 오픈소스 소프트웨어 도입확산을 위해 OSS 도입가이드(MyGIFOSS)[114]를 발표하였다. 이 가이드에는 일반적인 오픈소스 소프트웨어 소개뿐만 아니라 오픈소스 라이선스, 생태계(Echo System), 프레임워크 등 오픈소스 소프트웨어를 도입하는 데 있어서 필요한 필수 정보와 다양한 도입방법에 대해서 언급하고 있다. 이를 토대로 말레이시아에서는 공공기관 중심으로 오픈소스 소프트웨어 도입이 현재 폭발적으로 확산되고 있는데, 특히 마스터플랜 수립 이후 오픈소스 소프트웨어 경쟁력 센터를 구축하여 2007년 163개 기관, 2008년 354개 기관, 2009년 691개 기관이 오픈소스 소프트웨어를 적용하는 등 최근 3년간 매년 약 100%씩 늘어나고 있는 추세이다.

하지만 말레이시아에 주로 도입된 오픈소스 기반 시스템은 대부분 웹서버, 인프라 위주이므로 이러한 형태를 개선하기 위해 다양한 정보교류의 장을 펼치는 정책을 통해 오픈소스 소프트웨어가 다양한 분야에서 적용 가능하도록 정부차원에서 노력하고 있다[183].

12.2.4 오세아니아 국가들의 오픈소스 소프트웨어 정책

호주는 정보화율이 높은 국가인 반면, 이해 비해 오픈소스 관련 정책 및 도입의 활성화가 다소 더딘 것으로 평가된다. 호주 정부의 오픈소스 관련 정책은 2002년 호주 전자정부 전략(Better Service, Better Government)에서 최초로 나타난다. 이 문서에서는 오픈소스 소프트웨어가 혁신, 정보기술 시스템의 공유, 상호운용성 개선, 그리고 비용 절감 등을 이끌어 낼 수 있는 기회를 제공하는 것으로 보고 있다. 그러나 정부기관들의 소프트웨어 조달과 관련한 호주 정부의 기본 정책은 모든 기관들이 '비용 대비 최선의 효과'와 '사용 부합성'의 두 원칙에 근거하여 최종 결정을 내려야 한다는 중립성을 견지하고 있다[183].

호주의 연방 정부 및 공공기관에서 오픈소스 소프트웨어를 강제로 사용토록 하자는 법안들이 제안되었지만, 이에 대해서 호주 정보통신문화기술부(DCITA)는 "그와 같이 급속하게 오픈소스 소프트웨어를 도입할 경우 정부의 대규모 수요에 대해 업계가 적절하게 대응할 수 없는 상황이 예상되고, 이에 따라 대형 프로젝트들이 좌초될 가능성이 커지는 등 현재로선 그 리스크가 적지 않다"는 이유로 가능성을 배제했다.

그러나 빅토리아 주 의회는 2005년 6월 전자투표기에 오픈소스 기반 소프트웨어 사용을 결정했으며, 2003년 4월 교육부는 오픈소스 학습 플랫폼과 학습 관리 시스템 두 가지를 교육에 채택하도록 권고했다.

호주에는 현재 300~400개 정도의 오픈소스 소프트웨어 전문 개발 업체들이 있으며, 대다수가 중소기업 수준에 머물고 있다. 이들 중 90% 이상의 업체들이 직원 수 5명 이하이고, 직원이 30명 이상인 업체는 극소수이며, 특히 직원 수가 100명 이상인 업체는 전무하다. 뿐만 아니라 기업 활동을 시작한 지 5년을 넘은 업체가 극소수에 불과하다.

한편, 뉴질랜드는 정부 주도의 웹표준형 사이트(New Zealand Web Standards, http://webstandards.govt.nz/)를 구축하고, 오픈소스 소프트웨어에 대한 표준 가이드라인들을 제시하는 등 오픈소스 소프트웨어 확산 정책을 진행하고 있다.

12.2.5 아프리카 국가들의 오픈소스 소프트웨어 정책

탄자니아는 TFOSSA(Tanzania Free Open Source Software Association)가 세미나 등을 통해 정부에는 오픈소스 소프트웨어 개발 지원을 독려하고, 커뮤니티와 교육기관에는 오픈소스 소프트웨어를 개발하는 데 참여하도록 권고하는 정도의 활동을 하고 있는 수준에 그치고 있다. 또한 정부로 하여금 오픈소스 소프트웨어를 채택을 장려하고 젊은 층과 여성들에게 오픈소스 기술 능력을 증진시키는 등의 노력을 할 것을 요구하는 캠페인을 하고 있다[183].

케냐는 LPA-Kenya(http://www.lpakenya.org/home/)에서 리눅스 및 오픈소스 소프트웨어로의 마이그레이션을 지원하는 정책을 추진해 오고 있으며, 최근(2009년 11월)에는 KENET(Kenya National Education Network)에서 정책(Open Source Software Policy for Schools)을 발표하였는데, 주요 내용은 정보시스템 도입 시 발생하는 비용의 절감과, 시스템 표준화를 위해 오픈소스 소프트웨어를 활용하여 해결하도록 권장하는 것이다[233].

나이지리아의 경우, NITDA(The Nigeria Information Technology Development Agency)에서 리눅스 운영체제 사용 및 마이에스큐엘(MySQL), PHP 등의 오픈소스 소프트웨어를 보급하는 운동을 하고 있다[183].

12.3 국내 지원정책

우리나라는 외국보다 다소 늦어졌으나 (구)정보통신부를 중심으로 오픈소스 소프트웨어에 대한 정책적 지원을 추진하여 왔다. 정보통신부는 2003년 1월 주요 정책 중의 하나로 오픈소스 소프트웨어 이용 활성화를 추진한다고 밝혔는데, 주요 내용은 공공기관 정보화 시스템 구축 시 오픈소스 소프트웨어 도입을 가로막는 입찰 제한을 제거하고, 소프트웨어 구매 가이드라인을 제시해 오픈소스 소프트웨어 활성화의 제도적 기반을 만들겠다는 것이다. 이를 위해 한국 소프트웨어진흥원에 '공개소프트웨어지원센터'를 설립하고 오픈소스 소프트웨어에 대한 개발, 보급, 인력 양성 및 대외 협력 등 [표 12-1]과 같이 종합적인 지원 정책을 추진하고 있다[183].

특히 임베디드(Embedded) 시스템 기술과 오픈소스 소프트웨어인 리눅스(Linux) 기술이 결합하면 우리나라 정보통신산업이 한층 더 발전하는 계기가 될 것으로 기대하고 있다. 이를테면 국내 리눅스 사업체들은 대부분이 리눅스 서버 분야에 진출하고 있다. 리눅스 서버 분야는 많은 사업자가 참여하고 있어 서로 경쟁이 매우 심한 편이다. 이에 반해 임베디드 리눅스 분야는 정보가전, 셋톱박스, 휴대형 전화기, 산업용 장비 등의 임베디드 시스템에 수요가 늘고 있어 수익성 확보를 기대할 수 있다. 정보 가전이나 휴대전화 같은 분야는 대량 생산제품으로서 전통적으로 우리나라가 경쟁력 있는 분야라는 강점이 있다. 그간 정보통신산업의 축적된 기술능력과 리눅스 기술을 결합하면 임베디드 시스템 분야에서 단연 두각을 나타낼 수 있다.

우리나라의 오픈소스 소프트웨어 확산의 장애요인은 수요 측면에 있어서는 시장 진입 장벽, 성공 사례 부족, 호환성 결여 등을 꼽고 있으며, 공급 측면에 있어서는 기술 지원 체계의 미흡, 전문 인력의 부족 등을 들 수 있으나, 이러한 제약 요인은 일부는 사실이나 대부분은 수요자의 잘못된 인식과 편견에서 비롯된 것이라 할 수 있다. 이러한 제약 요인을 해소하기 위해 다음과 같은 주요 정책을 추진하고 있다[183].

[표 12-1] 한국의 오픈소스 소프트웨어 지원정책

구분	내용
오픈소스 소프트웨어 기술 개발 지원 사업	• 리눅스 PC용 편리성 향상 기술 개발 지원 • 유망 분야 오픈소스 소프트웨어 기술 개발 프로젝트 추진 • 오픈소스 소프트웨어 개발환경조성 지원
오픈소스 소프트웨어 이용 활성화 지원 사업	• 공공부문 선도 시범 사이트 구축 지원 • 공공기관의 오픈소스 소프트웨어 사용 환경 확보 • 오픈소스 소프트웨어 이용 촉진을 위한 홍보 지원 • 오픈소스 소프트웨어 활성화 법·제도 기반 조성
인력 양성	• 기반 소프트웨어 개발 인력 양성 지원 • 선도 개발자 양성 지원 • 개발 저변 인력 양성 지원
대외 협력 지원	• 해외 시장 진출 전략 수립 지원 • 동북아 3국간의 오픈소스 소프트웨어 표준 제정 및 공동 기술 개발 지원

첫째, 오픈소스 소프트웨어 확산의 가장 큰 현실적 장애 요인은 특정기술과 제품을 명시하는 시장 진입장벽이라 할 수 있다. 오픈소스 소프트웨어 시장진입 장벽은 특히 공공기관에서 정보시스템 구축을 위한 사업 발주 시 제안요청서에 명시되게 되는데, 고의 또는 과실로 인하여 유닉스(Unix) 등 특정 운영체제를 명시함으로써 리눅스로 대표되는 오픈소스 소프트웨어 진입을 가로막고 있으며, 나아가 국산 하드웨어에 대해서도 진입장벽이 되고 있다. 이러한 진입장벽을 해소하기 위해 2004년 12월 정부혁신지방분권위원회는 '전자정부사업 공개소프트웨어 도입 권고안'을 통과시킨 바 있고, 정보통신부는 다양한 기술 가이드를 통해 불공정 경쟁 환경을 개선하고자 노력하고 있다.

둘째, 오픈소스 소프트웨어가 성공 사례가 부족하고, 리눅스 기반의 우수한 상용 소프트웨어가 부족하다는 인식이다. 이러한 인식은 대표적인 오픈소스 소프트웨어에 대한 편견과 오해라 할 수 있다. 그 이유는 웹 서버, 파일 서버 등에서 이미 기술적 안정성을 입증 받았으며, 중대형 서버 시장에서도 도입이 되고 있고 IHV, ISV들도 주요 응용 솔루션을 개발 제공하고 있기 때문이다. 이러한 편견과 오해를 해소하기 위해 다양한 오픈소스 소프트웨어 도입 성공사례를 발굴 및 전파하고 있으며, 공공부문을 중심으로 한 '공개소프트웨어 기반 정보시스템 구축 시범사업'을 통하여 기술적 안정성을 입증하고 있다. 또한, 다양한 오픈소스 소프트웨어 기반 솔루션을 알리기 위해 '공개소프트웨어 기반 기업과 제품정보 가이드'를 발간하고, DB화하여 정보를 제공하고 있다.

셋째, 오픈소스 소프트웨어는 전문기업 및 전문인력이 부족하여 제대로 된 기술지원을 받을 수 없다는 인식이다. 이는 오픈소스 소프트웨어 수요 부족에 따른 인력공급 및 진입 기업이 부족하기 때문이다. 따라서 정부는 리눅스를 중심으로 전문인력을 양성하고, 한국소프트웨어진흥원 내에 '공개소프트웨어 기술 지원센터'를 설치하여 리눅스를 도입한 공공기관을 중심으로 온-오프라인 기술지원을 수행하는 동시에, 리눅스 기반의 애플리케이션에 대한 안정성 테스트를 수행하고 있다.

넷째, 오픈소스 소프트웨어는 다양한 기업 및 개발자 커뮤니티를 통하여 개발되고 있기 때문에 호환성이 부족하다는 인식이 있다. 특히 다양한 배포판의 난립으로 인한 호환성 결여를 해소하기 위해 ETRI(Electronics and Telecommunications Research Institute, 한국 전자통신 연구원)와 민간기업 컨소시움을 통해 표준 리눅스 스펙인 '부요(Booyo)'를 개발하고 있다.

12.3.1 오픈소스 소프트웨어 활성화 정책

국가 경제에서 소프트웨어 산업의 중요성이 강조되고 있지만 국내 소프트웨어 산업은 수익기반이 취약한 데다 국산 제품 경쟁력도 열악한 것이 현실이다. 특히 국내 소프트웨어 시장은 특정 기업의 과점이 심각한 편이다. 이에 따라 오픈소스 소프트웨어를 통해 국내 기업들이 시장 경쟁력을 확보하기 위해 정부에서 오픈소스 정책을 적극 수립하고 지원에 나서게 된 것이다.

정부의 오픈소스 정책은 2004년부터 정부 시범사업을 통해 본격 추진됐으며 이때부터 2007년까지는 오픈소스 소프트웨어에 대한 인식 전환과 실제 적용 사례를 통해 가능성을 타진하는 데 초점을 맞췄다. 그 결과 정부부처의 리눅스 서버에 대한 신규 도입 사례가 2004년 이후 꾸준히 증가하고 있으며 소프트웨어 시장의 주요 이슈로 부상했다. 그간의 오픈소스 활성화 지원 사업이 초기시장 창출과 인식개선에 초점이 맞추어졌다면 2008년부터는 오픈소스 소프트웨어 생산의 기반 요소인 커뮤니티 활성화, 고정기능형 PC 분야의 오픈소스 소프트웨어 도입에 보다 주안점을 두고 추진 중이다[183].

정부는 적극적인 오픈소스 정책 추진을 위해 2004년 '공개SW 활성화 기본계획'을 마련하고 이를 토대로 2007년까지 36개 기관 45개 정보시스템에 오픈소스 소프트웨어를 시범 적용하고, 신NEIS(리눅스 서버 2,300여대), 지방자치단체 공통 인프라(리눅스 서버 700여대) 등 주요 전자정부사업에 대규모 오픈소스 소프트웨어 도입 정책을 추진하였다. 또한, 공공부문 정보화 사업 입찰 시 특정 제품 스펙을 지정하는 관행을 사전 모니터링하고, 2004년 9월 설치한 공개 SW 기술지원센터를 통해 전국적인 기술지원체계를 구축하는 등 오픈소스 소프트웨어 도입 저해요인을 해소하고자 노력하였다.

2005년부터는 (구)기획예산처의 각 부처 정보화사업 예산 심의 시 오픈소스 소프트웨어 도입 계획 및 적용 시 예상되는 예산 절감효과를 도출하여 해당 부처에 오픈소스 소프트웨어 적용을 권고하는 등 적극적인 오픈소스 소프트웨어 수요를 창출하고 있다.

한편 오픈소스 소프트웨어 확산에 따른 인력수요 증가에 대한 전략적 대응책으로 오픈소스 소프트웨어 전문인력양성을 지원하고, 국제적인 오픈소스 소프트웨어 활성화 공조체제 구축을 위해 동북아 한·중·일 3국간 공개 SW 포럼 및 3개 분과(기술, 인력, 표준) 운영을 통한 동북아 오픈소스 소프트웨어 활성화를 선도한 바 있다.

이처럼 오픈소스 소프트웨어 시장구조 개선, 불공정 스펙 지정 관행 개선 등의 가시적 성과도 도출되었으나, DBMS 등 미들웨어 및 애플리케이션 등 다양한 분야에 대한 오픈소스 소프트웨어 수요촉진 정책은 여전히 미진하며, 대부분의 PC 제조사는 마이크로소프트사와의 OEM에 따른 할인혜택 등 독점기업의 적극적 시장 주도전략으로 인해 PC와 운영체제 분리 판매를 선호하지 않고 있는 형편이다. 결과적으로 데스크톱 분야에서 운영체제(OS)는 윈도우가 98.8%를 차지하는 독과점적인 시장구조가 지속되고 있다.

또한, 오픈소스 표준스펙 개발, 기술지원 체계 구축 및 수요 발굴 등 오픈소스 소프트웨어 보급 위주의 지원정책으로 수요는 확대되고 있으나, 오픈소스 소프트웨어 기술경쟁력 제고를 위한 국내 석·박사 등 고급인력의 커뮤니티 활동이 극히 저조하고 기업이 커뮤니티 활동을 제한적으로 지원함에 따라 오픈소스 코드를 고칠 수 있는 권한을 가진 고급인력인 커미터를 양성하지 못하는 등 오픈소스 소프트웨어 개발자 및 전문기술인력의 육성이 미약한 실정이다. 대다수의 발주기관은 웹 이용환경 개선의 중요성에 대한 인식이 부족하고 관련 제도·지침을 준수하지 않아 인터넷 뱅킹, 동영상 등 윈도우에 특화된 액티브엑스(ActiveX) 기술만을 사용하여 타 OS(브라우저)에서의 실행이 곤란하고, 초중등 학생들까지 특정 운영체제 및 응용프로그램에 대한 활용 위주의 교육을 받고 있어 장기적으로도 특정 운영체제에 종속될 가능성이 높아지고 있는 실정이다.

[표 12-2] OSS정부 정책 방향[183]

구분	내용
공공기관 중심 수요 창출	• 전자정부 31대 과제, 공공정보화 사업 중심 수요 유도 • 공공기관 시범사업 및 우수 적용 사례 전파 • 성공사례, 인식개선 등을 위한 마케팅 활동
OSS 기술지원 불안감 해소	• 공개 SW 기술지원센터 통한 공공부문 기술지원 체계 구축 • 리눅스에서 운영 가능한 서버용 솔루션개발 및 시험 지원
OSS 기반환경 조성	• 구매관행 개선 등 공정경쟁환경 조성 위한 법제도 개선 • 국내외 시장 확대 위한 한중일 협력 및 글로벌 표준화 추진
우수 OSS 운영인력 양성	• 시스템 엔지니어 등 리눅스 기반 정보시스템 운영인력 양성
OSS 수요 확대	• OSS 전략 프로젝트(파급효과와 시장규모가 큰 특수 분야 OSS 적용) • 디지털교과서 등 특정업무의 OSS 기반 고정기능형 PC 도입 촉진
생산기반 강화	• 기업, 대학(Lab 등) 등 OSS 프로젝트 지원 및 공모대전 • OSS 커리큘럼 개발 지원 및 환경 구축
OSS 국제 협력 및 저변 확대	• 동북아 공개 소프트웨어 활성화 포럼 및 국제협력 강화 • OSS 정보 제공

한편, 정부의 위와 같은 오픈소스 지원 정책에 대해 그 시각이 국내에 한정되어 있다는 지적들이 있었다. 그간의 지원 정책이 학교나 연구소를 중심으로 인력 양성과 연구 개발 지원이 이루어지다 보니 국내에서 제안된 프로젝트 결과물에만 재정 지원이 이루어지고 있고, 그 결과물은 소스코드만 공개된 채 커뮤니티 참여를 이끌어 내지 못하고 있다는 것이다. 이러한 지적에 따라, 2008년 이후 오픈소스 커뮤니티에 대한 정부 차원의 지원이 늘고 있다. 지식경제부를 중심으로 대학·기업이 진행하는 오픈소스 소프트웨어 개발자 커뮤니티의 연구과제를 발굴, 지원하고 있는데, 오픈소스 커뮤니티에서 디지털교과서, 안드로이드 UI 개발 도구 같은 유망한 분야를 키운다는 전략이다. 이 지원 사업에는 기업들도 참여하고 있는데, 다음커뮤니케이션스 · NHN은 필요한 SW를 개발하기 위해 커뮤니티를 활용하고 있으며, 삼성전자 · LG전자 등도 멘토로 참여하고 있다(국내의 대표적인 오픈소스 커뮤니티는 부록을 참조하기 바란다).

12.3.2 국내 오픈소스 소프트웨어 현황

앞서 살펴보았듯이, 국내에서의 오픈소스 소프트웨어 도입은 해외의 흐름에 맞추어 2003년 이후부터 정부의 적극적인 지원과 더불어 본격적으로 추진되어 왔으나, 세계적인 오픈소스 소프트웨어 활용 패턴에 비해서는 아직 다소 한정된 분야에 적용 · 활용되고 있다. 국내의 경우 오픈소스 소프트웨어 활용은 주로 서버 OS에 한정되어 있으며 DBMS, 미들웨어, 응용 어플리케이션 등의 영역에서의 활용은 미진한 편이다.

국내의 서버 OS 시장의 경우, 2000년에는 신규도입 서버의 불과 10.9%만 리눅스 OS를 탑재하여 출하되었는데, 2006년에는 23%인 약 2만 5천여 대로 증가하였고, 이후 2006~20011년까지 연평균 12.3%의 성장을 유지하고 있다[193].

서버 OS 이외 DBMS의 경우, 오픈소스인 마이에스큐엘(MySQL)이 약 4%의 보급률을 보이고 있어, 상용 SW인 Oracle 약 65%, 엠에스 에스큐엘(MS-SQL) 약 16%에 비해 활용률이 미흡한 것으로 파악되고 있다.

리눅스 데스크톱 부분에서는 세계 시장 평균인 2.4%의 3분의 1 수준인 0.8%에 머무르고 있어 국내 데스크톱 OS 시장의 대부분을 차지하고 있는 마이크로소프트 사의 윈도우에 비해 매우 열세인 상황이다.

국내 공공부분에서의 오픈소스 소프트웨어 도입과 관련한 사례는 다양한 영역에서 찾아 볼 수 있으며 도입효과를 상당 부분 달성한 것으로 판단된다. 비록, 대다수 도입사례가 리눅스 서버 OS 분야의 제한적 범주에서 이루어지고 있지만, 풍부한 적용사례를 바탕으로 향후 확대 가능성도 예견해 볼 수 있다.

대표적 성공 사례로 교육부의 신나이스(NEIS) 시스템 및 디지털교과서 사업과 한국교육방송공사의 온라인 교육시스템을 들 수 있다. 교육부에서 추진된 '새로운 나이스(NEIS) 시스템 구축 사업' 추진 시 오픈소스 소프트웨어 관련 기술자문을 실시하여 리눅스가 도입('05. 8월)되었다. 당시 중소형 서버라는 점과 기술지원 문제, 보안성 등이 핵심 이슈 사항이었으며, 중소형 서버 문제는 64비트용 국산 리눅스를 앞당기는 촉매가 되었다. 기술지원 문제는 대형 OS 업체와 대형 SI 업체의 지원으로 그 우려를 불식하였으며, 보안성은 오히려 강화될 수 있다는 인식개선이 이루어졌다. 이러한 과정을 거쳐 단일 정보 시스템으로는 세계 최대 규모인 2,300여대 서버 운영체제에 국산 리눅스가 도입되었다는 점에서 세계적 주목을 받게 되었다. 또한, 교육부의 성공 사례에 힘입어 2006년 (구)기획예산처 주도로 각 부처에서 추진한 정보화사업 중 37개 사업(예산규모 약 750억 원)을 예산혁신을 위해 리눅스로 도입토록 추진하였다. 비록 전체 예산에서 차지하는 비중은 미미하나, 리눅스가 가격대비 성능이 뛰어나서 예산절감 차원에서 추진한다는 데 그 의미가 있다고 하겠다. 신규 사업 위주로 주로 리눅스 채택에 검토가 있었으며, 이를 통하여 절감된 예산은 각 부처 IT 분야 예산으로 전용할 수 있게 하여, 예산을 효율적으로 활용할 수 있게 하였다[193].

또, 교육과학기술부에서는 이후, 사업비 107억 원 규모로 전국 92개 초등학교 184개 학급에 총 4,730대의 단말기를 포함해 디지털 수업 환경을 구축하여 서책형 교과서의 내용은 물론 참고서, 문제집, 학습사전, 공책 등을 모두 포함하는 미래형 교과서를 제공하는 '디지털교과서' 사업을 추진하였다. 이에 지식경제부는 교육과학기술부에서 2009년 추진하는 '디지털교과서 서비스 환경구축 사업'에 오픈소스 기반의 디지털교과서 표준플랫폼, 운영체제, 학습관리시스템(LMS) 등의 필수기능 구현을 한층 높이기 위하여 15억 원을 지원하여 오픈소스 소프트웨어 확산에 기여하였다[189].

또 다른 사례로, 한국교육방송공사는 국내 최대 규모인 온라인 교육시스템을 구축하여 기존의 저화질 시스템은 유닉스로, 고화질 시스템은 리눅스로 구축하여 현재 운영 중에 있으며, TCO와 안정성, 호환성 등에 장점이 있는 것으로 자체 분석하고 있다. 또한, 동영상 국제표준인 MPEG을 사용함으로써 특정업체의 파일 형식에 디지털 콘텐츠가 종속되지 않도록 하는 목적도 갖고 있었다.

이 외에도 전북소방본부의 경우, 서버를 오픈소스 소프트웨어로 마이그레이션 함으로써 TCO와 안정성 측면에서 상당한 효과를 기대하고 있다.

한편, 국내 오픈소스 소프트웨어 전문기업들은 주로 리눅스 OS를 배포하고 서비스를 제공하는 것을 주요 사업영역으로 활동하고 있으며 2006년 10월 사단법인 '공개 SW 협회'를 설립하여 운영하고 있다. 정부 차원에서도 2009년에 '공개 SW 역량 프라자'를 개소하여 국내 오픈소스 소프트웨어 산업의 허브 역할을 하기 위해 다양한 활동을 전개하고 있다.

국내의 대표적인 오픈소스 소프트웨어 관련 기업으로는 슈퍼유저코리아, NHN, SK C&C, 한글과 컴퓨터 등이 있다. 슈퍼유저코리아는 리눅스 배포판인 SULinux 2.0을 개발하여 판매하고 있으며, 오픈소스 소프트웨어와 관련된 각종 강의 및 출판, 기술지원 등 다양한 활동을 펼치고 있다. NHN은 국산 오픈소스 DBMS 솔루션인 큐브리드(CUBRID), CMS 솔루션인 엑스프레스엔진(XpressEngine) 등 강력한 오픈소스 솔루션들의 개발을 선도하며 국내 오픈소스 커뮤니티의 확산에 주력하고 있다. SK C&C는 리눅스 배포판인 지눅스(GINUX) 2.2를 개발하여 판매하고 있으며, 가상화 및 클라우드 컴퓨팅 등을 주력으로 하는 그린 IT 시장을 선도하고 있다. 한글과 컴퓨터는 리눅스 배포판인 아시아눅스(Asianux) 3.0 서버, 아시아눅스 3.0 데스크톱을 개발하여 판매하고 있으며, 그룹웨어솔루션인 워크데스크, 웹메일 솔루션인 메일데스크, 윈도우용 '한글과 컴퓨터 오피스 2008'을 리눅스용으로 포팅 하여 공급 중이다(국내 오픈소스 소프트웨어 기업들에 관한 자세한 정보는 정보통신산업진흥원에서 발간한 '2016 공개 SW 기업편람'을 참조하기 바라며, 간단하게는 이 책의 부록에서도 '편람'의 일부를 발췌하여 소개하고 있다).

제 **13**장

오픈소스 소프트웨어의 미래

제 13장

오픈소스
소프트웨어 미래

오픈소스 소프트웨어와 그것이 보여주고 있는 철학과 사상, 빙법론은 소프트웨어 비즈니스뿐만 아니라, 우리 사회 전반에 직·간접적으로 긍정적인 변화를 가져오고 있다. 최근 미국 백악관은 2016년 예산안을 깃허브에 공개하였고, 대한민국의 경우에도 서울시가 500만 건의 주요 행정정보 리스트를 공개하였으며, 지자체와 공공기관들에서 공공데이터에 대한 접근성과 활용성을 높이기 위한 노력에 힘을 쏟고 있을 정도로 '정보의 공유와 협업을 통한 사회 가치의 창출'이라고 하는 패러다임은 이제 거대한 문화 흐름이 되어가고 있다. 그러나 이처럼 오픈소스 소프트웨어가 많은 장점과 긍정적인 효과를 제공해주고 있긴 하지만, 보다 안정적이고 성공적인 적용을 위한 개선의 여지는 여전히 남아 있다.

이 장에서는 오픈소스 소프트웨어가 우리 사회에 미치는 긍정적 영향에 대한 측면을 좀 더 상세히 살펴보고, 동시에 오픈소스 소프트웨어의 발전을 위해 연구해야 할 과제들[169]을 짚어볼 것이다.

13.1 오픈소스 소프트웨어의 영향

오픈소스 소프트웨어는 개인과 기업 모두에게 진입 장벽을 낮추어 주고, 시장의 독점 가능성을 줄임으로써 건전한 경쟁시장의 형성을 가능하게 한다. 또한, 세계적 규모로 분산된 소프트웨어 개발 공동체를 형성함으로써 소프트웨어 산업을 '확대' 시키고 있다. 오픈소스 소프트웨어의 특징인 무료 및 공개 라이선스는 이러한 변화를 주도하는데 매우 큰 역할을 했다[115].

공개적이고 분산된 오픈소스 프로젝트들의 출현은 개발자들과 IT 전문가들을 혁신적인 소프트웨어 개발의 세계로 끌어들이고 있다. 그 속에서 그들은 기술을 개발하며, 아이디어를 교환하고, 능력을 뽐내면서 역동적인 소프트웨어 산업의 일부가 되고 있다[12]. 이러한 현상은 소스코드, 과거 버전, 이슈와 커뮤니케이션 기록, 문서, 개발 로드맵과 도구 등을 포함하는 거의 모든 소프트웨어 산출물에 대한 정보의 투명성과 높은 접근성으로 인해 더욱 확대되고 있다. 이제 IT 전문가들에게 필요한 것은 단지 오픈소스 제품을 발굴하고, 결합하며, 오픈소스 소프트웨어 저장소를 모니터하고 검색할 수 있는 능력뿐이다[12].

동시에 오픈소스 소프트웨어는 작은 규모의 기업들에게 보다 적은 비용, 낮은 장벽과 저위험으로 시장에 진출할 수 있는 기회를 제공하고 있다[116][117]. 이러한 기업들은 다시 오픈소스 소프트웨어 제품을 지원하는 개발 커뮤니티에서 일했던 개발자들에게 고용을 제안함으로써 IT 전문가들에게 새로운 기회를 제공하는 생태계의 선순환 관계를 형성한다.

또한, 오픈소스 커뮤니티에서 발전한 소프트웨어 개발 모델(XP, Agile 방법론 등), 협업을 위한 기술과 인프라, 설계 패턴과 모듈화 패턴, 동시 개발 프로세스와 디버깅 프로세스 등이 상용 소프트웨어 개발 현장까지도 변화시키고 있다[68][118][119][117].

오픈소스 소프트웨어에서 얻은 아이디어들도 독점적 소프트웨어 영역에까지 영향을 미치면서 급속히 확산되고 있다[12]. 소프트웨어 벤더들도 실용적인 이유, 또는 전략적인 이유로 이들의 개발 방식을 조심스럽게 따라가고 있으며, 많은 부분에서 긴밀한 관계를 유지하려고 노력하고 있다.

소프트웨어 산업의 글로벌 경쟁력도 오픈소스 소프트웨어에 의해 크게 영향을 받고 있다. 오픈소스 소프트웨어는 소프트웨어 산업내에서 반독점적인 방어수단을 효과적으로 제공하고 있다[116].

오픈소스 라이선싱의 낮은 비용으로 인해, 많은 하드웨어 벤더들도 점점 오픈소스 소프트웨어를 내장하여 자신들의 제품을 만드는 것을 선호하게 되었다. 각종 가전제품 및 통신제품 기업들이 그들의 제품에 리눅스 운영체제와 같은 오픈소스 소프트웨어의 사용을 점점 확대시키고 있다[116][115][19].

혁신적인 오픈소스 모델은 소프트웨어 개발을 넘어 사회과학, 생명과학 및 생물의학 등의 다양한 분야에서도 널리 적용되고 있다[120]. 과학 및 공학은 크고 복삽한 프로젝트와 작업에 대한 광범위한 협력이 불가피한 영역이다. 대규모의 분산된 팀에서의 가상 협업을 통한 공동 연구는 현재 과학 및 공학 분야에서는 일상적인 현상이다. 사실, 오픈소스 접근법은 학계의 커뮤니티에서 수행되고 있는 방법과 유사하다[18]. 오픈소스 커뮤니티와 학계의 커뮤니티들에서는 모두 강한 규범의 적용, 기여의 인정, 공학 및 과학적 결과에 대한 공개 검증(동료 검토와 같은), 지식의 중요성 등이 존중된다. 또, 양쪽 모두에서 유사하게 적용되는 지적재산권 보장은 금전적 인센티브보다는 자신의 작업에 따른 성취, 명성, 학습 경험, 흥미 등을 통해 동기부여하기 위한 제도이기 때문이다.

한편, 오픈소스 소프트웨어의 원리와 사례들은 전반적으로 프로젝트 결과를 개방하고 커뮤니티 방식을 통해 사용자들에 의해 기여되고 발전함으로써 혁신과 창의력을 민주화하려는 경향을 보여 주고 있다[121]. 또한, 오픈소스 방식은 우리가 복잡한 산출물을 개발하고, 이를 위해 분업과 협업을 조직화하는 생태계를 형성하고자 하는 모든 분야에 있어 충분히 적용 가능한 패러다임이다. 따라서, 우리는 모든 분야에서 오픈소스 방식을 통해 얻을 수 있는 사회적, 경제적 영향에 주목할 필요가 있다. 또한 다양한 분야에 오픈소스 원칙을 적용해보고, 이를 조정하는 등의 시도가 필요하다. 비록 오픈소스 패러다임이 유일한 대안이거나 주류는 아니지만, 오픈소스 소프트웨어를 연구하거나 사용함으로써 많은 혜택을 누릴 수 있다는 점은 부정할 수 없는 사실이다.

13.2 오픈소스 소프트웨어의 과제

최근, 오픈소스 패러다임은 학계에서 많은 관심을 받고 있으며, 이에 대한 연구도 기술, 사회, 경영, 경제 등의 모든 측면에서 광범위하게 이루어지고 있다.

지금까지 오픈소스 프로젝트 데이터에 대한 수집과 분석을 통한 사례연구, 설문조사 등과 같은 많은 실증적 연구[122][123]들이 진행되어 왔는데, 이러한 데이터에 대한 분석은 상당히 복잡하기 때문에 연구는 아직도 진화 단계에 있으며, 향후 이들의 조합을 통해 더 많은 실질적 성과가 나올 것으로 예상된다[124][125].

아래에서는 현재 활발히 연구되고 있는 문헌들에 기초하여 진화를 위한 추가 연구과제들을 제시한다.

13.2.1 인센티브

오픈소스 프로젝트에 기여하는 개발자들의 동기부여 요인은 다양하다. 만약, 이러한 동기부여 요소가 충분히 강하지 않으면, 개발자들은 프로젝트 커뮤니티에서 표류하거나 기여를 중지할 수도 있다[126][120].

따라서, 개발자들이 오픈소스 프로젝트에 참여하고 기여하는 동기가 무엇인지를 이해하는 것은 오픈소스 소프트웨어의 발전에 있어 매우 중요한 문제이며, 동시에 이러한 협력 방식을 다양한 '사회적 생산' 모델에 성공적으로 적용할 수 있는 방법을 찾는 데 유용할 것이다[120]. 이와 관련하여 다음과 같이 규명해야 할 의문점들이 있다.

첫째, 프로젝트의 특성과 다양한 보상이 개발자들에 대한 동기부여에 어떤 역할을 하는가? 프로젝트의 품질과 예상되는 성공이 여기에 얼마나 많은 영향을 미치는가? 독점적 소프트웨어 프로젝트에 기여하는 대신, 오픈소스 프로젝트를 선택하는 이유는 무엇인가[127]?

둘째, 오픈소스 프로젝트 커뮤니티 내에서 개발자들의 역할을 동적으로 변화시키는 것은 무엇인가? 그들의 태도는 어떻게 변화하고, 프로젝트의 지속가능성에 어떤 영향을 미치는가?

셋째, 오픈소스 프로젝트에서 소프트웨어 기업의 역할은 무엇이며, 지금까지 오픈소스 이니셔티브에 참여함으로써 기업들이 얻은 것은 무엇인가[67]? 오픈소스 프로젝트에 참여하는 직원들의 경력 증진이라는 개인적 인센티브와 기업이 얻을 수 있는 인센티브의 조합이 가능한가[128][120]?

넷째, 프로젝트의 라이선스 유형과 오픈소스 프로젝트에 참여하는 동기 사이에는 어떤 상관관계가 있는가? 라이선스 선택이 오픈소스 프로젝트 개발자의 참여에 어떤 영향을 미치는가[129]?

13.2.2 라이선싱

많은 수의 오픈소스 라이선싱 옵션들과 라이선스들의 결합에서 발생 가능한 위험들은 소프트웨어 응용프로그램 개발자들이 해결해야 할 과제이다. 또한, 독점적 응용프로그램 안에 오픈소스 코드를 통합할 때, 이에 대한 법적인 의미를 이해하는 것은 점점 더 중요해지고 있으며, 소프트웨어 실무자들은 이러한 사실을 인지하고 이를 해결하기 위한 방법을 찾고 있다[130][131].

따라서, 라이선스의 상호의존성 및 조합의 전개 방향이 분석될 필요가 있고, 현재 라이선스의 약점과 한계점도 연구되어야 하며, 현재의 상황을 해결하기 위한 새로운 라이선스 유형도 개발될 필요가 있을 것이다[132].

또한, 독점적 프로젝트에서 오픈소스 코드를 재사용하는 데 라이선스 선택이 어떤 영향을 미치는지도 분석해야 하고, 오픈소스 코드의 적용 및 재사용에 영향을 미치는 라이선스 요인들도 식별되고 연구되어야 한다[133]. 그리고 재사용된 오픈소스 소프트웨어[134]들의 라이선스 일관성을 검사하기 위한 자동화 도구들도 개선되어야 한다.

13.2.3 재사용

독점적 프로젝트에서의 오픈소스 소프트웨어 재사용은 점점 일반화되고 있다. 그러나 여전히 오픈소스 소프트웨어가 얼마나 유용하고 이로운지, 유용하다면 얼마나 효율적인지, 그리고 이를 성공적으로 재사용하기 위한 요구사항은 무엇인지에 대한 의문점들이 있다.

오픈소스 소프트웨어 재사용에 대한 연구는 재사용에 있어서 가장 적합한 프로젝트의 유형이 무엇인지, 또는 개인 및 조직의 어떤 특성이 이것에 영향을 미치는지와 같은 다양한 관점에서 이루어져야 한다.

예를 들어, 기능과 품질 등의 속성을 기반으로 특정 컴포넌트의 재사용 가능성이 예측될 수 있는지, 오픈소스 소프트웨어 재사용을 위한 주요 동기가 무엇인지, 재사용 가능한 컴포넌트를 개발하는데 필요한 오픈소스 프로젝트의 비용 요소가 무엇인지, 그리고 이 비용 요소가 어떻게 배분되는지 등이다[133].

13.2.4 커뮤니티

오픈소스 프로젝트 커뮤니티의 특성과 상용 소프트웨어 개발 조직의 특성은 독립적으로, 또는 비교되어 연구되어야 한다. 연구의 목표는 오픈소스 프로젝트 커뮤니티와 상용 소프트웨어 개발 조직에서 혁신이 어떻게 이루어지는지, 두 조직 간의 공동 노력과 성과의 교환을 통해 서로 어떤 혜택을 누릴 수 있는지를 알아보는 것이다.

점점 더 많은 독점적 소프트웨어 기업의 개발자들이 적극적으로 오픈소스 프로젝트에 참여하게 됨에 따라, 이것이 오픈소스 프로젝트 커뮤니티와 상용 소프트웨어 개발 조직에 어떤 영향을 미칠 것인지, 향후 하이브리드 형식의 커뮤니티가 출현할 것인지의 여부를 연구하는 것도 중요하다. 예를 들어, 이것은 오픈소스 원리와 공존할 수 없으며 오픈소스 프로세스를 방해할 것인지, 아니면 커뮤니티 수준에서 강화된 더 전략적인 파트너십을 이끌 수 있는 방법인지? 등을 연구해야 한다.

소프트웨어 개발의 효율성은 내부 커뮤니티 개발자의 자질과 특성에 달려 있기 때문에, 이러한 정보는 오픈소스 프로젝트 커뮤니티뿐만 아니라 그들과의 관계를 형성하고자 하는 기업들에게 매우 가치있을 것이다[135].

13.2.5 비즈니스

비즈니스 수준에서 본다면 오픈소스 소프트웨어와 독점적 소프트웨어 제품들은 상호 경쟁적이다. 그러나 이 둘 사이에 협력의 기회들도 있다[120]. 이러한 하이브리드 노력의 결과는 고객에게 중요한 부가가치를 제공한다. 그러나 이것은 여전히 발전하고 있는 과정의 모델이고 아직까지 지속적인 조정의 과정을 겪고 있다. 또한, 이 새로운 모델들은 점점 서로 간의 경계가 모호해질 것으로 예상된다[119].

독점적 소프트웨어 방식에서 오픈소스 소프트웨어 체제로 이동하게 되는 동기들은 향후에도 지속적인 연구의 대상이 될 수 있다[71]. 이러한 공동 노력의 결과와

성과를 평가할 수 있는 능력, 방법론, 도구들은 매우 가치있는 연구 과제이다[136].

오픈소스 소프트웨어의 라이선싱 유형에 대한 연구는 이러한 협력이 실현될 수 있는지, 또 그들의 결과물이 얼마나 공개되어야 하는지에 대한 범위를 명확하게 결정해 줄 수 있을 것이다. 또한, 결과 제품이 경쟁 시장에 미치는 영향 또한 가치 있는 연구이다[137]. 오픈소스 프로젝트에 관여하는 회사들의 저작권과 코드 소유권을 평가할 수 있는 자동화 툴도 업계에서 관심을 가질 만한 연구 대상이다[136].

오픈소스 프로젝트에 대한 참여는 아웃소싱과 매우 유사한 특징을 가지고 있다. 예를 들어 제품의 어떤 부분을 개발할지, 어떤 활동을 내부적으로 수행할지 또는 무엇을 아웃소싱(또는 오픈-소싱) 할지를 선택하는 측면에서 서로 유사하다. 그러므로 이 두 사례를 비교하고, 유사점과 차이점을 연구하는 것은 흥미로운 주제이다[71].

또한, 이 과정에서 우리는 '공유'와 '공생'의 문제를 고민할 필요가 있다. 오픈소스 소프트웨어와 독점적 소프트웨어 기업의 경쟁 관행 사이에는 명확한 차이가 있기 때문에, 오픈소스 소프트웨어의 개방주의와 민간기업의 보호주의 사이의 충돌이 있다. 이와 관련한 논쟁의 주제는 소프트웨어 특허를 허용해야 하는지, 또는 어디까지 이것을 인정해야 하는지에 대한 것이다. 소프트웨어 특허의 지지자들은 그것이 재산청구권을 행사하고, 발명을 보호하는 데 필요한 수단이며, 이를 통해 소유자는 경제적 이익을 추구할 수 있고, 따라서 혁신과 개발을 촉진할 수 있다고 주장한다[18]. 반면에, 자유 소프트웨어 재단(Free Software Foundation)과 같은 단체는 특허가 자유 소프트웨어 운동을 저해하고 있다며, 이에 대해 강경한 입장을 가지고 반대 운동을 하고 있다[138][139]. 저작권과 대조적으로, 특허는 특정 구현의 세부 사항을 다루는 대신[140], 아이디어와 그것의 사용을 보호하는 데 그 목적이 있다. 그러나 다른 개발자가 특허를 도용하지 않고 독립적으로 발명한 것을 증명할 수 있는 경우에도, 특정 아이디어의 사용에 대한 특허권자의 절대적 독점을 허용하고 있다는 점은 논쟁의 대상이 되고 있다. 특허의 기간은 20년으로, 소프트웨어 분야에서 매우 길다는 것도 문제로 지적되고 있다. 게다가 그들은 특허의 품질과 범위가 명확하지 않고, 이로 인해 과거의 특허가 현재의 발명물에까지 영향을 미치고 있다는 점이 문제라고 주장한다[141]. 마지막으로, 그들은 특허 획득, 특허 선행 기술조사, 또는 특허 분쟁 방어 등에 따르는 비용이 엄청나게 크다는 것도 문제라고 주장한다[139][140][142]. 작업 결과에 대한 배타적 권리를 통해 얻을 수 있는 소프트웨어 개발자들의 인센티브와, 혁신의 확산과 공유를 통해 얻을 수 있는 사회적 이익 사이에서 최적의 균형을 찾기 위해서는 지적재산권 관리의 관행이 재검토 되어야 하며, 관련한 제도의 개선 방안에 대한 연구가 필요하다[67].

13.3 오픈소스 소프트웨어의 전망

오픈소스 소프트웨어 철학은 글로벌 수준의 개방과 협력을 중심으로 소프트웨어 개발과 IT 영역을 넘어 오늘날의 많은 과제들의 해결에도 적용 가능하다. 그동안 세계적인 규모로 분산된 조직들의 효율적 분업과 협업을 위한 방법들이 연구되어 왔는데[18], 오픈소스 프로젝트는 이 부분에서 많은 영감을 주고 있다. 즉, 거대한 커뮤니티의 적극적인 참여, 프로세스의 투명성, 혁신적인 거버넌스 구조 등과 같은 보다 신선한 사고뿐만 아니라[143], 특히 대규모 오픈소스 프로젝트에서 사용되고 있는 정보 흐름의 조정, 이슈 추적 및 해결, 작업 및 책임의 할당, 분산 조직의 관리 등과 같은 프로세스들은 다른 영역들에서 그대로 사용해도 될 정도이다.

대중적이고 공개적으로 사용 가능한 제품으로써의 오픈소스 소프트웨어는 비즈니스적 측면에서 특히 중요한 의미를 가지고 있는데[18], 글로벌 소프트웨어 시장은 독점, 경쟁, 시장 위상 등의 측면에서 이미 지대한 영향을 받고 있다.

현재, IT 시장이 오픈소스 소프트웨어를 중심으로 재편되고 있고 향후 이러한 현상은 더욱 가속화될 것이라는 전망이 우세한데, 그 이유는 클라우드 서비스와 빅데이터의 부상 때문이다[206]. 기업들이 비용 절감을 위해 클라우드 환경으로 IT 시스템을 전환하면서 오픈소스 소프트웨어를 적극 활용하고 있다는 것이다. 클라우드는 기본적으로 벤더사에 종속되지 않는 개방형 컴퓨팅을 지향한다. 벤더종속을 가속화시키는 비싼 상용 소프트웨어나 하드웨어를 사용하지 않아도 된다. 또한 오픈소스 소프트웨어는 이미 만들어진 기반 위에 추가적인 개발을 할 수 있도록 하기 때문에 개발 기간과 비용을 절감할 수 있다.

특히, 모든 데이터를 목적에 맞게 분석해 비즈니스에 활용하는 빅데이터 경영이 화두가 되면서 오픈소스 소프트웨어의 비용 절감 효과가 더욱 부각되고 있다. 대량의 데이터를 처리하고 분석하려면 고비용의 상용 소프트웨어와 하드웨어들이 필요하겠지만 하둡 등의 오픈소스 소프트웨어를 활용하면 저렴한 비용으로도 빅데이터 시스템을 구축할 수 있기 때문이다.

오픈소스 소프트웨어가 확산되면서 그동안 IT 시장을 주도했던 주요 벤더사들은 오픈소스 소프트웨어에 대한 투자와 기술지원으로 개방형 컴퓨팅 환경에 대응하고 있다. 비용이 저렴하면서도 특정 벤더에 종속되지 않는 오픈소스 소프트웨어 기반의 시스템 구축이 활발해지면서 벤더들 또한 개방형 컴퓨팅 환경에 대응한 솔루션들을 출시하고 있는 것이다.

아직까지 MS의 윈도우가 주류를 이루는 개인용 소프트웨어 영역에서도 앞으로 사정은 달라질 수밖에 없을 것이다. 클라우드 서비스의 확산은 점차 PC를 생활 속에서 사라지게 할 것이다. 기업들은 이제 업무용 PC의 운용을 위한 데스크톱용 소프트웨어들의 개별 라이선스를 구매하는 대신, 클라우드 환경에 접속 가능한 환경만 갖춘 단말을 활용할 것이다. 퍼스널 클라우드(Personal Cloud)의 확산은 가정에서도 PC를 사라지게 할 것이라는 전망들이 많다. 특별히 전문적인 PC 작업을 필요로 하는 일부의 경우를 제외하고 각 가정과 개인들은 스마트폰과 간단한 태블릿만 있으면 필요한 모든 작업을 할 수 있게 될 것이다. 심지어, 개인의 모바일 기기를 직장과 통합하여 업무에 활용(Bring Your Own Device, BYOD)할 수 있게 하려는 시도들이 있다. 이러한 현상은 PC 운영체제와 이에 기반한 데스크톱용 소프트웨어 시장의 판도를 크게 뒤바꿀 것이다. 변화되는 환경에서 서비스되는 소프트웨어의 대부분을 오픈소스 소프트웨어가 차지할 것이기 때문이다.

이러한 전망은 우리 소프트웨어 비즈니스 기업들에게, 상용 소프트웨어 라이선스 판매를 기반으로 하는 비즈니스 모델에서 오픈소스 소프트웨어를 기반으로 하는 서비스 모델로 빠르게 변신할 것을 요구하고 있다는 사실을 알아차려야 할 것이다.

참고 문헌

■ 해외문헌

[1] Don Tapscott and Anthony D. Williams, Wikinomics: How Mass Collaboration Changes Everything, Penguin, 2006.

[2] Barczak, G., A. Griffin, and K. B. Kahn, "Trends and Drivers of Success in NPD Practices: Results of the 2003 PDMA Best Practices Study," Journal of Product Innovation Management 26, pp. 3-23, 2009.

[3] Melissa A. Schilling, Strategic Management of Technological Innovation, McGraw-Hill, 3rd Edition, 2009.

[4] Melissa A. Schilling, Cassandra E. Vasco, "Product and process technological change and the adoption of modular organizational forms", Winning strategies in a deconstructing world, Wiley, pp. 25-50, 2000.

[5] Laudon, Kenneth C, and Jane P., "Managing the Digital Firm" in Management Information Systems 13/E, Pearson Education Asia, 2014.

[6] F. F. Suarez and J. M. Utterback, "Dominant Designs and the Survival of Firms," Strategic Management Journal 16, pp. 415-30, 1999.

[7] Henry Chesbrough, Open Innovation: The New Imperative for Creating and Profiting from Technology, Harvard Business School Press, 2003.

[8] Gold, L., The sharing economy: solidarity networks transforming globalization, Ashgate Publishing, 2004.

[9] Michael E. Porter and Mark R. Cramer, "Strategy and Society: The Link between Competitive Advantage and Corporate Social Responsibility", Harvard Business Review, 2006.01.

[10] Kramer, M. R., Creating Shared Value. Harvard Business Review, 2011.

[11] Yang, Z., & Peterson, R. T. (2004). Customer perceived value, satisfaction, and loyalty: the role of switching costs. Psychology & Marketing, 21(10), 799-822

[12] K. Staring, O. Titlestad, and J. Gailis, "Educational transformation through open source approaches," in IRIS '05: Proceedings of the 28th Information Systems Research Seminar in Scandinavia, 2005.04.

[13] L. Lawrence, Free Culture: How Big Media Uses Technology and the Law to Lock Down Culture and Control Creativity, New York, NY: Penguin Group Inc., 2004.

[14] D. Spinellis, Code Reading: The Open Source Perspective, Addison Wesley Professional, 2003.

[15] D. Spinellis, "Future CS course already here," Communications of the ACM, vol.49, no. 8, p. 13, 2006.

[16] D. Spinellis, "Open source and professional advancement," IEEE Software, vol.23, no. 5, pp. 70~71, 2006.09

[17] Michael E. Porter and Mark R. Cramer. "Creating Shared Value: How to reinvent capitalism and unleash a wave of innovation and growth", Harvard Business Review, 2011.01.

[18] B. Kogut and A. Metiu, "Open-source software development and distributed innovation," Oxford Review of Economic Policy, vol. 17, no. 2, pp. 248~264, 2001.

[19] G. von Krogh and S. Spaeth, "The open source software phenomenon: Characteristics that promote research," The Journal of Strategic Information Systems, vol.16, no. 3, pp. 236~253, 2007.

[20] K. L. Kraemer, J. Dedrick, and P. Sharma, "One laptop per child: Vision vs. reality," Communications of the ACM, vol. 52, no. 6, pp. 66~73, 2009.

[21] IT Media, あの名刺サイズPCはこうして生まれた: 子どもたちがいつでも?にれられるコンピュ?タを? 「Raspberry Pi」に詰まった創業者の思い, 2013.06.13.

[22] Free Software Foundation, "Categories of free and nonfree software", 1996.08.

[23] B. Perens, "The open source definition," in Open Sources: Voices from theOpen Source Revolution, O'Reilly, 1999.

[24] Carbone. G., Stoddard. D., "Open Source Enterprise Solutions", in Open Source in the Enterprise, John Wiley & Sons, 2008.

[25] Meeker. H. J., The Open Source Alternative, John Wiley & Sons, Inc., 2008.

[26] Lerner. J. and Tirole. J., "The Simple Economics of Open Source", WP 7600, Harvard University, Cambridge, MA., 2000.

[27] Billingsley, B., "The Creation of the UNIX Operating System", Bobby Billingsley Web Site, 2000.

[28] Free Software Foundation, "Leadership - Richard M. Stallman, President", 2004.

[29] Nett W., "An Interview with Linus Torvalds", The Network Administrator article, 2001.

[30] Nett W., "Linux adaptation problem", The Network Administrator article, 2001.

[31] Coar. K., "The Open Source Definition", Open Source Initiative, 2006.

[32] J. Hamerly, T. Paquin, and S. Walton, "Freeing the source. The story of Mozilla," in Open Sources: Voices from the Open Source Revolution, O'Reilly, 1999.

[33] M.-W.Wu and Y.-D. Lin, "Open source software development: An overview," IEEE Computer, vol. 34, no. 6, pp. 33~38, 2001.01.

[34] K. Ven, J. Verelst, and H. Mannaert, "Should you adopt open source software?", IEEE Software, vol. 25, no. 3, pp. 54~59, 2008.

[35] Hahn. R. W., Government Policy toward Open Source Software: Overview, Government Policy toward Open Source Software, AEI-Brookings Joint Center for Regulatory Studies, 2002.

[36] L. Bru Martinez, "Basic notions of economics" in Economic aspects and business models of free software, FUOC, 2010.

[37] Boldrin, Michele , Levine, David K., Against Intellectual Monopoly, Cambridge University Press, 2008.

[38] M. A. Porter, "Strategy and the Internet," Harvard Business Review 79, no. 3, pp. 62- 78, 2001.

[39] Klemperer, P.,"Competition When Consumers have Switching Costs: An Overview with Applications to Industrial Organization, Macroeconomics, and International Trade", Review of Economic Studies, 62, pp.515-539, 1995.

[40] L. Bru Martinez, "The software market" in Economic aspects and business models of free software, FUOC, 2010.

[41] B. Perens, "The emerging economic paradigm of Open Source", 2005.

[42] I. Fernandez Monsalve, "Software as a businee" in Economic aspects and business models of free software, FUOC, 2010.

[43] Carlo Daffara, "Sustainability of FLOSS-Based economic models", Open Source World Conference, 2006.

[44] M. Cusumano, "The Business of Software, a Personal View", in The Business of Software, Simon and Schuster, 2004.

[45] E. S. Raymond, The Cathedral and the Bazaar, O'Reilly, Sebastopol, CA, 1999.

[46] D. Woods and G. Guliani, Open source for the enterprise: managing risks, reaping rewards, O'Reilly Media, Inc., 2005.

[47] Rogers, Everett M, Diffusion of Innovations, Glencoe: Free Press, 1964.

[48] Geoffrey A. Moore, Crossing the Chasm: Marketing and Selling High-Tech Products to Mainstream Customers, Harper Business Essentials, 1991.

[49] Hippel. E. von. and Krogh. G. von, "Exploring the Open Source software Phenomenon: Issues for Organization Science", 2002.

[50] Feller. J. and Fitzerald. B., Understanding Open Source Software Development, Addison Wesley, pp.138-139, 2002.

[51] A. Albos Raya, "Free software, a new econmic model?" in Economic aspects and business models of free software, FUOC, 2010.

[52] L.Morgan;P.Finnegan(2008). Deciding on open innovation: an exploration of how firms create and capture value with open source software(Vol. 287, pp. 229-246). IFIP.

[53] Y. Benkler, The Wealth of Networks: How social production transforms markets and freedom, 2006.

[54] D. Bollier, "When Push Comes to Pull: The New Economy and Culture of Networking Technology", 2006.

[55] A. Fuggetta, "Software libre y de codigo abierto: ¿un nuevo modelo parael esarrollo de software?", 2004.

[56] O'Reilly, Tim, "Open Source Paradigm Shift", O'Reilly Media, 2004.06.

[57] A. Albos Raya, "Developing free software in companies" in Economic aspects and business models of free software, FUOC, 2010.

[58] B. Mako, "Free Software Project Management HOW TO", 2001.

[59] K. Fogel, "Producing Open Source Software: How to Run a Successful Free Software Project", 2005.

[60] B. Collins-Sussman, B. Fitzpatrick, "What's in it for me?", 2007.

[61] K. Crowston and J. Howison, "Assessing the health of a FLOSS Community", 2006.

[62] Kim, A.J., Community-Building on the Web: Secret Strategies for Successful Online Communities, Peachpit Press, 2000.

[63] D. Mohindra, "Managing Quality in Open Source Software", 2008.

[64] E. S. Raymond, "How To Become A Hacker", 2001.

[65] M. Bain et al., "Aspectos legales y de explotacion del software libre", Universitat Oberta de Catalunya, 2007.

[66] Larry Augustin, "A New Breed of P&L: the Open Source Business Financial Model", Open Source Business Conference (OSBC), 2007.

[67] J. Henkel, "Champions of revealing .the role of open source developers in commercial firms," Industrial and Corporate Change, vol. 18, no. 3, pp. 435~471, 2009.

[68] B. Fitzgerald, "The transformation of open source software," MIS Quarterly, vol.30, no. 3, pp. 587~598, 2006.09.

[69] I. Fernandez Monsalve, "Business models with free software" in Economic aspects and business models of free software, FUOC, 2010.

[70] J. West, "How open is open enough? Melding proprietary and open source platform strategies," Research Policy, vol. 32, no. 7, pp. 1259~1285, 2003.07.

[71] M. Wijnen-Meijer and R. Batenburg, "To open source or not to open source: That's the strategic question," in ECIS '07: Proceedings of the 15th European Conference on Information Systems, pp. 1019~1030, 2007.

[72] Optaros, "Open Source Catalogue 2007 U.S. Version 1.1", 2007.

[73] Working group on Libre Software , "Free Software / Open Source: Information Society Opportunities for Europe?", 2000.

[74] Henry Chesbrough, Wim Vanhaverbeke, and Joel West, "Open Innovation: researching a new paradigm" Oxford, 2006.

[75] Karl Fogel, "The Promise of a Post-Copyright World", 2005.10.

[76] S. Comino and F. M. Manetti, "Dual licensing in open source markets", 2008.

[77] Fabrizio Capobianco and Alberto Onetti, "Open Source and Business Model Innovation. The Funambol case", 2005.

[78] S.Sieber and J.Valor, Criterios de adopcion de las tecnologias de informacion ycomunicacion, IESE, 2005.

[79] Murugan Pal. "Participatory Testing: The SpikeSource Approach", 2005.

[80] Dirk Riehle, "The Economic Motivation of Open Source Software: Stakeholder perspectives", 2007.

[81] WhyFLOSS Madrid 2008, "Openbravo: keys to success in free software application development", 2008.

[82] Alejandro Lucero, "Seminario UAM: Linux en Sistemas Empotrados", 2006.

[83] A. Albos Raya, "Strategies of free software as a business" in Economic aspects and business models of free software, FUOC, 2010.

[84] Gartner, "Defining Gartner Total Cost of Ownership", 2005.12.

[85] Robert Frances Group, "Total Cost of Ownership for Linux in the Enterprise", RFG, p.1, 2002.

[86] MySQL, "MySQL TCO Savings Calculator", Oracle, 2012.

[87] Wheeler D. A., "Open Source Software(OSS) in U.S. Government Acquisitions", 2008.

[88] Day. B. and Koretzle. B., "Linux crosses Into Mission-Critical Apps", Gartner, 2004.

[89] Smith. B. L., The Future of Software: Enabling the Marketplace to Decide, Government Policy toward Open Source Software, AEI-Brookings Joint Center for Regulatory Studies, 2002.

[90] M.Boyer and J.Robert, The economics of Free and Open Source Software: Contributions to a Government Policy on Open Source Software, 2006.

[91] J. Garcia, A. Romeo, and C. Prieto, Analisis Financiero del Software Libre, 2003.

[92] Finnegan, "Deciding on open innovation: an exploration of how firms create and capture value with open source software", IFIP, Vol. 287, pp. 229-246, 2008.

[93] Doherty. Sean., The Law and Open Source Software, Network Computing, 2001.

[94] Mundie. C., "The Commercial Software Model", 2001.

[95] Lessig. L., "Open Source Baselines: Compared to What?", Government Policy toward Open Source Software, AEI-Brookings Joint Center for Regulatory Studies, 2002.

[96] Behlendorf. B., "Open Source as a Business Strategy" in Open Sources: Voices from the Open Source Revolution, O'Reilly and Associates, 1999.

[97] T. A. Alspaugh, W. Scacchi, and H. U. Asuncion, "Software licenses in context: The challenge of heterogeneously-licensed systems," Journal of the Association for Information Systems, vol. 11, no. 11, pp. 731~754, 2010.11.

[98] Tcheun, M., "Open source software and software Industry", Communications of the Korean Institute of Information Scientists and Engineer, Vol. 20, No. 12, 2002.

[99] National IT industry Promotion Agency, "Introduction of foreign open source software," Policy study, 2013.

[100] National IT industry Promotion Agency, "Policy review for open source software in developed countries," IT R&D policy review, 2013.

[101] National IT industry Promotion Agency, "Study on the policy for Open source industry in leading countries," 2009.

[102] Comino, S., "Public intervention for Free/Open Source Software," SSRN eLibrary, 2010.

[103] European Commission, "Issues in open source procurement in the European public sector I", Joinup project, 2012.

[104] Evans, D. S., "Politics and programming: Government preferences for promoting open source software. Government Policy toward Open Source Software," AEIBrooking Joint center for Regulatory Studies, pp. 34-49, 2002.

[105] Gerloff, K., "Free software policies in Europe: Experience and evaluation," Free software Foundation Europe, 2013.

[106] Hillenius, G., "Free and Open source software Across the EU," International Free and Open source software Law Review, Vol. 5, No. 2, 2013.

[107] Hollmann, V. et al., "Examining success factors of open source software repositories: the case of OSOR.eu portal," International Journal of Business Information system, Forthcoming, 2013.

[108] Lewis, J., "Government Open Source Policies," 7th update of CSIS Open source Policy survey, 2010.

[109] Schmidt, K. M. and Schnitzer, M., "Public Subsidies for open source-Some Economic Policy Issues of the Software Market", Harv. JL&Tech, Vol. 16, p.473, 2002.

[110] UK Office of Government Commerce, "Open source software trials in government final report," Cabinet office, 2004.

[111] UK, "Open Source Software Options for Government 2.0," Cabinet office, 2013.

[112] Rishab Ghosh, Bernhard Krieger, Ruediger Glott, and Gregorio Bobles, "Free/Libre and Open Source Software: Survey and Study", FLOSS Final Report-Part 2B: Open Source Software in the Public Sector: Policy within the European Union, 2002.06.

[113] IDA, "Pooling Open Source Software", 2002.

[114] Malaysia public sector open source software initiative, The Malaysian Government Interoperability Framework for Open Source Software, 2008.08.

[115] M. Gruber and J. Henkel, "New ventures based on open innovation-an empirical analysis of start-up firms in embedded Linux", International Journal of Technology Management, vol. 33, no. 4, pp. 356~372, 2006.

[116] S. Forge, "The rain forest and the rock garden: The economic impacts of open source software," Info., vol. 8, no. 3, pp. 12~31, 2006.

[117] S. Weber, The Success of Open Source, Harvard University Press, 2005.10.

[118] D. Spinellis and C. Szyperski, "How is open source affecting software development?," IEEE Software, vol. 21, no. 1, pp. 28~33, 2004.01.

[119] R. T. Watson, M.-C.Boudreau, P. T. York, M. E. Greiner, and D. W. Jr., "The business of open source", Communications of the ACM, vol. 51, no. 4, pp. 41~46, 2008.04.

[120] G. von Krogh and E. von Hippel, "The promise of research on open source software," Management Science, vol. 52, no. 7, pp. 975~983, 2006.07.

[121] E. von Hippel, "Horizontal innovation networks by and for users," Industrial and Corporate Change, pp. 1~23, 2007.05.

[122] B. Kitchenham, S. Pfleeger, L. Pickard, P. Jones, D. Hoaglin, K. E. Emam, and J.Rosenberg, "Preliminary guidelines for empirical research in softwar eengineering," IEEE Transactions on Software Engineering, vol. 28, no. 8, pp. 721~734, 2002.08.

[123] D. E. Perry, A. A. Porter, and L. G. Votta, "Empirical studies of software engineering: A roadmap," in ICSE '00: Proceedings of the Conference on The Future of Software Engineering, pp. 345~355, New York, NY, USA: ACM, 2000.

[124] K.-J. Stol, M. A. Babar, B. Russo, and B. Fitzgerald, "The use of empirical methods in open source software research: Facts, trends and future directions," in FLOSS '09: Proceedings of the 2009 ICSE Workshop on Emerging Trendsin Free/Libre/Open Source Software Research and Development, pp. 19.24, Washington, DC: IEEE Computer Society, 2009.

[125] N. Nagappan, "Potential of open source systems as project repositories for empirical studies working group results" in Empirical Software Engineering Issues, Critical Assessment and Future Directions, Lecture Notes in Computer Science 4336, pp. 103~107, Springer Verlag, 2007.

[126] S. K. Shah, "Motivation, governance, and the viability of hybrid forms in open source software development", Management Science, vol. 52, no. 7, pp.1000~1014, 2006.07.

[127] N. Economides and E. Katsamakas, "Two-sided competition of proprietary vs. open source technology platforms and the implications for the software industry," Management Science, vol. 52, no. 7, pp. 1057~1071, 2006.

[128] J. A. Roberts, I.-H. Hann, and S. A. Slaughter, "Understanding the motivations, participation, and performance of open source software developers: A longitudinal study of the Apache projects," Management Science, vol. 52,no. 7, pp.984~999, 2006.07.

[129] R. Sen, C. Subramaniam, and M. L. Nelson, "Determinants of the choice of open source software license," Journal of Management Information Systems, vol. 25, no. 3, pp. 207~239, 2009.

[130] D. M. German and A. E. Hassan, "License integration patterns: Addressing license mismatches in component-based development," in ICSE '09: Proceedings of the 31st International Conference on Software Engineering, pp. 188~198, 2009.IEEE Computer Society, May (2009)

[131] D. Hedgebeth, "Gaining competitive advantage in a knowledge-based economy through the utilization of open source software," VINE, vol. 37, no. 3, pp.284~294, 2007.

[132] M. D. Penta, D. M. German, Y.-G. Gueheneuc, and G. Antoniol, "An exploratory study of the evolution of software licensing," in ICSE '10: Proceedings of the 32nd International Conference on Software Engineering, ACM Press, 2010.05.

[133] S. Haefliger, G. von Krogh, and S. Spaeth, "Code reuse in open source software," Management Science, vol. 54, no. 1, pp. 180~153, 2008.01.

[134] D. M. German, M. D. Penta, Y.-G. Gueheneuc, and G. Antoniol, "Code siblings: Technical and legal implications of copying code between applications," in MSR '09: Proceedings of the 6th International Workshop on Mining Software Repositories, pp. 81~90, IEEE Computer Society Press, 2009.05.

[135] M. den Besten, J.-M.Dalle, and F. Galia, "The allocation of collaborative efforts in open-source software," Information Economics and Policy, vol. 20, no. 4, pp.316~322, 2008.12.

[136] G. Robles, S. Due.nas, and J. Gonzalez-Barahona, "Corporate involvement of libre software: Study of presence in Debian code over time," in Open Source Development, Adoption and Innovation, IFIP International Federation for Information Processing, vol. 234, pp. 121~132, Springer Verlag, 2007.

[137] D. Lee and H. Mendelson, "Divide and conquer: Competing with free technology under network effects," Production and Operations Management, vol. 17, no.1, pp. 12~28, 2008.

[138] B. W. Carver, "Share and share alike: Understanding and enforcing open source and free software licenses," Berkely Technology Law Journal, vol. 20, no. 1, pp.443~481, 2005.

[139] F. P. Deek and J. A. M. McHugh, Open Source: Technology and Policy, Cambridge: Cambridge University Press, 2008.

[140] J. Gay, ed., Free Software, Free Society: Selected Essays of Richard M. Stallman. Boston, MA: GNU Press, Free Software Foundation, 2002.

[141] J. Bessen and M. Meurer, Patent Failure: How Judges, Bureaucrats, and Lawyers Put Innovators at Risk. NJ, USA: Princeton University Press, 2008.

[142] D. Harhoff, J. Henkel, and E. von Hippel, "Profiting from voluntary information spill overs: How users benefit by freely revealing their innovations," Research Policy, vol. 32, no. 10, pp. 1753~1769, 2003.12.

[143] B. Mukerji, V. Kumar, and U. Kumar, "The challenges of adopting open source software in promoting E-government," in ICEG '06: International Conference on E-Governance, pp. 22~31, 2006.

■ 국내문헌

[144] 정보통신산업진흥원, SW 프로슈머 및 커뮤니티 활용 촉진방안 연구, 정보통신산업진흥원, 2012. 12.

[145] 김민구, 경제 상식 사전, 길벗, 2015.

[146] 한국과학기술기획평가원, 심층분석-「위키노믹스(Wikinomics)」의 주요 내용과 시사점, KISTEP, 2017.07.20.

[147] 공병호, 공병호의 변화경영, 21세기북스, 2007.

[148] 김국태, 허지성, LG Business Insight, 2013.06.05.

[149] 김병욱, 골드칼라의 Good Idea 1 상품개발전략, 킴스정보전략연구소, 2015.

[150] 액센츄어, R&D 혁신의 기술, 에이콘, 2011.

[151] 과학기술정책연구원, STEPI Insight, 제28호, 2009.08.15.

[152] 과학기술정책연구원, 개방형 기술혁신시스템 구축 방향, 교육과학기술부, 2008.12.15.

[153] 변종원, "오픈 이노베이션 성공사례", Expert Bank 핵심지식개발센터, 2014.11.24.

[154] 안유정, "공유경제(Sharing Economy) 시대의 기업의 공유 가치(Shared Value)", CGS 보고서, Vol. 72, 한국기업지배구조원, 2014.01.

[155] 임팩트 비즈니스 리뷰, "기술, 인간의 얼굴을 하다: 적정기술의 개념과 대표 성공 사례", IBR, 2013.03.01.

[156] 이코노미조선, 「민희경 CJ그룹 부사장 '공유가치 창출은 시대의 요구, CJ가 가장 잘할 거라고 장담해요'」, 2014.07.01.

[157] 뉴스와이어, 「CJ '새마을 운동식' 글로벌 상생 모델, 세계 최대 빈곤퇴치 행사서 모범 사례로 소개」, 2015.04.20.

[158] 매일경제, "CJ그룹 사회공헌추진단 신설", 2015.12.23.

[159] 한국국제협력단, "기업의 유통망이 농민의 삶을 바꿔주다", 지구촌가족-KOICA Newsletter, 2014.11.

[160] 현대경제연구원, "사회적 기업도 기업이다-성공·실패 사례와 핵심 성공요인(CSF)", HRI Weekly Economic Review, 11-39(통권 466호), 2011.11.18.

[161] 김종배, 박제원, 최재현, 김창재, 강영모 역, 오픈소스 소프트웨어 개발 기법, 한티미디어, 2017.03.

[162] 이하나, "사회적 기업 성공사례", 여성신문 1071호, 2010.02.26.

[163] 공개SW역량프라자, 공개SW리포트 8호, 2007.08.

[164] 공개SW역량프라자, 공개소프트웨어 가이드, (구)정보통신부, 2006.

[165] 유재필, "오픈소스 하드웨어 플랫폼(OPHW) 동향 및 전망", Internet & Security Focus, 한국인터넷진흥원, 2013.08.

[166] 최재규, "아두이노와 라즈베리 파이로 조명한 오픈소스 하드웨어 플랫폼", 월간 마이크로 소프트웨어, 2013.03.04.

[167] 한국교육학술정보원, 공개 소프트웨어의 이해 및 교육적 시사점, 2006.10.31.

[168] 공개SW역량프라자, 공개소프트웨어 가이드, (구)정보통신부, 2006.

[169] 김종배 역, 『10,000피트에서 바라본 오픈소스 소프트웨어』, 한티미디어, 2014.06.

[170] 김종배, 김두연, 류성열, 『오픈소스 2.0』, 한티미디어, 2010.03.

[171] 김종배, 이한동, 최승주, 박진영, 유주경, "오픈 소스 소프트웨어의 연구 동향 및 전망", JCRW, Vol.2, No.1, pp. 61-86, (사)인문사회과학기술융합학회, 2016.12.

[172] 컴퓨터프로그램보호위원회, 오픈소스 SW 라이선스 가이드, (구)정보통신부, 2007.11.

[173] 정보통신산업진흥원, 공개소프트웨어백서, 2012.

[174] 임백준, "기업의 오픈소스 전략", DBGuide.net, 2007.10.09.

[175] 전익진, "플랫폼 산업의 시장점유율 집중 정도에 영향을 미치는 구조적인 특성에 관한 실증연구", KAIST Graduate School of Green Growth Working Paper, 2014.12.27.

[176] 김종배, "오픈소스의 선정 및 변경 설계 절차", 숭실대학교 대학원, 박사학위 논문, 2006.

[177] 조용호, 플랫폼 전쟁, 21세기북스, 2013.

[178] 디지털데일리, "심층기획-글로벌 IT기업의 오픈소스 SW 전략…④IBM", 디지털데일리, 2016.12.25.

[179] 박범진, "신한 FSB 리뷰 - 창조경영③", 신한 FSB연구소, 2007.04.

[180] 송위진, "오픈소스 소프트웨어의 기술혁신 특성: 리뷰", 기술혁신학회지, p.217 ,2002

[181] 강송희, 심동녘, 백필호, "소프트시스템 모델 방법론을 통해 진단한 국내 공개 SW 산업의 문제점과 정책전략 연구", 한국전자거래학회지 제20권 제4호, pp.193-208, 2015.11.

[182] 에릭 레이먼드 외 17인 저, 송창훈 외 3인 역, 오픈소스 혁명의 목소리, 한빛미디어, 2013.09.

[183] 정보통신산업진흥원, 공개소프트웨어 해외 정책 동향 보고서, 2009.12.

[184] 한국소프트웨어진흥원, 정보시스템 이용에 있어서 전통적인 방식과 SaaS의 TCO 비교 사례연구, 2008.12.

[185] 정보통신산업진흥원, 공개소프트웨어/상용소프트웨어 총소유비용 비교 연구, 2012.11.

[186] 한국소프트웨어진흥원, 해외 공개소프트웨어 정책현황과 적용사례 연구, 2006.12.

[187] 한국저작권위원회, 오픈소스 라이선스 가이드 3.0, 2016.11.

[188] 김영문 외 7인, "공개 SW성능검증 가이드라인 연구", 한국소프트웨어진흥원, 부록B 공개 소프트웨어 지원정책 p.20~45, 2007.

[189] 전자신문, "공개SW기반 디지털교과서 사업 확대 실시", 2009.04.

[190] 정보통신산업진흥원, 2016 공개SW 기업편람, 2017.

[191] 정보통신산업진흥원, 일본의 IT 및 미래 산업 육성전략과 SW육성 정책, NIPA(구KIPA), 2005.09.26

[192] 정보통신산업진흥원, 한중일 공개SW 시장 동향 및 전망, NIPA(구KIPA), 2008.03.24.

[193] 한국정보화진흥원, "국내 공개SW의 도입 실태 및 활성화 장애요인에 관한 탐색적 연구", 정보화정책 제15권 제4호, 2008.

■ 웹사이트

[194] http://aomedia.org/press-releases/alliance-to-deliver-next-generation-open-media-formats/

[195] http://blog.daum.net/peteryin/346

[196] http://blog.naver.com/PostView.nhn?blogId=ninepin&logNo=130028835383

[197] http://cafe.naver.com/ArticleRead.nhn?clubid=27228046&page=7&menuid=12&boardtype=L&articleid=742&referrerAllArticles=false

[198] http://catb.org/~esr/writings/magic-cauldron/

[199] http://ch.yes24.com/Article/View/14077?Scode=050_001

[200] http://cluster1.cafe.daum.net/_c21_/bbs_search_read?grpid=tdhl&fldid=Ecbk&datanum=12&openArticle=true&docid=tdhl%7CEcbk%7C12%7C20051207022919&q=Free+Software(OSS

[201] http://firstmonday.org/htbin/cgiwrap/bin/ojs/index.php/fm/article/view/673/583

[202] http://hecker.org/writings/setting-up-shop

[203] http://ipleft.or.kr/main/node/2458

[204] http://m.blog.naver.com/justalive/220065498926

[205] http://m.itooza.com/view.php?ud=0000000000000021023

[206] http://news.inews24.com/php/news_view.php?g_serial=739391&g_menu=020200

[207] http://news.joins.com/article/777714

[208] http://news.naver.com/main/read.nhn?mode=LSD&mid=sec&sid1=105&oid=030&aid=0001985328

[209] http://news.stanford.edu/news/2009/august31/levoy-opensource-camera-090109.html

[210] http://openerp.co.kr/category/%E2%98%85Open%20Solution%20%EC%BB%A8%EC%86%8C%EC%8B%9C%EC%97%84%20%EC%86%8C%EA%B0%9C/-%20%EC%BB%A8%EC%86%8C%EC%8B%9C%EC%97%84%20%EA%B0%9-C%EC%9A%94(E-MAX%20Forum)

[211] http://opensource.mit.edu/papers/OSSEMP07-daffara.pdf

[212] http://rmhportland.org/volunteers/homebase

[213] http://sourceforge.net/projects/openbravo/

[214] http://sourceforge.net/projects/openbravopos/

[215] http://sourceforge.net/top/mostactive.php?type=week.

[216] http://terms.naver.com/entry.nhn?docId=1214639&cid=40942&categoryId=31822

[217] http://terms.naver.com/entry.nhn?docId=512642&cid=42126&categoryId=42126

[218] http://unonam.blogspot.kr/2015/07/blog-post.html

[219] http://v.media.daum.net/v/20081203103105901

[220] http://www.ajunews.com/view/20090531000112

[221] http://www.camerdata.es

[222] http://www.chumby.com/pages/terms

[223] http://www.cullinet.net/goldengate_disks_large.jpg

[224] http://www.ddaily.co.kr/news/article.html?no=115604

[225] http://www.dt.co.kr/contents.htm?article_no=2006071302013069619011

[226] http://www.easter-eggs.com

[227] http://www.easter-eggs.org/rubrique_10_Comptabilite.html

[228] http://www.firstmonday.org/issues/issue6_6/rasch/index.html

[229] http://www.funambol.com/blog/capo/2006/07/my-honest-dual-licensing.html

[230] http://www.gnu.org/licenses/gpl.html

[231] http://www.hoovers.com

[232] http://www.inhapress.com/news/articleView.html?idxno=867

[233] http://www.kenet.or.ke/index.php/en/policy/59-open-source-software-policy-for-schools

[234] http://www.mozilla.org/MPL/MPL-1.1.html

[235] http://www.newswise.com/articles/view/549822/?sc=dwhn

[236] http://www.nocutnews.co.kr/news/825855#csidx9f8cc5eb5d880cc8fc1df3d33787b45

[237] http://www.openbravo.com/es/about-us/openbravo-manifesto/

[238] http://www.opensource.org/

[239] http://www.oracle.com/us/products/applications/open-office/index.html

[240] http://www.oreillynet.com/pub/a/oreilly/tim/articles/paradigmshift_0504.html

[241] http://www.rmhportlandme.org/

[242] http://www.softwaremag.com

[243] http://www.zdnet.co.kr/column/column_view.asp?artice_id=00000039174665

[244] http://www.zdnet.co.kr/column/column_view.asp?artice_id=00000039174665#csidx43fd
2a3529e9416a534cec10ed5eff1

[245] http://www.zdnet.co.kr/news/news_view.asp?artice_id=00000010030109#csidx5142c21
dfce67f0811cd4a8bea639c7

[246] http://www.zdnet.co.kr/news/news_view.asp?artice_id=20120713083805&type=xml

[247] https://chrome.google.com/webstore/detail/solitaire/lkbhppfbabandkdmgjmifahoab
eodiep

[248] https://en.wikipedia.org/wiki/Commons-based_peer_production

[249] https://ko.wikipedia.org/wiki/%EA%B3%B5%EA%B3%B5%EC%9E%AC

[250] https://ko.wikipedia.org/wiki/%EA%B3%B5%EC%9C%A0%EA%B0%80%EC%B9%
98%EC%B0%BD%EC%B6%9C

[251] https://ko.wikipedia.org/wiki/%EB%84%A4%ED%8A%B8%EC%9B%8C%ED%81%
AC_%ED%9A%A8%EA%B3%BC

[252] https://ko.wikipedia.org/wiki/%EB%8D%94%EC%A1%B4IT%EA%B7%B8%EB%A3
%B9

[253] https://ko.wikipedia.org/wiki/%EC%82%AC%ED%9A%8C%EC%A0%81_%EA%B8
%B0%EC%97%85

[254] https://ko.wikipedia.org/wiki/%EC%8B%AC%EB%B9%84%EC%95%88_OS

[255] https://ko.wikipedia.org/wiki/%EC%98%81%EC%97%85_%EB%B9%84%EB
%B0%80

[256] https://ko.wikipedia.org/wiki/%EC%98%A4%ED%94%88_%EC%86%8C%EC%8A%
A4_%ED%95%98%EB%93%9C%EC%9B%A8%EC%96%B4

[257] https://ko.wikipedia.org/wiki/%EC%99%80%ED%95%B4%EC%84%B1_%EA%B8%B0%EC%88%A0

[258] https://ko.wikipedia.org/wiki/%EC%9B%B9_2.0, 위키피디아

[259] https://ko.wikipedia.org/wiki/%EC%9C%84%ED%82%A4%EB%85%B8%EB%AF%B9%EC%8A%A4), 위키피디아

[260] https://ko.wikipedia.org/wiki/%EC%A0%80%EC%9E%91%EA%B6%8C

[261] https://ko.wikipedia.org/wiki/%EC%A0%81%EC%A0%95%EA%B8%B0%EC%88%A0

[262] https://ko.wikipedia.org/wiki/%EC%BD%9C%EB%A0%88%EB%9D%BC

[263] https://ko.wikipedia.org/wiki/%ED%8A%B9%ED%97%88

[264] https://ko.wikipedia.org/wiki/%ED%8C%9F%EC%BA%90%EC%8A%A4%ED%8A%B8

[265] https://ko.wikipedia.org/wiki/%ED%91%9C%EC%A4%80%ED%99%94

[266] https://ko.wikipedia.org/wiki/%ED%94%84%EB%A1%9C%EC%8A%88%EB%A8%B8

[267] https://ko.wikipedia.org/wiki/SaaS

[268] https://namu.wiki/w/%EC%82%BC%EC%84%B1%EC%A0%84%EC%9E%90/%EB%B9%84%ED%8C%90

[269] https://namu.wiki/w/%EC%A0%81%EC%A0%95%EA%B8%B0%EC%88%A0

[270] https://namu.wiki/w/%ED%8B%88%EC%83%88%20%EC%8B%9C%EC%9E%A5

[271] https://web.mit.edu/dtm(MIT DtM 2001:Cholera Project)

[272] https://www.gnu.org/philosophy/free-software-for-freedom.ko.html

[273] https://www.olis.or.kr/ossw/codeEye/introduction.do

[274] https://www.wired.com/2003/11/opensource/

[275] https://www.zdnet.co.kr/news/news_view.asp?artice_id=20120229102822

[276] https://www-03.ibm.com/press/kr/ko/pressrelease/47590.wss

■ 국제 오픈소스 커뮤니티

커뮤니티명	내용	사이트
Android	• 구글이 지원하는 모바일 OS인 Android의 오픈소스 커뮤니티	https://source.android.com/
Open Source Java Solutions	• 오픈소스만을 이용해서 구현된 J2EE 기반의 엔터프라이즈용 아키텍쳐	http://www.together.at/
DevelopWorks Open	• IBM이 제공하는 오픈소스에 대한 커뮤니티	https://developer.ibm.com/open/
CodeProject	• 개발자 중심의 커뮤니티로 의견이 맞는 사람과 프로젝트 설계에서 개발까지 함께 하거나 이미 진행 중인 프로젝트에 참여가 가능한 커뮤니티 • 개발 능력 공유 및 동반 성장이 주 목표인 커뮤니티	https://www.codeproject.com/
아파치 소프트웨어 재단 (Apache Software Foundation)	• 1999년 설립된 비영리 재단 • 같은 관심을 가진 그룹이 모여 정보공유 및 개발 • ASF의 오픈소스 프로젝트들은 아파치 라이선스로 배포되며, 다른 오픈소스 라이선스보다 자유도가 높은 편 • 대표 프로젝트 : 하둡, 카우치DB, 오픈오피스, 메이븐, 톰캣, 제플린, REEF, 타조	http://www.apache.org/
Github	• 리누스 토발즈가 만든 분산 버전 관리 툴인 Git의 웹 호스팅 서비스로 시작했으나 'fork' 기능과 'pull request' 기능이 추가되면서 오픈소스 커뮤니티로 활성화되고 있음 • 2017년 2월까지 약 5,000만 개에 이르는 오픈소스 프로젝트 등록, 회원 수는 약 1,400만 명 • 일정 요금을 지불하면 특정 집단(조직, 기업 등)에게만 프로젝트를 공개하는 프라이빗 서비스 제공 • 구글, 애플, 삼성전자 등 글로벌 기업들의 소스코드 공개장소로 깃허브가 활용되고 있음	www.github.com
SourceForge	• 1999년부터 시작된 오픈소스 소프트웨어 개발관리 웹 사이트 • 2007년 기준 16만여개의 프로젝트, 169만여 명의 사용자를 기록하고 있으나 2013년 프로젝트 관리자의 동의 없이 다운로드 시 정크웨어를 포함시켜 많은 프로젝트들이 이탈하기 시작함	www.sourceforge.net

■ 국내 오픈소스 커뮤니티

커뮤니티명	내용	사이트
Textcube	• 구 테터툴즈 • 개인이 블로그를 운영하기 위해 설치하는 웹어플리케이션. 팀블로그를 운영할 수 있으며, OpenID 기반의 댓글을 남길 수 있음 • 다국어 지원. 플러그인 구조를 이용한 확장성 제공. 스킨의 자유로운 설치 제공. 플러그인과 스킨을 공유할 수 있는 게시판 제공	http://www.textcube.org/
eXria	• 토마토시스템 • RIA, eXtensible RIA Architecture	http://www.exria.org/
KLDP(Korean Linux Documentation Project)	• 한국 대표 리눅스 커뮤니티 • 대표 국내 OSS 사용자 및 개발자 프로젝트 사이트 • 784개의 개발자 커뮤니티 프로젝트	http://kldp.net
네이버 개발자 커뮤니티	• 지식의 공유와 상생 • Jindo/ NTAF(NHN Test Automation Framework) 개발자용 나눔고딕 코딩글꼴/ CUBRID/ nFORGE Xpress Engine/ Dist/ Neptune 등의 프로젝트	http://dev.naver.com
다음 개발자 커뮤니티	• 창의적인 개발자를 위해 열린 다음의 공유서비스 • GLAMJI(GNU/Linux+Apache+MySQL+Java+IDE), MODXSS 등	http://dna.daum.net
anyframe	• 오픈소스 기반의 어플리케이션 프레임워크와 이를 쉽게 사용할 수 있도록 체계적인 가이드 제공 • Anyframe/ Gen/ IAM/ Monitoring/ Oden/ Query Manager 등	http://www.anyframejava.org
uEngine BPM	• Business Process Management를 오픈소스화 국내 OSS 커뮤니티 • uEngine BPMS/ uMonitor RFID / USN BPMS/ uBrain Rule Engine/ Kalm 등	http://www.uengine.org
한국 공용 버그질라	• 글로벌 오픈소스 커뮤니티에서 활동하는 한국 개발자들이 소스 개발에 관심있는 국내 개발자들을 위해 소스코드 버그들을 미리 판별해 주고 이를 해외 프로젝트에서 버그로 처리하는 방식 및 패치 제작 등을 멘토링해 주기 위해 만들어진 사이트	http://bugzilla.kr/
기타	• 한국리눅스유저그룹 • SUSE Linux 사용자 모임 • GNOME 한국 사용자 모임 • KELP • 데이터베이스 사랑넷 (DSN) • Korea Apache Group • PHPSCHOOL • 한국 자바 개발자 협의회 (JCO) • 데브피아 • 한국 소프트웨어 커뮤니티 연합 (SCA) • 한국 스프링 사용자 모임 • 오픈 오피스 한국어 커뮤니티 • 김프 코리아 • 한국 무들 사용자 모임 • 한국 모질라 커뮤니티	—

■ 해외 오픈소스 비즈니스 기업

회사명	홈페이지	수익모델	비고
Funambol	https://www.funambol.com	IT서비스/라이선싱	• CEO: 아미트 차울라 • 본사: 미국 캘리포니아 주 레드우드시티 • 창립자: 파브리지오 카포비안코 • 창립: 2001년
MuleSource	www.mulesource.com	서브스크립션/라이선싱	• 본사: 미국 캘리포니아 주 샌프란시스코 • 창립자: 로스 메이슨, 데이브 로젠버그
Mysql AB	https://www.mysql.com	서브스크립션/라이선싱	• 창립: 1995년, 스웨덴 • 본사: 미국 캘리포니아 주 쿠퍼티노 • 2008년 2월 오라클에 인수됨 • 창립자: 마이클 와이드니어스, David Axmark, 알란 라슨
OpenClovis	openclovis.com	서브스크립션	• 캘리포니아 주 페탈루마의 소프트웨어 회사
Sleepycat Software	https://www.oracle.com	라이선싱	• 창립: 1996년 • 2006년 2월 오라클에 인수됨 • 창립자: 키스 보스틱, 마고 셀처
Alterpoint	www.alterpoint.com	IT서비스/라이선싱	–
Altinity	https://www.altinity.com	IT서비스/라이선싱	–
Codeweaver	https://www.codeweavers.com	라이선싱	
Coupa	www.coupa.com	라이선싱	• 본사: 미국 캘리포니아 주 샌머테이오 • CEO: Robert Bernshteyn • 창립: 2006년 2월, 미국 캘리포니아 주 • 창립자: 노아 아이즈너, 데이브 스티븐스 • 자회사: Coupa Operations, Inc., TripScanner, Inc.
Digium	https://www.digium.com	서브스크립션	• 본사: 미국 앨라배마 주 헌츠빌 • 창립자: 마크 스펜서 • 창립: 1999년 • 자회사: Digium Cloud Services, LLC, Sokol & Associates, L.L.C., Switchvox Systems, LLC
EnterpriseDB	https://www.enterprisedb.com	라이선싱	• 본사: 미국 매사추세츠 주 베드포드 • 창립: 2004년 3월
GreenPlum	greenplum.org	라이선싱	• 본사: 미국 캘리포니아 주 샌머테이오 • 창립: 2003년 9월

GroundWork	https://www.gwos.com	서브스크립션	• 본사: 미국 캘리포니아 주 샌프란시스코 • 창립: 2004년 • 창립자: 데이빗 릴리, Robert Fanini
JasperSoft	https://www.jaspersoft.com	라이선싱	• 본사: 미국 캘리포니아 주 샌프란시스코 • 창립: 2001년
Knowledge Tree	https://www.knowledgetree.com	라이선싱	–
Open-Xchange	https://www.open-xchange.com	라이선싱	• CEO: 라파엘 라구나 • 창립자: 라파엘 라구나
Nomachine	https://www.nomachine.com	라이선싱	–
Scalix	www.scalix.com	라이선싱	• CEO: Andreas Typaldos • 창립자: 줄리 한나 패리스 • 창립: 2002년 • 본사: 미국 뉴욕 주 뉴욕
Smoothwall	www.smoothwall.org	서브스크립션	–
Splunk	https://www.splunk.com	서브스크립션	• 창립: 2003년 • CEO: 더글러스 메릿 • 창립자: 롭 다스, 에릭 스완, 마이클 바움
SugarCRM	https://www.sugarcrm.com	라이선싱	• 본사: 미국 캘리포니아 주 쿠퍼티노 • CEO: 래리 아우구스틴 • 창립: 2004년, 미국 캘리포니아 주 • 창립자: 존 로버츠, 제이콥 테일러, 클린트 오람
XenSource (Xen)	https://www.citrix.com	IT서비스	• 창립: 2004년 • 본사: 미국 캘리포니아 주 팰로앨토 • 2007년 8월 Citrix에 인수됨 • 창립자: 이안 프랫, 사이먼 크로스비
Zimbra	https://www.zimbra.com	라이선싱	–
CATS Software	https://www.catsone.com	서브스크립션	–
Jbilling	www.jbilling.com	IT서비스	–
OpenBravo	www.openbravo.com	IT서비스	–
SocialText	www.socialtext.com	라이선싱	• CEO: 유진 리 • 본사: 미국 캘리포니아 주 팰로앨토 • 창립: 2002년 12월, 미국 캘리포니아 주 팰로앨토 • 창립자: 로스 메이필드, Ed Vielmetti, Adina Levin, 피터 카민스키
Alfresco	https://www.alfresco.com	IT서비스/서브스크립션	–

CleverSafe	https://www.ibm.com	IT서비스	• 창립자: 크리스 그래드윈 • 창립: 2004년 • IBM에 인수됨 • 본사: 미국 일리노이 주 시카고
Compiere	www.compiere.com	IT서비스/ 서브스크립션	–
Exadel	https://www.exadel.com	IT서비스	–
Jitterbit	https://www.jitterbit.com	IT서비스/ 서브스크립션	–
Mirth	https://www.mirth.com	IT서비스	–
Qlusters (OpenQRM)	http://www.openqrm.com	IT서비스	• 본사: 미국 캘리포니아 주 팰로앨토 • 창립: 2001년
Talend	https://www.talend.com	IT서비스	• 창립: 2005년 • 본사: 미국 캘리포니아 주 레드우드시티 • 창립자: Bertrand Diard, Fabrice Bonan • 자회사: SOPERA GmbH, Talend USA, Inc., Oakland Software Incorporated
vTiger	https://www.vtiger.com	IT서비스	–
Zenoss	https://www.zenoss.com	서브스크립션	–
Jboss	www.jboss.org	IT서비스/ 서브스크립션	• 창립자: 마크 플루리 • 창립: 2004년 • 본사: 미국 조지아 주 애틀랜타
RedHat	https://www.redhat.com	서브스크립션	• 본사: 미국 노스캐롤라이나 주 롤리 • CEO: James M. Whitehurst • 창립: 1993년 • 자회사: Qumranet, Red Hat KK, Red Hat Israel Ltd, Amentra • 창립자: 밥 영, 마크 유잉
SpikeSource	http://www.spikesource.com	서브스크립션	• 본사: 미국 캘리포니아 주 레드우드시티 • 창립: 2003년 • 창립자: 레이몬드 J. 레인, Murugan Pal
SUSE	https://www.suse.com	서브스크립션	–
WSO2	wso2.com	IT서비스	• CEO: Sanjiva Weerawarana • 창립자: Sanjiva Weerawarana • 창립: 2005년 • 본사: 미국 캘리포니아 주
Optaros	https://www.optaros.com	컨설팅	• 창립자: Bob Gett • 창립: 2004년 7월 • 본사: 미국 매사추세츠 주 보스턴

■ 국내 오픈소스 비즈니스 기업[190]

회사명	홈페이지	사업분야	주요제품 및 서비스
가이아쓰리디	www.gaia3d.com	• 패키지 개발 및 공급 • 공개SW컨설팅 • 공개SW시스템 통합 • 공개SW교육훈련	• KAOS-G패키지 • 오픈소스 GIS SW 컨설팅
그루기술	grutech.com	• SW솔루션 개발 • 솔루션 테스트 • 기술지원 및 컨설팅 • 시스템통합(SI)	• CentOS • PostgreSQL • Tomcat Web Application Server • Apache Web Server
네오크로바	www.gaia3d.com	• 패키지 개발 및 공급 • 공개SW컨설팅 • 공개SW시스템 통합 • 공개SW교육훈련	• KAOS-G패키지 • 오픈소스 GIS SW 컨설팅
넥스트이온	www.next-aeon.com	• 패키지 개발 및 공급 • 공개SW컨설팅 • 공개SW시스템 통합 • 공개SW아웃소싱 • 공개SW융합서비스 • 공개SW교육훈련	• IMSV • Drupal
넥스트폼	www.nextfoam.co.kr	• 패키지 개발 및 공급 • 공개SW컨설팅 • 공개SW교육훈련	• OpenFOAM solver개발 • 프로그램패키지 • OpenFOAM 컨설팅
넷아스기술	www.nettars.co.kr	• 공개SW컨설팅 • 공개SW시스템 통합	• RedHat Enterprise Linux • RedHat Jboss EAP • RedHat Jboss Web Server
노블시스템	www.noblesystem.co.kr	• 패키지 개발 및 공급 • 공개SW시스템 통합	• Apache OFBIZ • 데이터 시각화 솔루션
농심 데이타시스템	nds.nongshim.co.kr	• 공개SW컨설팅 • 공개SW시스템 통합 • 공개SW아웃소싱 • 공개SW융합서비스	• 공개SW라이선스 및 보안 취약점 분석
니온소프트	www.nionsoft.co.kr	• 공개SW융합서비스	• 제누이노 CNC
다우기술	www.daou.com	• 공개SW컨설팅 • 공개SW시스템 통합 • 공개SW아웃소싱 • 공개SW교육훈련	• EnterpriseDB • Postgres Advanced Server • Postgre SQL

대신정보통신	www.dsic.co.kr	• 공개SW컨설팅 • 공개SW시스템 통합 • 공개SW아웃소싱 • 패키지 개발 및 공급	• Apache HTTP Server • Jboss Web Server • omcat Web App Server • Debian • Redhat Enterprise Linux • MySQL • Redmine • RedHat Enterprise Virtualization
락플레이스	www.rockplace.co.kr	• 패키지 개발 및 공급 • 공개SW컨설팅 • 공개SW시스템 통합 • 공개SW아웃소싱 • 공개SW교육훈련	• Redhat Enterprise Linux • RedHat Enterprise Virtualization • RedHat Jboss EAP • RedHat Jboss Web Server • 클라우드 서비스 • RedHat Jboss Data Grid • RedHat Jboss Data Virtualization • RedHat Jboss Middleware solution • Apache/Tomcat • MySQL Enterprise Edition • MariaDB • Postgres Advanced Server • SugarCRM • Nagios • OpenStack • OpenShift • RedHat Cluster suite • PostgreSQL Health Check consulting • Rockplace carepack
래빗소프트	www.rabbitsoft.co.kr	• 공개SW컨설팅 • 공개SW시스템 통합 • 공개SW아웃소싱	• CentOS • RedHat Enterprise Linux • Oracle Enterprise Linux • MariaDB • MySQL • Apache HTTP Server • Tomcat Web App Server
리눅스 데이타시스템	www.linuxdata.co.kr	• 패키지 개발 및 공급 • 공개SW컨설팅 • 공개SW시스템 통합 • 공개SW아웃소싱	• RedHat Enterprise Linux • RedHat Cluster suite • RedHat Enterprise Virtualization • RedHat Jboss EAP • MySQL • MariaDB • Postgres SQL • RedHat Enterprise Linux OpenStack Platform • RedHat OpenShift Enterprise • RedHat Ceph Storage • MapR • CM Manager

리드어스	www.leadus.co.kr	• 공개SW컨설팅 • 공개SW시스템 통합	• Red Hat • Zimbra Server • JAMES • Apache Tomcat • 빅데이터 기술지원 • 리눅스 기술지원 • WEB/WAS 기술지원 • ActiveFlow Groupware • OwnERP • ActiveQ • ActiveTalk • 기능형가상화 Xeno
리원에시스	liwonace.co.kr	• 패키지 개발 및 공급 • 공개SW컨설팅 • 공개SW아웃소싱	• Red Hat • CentOS • Ubuntu • Tomcat • RedHat Jboss EAP • RedHat Jboss EWS • Apache Tomcat • Maria DB • MySQL • OpenStack • CloudStack • Lxark-SMS • Lxark-PMS • Ansible • RedHat Enterprise Virtualization
맨텍	www.mantech.co.kr	• 패키지 개발 및 공급 • 공개SW컨설팅 • 공개SW시스템 통합 • 공개SW아웃소싱	• RedHat Enterprise Linux • RedHat Jboss EAP • RedHat Jboss Web Server • WDRBD
범일정보	www.bumil.co.kr	• 공개SW컨설팅 • 공개SW시스템 통합	• RedHat Enterprise Linux • CentOS • Oracle Linux • RedHAt Jboss EAP • Apache HTTP Server • Tomcat Web App Server • Maria DB • PostgreSQL

블랙덕 소프트웨어 코리아	www.blackducksoftware. co.kr	• 패키지 개발 및 공급 • 공개SW교육훈련	• Protex • Protex sdk • Code Center • Code Center S아 • Hub • Audit 컨설팅 • 공개SW거버넌스 컨설팅 • 공개SW마스터플랜 수립 컨설팅 • Open Hub
블로그코디	www.blogcodi.com	• 공개SW시스템 통합	• WordPress
비온시 이노베이터	www.bonc.co.kr	• 패키지 개발 및 공급 • 공개SW컨설팅 • 공개SW시스템 통합 • 공개SW아웃소싱 • 공개SW융합서비스	• RedHat Enterprise Linux • R • MySQL • CUBRID • RedHat Enterprise Virtualization • eGovFrame • RedHat Jboss EAP • Apache Tomcat • Apache Web Server
서진 디에스에이	www.seojindsa.kr	• 공개SW컨설팅 • 공개SW시스템 통합 • 공개SW교육훈련	• 369 Directory Server • RedHat Directory Server • FreeIPA • OpenLDAP • OpenDJ • OpenDS • ApacheDS • Keyclark
세림티에스지	www.selim.co.kr	• 공개SW컨설팅 • 공개SW시스템 통합	• RedHat Enterprise Linux • Ubuntu • SUSE • Fedora • Sulinux • CentOS • Debian • FreeBSD • Asianux • Apache HTTP Server • RedHat Enterprise Virtualization • RedHat Global File System • MySQL • MariaDB • PostgreSQL • CUBRID • Tomcat

세림티에스지	www.selim.co.kr		• Resin • Jboss Enterprise App Platform • Hadoop • eGovFrame • RedHat Jboss EAP • RedHat Jboss Web Server • SCI • SeOA
소프트웨어 인라이프	http://www.softwareinlife. com	• 공개SW시스템 통합	• Docswave
싸이웰시스템	www.cywellsystem.com	• 공개SW컨설팅 • 공개SW시스템 통합 • 공개SW아웃소싱 • 공개SW교육훈련	• RedHat Enterprise Linux • RedHat Enterpeise virtualization • RedHat Jboss EAP • RedHat Jboss Web Server • Apache Web Server • Apache Tomcat • MySQL Enterprise Edition • MariaDB • PostgreSQL • OpenStack • OpenShift
써티웨어	www.certiware.co.kr	• 패키지 개발 및 공급 • 공개SW컨설팅 • 공개SW시스템 통합 • 공개SW아웃소싱 • 공개SW교육훈련	• HDP(Hortonworks Data Platform) • HDF(Hortworks Data Flow)
아이오차드	www.iorchard.co.kr	• 공개SW컨설팅 • 공개SW시스템 통합 • 공개SW융합서비스 • 패키지 개발 및 공급	• 펭그릭스VDI • 펭그릭스Cloud • 펭그릭스PC
알알시스템즈	www.rrsystems.kr	• 공개SW컨설팅 • 공개SW시스템 통합	• FreeBSD • CentOS • Samba • MySQL Community Server • Postgre SQL • Apache HTTP Server • Nginx • ProFTPD • WordPress • Subversion • OpenVPN Community Edition
어니컴	www.onycom.com	• 패키지 개발 및 공급 • 공개SW시스템 통합	• ankus • ankus analyzer • ankus optimizer

에스유소프트	www.sulinux.net	• 패키지 개발 및 공급 • 공개SW컨설팅 • 공개SW시스템 통합 • 공개SW아웃소싱 • 공개SW융합서비스 • 공개SW교육훈련	• SULinux • 컨설팅/기술지원
에이텍 아이엔에스	www.atecins.co.kr	• 공개SW컨설팅 • 공개SW시스템 통합 • 공개SW아웃소싱 • 패키지 개발 및 공급	• RedHat Enterprise Linux • RedHat Jboss EAP • RedHat Jboss Web Server • CUBRID • Tilon • NDAP 4.0
엔키소프트	www.enkisoft.co.kr	• 패키지 개발 및 공급 • 공개SW컨설팅	• SINVAS 플랫폼 • NAWAS • BONDA3D • Cloudya
엠티데이타	www.mtdata.co.kr	• 공개SW시스템 통합 • 공개SW아웃소싱	• RedHat Enterprise Linux • CentOS • MySQL • Maria DB • RedHat Jboss EAP • Tomcat Web Application Server • Apache HTTP Server
오뉴 이노베이션	www.chnew.co.kr	• 공개SW컨설팅 • 공개SW시스템 통합 • 공개SW교육훈련	• RedHat Enterprise Linux • CentOS • Ubuntu Advantage • RedHat Jboss EAP • RedHat Jboss Web Server • Tomcat Web Application Server • MySQL • Percona Server
오베네프	www.obenef.com	• 패키지 개발 및 공급 • 공개SW시스템 통합 • 공개SW아웃소싱 • 공개SW융합서비스	• Drupal 기반 웹 애플리케이션 • Open-edx
오픈 소스컨설팅	www.osci.co.kr	• 패키지 개발 및 공급 • 공개SW컨설팅 • 공개SW 시스템 통합 • 공개SW 아웃소싱 • 공개SW 교육 훈련	• Athena Spider • Athena Peacock • Linux • OpenStack • Athena Chameleon • Athena Session Manager • Athena Tomcat Manager

■ 주요 오픈소스 라이선스[187]

라이선스	설명
BSD 라이선스	• 버클리 대학에서 만든 라이선스로, 소프트웨어를 재배포할 때 저작권 표시를 할 것과 준수 조건 및 보증 부인에 대한 고지사항을 소스코드 또는 문서 및 기타 자료에 포함할 것을 요구
Apache 라이선스	• 아파치소프트웨어재단(Apache Software Foundation)에서 만들어 배포한 라이선스
GPL 3.0	• GPL 2.0이 배포되고 난 이후 오픈소스 환경을 둘러싼 다양한 변화들을 수용하여 만든 라이선스
LGPL	• 주로 라이브러리에 사용하기 위해 FSF가 GPL과는 별도로 만든 라이선스
Affero GPL	• BSD, Apache, GPL, LGPL, MPL, EPL 등 대다수의 오픈소스 라이선스들은 해당 소프트웨어를 복제하여 '배포(distribute)'할 때 지켜야 하는 다양한 요구사항들을 규정
GPL Exceptions	• 여러 오픈소스 프로젝트들은 해당 프로젝트는 GPL로 배포되길 바라면서 이를 활용하여 동작하는 프로그램들은 GPL의 copyleft 조항에서 자유로울 수 있도록, GPL 2.0의 2조를 다소 완화한 조건으로 배포할 수 있도록 허락해주는 exception을 추가하기도 함
MPL	• 1998년 넷스케이프사가 자사의 브라우저를 오픈소스로 배포하면서 만든 라이선스
CDDL	• 썬(sun)이 사사의 유닉스 운영체제인 솔라리스를 오픈소스로 배포하면서 만든 라이선스
CPL, EPL	• IBM이 이클립스(Eclipse) 등 오픈소스 프로젝트를 진행하면서 만든 라이선스
GPL Font Exception	• GPL Font Exception이 적용된 폰트라면 폰트 자체는 GPL에 의해 저작권 및 라이선스 고지와 해당 폰트 공개 의무사항을 준수해야 하지만, 폰트가 적용된 문서에는 GPL이 적용되지 않음
SIL Open Font License (OFL)	• SIL Open Font License는 SIL International에서 자신들의 unicode 폰트를 배포할 때 사용하는 라이선스로 저작권 및 라이선스 고지를 하면 자유롭게 사용 가능
Ubuntu Font License	• Ubuntu Font License(UFL)는 Ubuntu에서 만든 Ubuntu Font Family를 배포할 때 사용하는 라이선스
New and Simplified BSD licenses	• 캘리포니아 대학이 관장하고 있는 공개 라이선스 및 라이선스 문장. 유닉스(Unix) 의 양대 뿌리 중 하나인 버클리의 캘리포니아 대학에서 배포하는 공개 소프트웨어의 라이선스
GNU General Public License (GPLv2)	• 자유 소프트웨어 재단(OSF)에서 만든 자유 소프트웨어 라이선스, 미국의 리차드 스톨만(Richard Stallman)이 GNU-프로젝트로 배포된 프로그램의 라이선스로 사용하기 위해 작성
GNU Library or Lesser General Public License (LGPLv2)	• 라이브러리는 공유하되 개발된 제품에 대해서는 소스를 공개하지 않고 상용 SW 판매가 가능한 GPL 보다 완화된 라이선스
MIT License	• MIT 라이선스(MIT License)는 미국 매사추세츠 공과대학교(MIT)에서 해당 대학의 소프트웨어 공학도들을 돕기 위해 개발한 라이선스

Common Development and Distribution License	• 공동 개발 및 배포 라이선스(CDDL: Common Development and Distribution License)는 썬 마이크로시스템즈에 의해 모질라 퍼블릭 라이선스(MPL)를 기반으로 개조되어 사용되었으며 오픈솔라리스에 적용되기도 함
Educational Community License	• 교육기관에서 자유이용 및 오픈소스 이용의 목적으로 제정된 라이선스
NASA Open Source Agreement 1.3	• NASA Open Source Agreement (NOSA)는 NASA 사이트에서 배포한 일부 소프트웨어에 적용되는 오픈소스 라이선스
Adaptive Public License	• Adaptive Public License (APL)은 Victoria 대학에서 제창한 오픈소스 라이선스
Artistic License 2.0	• Perl용 라이선스로 많이 사용
Open Software License	• Open Software License (OSL)는 Lawrence Rosen에 의해 제창되었으며 특허 침해 소송을 해소하기 위한 상호주의(copyleft) 라이선스의 성격을 띔
The Qt Public License (QPL)	• 컴퓨터 프로그래밍에서 Qt는 GUI 프로그램 개발을 위한 크로스 프랫폼 위젯 툴킷
zlib/libpng License	• zlib/libpng software libraries를 배포할 수 있는 경우를 정의하고 허용한 라이선스
Academic Free License	• 2002년 Lawrence E. Rosen 작성하고 OSI에서 컨설팅하여 탄생한 free software license
Attribution Assurance Licenses	• 원래 Edwin A. Suominen이 자신의 PRIVARIA 보안 네트워킹 서비스(www.privaria.org 참고)에 대한 라이선스를 설정하기 위해 작성. 변호사가 아닌 저작자는 이 라이선스 템플릿을 그 내용이나 법적 효력에 대한 어떤 보증이나 책임도 완전하게 부인한다는 문구와 함께 공개된 도메인에 등록
Eiffel Forum License V2.0	• 에펠 포럼 라이선스(EFL)는 NICE(the Non-Profit International Consortium for Eiffel)에 의해 제정되었으며 FSF와 OSI에 인증받은 오픈소스 라이선스
Fair License	• 저작물의 사용은 저작물을 사용하는 모든 주체가 이 도구에 대한 정보를 알 수 있도록 이 도구를 저작물 내에 존속시킨다는 조건 하에 허용됨
Lucent Public License Version 1.02	• 루선트 라이선스는 루선트 테크로롤지에서 제정한 오픈소스 라이선스
University of Illinois/ NCSA Open Source License	• MIT, BSD의 항목들을 조합하여 더 간결하고 명확하게 권한을 명기
X.Net License	• 본 라이선스는 저작자가 자발적으로 비판
Apple Public Source License	• Non-reusable 라이선스, 애플 컴퓨터, Inc. (애플)가 공개적으로 통용시킨 모든 프로그램이나 저작물로서, 애플이 그 프로그램이나 저작물을 원본 코드라고 정의한 표시와 이 애플 공중 소스 라이선스 버전 2.0(라이선스)의 규정에 의해 구속된다는 설명이 포함된, 모든 프로그램이나 저작물에 적용

Computer Associates Trusted Open Source License 1.1	• Non-reusable 라이선스, Computer Associates International, Inc. (CA)에서 제공한 오픈소스 관련 라이선스
CUA Office Public License Version 1.0	• Non-reusable 라이선스, CUA 오피스 관련되어 제공되는 공중 라이선스
EU DataGrid Software License	• Non-reusable 라이선스, 이 소프트웨어는 2001년 재정된 EU 데이터그리드를 위한 자발적인 기여물들을 포함한 제품에 대한 라이선스
Entessa Public License	• Non-reusable 라이선스, 2003년 Entessa LLC에서 제공한 소스 및 바이너리 형식에 대한 라이선스
Frameworx License	• Non-reusable 라이선스, Frameworx 오픈 라이선스 1.0 은 Frameworx 社Frameworx 코드 베이스 또는 다운스트림 배포를 수용하는 시점부터 효력을 발생
IBM Public License	• Non-reusable 라이선스 • Free Software/Open-Source Software License로 사용되며 때때로 IBM에 의해서 사용됨
Motosoto License	• "커뮤니티 포털 서버" 및 관련된 소프트웨어 제품, 그리고 Motosoto.com B.V.("라이센서")에 의해 배포되는 해당 소프트웨어의 업데이트나 유지보수 릴리즈에 적용, 본 라이선스에 따라 라이선스된 모든 Motosoto 제품은 "라이선스된 제품" • 라이선스된 제품은 전부 네덜란드 저작권법에 의해 보호
Multics License	• Non-reusable 라이선스, 멀틱스 소프트웨어 자료와 문서는 BULL HN Information Systems Inc.를 포함하는 BULL 그룹에 의해, 컴퓨터 공학에 대한 기여로서 메사추세츠 공과 대학에 제공 및 증여됨
Naumen Public License	• Non-reusable 라이선스, NAUMEN Public License는 Naumen에서 제공하는 소스와 바이너리에 대해 특정 조건에 대해 성립 시 수정을 가하지 않은 상태나 수정을 가한 상태로, 소스 형식과 바이너리 형식으로 재배포 및 사용할 수 있음
Nethack General Public License	• Non-reusable 라이선스, 우리의 일반 공중 라이선스는 모든 사람들에게 NetHack이라는 게임을 공유할 수 있는 권리를 부여하기 위해 고안됨
Nokia Open Source License	• Non-reusable 라이선스, 노키아는 당신에게 전 세계적으로 자유롭게 사용할 수 있는 노키아에 의해 라이선스 가능한 저작권에 따라 배포한 소프트웨어에 대해 비독점 라이선스를 제공
OCLC Research Public License 2.0	• Non-reusable 라이선스, OCLC 연구소와 각각의 후속 기여자는 원 기여자에 의해 기여된 원본코드와 모든 수정코드를 상업적이거나 비상업적인 목적으로 실행, 파생 저작물 작성 및 배포할 수 있는, 비독점적이며 전세계에서 자유롭게 사용 가능한, 양도할 수 있는 라이선스를 부여함
PHP License	• Non-reusable 라이선스, PHP 개발 팀에 의해 "있는 그대로"의 상태로 제공되며, 상품성 여부나 특정 목적에 대한 적합성에 대한 묵시적 보증을 포함한, 그리고 이에 국한되지는 않는, 어떤 명시적이거나 묵시적인 보증도 부인
Python License (CNRI Python License)	• Non-reusable 라이선스, 본 라이선스 계약서는 CNRI(Corporation for National Research Initiatives)에 의해 생성된 라이선스 • Python 1.6과 2.0에 적용된 라이선스

Python Software Foundation License	• Non-reusable 라이선스, 이 라이선스 계약서는 Python 소프트웨어 재단("PSF")과 이 소프트웨어("Python")를 소스 형식이나 바이너리 형식으로 액세스하거나 사용하고 관련 문서를 사용하는 개인 또는 기관("라이선스를 받은 자") 사이에서 이루어짐
RealNetworks Public Source License V1.0	• Non-reusable 라이선스, 본 라이선스는 Helix Project에 사용된 라이선스로 FSF, OSI를 통해 제공된 프리라이선스
Reciprocal Public License 1.5 (RPL1.5)	• Non-reusable 라이선스, 상호적 공중 라이선스(RPL)는 상호교환, 혹은 공평성의 개념에 기반하며 GPL의 라이선스에서 출발한 라이선스
Ricoh Source Code Public License	• Non-reusable 라이선스, RSV는 전세계적으로 자유롭게 사용할 수 있는, 제3자의 지적재산권에 의해 구속되는 비독점 라이선스이며 GPL과 유사한 라이선스
Sleepycat License	• Non-reusable 라이선스, 이 라이선스는 슬리피캣 소프트웨어 이용 시 배포되는 라이선스로 소프트웨어의 사용과 관련하여 발생한 직접적이거나 간접적인 손해, 우발적이거나 특수한 손해, 일반적이거나 결과적 손해에 대하여 손해의 발생 원인이나 책임 이론, 계약, 무과실 책임, 불법행위(과실 등을 포함)에 관계 없이 어떠한 책임도 지지 않음
Sun Public License	• Non-reusable 라이선스, Sun 공중라이선스는 최초의 개발자가 전 세계적으로 자유롭게 사용할 수 있는 라이선스를 사용하기 위해서 제작된 라이선스
Sybase Open Watcom Public License 1.0	• Non-reusable 라이선스, 사이베이스 오픈 와트컴 공중 라이선스는 Open Watcom C/C++ compiler 에 의해 릴리즈된 것에 대한 라이선스
Vovida Software License v. 1.0	• Non-reusable 라이선스, 본 라이선스는 "보비다 오픈 커뮤니케이션 애플리케이션 라이브러리"를 통합한 모든 소프트웨어에 적용
W3C License	• Non-reusable 라이선스, W3C에서 릴리즈되는 소프트웨어에 대한 라이선스
wxWindows Library License	• Non-reusable 라이선스, wx윈도우 라이브러리 라이선스는 GPL에 준하는 라이선스로 WxWindows 관련 오픈소스 라이선스
Zope Public License	• Non-reusable 라이선스, Zope 공중라이선스는 Zope Application Server Software를 사용하기 위한 자유라이선스
Boost Software License (BSL1.0)	• Boost C++ Libraries를 사용하기 위한 오픈소스 라이선스
Common Public Attribution License 1.0 (CPAL)	• OSI에 의해 제정된 Fress Software License로 네트워크상의 광범위하게 이용되는 소프트웨어의 일반적인 라이선스를 위해 제정
ISC License	• Internet Systems Consortium(ISC)에 허용된 free Software license 로, ISC에서 개발한 OpenBSD베이스로 개발된 소프트웨어 릴리즈를 위해서 사용되는 라이선스
Microsoft Public License (Ms-PL)	• MS-PL 라이선스로 컴파일된 코드의 배포 (그 코드가 상업 또는 비상업적 라이선스에 구속되어 있다고 하더라도) 허용에 있어서 MS라이선스 중 가장 적게 제한되어 있는 라이선스

Microsoft Reciprocal License (Ms-RL)	• MS-RL을 포함한 소스코드를 수정하는 한 코드의 유통 및 배포를 허락하는 Free Software 라이선스로 OSI의 승인을 받은 라이선스
MirOS License	• MirBSD에 추가된 (소스코드나 폰트 등의) 어떤 형태의 저작물에도 적합. 유럽 법률에 맞춘 "역사적 허용 고지"와 동등하게 보편적으로 사용 가능하도록 만들어짐
Non-Profit Open Software License 3.0	• 비영리 OSL 라이선스는 Open Software License 3.0 (OSI 3.0)과 관련된 라이선스로 저작권의 존속 기간 동안 다음과 같은 행위를 허용하는, 전 세계적이며 사용료가 없는 서브라이선스 설정이 가능한 비독점 라이선스(단, 사용료가 있는 라이선스 허용물은 OSL을 적용)
NTP License	• 저작권 문구가 모든 복제본에 나타나고, 저작권 문구와 본 허용 고지가 모두 지원 문서 내에 나타나며, 사전에 서면으로 상세한 허락을 받지 않는 한 이름(상표명)이 소프트웨어의 배포와 관련된 광고나 홍보에 사용되지 않는다는 전제 하에 사용, 복제, 수정 및 배포 허용
Simple Public License 2.0	• GPL 2.0을 평이한 언어로 이행한 것으로 사용된 단어는 다르지만, 모든 사용자들에게 소프트웨어를 공유하고 교환할 수 있는 자유를 보장하고자 하는 목적은 동일
IPA Font License	• 라이선서(Licensor)는 라이선스 계약서(계약)에 준하여 승인된 프로그램을 공급 • 수신인이 본 계약 하에 허가된 프로그램의 활용, 복제, 배포 혹은 권한행사 (아래 1항에 정의된 바에 따라) 할 시 본 계약에 대한 수신자 동의로 간주
European Union Public Licence	• 최초의 유럽 무료 /개방형 소스 소프트웨어
LaTeX Project Public License	• 고품질의 typesetting 시스템으로서, 기술적 과학적 문서를 작성할 수 있도록 고안된 시스템이 (LaTeX는 과학적 문서들의 커뮤니케이션과 공표를 위한 사실상의 표준)
The PostgreSQL Licence	• PostgreSQL과 함께 배포되는 라이선스로서, BSD 또는 MIT 라이선스와 유사한, 매우 자유로운 라이선스
CeCILL License 2.1	• GPL을 프랑스 법률에 맞추어 변경한 라이선스

■ 주요 오픈소스 소프트웨어 제품

분류	SW명	설명	URL
시스템 어플리케이션 -운영체제	GNU리눅스 (GNU/Linux)	• 무료 유닉스 계열 컴퓨터 운영체제로, 리눅스 커널을 사용하며, 다양한 컴퓨터 하드웨어에서 동작 • 모바일 폰, 태블릿 컴퓨터, 비디오 게임 콘솔에서부터 메인프레임과 슈퍼컴퓨터까지 사용	http://www.linux.org/
	프리BSD (FreeBSD)	• AT&T의 유닉스 코드에서 출발하여 버클리 소프트웨어 배포판(BSD)을 거쳐 내려온 무료 유닉스 계열의 완전한 운영체제 • 신뢰성과 안정성을 인정받고 있으며, 성능과 x86 플랫폼에 초점	http://www.freebsd.org/
	넷BSD (NetBSD)	• 유닉스에서 파생된 BSD의 오픈소스 버전 • 아직도 활발히 개발되고 있으며, 고품질 설계, 안정성, 이식성, 성능에 초점	http://www.netbsd.org/
	오픈BSD (OpenBSD)	• 1995년 넷BSD에서 분기하였고, 보안성, 이식성, 표준화, 코드 정확성, 문서 품질 등에 초점	http://www.openbsd.org/
	젠 (Xen)	• 하나의 컴퓨터에서 여러 개의 게스트 운영체제를 지원하는 가상 머신 모니터 • IA-32, x86-64, 아이테니엄, PowerPC 970 등의 아키텍처를 지원하는 하이퍼바이저 • 여러 게스트 운영체제를 한 컴퓨터에서 동시 실행하는 데 쓰임	http://www.xen.org/
시스템 어플리케이션 -데스크톱 환경	그놈 (Gnome)	• 리눅스와 유닉스 계열 운영체제를 실행하기 위한 데스크톱 환경. 멕시코의 프로그래머인 미겔 드 이카자(Miguel de Icaza)와 페데리코 메나(Federico Mena)에 의해 시작되었으며, GNU 프로젝트의 일부분으로 1999년에 릴리스 됨	http://www.gnome.org/
	엑스11(X11)	• X-윈도우 시스템으로 알려져 있으며, 네트워킹 컴퓨터를 위한 그래픽 사용자 환경(GUI)을 제공 • X.Org 프로젝트는 X-윈도우 시스템의 오픈소스 버전을 제공 • 그놈(Gnome)과 KDE를 실행하기 위해 사용됨	http://www.x.org/wiki/
	KDE	• 그래픽 데스크톱 환경으로, 리눅스, 프리BSD, 윈도우, 솔라리스, 맥OS X 시스템들에서 실행하기 위해 설계된 크로스 플랫폼 애플리케이션들의 통합 세트	http://www.kde.org/
시스템 어플리케이션 -데이터베이스	마이에스큐엘 (MySQL)	• 관계형 데이터베이스 관리 시스템(RDBMS) • 처음에는 표준 카피레프트인 GPL계열 라이선스만 적용한 오픈소스 소프트웨어로 배포됨	http://www.mysql.com/
	포스트그레스 큐엘 (PostgreSQL)	• 1986년부터 1994년까지 UC 버클리(UC Berkeley)에서 개발된 객체-관계형 데이터베이스 관리 시스템(Object-Relational Database Management System	http://www.postgresql.org/
	HSQLDB	• 자바로 작성된 임베디드 SQL 관계형 데이터베이스 엔진 • 명령행 SQL과 GUI 질의 인터페이스 등과 같은 도구들을 포함	http://hsqldb.org/

시스템 어플리케이션 -데이터베이스	에스큐엘라이트 (SQLite)	• 임베디드(Embedded), 독립적(Self-Contained), 서버리스 (Serverless), 교류형(Transactional) SQL 데이터베이스 엔진을 구현하는 소프트웨어 라이브러리	http://www. sqlite.org/ 참조.
시스템 어플리케이션 -웹 서버와 애플리케이션 서버	아파치 HTTP 서버(Apache HTTP Server)	• 보안이 강화된 효율적이고 확장성 있는 오픈소스 http 서버로 유닉스와 윈도우 NT에서 동작	http://httpd. apache.org/
	자카르타 톰캣 (Jakarta Tomcat)	• 'Apache Software Foundation'에 의해 개발된 Java Servlet 및 JSP(Java Server Pages)기술을 지원하는 오픈소스 소프트웨어	http://tomcat. apache.org/
	제이보스 (JBoss)	• 자유 소프트웨어며, J2EE-기반 애플리케이션 서버	http://www. jboss.org/
	AWStats	• 그래픽 환경에서 어드벤스드 웹(Advanced Web), 스트리밍, FTP, 메일 서버의 상태 수치를 생성하기 위한 강력하고 풍부한 기능을 가 진 도구	http://awstats. sourceforge. net/
시스템 어플리케이션 -시스템 관리 도구	와이어샤크 (Wireshark)	• 네트워크 문제 해결, 분석, 소프트웨어 및 커뮤니케이션 프로토콜 개발, 교육을 위해 사용되는 자유 및 오픈-소스 패킷 분석기	http://www. wireshark.org/
	나기오스 (Nagios)	• IT 인프라 문제들이 핵심 비즈니스 프로세스에 영향을 주기 이전에 조직들이 이를 식별하고 해결할 수 있도록 하는 강력한 IT 모니터링 관리 시스템	http://www. nagios.org/
	php마이어드민 (phpMyAdmin)	• 웹을 통해 MySQL의 관리가 가능한 PHP로 작성된 도구 • 데이터베이스의 생성 및 삭제(Drop), 테이블 생성/삭제/변경, 필드 삭제(Delete)/편집/추가, SQL문 실행, 필드의 키 관리가 가능	http://www. phpmyadmin. net/
시스템 어플리케이션 -이메일	패치메일 (Fetchmail)	• 1990 년대 초기에 릴리스 된 유닉스 계열 시스템을 위한 메일 유틸리티 • 이 프로젝트는 에릭 레이먼드(Eric Raymond)에 의해 주도되었으며, 그가 오픈소스에 대해 자신의 아이디어를 논의한 유명한 에세이인 '성당과 시장(The Cathedral and the Bazaar)'의 모델로서 사용됨	http://www. fetchmail.info/
	샌드메일 (Sendmail)	• 인터넷을 통한 이메일 전송을 위해 사용된 SMTP(Simple Mail Transfer Protocol)를 포함하여, 다양한 메일 전송, 전달 방법을 지 원하는 메일 전송 에이전트	http://www. sendmail.org/
	포스트픽스 (Postfix)	• 전자 메일을 전달하고 라우팅하는 빠르고, 관리하기 쉬운, 안전한 오픈소스 메일 전송 에이전트	http://www. postfix.org/
	스팸어쌔신 (Spam Assassin)	• 다양한 로컬 및 네트워크 테스트를 이용하여 스팸 시그니처를 식별 하는 방식의 이메일 스팸 필터링 프로그램	http:// spamassassin. apache.org/
시스템 어플리케이션 -네트워킹 인프라	바인드(BIND)	• 조직이 지식의 분산 컴퓨팅 시스템(공개된 DNS 표준을 준수하는) 을 구축할 수 있게 견고하고 안정된 플랫폼을 제공하는, 널리 사용 되고 있는 DNS 소프트웨어	http://www.isc. org/software/ bind
	제노스(Zenoss)	• 기업용 네트워크 및 시스템 관리 애플리케이션	http://www. zenoss.com/

시스템 어플리케이션-보안	클론질라 (Clonezilla)	• 디스크 파티션 및 클론 시스템	http://www. clonezilla.org/
	퍼티(Putty)	• 윈도우를 위해 사이먼(Simon Tatham)에 의해 개발된 SSH 및 텔넷 클라이언트	http://www. putty.org/
	트루크립트 (TrueCrypt)	• 윈도우, Mac OS X, 그리고 리눅스를 위한 자유 오픈소스 디스크 압축 도구	http:// truecrypt.org/
	WinSCP (Windows Secure CoPy)	• 컴퓨터 사이의 안전한 파일 전송을 위해 사용되는 윈도우용 오픈 소스 FTP/SFTP 클라이언트	http://winscp. net/eng/index. php
테스크탑	모자익 (Mosaic)	• 1993년에 NSCA에 의해 개발된 유명한 웹 브라우저	http://www. ncsa.illinois.edu/
	파이어폭스 (Firefox)	• 'Mozilla Application Suite'에 포함된 자유 및 오픈소스 웹 브라우저 • Mozilla Corporation에 의해 관리 됨	http://www. mozilla.org/
	썬더버드 (Thunderbird)	• 'Mozilla Foundation'에 의해 개발된 자유, 오픈소스, 크로스플랫폼 이메일 및 뉴스 클라이언트	http://www. mozilla.org/
	오픈오피스 (OpenOffice.org)	• 워드 프로세서, 스프레드시트, 프리젠테이션, 그래픽, 데이터 베이스 등을 가진 오픈소스 소프트웨어 슈트 • 스타디비전(StarDivision, 과거에는 StarOffice)에 의해 개발됨	http://www. openoffice.org/
	에볼루션 (Evolution)	• 그놈(Gnome) 데스크톱의 사용자를 위한 메일, 주소록, 일정 기능이 통합된 프로그램	http://projects. gnome.org/ evolution/
	피진(Pidgin, Gaim)	• 한 번에 모든 채팅 네트워크(MSN, Yahoo 등)에 연결할 수 있는 채팅 클라이언트	http://www. pidgin.im/
	세븐집 (7Zip)	• 7z, zip, cab, rar 등을 포함하여 다양한 포맷을 지원하는 압축 및 압축해제 도구	http://www. 7-zip.org/
	키패스 패스워드 세이프(KeePass Password Safe)	• 윈도우를 위한 경량의, 사용하기 쉬운 패스워드 관리자	http:// keepass.info/
엔터테인먼트	멈블(Mumble)	• 게이머를 위한 낮은 지연율, 높은 품질을 자랑하는 보이스 채팅 도구	http://mumble. sourceforge.net
	미디어인포 (MediaInfo)	• 멀티미디어 파일을 위한 기술 정보 및 태그를 얻기 위한 도구	http://mediainfo. sourceforge.net
	미디어플레이 클래식(Media Player Classic)	• 윈도우를 위한 오디오 및 비디오 미디어 플레이어	http://mpc-hc. sourceforge.net/

엔터테인먼트	비트토렌트 (Bittorrent)	• 오픈소스 P2P 파일 공유 클라이언트	http://www. bittorrent.com
	VLC 미디어 플레이어 (media player)	• DVD, VCD, 오디오 CD, 웹 스트리밍, TV 카드 등을 다룰 수 있는 오픈소스 미디어 플레이어	http:// www. videolan.org/ vlc/
	오데서티 (Audacity)	• Mac OS X, Windows, GNU/Linux 및 기타 운영체제를 위한 오픈소스 사운드 저장 및 편집 소프트웨어	http://audacity. sourceforge.net/
그래픽	잉크스케이프 (Inkscape)	• Illustrator, CorelDraw, Xara X 와 유사한 W3C 표준인 SVG (Scalable Vector Graphics) 파일 포맷을 사용하는 오픈소스 벡터 그래픽 편집기	http://www. inkscape.org/
	고스트스크립트 (Ghostscript)	• PostScript 언어 및 PDF 문서를 위한 해독기	http://www. ghostscript.com/
	그누플롯 (Gnuplot)	• 리눅스, 윈도우, OS X, VMS 및 기타 플랫폼을 위한 포터블한 명령어 기반 그래픽 유틸리티	http://www. gnuplot.info/
	GMT	• 지형 및 카테시아(Cartesian) 데이터 셋(필터, 그리드 등을 포함)을 조작하고, EPS(Encapsulated PostScript File)를 생성하는 오픈 소스 도구	http://gmt. soest.hawaii. edu/
	GraphViz (Graph Visualization Software)	• 그래프를 그리기 위한 다양한 자동화 도구를 제공	http://www. graphviz.org/
	김프(GIMP, GNU Image Manipulation Program)	• 사진 편집, 이미지 압축과 같은 작업을 위한 프로그램 • 1996년에 초기 배포 되었으며, 지금은 많은 운영체제에 포팅	http://www. gimp.org/
	i 레포트 (iReport)	• 차트, 이미지, 하위 레포트 등을 관리할 수 있는 JasperReports (자바 레포팅 라이브러리)와 JasperServer(레포팅 서버)를 위한 유명한 시각적 레포팅 도구	http://www. jasperforge.org/ projects/ireport/
	프리마인드 (FreeMind)	• Java 로 작성된 마인드 맵 소프트웨어 • 사용자가 중심 개념 주변으로 아이디어들을 계층적인 형태로 편집 가능	http://freemind. sourceforge.net/
교육	무들(Moodle)	• 이러닝을 위한 콘텐츠 관리 시스템(CMS) • 교육자들이 효과적인 온라인 학습 사이트를 생성하기 위해 사용할 수 있는 웹 애플리케이션	http:// moodle.org/
	턱스페인트 (Tux Paint)	• 3 ~ 12세 아이들을 위한 그리기 프로그램	http:// tuxpaint.org/
	이토이즈 (EToys)	• 미디어 기반 저작 환경 및 시각적 프로그래밍 시스템을 통해 아이들을 가르치고 이해시키는 교육 도구	http://www. squeakland.org/
	스크래치 (Scratch)	• 단순한 그래픽 인터페이스를 사용함으로써 아이들에게 컴퓨터 프로그래밍의 개념을 알리고 경험할 수 있게 고안된 애플리케이션	http://scratch. mit.edu/

과학 및 공학	R-프로젝트 (R-Project)	• R은 통계 계산 및 그래픽화를 위한 확장 가능한 언어 및 환경 • 다양한 통계 및 그래픽 기법을 지원		http://www. r-project.org/
	GNU 옥타브 (Octave)	• 초등학생들에게 산수를 가르치기 위한 상위-수준 언어 • 방정식을 풀기 위한 명령어 기반 인터페이스를 포함하며, 여러 수학 공식을 계산 가능		http://www. gnu.org/ software/ octave
출판	텍(TeX)	• 도널드 크누스(Donald Knuth)에 의해 고안되고 만들어진 타입 셋팅 시스템 • 모든 컴퓨터에서 동일한 결과를 내는 고품질의 책을 생산하기 위해 고안됨		http://www. tug.org/
	독북(Docbook)	• 기술 문서를 위한 의미 기반 마크업 언어 • 컴퓨터 하드웨어 및 소프트웨어와 관련된 기술 문서를 작성하기 위해 고안됨		http://www. docbook.org/
	TCPDF	• PDF 문서를 생성하기 위한 오픈소스 PHP 클래스		http://www. tecnick.com/ public/code/ cp_dpage.php? aiocp_dp=tcpdf
	TXC (TeXnic Center)	• 윈도우 플랫폼 에서 LaTeX 문서를 생성하기 위한 통합 환경		http://www. texniccenter. org/
소프트웨어 개발-언어, 인터프리터, 컴파일러	GCC	• 'GNU Compiler Collection'의 약자인 'GCC'는 C, C++, Objective-C, Fortran, Java, Ada를 위한 컴파일러		http:// gcc.gnu.org/
	Java Technology	• 썬 마이크로시스템즈(Sun Microsystems)의 제임스 가슬링 (James Gosling)에 의해 개발된 프로그래밍 언어		http://www. oracle.com/ technetwork/ java
	스칼라 (Scala)	• 우아하고, 간결하며, 안정적인 방법으로 일반적인 프로그래밍 패턴을 표현하기 위해 설계된 범용 프로그래밍 언어		http://www. scala-lang.org/
	엘랑 (Erlang)	• 에릭슨(Ericsson Computer Science Laboratory)에 의해 고안된 프로그래밍 언어		http://www. erlang.org/
	하스켈 (Haskell)	• 견고하고, 간결하며, 소프트웨어의 빠른 개발을 가능케 하는 진보된, 순수 기능적 프로그래밍 언어		http: //www. Haskell.org/
	펄 (Perl)	• 래리 월(Larry Wall)에 의해 작성된 기능 중심의 프로그래밍 언어 • CPAN 라이브러리를 통해 가용한 수천의 애드-온 라이브러리가 있음		http://www. Perl.org/
	파이썬 (Python)	• 코드 가독성을 중시하는 상위-수준 객체 지향 프로그래밍 언어 • 크고 복잡한 표준 라이브러리를 포함		http://www. Python.org/
	PHP	• 1995년에 릴리스 되어 널리 사용되는 스크립팅 언어. 특히 웹 개발에 적합하며, HTML에 쉽게 내재될 수 있음		http://www. php.net/

소프트웨어 개발-언어, 인터프리터, 컴파일러	루비 (Ruby)	• 단순성과 생산성에 초점을 두는 동적인 오픈소스 프로그래밍 언어 • 작성하기 쉽고 읽기 자연스러운 우아한 문법을 가짐	http://www. ruby-lang.org/en/
	Tcl/TK	• 'Tool Command Language'의 약자인 'Tcl/TK'는 매우 포터블한 인터프리터를 위한 해석 언어 • 쉽게 내재될 수 있으며 확장 가능 • GUI를 만드는 데 특히 유용함	http://www. tcl.tk/
	루아(Lua)	• 강력하고, 빠르며, 경량인, 내재적인 스크립트 언어	http://www. lua.org/
	스컴(Scumm) VM	• 포인트-클릭 어드벤처 게임 엔진을 위한 크로스 플랫폼 인터프리터	http://www. ScummVM.org/
	밍위(MinGW)	• 'Minimalist GNU for Windows'의 약자인 'MinGW'는 마이크로소프트 윈도우 애플리케이션을 개발을 위해 사용되는 'GCC' 및 'GNU Binutil' • '밍 위', '민기 더블유', '밍 더블유', 아니면 '민 그누'라고 발음	http://www. MinGW.org/
소프트웨어 개발 -라이브러리	Libpng	• 애플리케이션 프로그램에서 PNG 파일 포맷을 지원하고, 이를 통해 많은 시간과 노력을 절감할 수 있는 PNG 명세 및 라이브러리 세트	http://www. Libpng.org/
	GD	• 프로그래머에 의해 동적인 이미지 생성을 가능하게 하는 오픈소스 코드 라이브러리 • PNG, JPEG, GIF 및 여러 포맷의 이미지 파일을 생성함	http://www. libgd.org/
	Boost C++ 라이브러리 (Libraries)	• 동료 검토를 위한 기능을 제공하는 C++ 라이브러리	http://www. boost.org/
소프트웨어 개발 -에디터	Vim	• 유닉스 에디터 'VI'의 강력함을 제공하며, 더 많은 기능들을 포함하는 진보된 텍스트 에디터	http://www. vim.org/
	GNU 이맥스 (Emacs)	• 확장 가능하며, 커스터마이즈 가능한 텍스트 에디터로 GNU 프로젝트의 일부임	http://www. gnu.org/ software/ emacs/
	노트패드 (Notepad)+	• MS 윈도우 노트패드(Notepad)를 대체하기 위한 용도로 만들어진 소스코드 에디터	http:// notepad-plus. sourceforge.net/
소프트웨어 개발- 버전 컨트롤 시스템	CVS	• 모든 파일들의 변화를 추적하여 여러 사람이 협업할 수 있게 하는 버전 통제 시스템	http://www. nongnu.org/cvs/
	아파치 서브 버전(Apache Subversion)	• CVS의 유사한, CollabNET Inc에 의해 2000년에 발표된 변경 통제 시스템	http:// subversion. apache.org/
	깃(Git)	• 작은 소프트웨어에서 대규모 프로젝트까지 빠르고 효율적으로 모든 자원을 다루기 위해 고안된 자유 및 오픈소스 분산 버전 통제 시스템	http://git-scm. com/
	머큐리얼 (Mercurial)	• 분산 소스 통제 관리 도구 • 쉽고 직관적인 인터페이스를 제공하며 어떠한 크기의 프로젝트도 효율적으로 다룸	http://mercurial. selenic.com/

소프트웨어 개발- 통합 개발 환경 및 빌드 툴	이클립스 (Eclipse)	• 주로 Java로 작성된 통합 개발 환경(IDE)과 확장 가능한 플러그-인 시스템을 조합한 다중-언어 소프트웨어 개발 환경	http://www. Eclipse.org/
	넷빈 (NetBeans)	• 개발자, 사용자, 사업가를 위한 소프트웨어 개발 제품(NetBeans IDE 및 NetBeans 플랫폼)을 제공하기 위해 헌신하는 오픈소스 프로젝트	http:// netbeans.org/
	아파치 앤트 (Apache Ant)	• 메이크(Make)와 유사하게 소프트웨어 빌드 프로세스를 자동화하기 위한 도구	http://ant. apache.org/
소프트웨어 개발 -프레임워크	ZK Simply Ajax and Mobile	• 자바로 작성된 오픈소스 Ajax 웹 애플리케이션 프레임워크 • 자바스크립트나 어떠한 프로그래밍 지식이 없이도 웹 애플리케이션을 위한 풍부한 그래픽 유저 인터페이스(GUI) 생성 가능	http://www. zkoss.org/
	모노(Mono)	• 클로스 플랫폼 애플리케이션의 쉬운 생성을 위해 설계된 소프트웨어 플랫폼 • C#, CLR(Common Language Runtime)을 위한 ECMA 표준을 기반으로, 마이크로 소프트사의 닷넷(.NET) 프레임워크를 구현한 오픈소스	http://www. mono-project. com/Main_ Page/
	큐트(Qt)	• GUI 프로그램의 개발 및 콘솔 도구 및 서버와 같은 비-GUI 프로그램 개발을 위하여 널리 사용되는 크로스플랫폼 애플리케이션 개발 프레임워크	http:// qt.nokia.com/
	루비온레일즈 (Ruby on Rails)	• 에자일 개발 방법론에 사용될 목적으로 Ruby 프로그래밍 언어를 위한 오픈소스 웹 애플리케이션 프레임워크	http://www. rubyonrails.org/
콘텐츠 관리 시스템	드루팔 (Drupal)	• PHP로 작성된 자유 및 오픈소스 CMS • 개인 블로그 및 대형 회사 및 관공소 사이트(whitehouse.gov 및 data.gov.uk)의 웹사이트 등에 널리 사용	http:// drupal.org/
	워드프레스 (WordPress)	• PHP, MySQL을 이용하는 블로그 배포 애플리케이션으로써 사용되는 인기 있는 오픈소스 CMS	http:// wordpress.org/
	줌라 (Joomla)	• '올해의 상(Award-Winning)'을 탄 CMS로서, 쉬운 사용성과 확장성을 기반으로 사용자가 웹 사이트 및 강력한 온라인 애플리케이션의 구축 가능	http://www. Joomla.org
	아리안(Arianne) RPG	• 게임 서버 및 클라이언트를 생성하기 위해 단순한 방법을 제공하는 턴 또는 실시간 게임을 개발하기 위한 멀티플레이어 온라인 엔진	http:// arianne.sf.net/
	미디어 위키 (Media Wiki)	• PHP로 작성된 자유 소프트웨어 WIKI 패키지 • 위키피디아(Wikipedia)에 사용되었으며, 지금은 여러 프로젝트에 사용됨	http: //www. mediawiki.org/

비즈니스 애플리케이션	콤파이어 (Compiere)	• 도매, 소매, 서비스, 생산과 관련된 중소 기업을 위한 오픈소스 ERP 및 CRM 비즈니스 솔루션 • 아키텍처는 정보의 중복을 피하고 동기화를 가능하게 하는 데 초점을 둠	http://www.Compiere.com/
	오픈(Open) ERP	• 완전하고 충분한 기능을 가진 ERP 및 CRM 시스템	http://www.OpenERP.com/
	포스트북 (PostBooks) ERP	• 중소 기업을 위한 회계, CRM 패키지를 담은 자유 오픈소스 ERP	http://postbooks.sourceforge.net/
	오픈브라보 (Openbravo) ERP	• 종합적이고 전문적인 웹 기반 오픈소스 ERP 솔루션	http://www.Openbravo.com/
	웹(web) ERP	• 오픈소스 웹 기반 ERP 시스템	http://www.WebERP.org/homepage/
	오렌지(Orange) HRM	• 개인 정보 관리, 직원 서비스, 퇴직, 출퇴근, 수익, 인사 등을 다루는 오픈소스 인적 지원 관리 시스템	Http://orangehrm.sourceforge.net/
	J스탁 (Stock)	• 23개국에서 사용되고 있는 무료 '주식 시장 소프트웨어'	http://jstock.sourceforge.net/

■ 세계 각국의 오픈소스 소프트웨어 정책 및 현황

구분	시기	정책/연구/프로젝트	추진기관명
유럽연합 (EU)	2001년	유럽정보사회 개발을 위해 전자 정부의 중요성을 강조하며 오픈소스 기반의 개발 언어를 사용하도록 권고	Ministerial Resolution on E-Government
	2001년	오픈소스 기반의 위변조 소프트웨어의 개발 강화를 위해 심의를 권고	EU Parliament
	2002년	IST 프로그램하에 개발된 라이선스 기반의 오픈소스 소프트웨어 사용을 요청하는 보고서 발간	Information Society Technologies Advisory Group
	2003년	오픈소스 DB 이전 가이드라인 제시	EU Commission IDA
	2003년	OSS 베스트 프렉티스 확산을 위한 서비스 개설	Enterprise D-G Directorate
	2004년	OSS의 사용 방법을 제시하고, 공공정부에서 이의 사용을 확대할 것을 권고	Green Party
	2005년	유럽 공공부문에 '오픈 데이터 표준(Open Data Standards)'과 오픈소스 소프트웨어 도입을 연구하고 지원하여 공공부문의 생산성 향상과 사무자동화를 제고하는 것을 목표로 COSPA(Consortium for Open Source in the Public Administration) 프로젝트를 수행	Free University of Bolzano - Bozen, Italy
	2005년	오픈소스 소프트웨어 정부정책의 평가, 오픈소스 소프트웨어 개발에서 성차별 문제, 오픈소스 소프트웨어 개발에서 나타나는 협력적 개발 모델에 대한 연구들을 수행하여 오픈소스 소프트웨어를 활성화하기 위한 정책대안 개발 연구인 FLOSS-POLS 프로젝트를 수행	University of Maastricht - MERIT
	2006년	유럽 각 지역에서 이루어지고 있는 오픈소스 소프트웨어 연구 개발 활동을 지원하고 그 결과를 종합하여 오픈소스 소프트웨어의 연구 방향을 제시하는 것을 목표로 CALIBRE(Coordination Action for Libre Software) 프로젝트를 수행	University of Limerick, Ireland
	2009년	그린 OSS 정책 연구	A study for Ministry of Enterprise, Energy and Communications, Government Offices of Sweden

	2001년	완벽한 상호 호환을 보증하기 위해 공공 영역에서 OSS 사용의 의무를 규정	Ministerial
프랑스 (중앙정부)	2002년	정부가 기업과 정부기관에 SW 산업증진을 위한 연구분석을 위한 워킹그룹을 구성(워킹그룹의 권고에 따라 오픈스텐다드와 SW 플랫폼 개발을 지원)	Commissariat General du Plan
	2003년	정부기관의 웹페이지 표준을 위해 오픈소스 콘텐츠 관리시스템을 구축	Executive
	2003년	국방, 문화, 경제 내각에서 오픈소스 OS 사용	Ministerial
	2003년	내각에서 2005년까지 오픈소스 소프트웨어로 모두 마이그레이션	Ministry of Culture and Communication
	2004년	높은 보안성을 지닌 리눅스운영체제 개발을 위한 협의체를 구성	Ministry of Defense
	2004년	SW예산 절감을 위해 차후 3년간 90만 대의 컴퓨터에 OSS 사용을 기획함	Information Society Technologies Advisory Group
	2004년	전자정부구축기관에서 07년에 5~15%의 데스크톱에 OSS를 적용하기로 하고 3개월에 만 7천대를 바꾸는 연구를 진행	Agency for the Development of the Electronic Administration
	2009년	OSS와 법령(프랑스의 OSS 관련 지적재산권 법률 문제 등) 연구	INRIA(Institut National de Recherche en Informatique)
	2009년	그린 OSS 정책 연구	A study for Ministry of Enterprise, Energy and Communications, Government Offices of Sweden
프랑스 (Brest)	2005년 4월	시에서 오픈소스 워드프로세서, 표준스프레드시트, 웹브라우저를 배포	–
프랑스 (Arles)	2005년 5월	시정부의 모든 지적재산권 응용서버들을 오픈소스 소프트웨어로 전환하는 작업 진행	IT Department
프랑스 (Paris)	2005년 11월	395개의 서버가 리눅스에서 운영되며 4만 6천 명의 직원이 오픈소스 소프트웨어 사용	City Council

독일 (중앙정부)	2001년	연방정부에서 비용이 절감되는 OSS를 지원하기로 결의함	Bundestag
	2001년	연방정부감사실에서 연방정부의 OSS 사용을 권고함	Federal Court of Auditors
	2002년	사회민주당과 녹색당이 '법은 소프트웨어 내의 작은 모임들도 보호해야 한다' 와 '오픈소스 소프트웨어 제품들을 차별해서는 안 된다' 는 내용의 새로운 프로그램에 대한 연합에 동의	Social Democrats / Green Party Coalition
	2002년	사회민주당에 의해 OSS 결의안이 제안됨	Bundestag
	2002년	높은 보안성을 지닌 리눅스 운영체제 개발을 위한 협의체를 구성	Ministry of Defense
	2002년	OSS 제품을 정부에 조달 가능하도록 법개정	Ministry of the Interior
	2003년	OSS로의 통합/전환/대치 가이드라인을 포함한 소프트웨어 마이그레이션 가이드 제작	Ministry of the Interior – KBSt
	2003년	연방정부가 OSS 마이그레이션 매뉴얼 발간	Ministerial
독일 (Schwaebisch Hall)	2003년 3월	300대의 PC와 15대의 서버를 Linux로 전환	–
독일 (Mecklenburg-Western Pomerania)	2003년 11월	시감사에서 리눅스 전환 지원 권고 후에 전체 연방정부의 OSS 전환계획을 세움	National AuditOffice
독일 (Munich)	2004년 9월	14,000대의 컴퓨터를 리눅스로 전환	Legislation
독일 (Mannheim)	2005년 12월	서버 및 3,500대의 PC를 OSS로 전환	–
영국 (중앙정부)	2003년	9개 공공기관에서 OSS의 사용을 시도해 본 후, 점진적인 도입을 권고함	OGC/e-Government Unit
	2003년	OSS가 공공영역의 이전과 개발이익을 위해 선택적으로 사용이 가능하다는 최종보고서 발간	OGC

영국 (중앙정부)	2003년	전자사절 특사사무소와 통산산업부 간에 내부적으로 기술 개발분야에 투자하기로 합의하고, 기본적으로 OSS 기반의 SW개발을 지원하기로 함	e-Envoy Office /Dept. of Industry and Trade
	2004년	소프트웨어 선택 시 가치기반비용을 산정하는 방법을 세부적으로 제시하고, OSS를 정부시스템에 도입하는 이슈를 논의함	OGC/e-Government Unit
	2005년	OSS 응용프로그램을 국가 컴퓨팅 센터에서 연구하도록 지원함	Office of the Deputy Prime Minister
	2009년	OSS 재사용에 대한 계획을 수립	Minister for Digital Engagement
영국(City of Nottingham)	2003년 6월	시의회가 PC 6,500대의 OSS 전환 가능성을 검사	City Council
영국(Cheshire County)	2005년 6월	맨체스터에서 처음으로 국가 운영체제(OS) 연구실에서 OSS를 테스트	County Council
영국(West Yorkshire)	2002년 10월	시범적으로 시경찰서 3,500대의 PC를 리눅스로 전환	Police
노르웨이 (중앙정부)	2001년	Statonsult라는 주정부소유의 기관이 교육분야에 OSS 사용을 권고하는 보고서를 발간	Directorate on Public Management
	2002년	오픈소스와 다른 소프트웨어들의 더 많은 경쟁을 허용하기 위해 벤더들과의 계약을 취소	Ministry of Labor and Gov't Admin
	2004년	별도 OSS 자문그룹에서 시범사업으로 OSS 개발과 사용을 권고	Norwegian Board of Technology
	2007년	PDF기반 ODF의 사용을 법률로 제정하고 다른 국가와 협업	Ministry of Modernization
노르웨이 (Oslo)	2003년 11월	시행정시스템을 통합하여 모든 학교에 리눅스를 도입하는 프로젝트	Education office
노르웨이 (Bergen)	2004년 6월	비용문제로 교육 서버를 OSS로 전환	-

스페인 (중앙정부)	2003년	국가정보위원회에서 정부와 공공기관에서의 OSS 사용을 권고	Administración General del Estado
	2005년	정부가 국가 OSS 센터를 설립함	–
	2007년	공공기관의 웹페이지 SW와 문서는 리눅스와 호환되어야 하는 법안 발의	Legislative
스페인 (Catalan)	2002년 5월	공공기관의 시스템을 OSS로 전환하는 법안이 요구됨	Legislative
스페인 (Extremadura)	2002년 11월	주정부 PC(약 11만대)를 리눅스와 OSS로 전환	Legislative
스페인 (Barcelona)	2003년 11월	시행정시스템을 통합하여 모든 학교에 리눅스를 도입하는 프로젝트	Education office
스페인 (Valencia)	2004년 2월	'03년에 교육 분야에 OSS 보급을 시작	–
미국 (중앙정부)	2002년	미국방성에서 OSS 사용에 대한 규칙을 제정	DoD
	2004년	정부조달기관은 기술과 기업에 중립적이어야 하며, 데이터의 보안, 객관성, 위험성, 유지보수 비용을 고려해야 함	OMB
	2008년	'Bold IT Policy'	US Navy
미국 (Oklahoma)	2003년 2월	소스코드를 제공하지 않으면 SW 구매를 제고할 것을 권고	Legislative
미국 (NewYork)	2003년 6월	시공공기관은 SW 구매 시 OSS를 우선 검토할 것을 권고	Legislative
브라질 (중앙정부)	2003년	연방정부와 공공에서 사용되는 SW는 OSS여야 한다는 법률이 제정됨	Legislative
	2003년	내각과 공공기관에서의 OSS 사용을 권고	Executive / National Institute of IT
	2003년	OSS 개발과 지원을 위한 약 20여개의 프로젝트 진행	Information Society DG

브라질 (중앙정부)	2004년	브라질 내각에서 운영중인 컴퓨터의 20% 이상을 리눅스 등 오픈소스 소프트웨어로 교체	Ministries / Executive
	2005년	정부에서 사용되는 30만 대의 MS 윈도우용 컴퓨터를 리눅스로 교체	Executive
브라질 (State of Espirito Santo)	2002년 12월	모든 공공기관과 주정부 소유의 기관에서 OSS 시스템과 프로그램을 사용할 것을 요구	Legislative
브라질 (Multiple municipalities)	2003년	많은 시들이 OSS의 사용에 대한 법안을 통과시킴	Legislative
브라질 (Rio Grande do Sul)	2003년	OSS 사용에 대한 법안을 만듦	Legislative
브라질 (State of Mato Grosso do Sol)	2003년 4월	공공기관, 주기관, 기업 등에 OSS 사용을 권유하는 권고안	Legislative
브라질 (State of Santa Catarina)	2004년 1월	주정부와 주기관에서 OSS 사용을 권유	Legislative
인도 (중앙정부)	2008년	e정부를 위한 OSS 표준 가이드 제작 및 배포	Government of India Ministry of Communications & Information Technology Department of Information Technology
	2005년	정부가 타밀어와 힌두어로 만들어진 OSS 무료 CD를 수백만 개 배포	–
	2004년	국가정보센터에서 정부의 OSS 사용경험을 공유하기 위한 웹페이지를 개설함	Department of Information Technology
	2003년	대통령이 공개적으로 OSS 지원을 연설함	Executive
	2003년	정부 부처가 힌두어 리눅스 배포판인 인딕스(Indix) 개발 지원	Department of Information Technology
	2007년	케랄라 주는 행정기관 및 학교에 리눅스를 설치, 기술지원 협약을 통하여 OSS 사용을 위한 교육 실시	케랄라 주 Legislative

인도 (중앙정부)	2007년	케랄라 주에서 ITpark의 개발자들을 지원하기로 발의 (Opensource와 개발을 위한 컴퓨터 시설을 갖추고, ITES 교육센터를 설립하며, 2010년까지 모든 교육센터와 마을에 인터넷 확장을 수행)	Legislative
태국 (중앙정부)	2002년	정통부에서 태국어 리눅스인 Pladoa를 포함한 OSS의 사용 을 권고	Information and Communications Ministry
	2003년	개인영역에서도 OSS 개발을 지원하기로 정통부와 과기부가 합의	Ministerial
	2003년	30만 대의 리눅스 기반 컴퓨터 보급	ICT Ministry
	2005년	약50%에 해당하는 비율로 OSS의 사용을 권고함	National Electronic and Computer Technology Centre
	2004년	OSS 개발과 리눅스 운영체제를 개발하고 학교와 공공기관 의 데스크톱 컴퓨터에 리눅스 보급	National Electronic and Computer Technology Centre
	2005년	정부공공기관, 학교, 대학에서 리눅스 채택을 추진	Software Industry Promotion Agency
말레이시아 (중앙정부)	2003년	정부에서 OSS 개발을 위한 3,600만 달러의 펀드 조성	Executive / Ministerial
	2003년	OSS능력센터 설립	Ministerial
	2004년	OSS경쟁력센터 설립	Ministerial
	2007년	공공분야에서의 OSS 사용을 권고	Legislative

찾아보기

ㅎ